PYRAMIDE

DU MÊME AUTEUR

Atlantis, Éditions First, 2005 ; Pocket, 2007

Le Chandelier d'or, Éditions First, 2006 ; Pocket, 2008

Le Dernier Évangile, Éditions First, 2008 ; Pocket, 2009

Tigres de guerre, Éditions First, 2009 ; Pocket, 2011

Le Masque de Troie, Éditions First, 2011 ; Pocket, 2012

Les Dieux d'Atlantis, Éditions Les Escales, 2012 ; Pocket, 2013

Pharaon, Éditions Les Escales, 2013 ; Pocket, 2014

David Gibbins

PYRAMIDE

Traduit de l'anglais
par Anath Riveline

LES ESCALES

Titre original : *Pyramid*
Première publication par Headline Publishing Group

Édition française publiée par :
© Éditions Les Escales, un département d'Édi8
12, avenue d'Italie
75013 Paris – France
Courriel : contact@lesescales.fr
Internet : www.lesescales.fr

ISBN : 978-2-36569-114-7
Dépôt légal : novembre 2014
Imprimé en France

Couverture : Hokus Pokus créations

Dans *Pharaon,* mon précédent roman, nous avons laissé Jack et Costas sous la pyramide de Mykérinos, sur le plateau de Gizeh en Égypte, observant une lumière éblouissante qui se reflétait sur un objet dissimulé sous le plateau à travers la pyramide.

Jack pense alors qu'ils sont sur le point de découvrir la ville de lumière du pharaon hérétique, Akhenaton, un entrepôt de connaissances anciennes qui pourrait se révéler être la trouvaille architecturale la plus importante jamais réalisée. Pendant des mois, Jack a collecté des indices, à commencer par une épave dans la Méditerranée qui contenait le sarcophage de Mykérinos, perdu en mer pendant son voyage vers le British Museum en 1838. Cela l'a conduit sur le Nil, au Soudan, où il a découvert un temple submergé, dédié au dieu crocodile, Sobek, et une gravure en relief prouvant qu'Akhenaton était bien le pharaon de l'Ancien Testament à l'époque de Moïse. Tandis qu'ils approfondissaient leurs recherches sur la révélation d'un dieu unique, le dieu Aton, Jack prit conscience qu'ils marchaient dans les pas d'un groupe d'officiers britanniques de la fin du dix-neuvième siècle, qui cherchaient la vérité derrière la Bible et pensaient qu'Akhenaton et Moïse étaient une seule et même personne.

Le récit fait un bond dans le passé pour explorer les événements qui ont agité le Soudan et l'Égypte dans les années 1880, jusqu'à la guerre contre le Mahdi et la tentative britannique pour secourir le général Gordon à Khartoum. Cette période fournit les pistes que devra suivre Jack, mais annonce déjà l'effondrement de l'Égypte actuelle, provoqué par ceux qui ont juré en relançant le djihad de venger la profanation de la tombe du Mahdi.

Une ancienne inscription consignée par le général Gordon mène Jack vers la pyramide, où il prend tous les risques possibles pour constater au final que le conduit par lequel s'infiltre la lumière est inaccessible. Le trophée reste obstinément hors de portée.

Des mois plus tard, alors que l'Égypte est en pleine tourmente et qu'il espère encore trouver une solution, il effectue, avec Costas, une nouvelle plongée extraordinaire pour découvrir la vérité derrière Akhenaton et Moïse...

Pharaon [...] fit atteler son char,
emmena avec lui son peuple ;
prit six cents chars d'élite et tous les chariots d'Égypte,
tous couverts de guerriers.
L'Éternel fortifia le cœur de Pharaon, roi d'Égypte,
qui se mit à la poursuite des enfants d'Israël.
Cependant les Israélites s'avançaient triomphants.
Les Égyptiens qui les poursuivaient les rencontrèrent,
campés sur le rivage ; tous les attelages de Pharaon,
ses cavaliers, son armée, les joignirent près de Pi-Hahiroth,
devant Baal-Cefôn [...]
Moïse étendit sa main sur la mer,
et l'Éternel fit reculer la mer [...]
Les enfants d'Israël entrèrent au milieu de la mer,
dans son lit desséché, les eaux se dressant en muraille
à leur droite et à leur gauche.
Les Égyptiens les poursuivirent,
et tous les chevaux de Pharaon, ses chariots,
ses cavaliers, entrèrent à leur suite au milieu de la mer.
Or, à la dernière veille, l'Éternel fit peser
sur l'armée égyptienne une colonne de feu et une nuée,
et jeta la perturbation dans l'armée égyptienne [...]
Les eaux, en refluant, submergèrent chariots,
cavalerie, toute l'armée de Pharaon
qui était entrée à leur suite dans la mer ;
pas un d'entre eux n'échappa...

Ancien Testament, Exode 14, 6-28
(version massorétique)

Moïse jeta donc son bâton
et le voilà devenu un serpent manifeste [...]
Puis, Pharaon envoya des rassembleurs [dire] dans les villes :
« Ce sont, en fait, une bande peu nombreuse,
mais ils nous irritent,
tandis que nous sommes tous vigilants. » [...]

Au lever du soleil, ils les poursuivirent.
Puis, quand les deux partis se virent,
les compagnons de Moïse dirent :
« Nous allons être rejoints. »
Il dit : « Jamais, car j'ai avec moi mon Seigneur
qui va me guider. »
Alors Nous révélâmes à Moïse :
« Frappe la mer de ton bâton. »
Elle se fendit alors,
et chaque versant fut comme une énorme montagne.
Nous fîmes approcher les autres
[Pharaon et son peuple].
Et Nous sauvâmes Moïse
et tous ceux qui étaient avec lui ;
ensuite Nous noyâmes les autres...

Coran, sourate 26, Al-Shu`ara' (« Les poètes »)

Présages de feu dans le vent des chars,
Piliers de feu dans le tonnerre et la tempête...

Yannai, environ VIIe siècle av. J.-C.
(poème hébreu sur l'Exode, Gueniza du Caire)

Prologue

Désert égyptien de l'Est, huitième année du règne du pharaon Akhenaton, dix-huitième dynastie du Nouvel Empire, 1343 avant Jésus-Christ

Le char marqua un demi-tour brusque pour s'immobiliser devant le pharaon dans un nuage de poussière, les chevaux s'ébrouant, leurs yeux injectés de sang et l'écume aux lèvres. Le conducteur retint les rênes pour laisser descendre un messager bedonnant, puis fit claquer son fouet pour aller rejoindre une des rangées de chars de chaque côté du monarque. Le messager approcha en titubant, son gros ventre s'agitant sous ses pas. Il s'efforçait d'éponger les gouttes de sueur qui perlaient sur son crâne chauve et son double menton. Reprenant son souffle, il s'agenouilla respectueusement devant le pharaon, la transpiration dégoulinant sur ses yeux.

— Vizir, quelles sont les nouvelles de l'Est ?

— Que la lumière d'Aton rayonne sur vous, Neferkheperurawaenra Akhenaton, Seigneur de la Haute et de la Basse-Égypte, Seigneur de l'Est, de l'Ouest, Seigneur des Mondes, Seigneur des Cieux et de la Terre et de tout ce qui vit entre les deux... siffla l'homme en s'aplatissant comme un chien, sa bedaine effleurant le sol.

— Assez ! Relève-toi, imbécile. Je t'ai demandé quelles sont les nouvelles !

Le vizir se releva avec peine, ses genoux et son ventre couverts de sable, puis il ferma les yeux pour répondre :

— Leurs rois se prosternent et implorent la paix. Canaan est dévasté, Ashkelon est vaincu, Gezer a été pris, Yénoam est détruit, la terre de Shasou est rasée jusqu'à sa semence. La Syrie est devenue une veuve pour l'Égypte, et toutes les contrées ont été pacifiées...

Akhenaton s'impatientait. Toujours les mêmes formules exaspérantes, les mêmes platitudes qu'il avait entendues répétées à son père Amenhotep et à son grand-père Thoutmôsis avant lui. Il se pencha dans son palanquin, les esclaves le redressant rapidement pour qu'il ne bascule pas en avant.

— Oui, vizir, mais qu'en est-il de Mât Urusalim, la terre de Jérusalem ? C'est pour le découvrir que je t'ai envoyé.

L'homme fouilla dans une poche en cuir à sa ceinture et en tira une tablette en argile, sur laquelle Akhenaton reconnut l'écriture perforée typique de la correspondance prolixe qu'il recevait des marchands de Canaan, tous désireux de faire commerce avec lui. Le vizir toussota et essaya de bomber le torse.

— Voilà de la part du roi de Jérusalem : « À l'attention du pharaon, mon Seigneur. Aux pieds de mon Seigneur, sept fois et sept fois encore je tombe. Voyez comme le pharaon a imprégné de son nom la terre de Jérusalem pour toujours ! Il ne peut abandonner la terre de Jérusalem ! Ceux qui viennent d'Égypte avec le sceau d'or du pharaon seront les bienvenus et pourront rester. »

Soulagé, Akhenaton se radossa dans l'ombre du parasol. *Tout se déroule comme prévu.* Il congédia le vizir d'un geste de la main, mais l'homme resta figé sur place, indécis, attendant d'autres instructions. Le pharaon agita de nouveau le bras et le vizir comprit enfin. Il esquissa une révérence maladroite, puis recula de quelques pas avant de disparaître. Le commandant de l'armée des chars, qui s'était tenu à coté de la chaise du pharaon, se tourna vers son souverain.

— Maintenant que les terres de Canaan sont vaincues et que le roi de Jérusalem est votre vassal, il ne nous reste plus qu'à liquider les renégats devant nous, et votre conquête des peuples de l'Est sera achevée. Les rois d'Ashkelon, de Canaan ou de Syrie ne s'allieront plus aux Hittites contre nous. Aujourd'hui, le poids de l'histoire penche en votre faveur.

Akhenaton regarda la lueur rougeoyante de l'aube vers l'est. Là, à plus d'un kilomètre d'eux, la plaine du désert tombait à pic dans le golfe immense.

— Il est vrai, Mehmnet-Ptah. Tes divisions sont-elles prêtes ?

— Les divisions de Ra et de Seth sont formées, pharaon. Nous n'attendons plus que celle de Minas.

— Lorsqu'elles seront toutes prêtes, que le soleil brillera à l'horizon, tu mèneras l'assaut dans mon char doré, Mehmnet-Ptah. Tu guideras tes hommes et frapperas de terreur le cœur de l'ennemi.

— C'est à toi que revient de conduire le char d'or, pharaon.

— Aton m'a aveuglé à tout ce qui n'est pas son éclat, Mehmnet-Ptah. Ma vision n'est plus assez bonne pour conduire un char terrestre, mais les rayons d'Aton se réfléchiront dans mes yeux et éclaireront ta route. Prépare-toi à recevoir mes ordres pour mener la charge.

— Oui, pharaon.

Le général s'éloigna, suivi par son cortège d'officiers. Les chars des deux divisions s'alignaient de chaque côté, à perte de vue, les chevaux buvant dans des seaux que des esclaves leur apportaient. Les auriges et les archers, assis dans le sable, se reposaient tout en vérifiant la torsion de leurs arcs. Les chars avaient été transformés peu de temps auparavant. Plus agiles, dotés d'une suspension plus solide, ils s'inspiraient des chars des Mitanni que Mehmnet-Ptah avait tant admirés quand il avait fait campagne, durant sa jeunesse, dans l'ancien monde entre les deux rives. C'était Moïse, l'Israélite, qui leur en avait enseigné la technologie, qui leur avait trouvé parmi les esclaves un constructeur assyrien prêt à échanger ses secrets contre sa liberté. Moïse, dont le peuple se retranchait aujourd'hui peureusement sous la crête au loin, au-dessus de la mer, attendant que les trompettes résonnent et que les chars se jettent sur eux à travers le désert.

Akhenaton contempla de nouveau l'horizon, tournant la tête légèrement d'un côté, puis de l'autre. Sa vue n'était pas aussi mauvaise qu'il venait de le prétendre, mais l'image du soleil restait gravée sur sa rétine après tout ce temps passé à l'admirer dans le désert, s'imprégnant des rayons d'Aton. Il se plaisait à imaginer son chatoiement sur la mer en dessous du campement des Israélites. Il avait indiqué à Moïse l'emplacement au bord de la falaise où il devrait installer leur camp, en laissant les feux brûler toute la nuit pour que les éclaireurs égyptiens les voient avec certitude, et que l'armée sache où elle devrait charger à l'aube afin de détruire son peuple une fois pour toutes.

Il réfléchit au terme « Israélite ». C'est Akhenaton qui le leur avait donné, choisi parmi leurs multiples origines, parce que c'était le nom de la tribu de Moïse. Et c'est lui qui l'avait pour la première fois inscrit dans un cartouche. Pourtant, ces quelques centaines d'âmes, consignées dans leur étroit campement au-dessus de la mer, venaient de toute la région entre l'Empire assyrien, l'Égypte et les Hattis : des Syriens, des Cananéens, des Élamites, des Hourrites. Des prisonniers de guerre et leur descendance, capturés par les Égyptiens au cours de leurs nombreuses campagnes dans ces terres. Être appelés « Israélites », l'accepter, ne donnait pas aux esclaves l'illusion d'une origine mais le rêve d'une destinée. Ç'avait été le rêve de Moïse, celui qui avait été son esclave et était devenu son frère, celui qui l'avait accompagné dans le désert de Nubie et avait partagé sa révélation d'Aton, le dieu que Moïse appelait dans sa langue Yahvé, le dieu unique.

Après ce jour, les deux hommes pourraient atteindre l'objectif qu'ils s'étaient fixé dans le désert. Akhenaton retournerait dans sa capitale, plus fort qu'avant, en vainqueur, pharaon-guerrier comme son père et son grand-père, débarrassé des disciples de l'ancienne religion qui s'efforçaient de le rabaisser. Moïse et son peuple pourraient célébrer leur miraculeuse libération de l'armée du pharaon et se réfugier dans le havre qu'Akhenaton leur avait trouvé, loin de là, dans les collines rocheuses de Jérusalem. Tous deux fonderaient non pas une seule ville de lumière mais deux, les flambeaux ardents d'un dieu qui unirait tous les peuples du monde et ferait de la connaissance et de la sagesse la nouvelle religion.

Il perçut un mouvement sur sa droite, se tourna et regarda par-dessus les esclaves qui maintenaient son palanquin. Un char avançait vers lui. Dans la poussière soulevée, il paraissait monochrome, d'un rouge cuivre, comme s'il sortait des entrailles de la terre, et l'espace d'un instant Akhenaton se souvint de la terreur froide qu'il avait ressentie, enfant, quand il était encore sous l'emprise de l'ancienne religion et de ses superstitions. Il entendit alors la voix d'une femme, rauque et tranchante :

— Akhenaton ! lança-t-elle, méprisante en le regardant de haut depuis son char. Qui est cet *Akhenaton* ? Je ne connais qu'Amenhotep, le bambin malingre qui avait toujours sa tête fourrée dans les papyrus !

Elle parlait dans une langue que les autres ne pouvaient pas comprendre, la langue de leur arrière-arrière-grand-mère Ahhotep, la première Maîtresse des rives, femme du pharaon Ahmôsis, une langue apprise en secret par tous ses descendants dans la lignée royale.

— La situation a bien changé depuis la dernière fois que tu étais ici, Minas, répliqua-t-il dans sa langue. Je suis désormais pharaon, et toi la Maîtresse des rives.

— Pfff, siffla-t-elle. « Maîtresse des rives »... Je suis plus que cela. Nous tenons les hommes de Mycènes en esclavage. Ils pensent contrôler notre île que vous autres Égyptiens appelez Hau-nebut, parce que, lorsqu'ils sont arrivés, après que les dieux eurent inondé nos palais avec la Grande Vague, nous nous sommes repliés dans les montagnes et sur la côte sud. Mais nous séduisons leurs guerriers et nous nous accouplons avec eux pour mettre au monde des filles auxquelles nous enseignons toutes les compétences qu'Ahhotep nous a transmises. Je ne suis pas seulement Maîtresse des rives. Je suis Maîtresse de la *guerre*.

Akhenaton sourit intérieurement. Minas avait prestement quitté son île pour le rejoindre, attirée par la promesse de l'or, mais surtout appâtée par la perspective du combat. Ses guerrières avaient traversé la mer à bord de leurs élégants navires, si peu ressemblants à ceux des Égyptiens, des bateaux qu'un jour il utiliserait pour son propre voyage final. Minas s'était toujours mise en avant mais, contrairement à beaucoup de guerriers mâles qui fanfaronnaient, elle possédait un réel don pour la guerre, nourri par ce qu'elle appelait *kharme*, la soif du combat. Ses guerrières avaient été des mercenaires de choix pour son père et son grand-père, préférées aux Nubiens, désormais trop intégrés à l'Égypte et à ses intrigues. Minas était parfaite pour la tâche d'Akhenaton. Il avait besoin de soldats qui feraient exactement ce qu'on leur ordonnait, qui repartiraient avec leur or et ne raconteraient jamais ce qui s'était passé.

Il jeta un nouveau regard au char, la vit vraiment. Elle se tenait à l'intérieur, une main agrippant les rênes. Son épaisse chevelure noire s'enroulait autour de sa tête et tombait en tresse derrière son dos, pendant sur son arc. Elle portait une jupe et un corsage laissant apparaître sa poitrine volumineuse. Deux gros serpents entouraient ses seins et son cou, et de sa main libre, elle les caressait doucement. Derrière elle, il vit d'autres chars approcher, une division de moins de deux cents guerrières, mais largement suffisante pour son dessein.

Elle montra de la main le bord de la falaise vers l'est.

— C'est un suicide pour tes chars. C'est là ton but ?

Il refusa de répondre directement.

— À mon signal, toi et tes guerrières, vous donnerez l'assaut devant les deux divisions égyptiennes. Ils seront déjà tout feu tout flammes. Alors voir tes femmes mener le combat les excitera encore davantage. Mais vous seules saurez que le campement des Israélites se trouve au bord de la falaise, sans espace pour faire demi-tour une fois qu'ils l'auront atteint. Au dernier moment, avant d'arriver au campement, vous tournerez vers la droite et la gauche et vous laisserez les divisions égyptiennes charger tout droit.

— Par-dessus la falaise et dans la mer...

— Tes chars seront-ils à la hauteur de cette mission ?

— Ce ne sont pas les chars qui importent, mais ceux qui les conduisent, ricana-t-elle. Nous avons tous les mêmes chars, tes divisions et la mienne. Ils ont des roues à l'arrière, avec six rayons et les lanières en cuir qui guident les chevaux. Ils peuvent rouler aussi rapidement que le son qu'ils émettent, mais si on les lance à une telle vitesse, on ne peut plus leur faire imprimer un demi-tour. Vos auriges manquent d'expérience et d'entraînement. Tu as été trop laxiste dans le domaine de la guerre, Akhenaton, contrairement à ton père et à ton grand-père. Tu as passé trop de temps à contempler le soleil. Mais aujourd'hui l'incompétence de tes hommes jouera en ta faveur. Ils pensent que la facilité avec laquelle ils peuvent accélérer les rend agiles et combatifs, alors que cela ne fera que les précipiter vers leur propre mort. Mes auriges savent se ruer sur un ennemi et tourner à la dernière minute pour tirer leurs flèches à bout portant. Nous accomplirons cette manœuvre aujourd'hui.

— Prépare ta division.

Elle tira sur les rênes et tourna son char vers les autres. Akhenaton se souvint de sa dernière visite en Égypte, quand il avait fait appel à elle pour protéger la frontière du Sud des raids nomades. Elle était venue les voir, Néfertiti et lui, à Amarna, et avait pris dans les bras leur fils, Toutânkhamon, un enfant souffreteux que personne ne pensait voir vivre assez longtemps pour lui succéder. Minas avait suggéré qu'ils l'éliminent, comme elles le faisaient avec les bébés non voulus, dans les montagnes de leur île. Parce que, s'il survivait, il serait trop faible pour résister à une résurgence de l'ancienne religion qui replongerait l'Égypte dans l'obsession de la vie après la mort, avec le retour des prêtres au pouvoir. Akhenaton savait qu'elle avait raison, mais il ne pouvait se résoudre à tuer son propre fils. C'est alors qu'il comprit que son legs devrait rester secret, et non ouvert à la vue de tous, comme le serait la nouvelle Jérusalem. Caché, tenu isolé dans l'endroit le plus vénéré d'Égypte, où sa présence pourrait être préservée à jamais par un nouveau clergé voué à ne servir qu'Aton.

La ligne de trompettes à sa gauche s'était ouverte pour laisser passer Minas et ses guerrières aux seins nus, et maintenant ils attendaient, impatients. À l'est, l'éclat de l'aube était devenu plus fort, et désormais une fente de lumière luisait entre terre et ciel. Il tendit son bras gauche, et aussitôt les hommes levèrent leurs cuivres et soufflèrent. La cacophonie qui éclata d'abord s'harmonisa, et une sonnerie assourdissante résonna dans le désert. C'était le signal pour monter dans les chars. Les guerriers cessèrent de lorgner les femmes et prirent leur position, les conducteurs détachant les rênes, prêts à frapper les chevaux de leurs fouets, les archers sortant des flèches de leurs carquois pour les placer sur les cordes des arcs. Dans un nuage de poussière, Mehmnet-Ptah apparut sur sa droite dans le char royal, qui étincelait désormais dans les premiers rayons du soleil. Il brandissait sa grande épée incurvée, s'arrêtant juste devant la ligne de départ. Akhenaton contempla les ailes de Horus, le dieu faucon, estampillées sur le bouclier or et électrum à l'avant du char, et au-dessus de lui les rayons d'Aton et le cartouche contenant son propre nom. Derrière lui, Minas avança avec une section de ses chars, et il vit les autres véhicules de sa division se positionner sur les deux flancs des chars égyptiens, prêts à les mener vers le camp sous le soleil levant.

La lumière était plus forte maintenant, l'aveuglant de chaque côté de son angle mort. S'il ne donnait pas vite le signal, les chevaux risquaient de se dérober, mais il voulait attendre assez longtemps pour que les auriges soient aveuglés au moment où ils approcheraient du bord de la falaise. Le chant des trompettes avait également été le dernier avertissement pour les quelques Israélites qui se trouvaient encore dans le camp. Moïse avait déjà dû conduire la plus grande partie de son peuple sur la voie périlleuse, juste sous le rebord de la falaise, et ils devaient être loin vers le nord. Si tout se passait comme prévu, après cette matinée il ne resterait plus aucun char égyptien pour les chasser. Ils pourraient avancer sur l'isthme nord du golfe, au-delà des limites de l'Égypte, pour se mettre à l'abri.

Mehmnet-Ptah lui rendit son regard. Akhenaton leva de nouveau son bras, puis le baissa brusquement. Dans un hurlement de combat, le général fouetta les chevaux, son épée luisant au soleil. De tous côtés, la terre trembla, et telle une grosse vague qui se fracasse sur la plage, les lignes de chars s'ébranlèrent dans un vacarme de cris, de hennissements et de grincements de roues. Puis Minas et ses chars démarrèrent, les dépassant comme une lance qui transperce la première ligne. Akhenaton l'aperçut un instant, ses serpents érigés au-dessus de sa tête, bâtons vivants se tortillant et sifflant. Ses guerrières la suivaient dans un ululement sourd. Très vite, elles prirent la tête du convoi et disparurent dans le sable soulevé par les armées furieuses. De là où il se trouvait, il put voir les deux lignes se refermer sur les troupes égyptiennes pour les conduire vers le camp au sommet de la falaise. Alors que la poussière enveloppait les derniers auriges, il entendit l'incroyable chahut, plus puissant que le souffle d'un cyclone déchaîné, qui fonçait vers le désert pour s'écrouler dans la mer.

Et soudain, s'extrayant de la brume, il vit deux lignes de chars revenir vers lui, du nord et du sud, contournant leur point de rendez-vous. Au centre de la tornade de sable, rien. Plus un bruit, plus un seul char.

C'est fait.

Il avait réussi ce qu'aucun ennemi n'avait pu accomplir en un millier d'années. Il avait détruit toute une armée du pharaon, ne laissant aucun survivant, aucune trace de son passage en ces lieux.

Il se leva de sa chaise et tourna le dos à la scène, scrutant le vide qu'avaient quelques minutes plus tôt occupé ses divisions, le sable retombant encore sur les empreintes des sabots et les creux marqués par les positions des combattants. Il sentit la chaleur du soleil sur sa nuque et, en regardant vers l'ouest, il fixa du regard le disque blanc et incandescent qui occultait tout, à l'exception du sable chatoyant du désert. Cela l'accompagnerait partout, désormais, le rayonnement d'Aton brillait sur ses pensées et ses actions.

Il devait désormais affronter son destin.

PREMIÈRE PARTIE

1

Le golfe de Suez, Égypte, de nos jours

Jack Howard s'enfonça doucement dans les profondeurs de la mer Rouge, injectant une bouffée d'air dans son gilet de stabilisation et atteignant la flottabilité neutre à quelques centimètres seulement du fond marin. Devant lui, le sable chatoyait sous l'effet des rayons du soleil qui traversaient la surface, trente mètres au-dessus de lui, bloqués uniquement par l'ombre du bateau de plongée à la limite de son champ de vision périphérique. Pendant un instant, il resta là sans faire le moindre mouvement, sans pratiquement respirer, faisant corps avec l'eau. Quand Jack plongeait, il recherchait toujours le passé, dans les épaves, les ruines immergées, les petites traces insignifiantes d'incroyables trésors, certaines datant de la nuit des temps. Et pourtant, pour lui, c'était une expérience qui appartenait toujours au présent, qui décuplait les sensations, envoyait des décharges d'adrénaline, et au cours de laquelle sa survie dépendait de la moindre respiration. C'était ce qui avait attiré les hommes vers la mer depuis des millénaires, des hommes dont le passé reculait avec le rivage, dont l'avenir était confiné dans les caprices des tempêtes et des naufrages, et dont l'espérance de vie ne pouvait être mesurée que par ce qu'ils parvenaient à voir devant eux. Pour Jack, c'était enivrant, sa raison d'être. Il savait que, même s'il ne trouvait rien cette fois-ci, la plongée le ressourcerait, le pousserait à retenter sa chance, à ne jamais abandonner tant que le passé l'appellerait pour qu'il en explore les secrets les mieux enfouis.

Il regarda autour de lui. À sa gauche, une falaise s'élevait à pic sur la rive ouest du golfe, roche ridée et usée. À sa droite, le fond marin chutait vers les tréfonds au centre de la baie, ponctué par les colonies de coraux qui s'élevaient tels des champignons géants. Il ajusta sa vue, scrutant le sable : toujours rien. Et pourtant son instinct lui soufflait de continuer, une intuition développée au long de plus de trente ans d'explorations marines au cours desquels il avait rarement fait le mauvais choix, et n'avait jamais renoncé tant que la possibilité de continuer s'offrait encore à lui. Depuis trois jours, Costas et lui plongeaient le long de la côte, couvrant plus d'un kilomètre de fonds marins, et il était déterminé à aller jusqu'à la dernière seconde d'oxygène dont il disposait. Le prix qui l'attendait ici valait largement les risques encourus, et il n'aurait peut-être plus jamais la possibilité de faire des recherches à cet endroit.

Une voix aux intonations typiquement new-yorkaises perceptibles même sous l'eau crépita à son oreille :

— Jack, j'ai mon pire cauchemar sous les yeux...

Jack se tourna, apercevant un voile de bulles à trente mètres environ devant lui, le plongeur accroupi en dessous, sur le sable.

— Qu'est-ce qui se passe ?

— Deux serpents de mer. Juste devant moi, Jack, à se tortiller et à se demander quel morceau de mon cou dévorer. Comme ces bâtons de serpents dans la tombe de Toutânkhamon qui m'ont fichu les pétoches, au musée du Caire. C'est les morts qui reviennent parmi nous pour me hanter et me punir d'avoir violé le temple que nous avons trouvé sous le Nil...

— Ce n'était pas des serpents, Costas, mais des *crocodiles* ! Un temple dédié au dieu crocodile, Sobek.

— Ils sont tous de mèches, tu crois pas ? Les dieux crocodiles, les dieux serpents... Si tu violes un de leurs temples, tu les violes tous. Si tu veux tout savoir, je regrette de m'être un jour lancé dans l'archéologie...

— Rappelle-toi notre couverture, Costas. Nous sommes ici pour photographier la nature. Le capitaine du bateau nous surveille sûrement avec son seau à fond de verre. Tu dois rester crédible.

— Tous les grands explorateurs ont leur phobie, Jack. Depuis cinq minutes, la mienne, c'est les serpents de mer...

— Oui, au même titre que les rats, les squelettes et tout ce qui se décompose. Surtout les momies.

— Ne parle pas de momies, Jack, c'est vraiment pas le moment !

— C'est pour ça que je t'ai amené ici, tu ne te souviens pas ? Pour t'évader un peu. Tu me réclames tout le temps des breaks et, quand je t'offre des vacances sur la mer Rouge, tu continues à te plaindre !

— Jack, les vacances, ça veut dire détente sous un parasol, gin tonic, baignades occasionnelles, petite amie... Ça ne veut pas dire une nouvelle expédition de Jack et Costas, une course contre la montre pour dénicher un trésor archéologique perdu... Ça ne veut pas dire avoir toutes les forces de sécurité égyptiennes à nos trousses, ni mettre nos vies entre les mains d'un capitaine plus que louche qui se fait sûrement des extras comme pirate. Et tout ça dans un contexte de guerre imminente...

— Tu adores ça, Costas, admets-le.

— Oui, c'est ça. Autant que me faire lécher par des poissons de mer venimeux.

— Ton niveau d'oxygène ? demanda Jack, redevenant sérieux.

— Cent bars environ. Assez pour une demi-heure de plongée là où je suis. Vingt minutes à ta profondeur.

— OK. Prends quelques photos de tes nouveaux amis. Utilise le flash, ça les effrayera, et le capitaine saura ce que tu fais. Tu vois la triple colonie de corail à vingt mètres de moi environ ? À quatre heures de là, à environ vingt mètres sur la pente, il y a une colonie de coraux plus petits que je veux voir de plus près. Je les trouve étranges. On s'arrêtera là pour cette plongée.

— Bien reçu, Jack. Attends là, pendant que je me replie très très lentement.

Jack se tourna, ralentissant sa respiration au point de flotter, immobile dans l'eau. Il se souvenait de la dernière fois où Costas et lui avaient plongé dans la mer Rouge, près de cinq ans plus tôt. Ils étaient alors à la recherche d'une fortune en or engloutie avec le navire romain qui la transportait et qui faisait commerce avec l'Inde. Ils avaient suivi les indices trouvés dans les fragments d'un ancien guide pour marchands par leur collègue Maurice Hiebermeyer au cours de fouilles dans le désert. Maintenant, cinq ans plus tard, ils se conformaient une nouvelle fois aux indications rédigées dans une écriture antique, mais en l'espèce, plutôt que d'un texte récemment découvert, il s'agissait là de la plus grande œuvre de tous les temps, des mots et des versets étudiés de près et mémorisés par des millions de personnes. Et l'enjeu n'était pas juste des objets, mais la vérité qui se cachait derrière une des plus grandes aventures jamais racontées, un mythe fondateur d'une des plus importantes traditions religieuses au monde. Et cette tradition reposait peut-être sur un acte de destruction d'une violence inimaginable perpétré à cet endroit même, trois mille ans plus tôt.

Jack réfléchit à ce que Costas venait de dire. « Un contexte de guerre imminente »... Le regard tourné vers le nord et le long de la pente, il contempla le promontoire rocheux qui marquait la limite de leur terrain de jeux. Plus tôt dans la journée, un navire des gardes-côtes égyptiens était venu avertir très clairement le capitaine de leur bateau de plongée qu'il ne devait pas s'aventurer au-delà du promontoire dans la zone militaire. Les tensions entre l'Égypte et Israël étaient à leur paroxysme, le Moyen-Orient n'ayant jamais été plus proche de la crise que depuis la guerre du Kippour, en 1973. Au nord d'Israël, les vraies intentions des djihadistes qui avaient afflué en Syrie pendant la guerre civile étaient devenues parfaitement claires. Ils ne cherchaient plus à combattre le régime, mais à envoyer des missiles et des kamikazes de l'autre côté de la frontière. Au sud, les Israéliens avaient assisté, atterrés, aux troubles politiques en Égypte, alors que le nouveau régime islamique récemment installé était désormais menacé par des extrémistes, une faction qui partageait davantage les intérêts des djihadistes en Syrie que ceux de la population égyptienne. Plus inquiétant encore, il était devenu clair que l'armée égyptienne, force de modération par le passé, avait été infiltrée au plus haut niveau de sa hiérarchie par des officiers djihadistes, un processus entamé en secret depuis des années.

Un coup d'État militaire n'apporterait pas la stabilité, comme cela avait pu être le cas auparavant, mais offrirait aux djihadistes l'occasion de prendre le pouvoir. Et tout le monde savait que si cela se produisait les Israéliens n'auraient d'autre choix que d'agir. Une guerre aujourd'hui ne ressemblerait en rien au conflit éclair de 1973, contrôlé par l'intervention des superpuissances, mais à une discorde prolongée, qui s'étendrait comme un feu de paille aux pays voisins, tels la Libye, la Somalie et l'Irak, entraînant également l'Iran et la Turquie, avec les puissances mondiales qui n'auraient plus la légitimité nécessaire pour servir de médiateur pour la paix, leur crédibilité ayant bien souffert de leurs échecs en Irak, en Afghanistan et en Syrie. La guerre éclaterait à la frontière est de l'Égypte, juste au-dessus d'eux, et pourrait devenir le cataclysme tant redouté depuis la fin de la guerre froide : une nouvelle sorte de guerre mondiale, marquée non seulement par l'utilisation des armes conventionnelles des conflits traditionnels, mais aussi par un terrorisme sans retenue. Cela paralyserait le monde et le plongerait dans la panique, comme, deux générations plus tôt, la menace d'un holocauste nucléaire.

Comme pour souligner ses pensées, le ronronnement sourd d'un jet volant à basse altitude résonna au-dessus de lui. Un des nombreux avions qui se dirigeaient vers la frontière égyptienne depuis quelques heures. Le capitaine du bateau n'avait pas caché sa nervosité, même avant l'avertissement des gardes-côtes. Il trépignait désormais à leur point d'ancrage, son moteur allumé. Jack et Costas plongeaient ici incognito, censément pour leur seul plaisir. Ils avaient loué les services du bateau en se faisant passer pour des photographes amateurs. Le seul moyen pour Jack de prolonger son séjour serait d'avouer aux autorités égyptiennes qu'il se trouvait là pour réaliser une découverte révolutionnaire, mais ce serait tenter le diable. Le nouveau directeur du CSA, le Conseil suprême des antiquités égyptiennes, était un homme aux ordres, qui fermait quotidiennement les fouilles archéologiques aux chercheurs étrangers. Un mois plus tôt, furieux de découvrir que Jack et Costas étaient partis en exploration sous les pyramides de Gizeh, il avait refusé de dégager le passage souterrain qu'ils avaient trouvé et leur avait retiré leur permis.

Tout ce que Jack pourrait tenter maintenant n'aboutirait qu'à une mise sur liste noire, en Égypte, pour l'International Maritime University, et provoquerait son expulsion du pays et la fermeture de tous les autres projets de l'IMU. Cela mettrait aussi en péril les travaux de son ami Hiebermeyer au sein de l'Institute of Archaeology à Alexandrie, une filiale de l'IMU. En ce moment même, Maurice suait sang et eau pour terminer l'excavation de la nécropole de l'oasis de Fayoum, l'aboutissement d'une vie consacrée à sa passion pour l'égyptologie et qui pouvait encore donner lieu à des résultats surprenants. Pour Hiebermeyer, la moindre seconde comptait. Toute sa vie, toute son âme étaient vouées à l'Égypte antique et Jack ne voulait pas lui faire courir le risque d'être interrompu si près du but. Il ne restait plus aucune marge de manœuvre : cette plongée serait la dernière dans ce site, leurs chances de pouvoir un jour y revenir étouffées par le nuage noir qui pesait sur l'ensemble du Moyen-Orient, et pas seulement l'Égypte.

Il ferma les yeux un instant, prit une profonde inspiration, conscient que chaque bouffée d'oxygène qu'il tirait de son réservoir égrenait le compte à rebours final. Au cours de ces derniers mois au Soudan et en Égypte, il avait poussé le bouchon plus loin qu'il ne l'avait jamais fait dans sa carrière et choqué plus d'un membre du conseil d'administration de l'IMU. Officiellement, Jack était le directeur archéologique de l'université et Costas, son spécialiste en submersibles. Quand Jack avait fondé l'IMU, quinze ans plus tôt, il avait cédé le pouvoir à un conseil indépendant parce qu'il avait vu trop d'institutions péricliter entre les mains d'un père fondateur gardant jalousement autorité sur sa création. Les projets s'étendaient dans le monde entier, englobant l'océanographie et la géologie au même titre que l'archéologie, et l'IMU encadrait les recherches d'organismes affiliés, tels que celui de Hiebermeyer à côté de l'antique port d'Alexandrie, sur la côte égyptienne de la Méditerranée. Une des attributions du conseil était de contrôler tout projet risquant de devenir une poudrière politique et de compromettre la réputation de l'IMU et ses activités dans la région. Bien qu'il n'ait commis aucune erreur, Jack avait dû accepter que les autorités soudanaises mettent fin à ses plongées dans le Nil et il n'avait pu que contempler, impuissant, le violent tollé provoqué par ses fouilles dans les pyramides. Il était la victime des extrémistes qui s'étaient infiltrés dans les régimes des deux pays. Au cours de ces derniers jours, il s'était demandé qui des autorités égyptiennes ou du conseil de l'IMU provoquerait son départ du pays. Quoi qu'il en soit, il savait que son temps était compté.

Il jeta un coup d'œil à l'ordinateur fixé sur son poignet. Encore quinze minutes de plongée devant lui, de précieux instants pendant lesquels il pouvait oublier le monde moderne et se consacrer uniquement à ses recherches. Vivre l'instant présent n'était pas juste enivrant pour lui, c'était devenu une arme, aiguisant ses sens et sa capacité d'observation, nettoyant ses pensées et lui permettant d'apprendre en une seconde davantage sur les fonds marins qu'il ne l'aurait pu en plusieurs heures sur la terre ferme. Il regarda le long de la pente, imaginant le défilé des secondes sur son ordinateur. Il savait qu'il lui fallait faire preuve de la plus grande perspicacité. L'enjeu pouvait être une découverte qui ébranlerait les fondements mêmes de l'histoire.

2

Jack leva la tête vers la coque du bateau de plongée, trente mètres au-dessus de lui, qui faisait gronder son moteur pour rester loin de la rive. Il sentit un petit coup sur son épaule.

— Jack.

Il entendit le bruit de succion d'un détendeur derrière lui. Il se tourna, aperçut Costas. Cela le surprenait toujours de voir son ami dans cette combinaison louée, plutôt que dans son équipement habituel, une sorte de carapace tout-terrain en Kevlar, avec des recycleurs d'air intégrés, que Costas avait lui-même développée pendant plus de dix ans dans le labo de l'IMU, au milieu des Cornouailles, l'améliorant constamment. Ici, tout ce qui porterait un logo de l'IMU attirerait une attention malvenue. Ils avaient déjà eu de la chance de trouver des masques complets, avec micros incorporés, dans la boutique où ils s'étaient rendus. Tout ce qu'ils avaient apporté de personnel, c'était le matériel de photo et la caméra GoPro que Costas avait attachée à son front. Mais Jack prenait plaisir à retourner à une certaine simplicité, au type d'attirail qu'il avait vu, enfant, dans les magazines de plongée. Tirer sur un détendeur de location lui procurait la même exaltation que celle ressentie lors de sa toute première plongée, bien des années plus tôt.

Il se stabilisa, injecta une petite bouffée d'air dans sa veste.

— Qu'est-ce qu'il y a ?

— Trouvé quelque chose.

Jack secoua la tête, se retournant vers la pente. Les colonies de corail chatoyaient, envahies de myriades de poissons, et au loin il vit l'éclat d'un requin à pointes blanches.

— Pas encore. Mais je voudrais inspecter ces affleurements, là-bas. Ça veut dire que je dois descendre encore un peu, et je sais qu'on ne peut pas prolonger notre plongée à l'infini, le bateau n'a pas de caisson de recompression. Mais, s'il nous reste cinq minutes, ça pourrait suffire...

— Non, c'était pas une question. J'*ai* trouvé quelque chose.

Jack se tourna vers lui, retenant sa respiration. Costas était agenouillé sur le sable et tenait un objet devant sa caméra. Un vieux fusil rouillé, la crosse grouillant de tarets, le récepteur en métal couvert de salissures marines. Jack le lui prit pour examiner le chargeur caractéristique et le verrou.

— Lee-Enfield Mark III, affirma-t-il, le regardant sous tous les angles, se concentrant sur le chargeur de cartouches à dix coups et son viseur à curseur. Il date d'avant la Première Guerre mondiale, avant 1916.

Costas brandit un chargeur de cinq cartouches à base dentelée.

— J'en ai vu d'autres encore, Jack. Éparpillées dans la pente derrière moi. On dirait les restes de plusieurs caisses.

— Tu es sûr ?

— Oui, les mêmes. Lee-Enfield, avec des munitions .303.

Jack sentit son cœur tambouriner dans sa poitrine. Il y avait de cela quelques semaines, Aïcha, la femme de Hiebermeyer, née en Égypte, qui faisait des recherches sur les anciens rapports archéologiques au musée du Caire, était tombée sur un journal écrit par un ami archéologue de T.E. Lawrence, alias Lawrence d'Arabie, un homme qui avait servi comme agent secret pendant la Première Guerre mondiale et avait participé à la répression de la révolte arabe. Elle avait failli le mettre de côté, quand ses yeux avaient été attirés par un croquis remarquable, et elle avait lu la légende qui l'accompagnait. En chargeant des armes en un point de transit clandestin dans le golfe de Suez, le boutre qui transportait la cargaison avait chaviré, et au cours des tentatives faites pour récupérer ce qui pouvait l'être, l'officier avait repêché quelque chose d'autre, quelque chose de bien plus ancien.

Jack se trouvait à l'institut à Alexandrie le jour où Aïcha avait montré à Hiebermeyer le croquis et il avait vu la stupéfaction dans les yeux du professeur. Avec sa forme arrondie, l'objet dessiné là aurait pu dater du Moyen Âge, peut-être de la période des Sarrasins, mais un élément en particulier avait convaincu Hiebermeyer que c'était une œuvre de l'Égypte antique datant de la fin du Nouvel Empire, soit la fin du deuxième siècle avant Jésus-Christ. Il s'agissait d'un objet prestigieux qui avait appartenu à une personne fortunée de haut rang. Ils avaient revisité en pensée toute l'étendue de la côte sur quelques kilomètres et s'étaient demandé comment un tel objet avait pu être perdu là, si loin de l'Égypte, quand Costas avait levé les yeux du manuel de submersibles qu'il lisait dans un coin de la pièce et avait récité un passage de l'Exode dans l'Ancien Testament. L'atmosphère dans la pièce était soudain devenue électrique. L'espace d'un instant, Jack avait oublié toute la frustration provoquée par leur échec dans les pyramides. La découverte du site où l'officier avait trouvé l'objet antique et les preuves d'un événement historique à même de bouleverser les idées reçues avait éclipsé toute autre pensée.

Jack regarda devant lui. Il prononça à haute voix les mots qui lui trottaient dans la tête depuis le début de l'excursion.

— « Nous révélâmes à Moïse : “Frappe la mer de ton bâton.” Elle se fendit alors, et chaque versant fut comme une énorme montagne. Nous fîmes approcher les autres [Pharaon et son peuple]. Et Nous sauvâmes Moïse et tous ceux qui étaient avec lui ; ensuite Nous noyâmes les autres… »

— Très joli, mais on fait quoi, là, maintenant ?

— Tu te rappelles, à Alexandrie, quand tu as cité le livre de l'Exode, le pharaon et son armée lancés à la poursuite des Israélites ?

— C'est l'avantage d'une éducation grecque orthodoxe, ça ! J'en connais un rayon sur les submersibles et je suis quasi incollable sur la Bible !

— Oui, enfin, là, c'était le Coran, la sourate 26, celle des poètes...

— Eh ! Même prophète, même dieu.

— Et même pharaon, répliqua Jack. Ce sont eux, « les autres » mentionnés dans le passage. « Le Seigneur du Levant et du Couchant et de ce qui est entre les deux »... Je ne m'avancerais pas trop, s'agissant de la séparation de la mer, mais nous sommes sur le point de découvrir la réalité historique de cette légende.

— Tu penses que le pharaon est notre homme ? Celui que nous cherchions dans le désert ? Akhenaton ?

Jack vérifia sa jauge. Il ne lui restait plus que quelques minutes d'air. Il fit un signe vers la colonie de corail.

— Un seul moyen de le savoir : allons-y.

Il précéda Costas, battant fort de ses palmes pour descendre sous les trente mètres, puis sous les quarante. C'était plus profond qu'il ne l'avait imaginé. Ils auraient moins de temps. Le peu de lumière dans ces abysses rendait la colonie de corail moins colorée et éclatante que vers la rive. Là, on ne percevait que des teintes sombres de bleu, ce qui diminuait la possibilité de distinguer des éléments inhabituels. Comme il ne leur restait plus que quelques minutes, Jack opta immédiatement pour l'apnée, comme s'il venait de prendre une grande bouffée d'air à la surface et devait maximiser la moindre seconde dans le fond marin. Il atteignit un point central au-dessus des coraux et descendit vers le sable. Les colonies n'avaient rien d'habituel, c'était évident. Comme si elles s'étaient organisées en rangées le long de la pente, plus denses et concentrées que sur le reste du paysage. Il commença à fouiller entre les polypes, nageant rapidement des uns aux autres, scrutant le sable à la recherche de vestiges.

Rien.

Il jeta un coup d'œil à Costas, à quelques mètres au-dessus de lui, qui éclairait son périmètre, flottant tranquillement autour.

— Je ne trouve rien. Peut-être que ce que nous recherchons est enfoui à plusieurs mètres de nous sous le sable. Je vais remonter petit à petit. Une vue d'ensemble m'en dira peut-être plus. Et ensuite il faudra qu'on file...

— Non, Jack.

— Quoi ?

— Je veux dire : non, ce n'est pas enfoui. Sûrement que ça l'a été, mais maintenant, c'est tout autour de nous. Viens par ici.

Costas commença à prendre des photos, le flash s'allumant aussi vite qu'il pouvait être rechargé. Jack regarda la lumière sur son ordinateur avant de s'approcher de Costas.

— Je vois du corail, commenta-t-il. Une quantité très importante pour une telle profondeur, mais c'est tout.

Costas éteignit sa torche et les couleurs vives des coraux éclairés par la lumière artificielle laissèrent la place à du bleu. Il indiqua du doigt une excroissance de corail à la tête de la colonie.

— Regarde ça...

Jack se concentra, descendit vers un magma de coraux qui s'élançait vers lui. Cela lui rappelait les salissures marines sur les structures en décomposition des épaves modernes en fer, préservant des formes qui sans elles se seraient désintégrées. Il se rappela le navire clandestin de la Première Guerre mondiale coulé à cet endroit. Peut-être qu'ils se trouvaient au-dessus d'autres objets tombés du boutre, enveloppés désormais de coraux après un siècle sous l'eau.

Il se tourna légèrement.

— Une roue ! s'exclama-t-il. Je vois les rayons d'une roue, et l'arc de cercle du tour...

— Pas juste une roue, Jack. Il y en a une deuxième de l'autre côté. Et aussi un rebord incurvé entre les deux et une sorte de bâton recouvert de coraux sur le devant...

Costas alla se placer derrière Jack pour prendre des photos de lui devant leur découverte. Jack n'en revenait pas.

— Mon Dieu !

Aucun doute possible. Il était en train de contempler les contours préservés d'un char, comme incrusté dans le corail.

— La roue... déclara-t-il, la voix enrouée d'excitation. L'espacement des rayons rappelle une roue à six rayons, caractéristique du Nouvel Empire... Je crois qu'on a décroché le gros lot...

— Bingo ! s'écria Costas. Félicitations, Jack !

— C'est toi qui l'as vu, corrigea Jack en se tournant vers son ami.

Des dizaines, des centaines de chars constellaient la pente. Il s'approcha de celui qui se trouvait le plus près devant lui. La torche stroboscopique révélait une couleur étrange, un éclat d'or pâle qui s'échappait du sable à la base de la colonie de corail.

— Bon Dieu ! lâcha-t-il.

— Quoi ?

— Viens par ici et prends une photo ! Il y a une plaque d'or d'une dizaine de centimètres carrés, peut-être de l'électrum.

— Je vois une aile, affirma Costas en dirigeant sa torche devant lui. Le bout d'une aile...

— C'est le dieu faucon Horus ! déclara Jack, au comble de l'enthousiasme. Attends un peu que Maurice voie ça ! Le symbole d'un pharaon !

— On n'aurait pas pu trouver mieux, Jack.

Jack se souleva pour examiner les coraux plus haut.

— J'essaie de comprendre comment c'est possible. Comment ces chars ont pu être préservés de cette façon...

— Je sais. Pense aux corps à Pompéi, Jack. Des corps conservés comme dans des moules creux dans la cendre volcanique qui s'est solidifiée sur eux. Regarde la base de cette colonie de polypes : tu peux encore voir les traces de la boue qui a autrefois recouvert les chars, désormais dure comme de la pierre. Tu te souviens, ce matin ? On contemplait la falaise depuis le bateau de plongée, et on se disait qu'elle était vraiment instable. Je pense que ces chars sont passés pardessus la falaise et ont provoqué un magistral glissement de terrain, les enveloppant de terre et de débris en tombant dans la mer. La falaise doit contenir de la poussière volcanique comme la pouzzolane de la région du Vésuve, une roche qui provoque la consolidation de la boue dans l'eau.

— Je vois. Comme le béton hydraulique.

— Exactement. Les masses durcies ont été enfouies dans le sable, qui a bougé au cours des siècles avec le courant et les a exposées, certaines résistant à l'érosion assez longtemps pour que le corail se forme et les préserve comme on les voit aujourd'hui. Celui-là avec le devant en or a été érodé de telle sorte que le corail qui s'est formé dessus, comme le moule de boue qui l'a recouvert, était sur le point de disparaître complètement, et par conséquent les roues et le poteau sont conservés dans la forme du corail. Les autres masses qu'on peut voir sont sûrement des bosses informes maintenant, mais remonte-les à la surface, remplis-les de plâtre et ouvre-les. Et qu'est-ce que tu obtiendras ? Un char de combat de pharaon.

Jack se remémora les lignes de l'Exode que Costas avait citées quelques jours plus tôt : « Les Égyptiens les poursuivirent, et tous les chevaux de Pharaon, ses chariots, ses cavaliers, entrèrent à leur suite au milieu de la mer [...] l'Éternel fit peser sur l'armée égyptienne une colonne de feu et une nuée [...] Les eaux, en refluant, submergèrent chariots, cavalerie, toute l'armée de Pharaon qui était entrée à leur suite dans la mer ; pas un d'entre eux n'échappa... » Il se sentait au comble de l'exaltation et donna un grand coup de poing dans l'eau. Soudain son ordinateur se mit à sonner, indiquant qu'il avait atteint la limite d'oxygène.

— Faut remonter. On a fait tout ce qu'on pouvait ici. Magnifique résultat !

— Encore quelques photos, Jack. Je te rejoins dans une minute.

Jack consulta sa jauge. L'aiguille était complètement dans le rouge. Il ne lui restait plus que vingt bars, il savait qu'à la prochaine aspiration il sentirait la résistance du réservoir en train de se vider. Il fallait qu'il se détende, qu'il calme sa respiration, la garde régulière pour expirer un maximum d'azote lors de l'ascension. Il se repoussa du fond marin, une main sur la purge de son gilet de stabilisation afin de vider l'air pour la remontée, de façon à respecter le protocole de décompression. Ils ne pouvaient surtout pas se permettre un incident maintenant, n'ayant pas de caisson de recompression à proximité. Il leva les yeux, scruta la barre en métal, suspendue à dix mètres sous le bateau, qui servait d'arrêt de sécurité, les deux régulateurs accrochés à des cylindres d'oxygène pur embarqués, qui aideraient à expulser l'azote. Costas avait dépassé son temps à cette profondeur, et ils avaient tout intérêt à utiliser l'oxygène.

Durant son ascension, il regarda les flashes sous lui. Costas essayait de prendre le plus de photos possible, nageant entre les coraux et plongeant plus bas encore pour trouver le meilleur angle. En plus de la vidéo prise par la caméra GoPro fixée sur son front, ces images leur procureraient tout le matériel nécessaire pour une publication qui impressionnerait le monde entier. Il réfléchissait déjà au timing approprié. Ils ne pourraient révéler leur découverte qu'une fois que Maurice en aurait fini avec ses fouilles à Fayoum, parce que, malgré l'euphorie provoquée par une telle révélation et la perspective pour l'archéologie égyptienne de retrouver ses lettres de noblesse, le directeur des antiquités pourrait s'enflammer à l'idée que

Costas et lui avaient plongé sans son autorisation. Le fait qu'ils avaient laissé le site intact et avaient agi en toute légalité en tant que plongeurs amateurs, dans un bateau surveillé par l'armée égyptienne, ne pèserait pas lourd dans la balance. Jack devait d'abord s'assurer que toutes les équipes de chercheurs avaient quitté l'Égypte avant que la tempête éclate.

De toute façon, au moment où il dévoilerait ce qu'il venait de découvrir, un nouvel éclat du directeur des antiquités n'aurait aucun effet pour l'obtention ou non de nouveaux permis d'excavation. Jack avait plutôt intérêt à offrir au conseil d'administration ce qui lui serait nécessaire pour s'assurer que l'IMU quitte l'Égypte avec une découverte révolutionnaire et pas sous un cataclysme politique. Et, bien évidemment, si Maurice pouvait ajouter une découverte de dernière minute dans la nécropole, tout le monde ne s'en porterait que mieux.

Jack repensa à toutes les explorations qui l'avaient conduit jusqu'ici. Aux pionniers de l'archéologie, tous les amateurs, les géomètres, les soldats, les pèlerins de la Terre sainte au dix-neuvième siècle, qui recherchaient ce que Costas et lui venaient de mettre au jour, la preuve incontestable de la réalité derrière la Bible. Il ne pouvait s'empêcher de se dire que l'histoire avait mal jugé ces hommes, s'était trop focalisée sur leur zèle chrétien et leur rôle d'impérialistes plutôt que sur leur magnifique humanité. Il repensa au groupe d'officiers dont il avait suivi les traces sur la piste d'Akhenaton à travers le désert du Soudan et jusqu'aux pyramides de Gizeh. Et il se souvint de ce que Costas avait dit : « Même prophète, même dieu. » Peut-être que pour ces hommes l'histoire d'Akhenaton, de sa conversion au culte d'un dieu unique, l'histoire de Moïse et des Israélites, c'était plus qu'une réalité biblique. Ces hommes, dans la guerre contre le Mahdi au Soudan, avaient été confrontés à la terrifiante montée du djihad et ils étaient conscients de l'extrémisme qui pouvait être enseigné par les disciples de leur propre religion, les fanatiques et les missionnaires en Afrique comptant parmi les plus véhéments. Peut-être que leur vrai zèle avait consisté en la volonté de restituer la vérité commune à ces deux traditions. Peut-être que leur quête avait été alimentée par le désir brûlant de découverte qui habitait aussi Jack, mais aussi par un idéalisme hors du commun. Et maintenant, tout ce qui pouvait éclairer les similarités, les ressemblances, contribuerait à ce que chacun retrouve la raison et renforcerait les modérés en marginalisant les extrémistes.

Jack jeta un dernier regard sous lui, vers les chars enlisés dans le fond marin, et fut emporté par une nouvelle décharge d'adrénaline. Il prenait la relève de ces hommes. L'archéologie avait bien plus à offrir que l'excitation des découvertes, et le nuage noir suspendu au-dessus de l'Égypte et du Moyen-Orient ne lui laissait d'autre choix que de révéler ce qu'il venait de trouver. Il y veillerait personnellement.

La voix de Costas crépita dans ses écouteurs :

— Il reste plus qu'à croiser les doigts ! lança-t-il en apparaissant à la hauteur de Jack et en lui montrant l'aiguille de sa jauge dans le rouge. On a terminé ? Je veux dire en Égypte ? On peut pas faire plus, là.

Jack ne répondit rien, mais ses yeux se fixèrent dans ceux de Costas, leurs masques se touchant presque.

— Oh, oh, j'ai déjà vu ce regard...

Jack leva la tête vers le bateau.

— Dès que nous aurons décompressé et que nous pourrons prendre l'avion, j'irai à l'institut à Alexandrie.

— Ce regard... répéta Costas. Tu veux retourner sous les pyramides, c'est ça ?

— Et comment ! confirma Jack, les yeux toujours plongés dans ceux de son ami.

— Qu'est-ce qui a changé ?

— Je ne jurerais pas que ce que nous venons de découvrir nous apportera la bienveillance des autorités égyptiennes...

Au contraire, même. C'est pour ça que nous allons garder le secret pour l'instant...

— C'est de la folie ! Ils ne pourraient que tirer avantage de l'attention des médias, ils empocheraient les bénéfices du retour des touristes qu'ils ont perdus en fermant les sites archéologiques...

— Je te rappelle qu'on parle d'un régime dont les idéologues risquent de renvoyer leur pays au Moyen Âge... Je pense qu'ils se fichent complètement des dollars des touristes.

— Ce voyou du ministère de la Culture pourrait finir par péter un câble et nous déporter. Ce ne sont que les plus modérés dans son gouvernement qui pourraient l'en empêcher. Et, de toute façon, les événements vont sûrement se précipiter, on va peut-être revenir en plein coup d'État djihadiste, alors autant partir pour de bon !

— C'est pour ça que le temps nous est compté. Il ne nous reste peut-être que quelques heures ou quelques jours, tu comprends ?

Costas prit encore quelques photos du paysage sous eux, les affleurements n'apparaissant désormais que comme des taches dans le chatoiement du sable. Jack leva les yeux vers l'arrêt pour décompresser, moins de dix mètres au-dessus de lui, voyant les bars vibrer alors qu'un jet les survolait. Costas jeta un autre coup d'œil en direction de Jack.

— Je sais ce qui se passe, Maurice l'avait prédit. Il a dit que c'était impossible que tu fasses une découverte qui te permette de quitter l'Égypte satisfait. Il a dit que ça ne ferait que raviver ton désir de connaître le fin mot de l'histoire.

— Tu peux le dire !

— Et que cela t'amènerait à prendre des risques vraiment inconsidérés. Largement de quoi compromettre ton avenir professionnel, et même ta vie.

— Ce ne serait pas la première fois.

— Pas comme ça, répliqua Costas. Ce sont les mots de Maurice. Il connaît ces gens, le directeur des antiquités est peut-être notre ennemi du moment, mais après un coup d'État il sera éjecté par un remplaçant qui donnera l'impression que les talibans sont des enfants de chœur. Coupe sa tête et une autre apparaîtra. Cette fois, c'est contre une idéologie que tu luttes, un mouvement extrémiste que le monde combat depuis l'époque du Mahdi au Soudan, et jusque-là on a toujours perdu.

— Raison de plus pour ne pas abandonner. On gagne la guerre contre l'idéologie avec des idées, pas des ordinateurs. C'est la leçon de l'histoire. Si je parviens à trouver des éléments du passé qui apportent des munitions dans cette bataille, alors ça en aura valu la peine.

— Sacré défi, Jack. Ça pourrait bien être la plus haute montagne que tu auras jamais gravie.

— Tu n'es pas obligé de me suivre. Je ne t'en tiendrai pas rigueur, je peux le faire seul.

— C'est ça, oui.

— Alors ?

— Qu'est-ce que j'y gagne ?

— J'ai réfléchi à la question, affirma Jack. Des submersibles. Ou aura sûrement besoin de submersibles.

— Tu inventes, là ?

— Comment franchir des passages sous les pyramides, trop étroits pour y plonger, sinon ?

Costas fronça les sourcils.

— Des véhicules radiocommandés ? Des androïdes excavateurs ? Des...

— Exactement ce genre de matériel.

— *Little Joey 3*, mon dernier robot submersible ? Je ne t'en ai pas encore parlé. Lanowski et moi, on travaillait dessus à l'IMU, avant que je vienne ici. Incroyable mécanisme bionique.

— Tout ce que tu veux, c'est toi qui choisis.

Jack se concentra sur sa remontée. Costas avait raison, il ne restait plus qu'à croiser les doigts. Ils étaient venus sur le site après la lecture d'un document qui ouvrait soudain tout un champ de possibles, une autre partie de la piste qu'ils suivaient depuis des mois maintenant, depuis le temple consacré au dieu crocodile qu'ils avaient découvert sur le Nil. La voie avait déjà été ouverte par une découverte réalisée plus de cent ans plus tôt, à l'époque d'un autre conflit, la guerre contre les hommes du Mahdi au Soudan, une guerre qui annonçait ce qui se passait aujourd'hui au Moyen-Orient. Et pourtant, Jack soupçonnait que tout ce qui s'était passé au dix-neuvième siècle n'avait pas été entièrement raconté, que la clé de la quête qui s'ouvrait à eux était encore cachée. Il fallait qu'ils résolvent cette énigme avant de plonger plus avant dans l'inconnu.

Ensemble, ils atteignirent l'arrêt de décompression. Costas se tourna vers Jack, s'accrochant d'une main à la barre et posant l'autre sur son épaule.

— Avant d'éteindre nos micros, il faut que je te dise quelque chose. Maurice m'en a parlé juste avant que nous partions, mais nous avons tous les deux décidé d'attendre pour te l'annoncer. On pensait que cela ne ferait qu'augmenter ta frustration de ne pas pouvoir retourner sous la pyramide. Apparemment, quand Aïcha faisait ses recherches dans le musée, elle a aussi trouvé un article de presse datant d'avant la Première Guerre mondiale au sujet d'un vieux soufi fou au Caire, qui était sorti de nulle part. Il se proclamait ancien soldat britannique et affirmait avoir été happé dans le Nil vers un monde souterrain de momies et de morts vivants. Quelque chose du genre. Maurice pense que c'est le type d'histoires inventées pour les touristes crédules, mais Aïcha est persuadée que c'est plus que ça. Ça a tourné au problème de rivalité entre époux, et comme tu le sais, c'est toujours Aïcha qui gagne. En tout cas, elle a décidé de creuser. Tout ce que je veux dire, c'est qu'il existe peut-être une autre entrée sous la pyramide.

Jack le dévisagea, ses yeux brillant d'excitation. Il s'empara d'un des détendeurs qui pendaient du bateau de plongée, appuya sur la valve de purge pour s'assurer qu'il contenait de l'oxygène et prit une dernière bouffée d'air de son propre réservoir, désormais vide. Il retira son masque, mit le détendeur dans sa bouche avant de prendre le masque de rechange et de le placer sur son visage, vit Costas faire de même.

Jack inspira profondément, sentant tout son corps picoter, se délectant du plaisir que l'oxygène lui apportait, comme pour lui vider l'esprit. Il régla le chronomètre sur son ordinateur, commençant le compte à rebours pour leur retour à la surface et vers la pyramide qu'ils avaient laissée derrière eux.

3

Sur le Nil, au sud du Caire, Égypte, 1893

L'homme à la cape noire gratta une allumette et la porta à son cigare, protégeant la flamme de son autre main pour ne pas prendre le risque d'être vu par quelqu'un qui passerait sur la berge. Les eaux de la rivière autour de lui se distinguaient à peine, une légère brume couvrant le miasme ambiant. Le fort abandonné sur la digue ne se profilait toujours pas à l'horizon, même si le capitaine du bateau pointait devant lui en leur assurant qu'ils y étaient presque. Ils avaient, à dessein, choisi une nuit sans lune pour leur sortie, et sans lanterne pour naviguer leur voyage sur le Nil se faisait à l'aveugle. Mais le capitaine avait levé l'immense voile triangulaire de la felouque et les avait conduits infailliblement au-delà de la ville, utilisant la brise du nord pour remonter à contre-courant et atteindre l'étroite bande d'eau cultivée au sud vers le désert. Ils avaient laissé les odeurs putrides des eaux du Caire, et désormais la rivière sentait le moisi, comme un vieux chameau. Le capitaine avait manœuvré le gouvernail tandis que son boy s'était chargé de ferler la voile. Ils avaient vogué en silence, laissant les tourbillons les pousser doucement le long de la rive.

L'homme plissa les yeux dans l'obscurité, ne voyant toujours rien, contraint de se fier entièrement au savoir-faire du capitaine. Il tira sur son cigare, serrant les doigts en soufflant la douce fumée dans la nuit, essayant de maîtriser son excitation. Dans la lumière du jour, s'ils étaient bien là où ils devaient, il pourrait voir les pyramides de Gizeh juste au-dessus de l'horizon, vers l'ouest, et devant lui le fort en ruine, qu'ils avaient visité à pied la veille. Un peu plus bas, en dessous du bord de la rivière, se trouvait le trophée majeur dans l'histoire de l'égyptologie, plus important que la cité perdue d'Amarna ou que les tombes de la Vallée des Rois. Il serait pour lui l'apothéose de son aventure en Afrique et il lui permettrait de retourner triomphant de l'autre côté de l'Atlantique, vers le destin qui avait toujours semblé l'attendre, les plus hautes fonctions s'offrant enfin à lui...

Quelque chose frappa la coque du bateau, lui faisant perdre un instant l'équilibre. Il regarda par-dessus la proue, vit une petite bosse à la surface de la rivière. Quelque déchet fétide, sûrement. La crue annuelle du Nil venant à peine de commencer, ils avaient déjà croisé toutes sortes de débris, du morceau de bois arraché à un système d'irrigation jusqu'au cadavre de vache boursouflé. Le plus surprenant avait été sans conteste un filet de pêche en décomposition, dans lequel reposaient des boîtes de cartouches vides datant de l'expédition lancée au secours de Gordon, reliques d'un combat sanglant, huit ans plus tôt, et qui avaient dérivé pendant tout ce temps depuis le Soudan. Les boîtes ressemblaient à des vestiges archéologiques d'un autre temps, et pourtant l'Égypte et même le monde entier restaient encore choqués par la mort du général Gordon aux mains du Mahdi à Khartoum et par la défaite affligeante des Britanniques qui avaient marqué la perte du Soudan. En Égypte, les Anglais brûlaient de se venger, tandis qu'au Soudan l'armée du Mahdi continuait sa guerre sainte, qui menaçait de se répandre dans toute l'Afrique du Nord et le Moyen-Orient, comme cela s'était déjà produit mille ans plus tôt, entraînant l'Occident dans un conflit à côté duquel les croisades auraient ressemblé à une distraction enfantine.

La vue de ces cartouches l'avait fait réfléchir à son rôle personnel dans toute cette affaire. Il avait fait partie d'un groupe d'officiers américains encore assoiffés d'action après la guerre de Sécession, qui avaient traversé l'Atlantique en quête d'aventure en Afrique et été enrôlés par le khédive d'Égypte. Capitaine du onzième régiment d'infanterie du Maryland dans l'armée de l'Union, puis vétéran de Gettysburg, proche du général Grant, désormais président Grant, il était devenu lieutenant-colonel au service du khédive, puis chef d'état-major de Gordon après que le général britannique avait été nommé gouverneur du Soudan équatorial. Son nom exotique, Chaillé-Long, qui lui venait de ses ancêtres huguenots de France, et ses manières de gentleman du Sud le faisaient paraître bien mieux taillé pour le rôle que les autres officiers américains, et il avait rapidement su plaire en tant qu'Européen de cœur. Au début, il avait tissé un lien cordial avec Gordon. Bien qu'il soit né dans une plantation du Maryland, il avait rejoint l'armée de l'Union opposée à l'esclavage, et s'était réjoui d'assister Gordon dans son effort d'éradiquer le commerce d'êtres humains au Soudan. Leur relation avait commencé à s'envenimer lorsque Chaillé-Long avait compris la futilité de cette entreprise et l'impossibilité de travailler sous les ordres d'un homme comme Gordon. Elle avait fini par se briser définitivement après que le khédive eut envoyé Chaillé-Long au cœur de l'Afrique pour signer un traité avec le roi des Ougandais. Il était alors devenu un explorateur célèbre, dont le nom désormais apparaissait aux côtés de Speke et Burton, Livingstone et Stanley.

En 1877, il était retourné aux États-Unis avec les honneurs, décoré par le khédive de l'ordre du Médjidié, et acclamé comme le premier Américain à avoir navigué sur le lac Victoria. Tant que Gordon était gouverneur, le Soudan lui était fermé, mais il avait étudié le droit international et, après avoir obtenu un diplôme de Columbia, Chaillé-Long avait ouvert son cabinet à Alexandrie. En 1882, il avait accepté la responsabilité de consul juste après le bombardement naval britannique de la ville, prélude à la conquête militaire de l'Égypte, qui avait directement conduit à l'implication anglaise au Soudan et à la débâcle de l'expédition de sauvetage en 1885.

Après tous ces événements, l'Égypte lui avait semblé lointaine. Et pourtant, il s'y trouvait de nouveau, attiré non par l'attrait d'une victoire militaire ou par l'exploration, mais par le besoin de conclure des affaires qu'il considérait avoir laissées en suspens sous Gordon, dans les années 1870. Il s'était attelé à une entreprise commencée par un petit groupe d'officiers britanniques autour de Gordon, obsédés par l'idée de découvrir la vérité sur l'Ancien Testament. Leur quête l'avait poussé à revenir ici à la veille de son départ définitif du pays, dans l'espoir de montrer au monde une découverte qui ne serait pas entachée par la honte et la culpabilité d'avoir échoué dans la mission pour sauver Gordon.

Le bateau cogna un nouvel objet, plus fort cette fois. Du bruit et des mouvements lui parvinrent de la cale, et une voix jura dans un accent anglais :

— Bon Dieu ! Tu peux pas ouvrir les yeux, merde !

Un autre homme répliqua, en français cette fois, mais tout aussi furieux.

— Je ne vous parlais pas, Guérin, je parlais de la clé ! lança la première voix. Saleté de clé, bon Dieu, je viens de la laisser tomber !

Chaillé-Long sortit son cigare de sa bouche et jeta un coup d'œil dans la cale.

— Baissez le ton, Jones. Nous sommes assez proches de la rive pour être entendus.

Les épaules et la tête de Jones apparurent par l'ouverture et il s'adressa au capitaine en arabe. Après avoir écouté la réponse, il se tourna, son visage barbu à peine visible dans la pénombre.

— Ne vous en faites pas, colonel. Le capitaine dit qu'il n'y a personne sur la rive, que les pêcheurs ne s'embêtent pas à venir jusqu'ici quand il fait nuit noire. Ils ont peur d'être entraînés dans les tourbillons qui apparaissent sur la berge au moment de la crue et d'être avalés par les monstres qui selon eux infestent le Nil. Des perches sûrement, dont certaines vraiment immenses, et je ne sais quoi d'autre. Même le capitaine et son boy sont terrorisés. Ce n'est que votre or qui les a convaincus de s'aventurer là, et vous devrez en débourser plus encore pour qu'ils restent. Alors laissez-moi râler et pester tant que je veux.

— Si j'en crois mon expérience auprès des soldats anglais, caporal Jones, cela peut nous occuper jusqu'à l'aube et bien après encore, concéda Chaillé-Long d'une voix traînante.

— La valve du cylindre de plongée est bloquée, lâcha Jones en repartant dans la cale.

Après quelques minutes de remue-ménage, il réapparut.

— J'ai retrouvé ma clé, merci, Allah. Mais il va falloir que je tape sur la valve pour l'ouvrir. Ça risque de réveiller tout Le Caire. Je vais essayer d'étouffer le bruit, ajouta Jones en regardant vers le haut. Passez-moi votre écharpe, mon brave.

Chaillé-Long se redressa, indigné.

— Hors de question. Elle est en pur cachemire et me vient droit de mon fournisseur de Paris.

— Je me fiche que ce soit de la peau de rat. Je ne vous ai jamais pris pour un dandy, Chaillé-Long, mais maintenant je commence à me poser des questions. Et, d'ailleurs, comment est-ce que vous pouvez porter un nom pareil si vous êtes américain ?

— Tous les Yankees ne sont pas irlandais, malgré vos préjugés de Britannique. Mon arrière-grand-père était français, d'une famille terrienne sous l'Ancien Régime. Et avant que vous me traitiez à nouveau de dandy, je tiens à vous rappeler que j'ai été capitaine dans l'armée du Nord pendant la bataille de Gettysburg, puis colonel dans l'armée du khédive du

Soudan, nommé à ce poste par votre vénéré Charles Gordon en personne.

Jones le scruta en plissant les yeux.

— Oh, alors, si vous étiez assez bien pour ce vieux Charlie, paix à son âme, je suppose que vous êtes assez bien pour moi... Mais j'ai quand même besoin de votre écharpe.

Chaillé-Long fit la grimace, mais après une pause, il dénoua son écharpe et la jeta dans l'ouverture. Quelques instants plus tard, il entendit des coups sourds, métal contre métal, et un sifflement qui s'arrêta aussi vite qu'il avait commencé.

— C'est fait. L'équipement respiratoire est prêt. Dès que le capitaine donnera le signal du départ, vous devrez aider M. Guérin à s'équiper.

Quinze minutes plus tard, Jones alluma la petite lampe dans la cale, la gardant en bas pour que son éclat ne sorte pas du bateau. Il ne connaissait pas Guérin, qui les avait rejoints au Caire avec son équipement, et qui jusque-là était resté tapi sous le pont à assembler sa combinaison.

Ledit Guérin venait droit du port d'Alexandrie, où il avait eu l'intention de plonger dans les ruines de Pharos. Mais Chaillé-Long l'avait détourné de son but. Maintenant, pour la première fois, avec ce peu d'éclairage, Jones pouvait voir sur quoi Guérin travaillait : un cylindre bombé contenant de l'air comprimé, complété d'un enchevêtrement complexe de tuyaux destinés à réguler la quantité d'oxygène allouée au plongeur. À tout cela étaient reliés un masque et un embout. Jones se souvint de son cours sur les mouilleurs de mines sous-marins, qu'il avait été obligé de suivre en tant que recrue des Royal Engineers à Chatham. Il avait une peur panique des endroits confinés et tremblait à l'idée de se retrouver sous l'eau. Il avait redouté plus que tout que l'instructeur le désigne pour faire une démonstration dans la Medway, rivière profonde et trouble. Plus tôt, dans le baraquement, le caporal les avait abreuvés de récits macabres pleins de plongeurs asphyxiés dans leurs casques parce que les préposés à la pompe, à la surface, avaient oublié de l'alimenter.

Jones se pencha vers les dalots du bateau pour regarder de plus près. La tenue qu'ils avaient utilisée dans la Medway était équipée d'un masque et semblait dater d'au moins un demi-siècle. La combinaison de Guérin, en revanche, était bien différente. Il lui désigna la valve de régulation.

— Est-ce que le plongeur introduit de l'air manuellement en ouvrant et en fermant la valve à chaque respiration, ou est-ce que c'est automatique ?

Le Français passa la tête dans l'ouverture de sa tenue et lui adressa un regard perçant.

— Vous vous y connaissez en plongée sous-marine, mon ami ?

Jones ouvrit la bouche pour parler, mais se ravisa. Seul Chaillé-Long était au courant de son passé militaire et il valait mieux que cela reste ainsi.

— Enfant, j'ai beaucoup observé les sauveteurs sur les quais de Portsmouth, répondit-il après une courte réflexion.

Et il ne mentait pas. Il avait vu des hommes remonter des armes de l'épave de la *Mary Rose*, le bateau de guerre de Henry VIII, qui avait été jugée dangereuse pour les plus grosses embarcations qui naviguaient sur le Solent.

— Mais bien sûr ils n'utilisaient que le scaphandre dur de M. Siebe.

— Alors, mon ami, vous avez dû constater qu'il est impossible de plonger dans ces conditions, ironisa Guérin, tout en se concentrant pour passer les doigts dans les gants en caoutchouc.

Sa main gauche finit par être en place et il s'en servit pour aider la droite.

— Tout d'abord, c'est trop lourd pour que le plongeur puisse ne serait-ce que se sortir de l'eau, reprit-il. Le casque doit être assez solide pour résister à la pression externe en profondeur, donc il est en bronze, et le plongeur doit s'alourdir encore davantage pour maintenir le casque sous l'eau, parce que, malgré son poids à l'air libre, il flotte sur l'eau quand il est rempli d'air...

Son visage rougit et ses veines gonflèrent à l'endroit où le joint en caoutchouc lui serrait le cou.

— Deuxièmement, le plongeur doit rester à la verticale, pour empêcher que le casque ne se remplisse d'eau et pour qu'il ne se noie pas, continua-t-il, la voix plus rauque désormais. Cela limite son efficacité et sa précision pour la tâche qu'il doit effectuer. Troisièmement, il est relié à la surface par le tuyau d'air, donc il n'a pas de liberté de mouvements sous l'eau, et il dépend entièrement pour sa survie de l'homme qui pompe l'air pour lui sur la terre ferme...

— Et quatrièmement, ajouta Jones, il risque une intoxication au dioxyde de carbone s'il n'arrive pas à ouvrir la valve manuellement et à expirer l'air inhalé dans son casque.

— Exactement. Vous avez vu juste, le félicita Guérin en se levant pour sortir de la cale.

Il partit vers l'arrière, fut rattrapé de justesse par Chaillé-Long, qui le conduisit vers une planche qui servait de banc. Le Français tira sur le col de sa combinaison pour l'écarter un peu, suffoquant à moitié.

— Je vous assure, mes amis, cet équipement est bien moins encombrant sous l'eau, affirma-t-il, la voix encore plus rauque et le visage presque cramoisi et dégoulinant de sueur. Mais il est nécessaire de garder cette tenue étanche.

— Je suis soulagé de l'entendre, rétorqua Chaillé-Long, circonspect, regardant tour à tour l'homme et la rivière. Il faudra que l'on vous ferme la combinaison dans le dos et que l'on vous descende dans l'eau, une fois que le capitaine aura approché ce navire de la rive.

— Un moment, monsieur ! lança Guérin, qui semblait soudain épuisé. Laissez-moi quelques secondes pour me remettre...

Il montra son équipement puis adressa un coup d'œil rayonnant à Jones.

— Il s'agit, comme vous l'avez correctement présumé, d'une valve automatique, le premier régulateur. Quand le plongeur respire, le cylindre libère une bouffée d'air qui passe par la valve.

— Testé et breveté, je suppose ? demanda Chaillé-Long en jetant le mégot de son cigare dans l'eau du Nil.

— M. Denayrouze développe un système similaire et M. Rouquayrol a conçu des cylindres assez solides pour contenir plus d'air, répondit Guérin. Mais leur régulateur n'est pas aussi sophistiqué que le mien et il oblige les plongeurs à ouvrir la valve à la main chaque fois qu'ils ont besoin d'air.

Chaillé-Long le dévisagea.

— Vous êtes en concurrence avec ces deux hommes ?

— C'est pour cela que je dois me montrer discret. Mais ce n'est pas tout, mon ami. Cette technologie va révolutionner la guerre sous-marine. Les plongeurs pourront nager librement pour aller poser des mines sur la coque des bateaux ennemis, causant des dégâts mortels. Un jour, les guerres seront menées sous l'eau, vous savez. Les marines du monde entier vont me l'arracher !

— Eh bien, il est heureux que j'aie fait appel à vous alors que j'avais besoin d'un plongeur pour mon entreprise !

— Vous avez eu la chance que je me sois trouvé à Alexandrie en vue de tester mon prototype dans les vestiges antiques du port et ensuite sur la baie d'Aboukir, sur l'épave de l'*Oceanus*, qui a fait naufrage pendant la bataille du Nil. À cette époque de l'Empire britannique, le public a oublié le rôle de Napoléon dans l'ouverture de l'Égypte antique au monde, et ma découverte aurait servi les intérêts de la France.

— Vous voulez dire que cela vous aurait apporté la fortune en pièces d'or qui se trouve encore dans le navire, à ce qu'on raconte.

Guérin haussa les épaules ostensiblement.

— Un inventeur a besoin de gagner de l'argent, monsieur. Comment pourrait-il se procurer du matériel, autrement ?

— Alors vous n'êtes pas totalement dévoué au bien de la France ?

Guérin plissa les yeux en fixant Chaillé-Long.

— Et vous, monsieur, travaillez-vous pour l'Amérique ou pour vous-même ?

Chaillé-Long ne put retenir un sourire furtif.

— Il semble que vous vous soyez engagé dans une aventure rentable, ici.

— En tout cas, elle me permettra de tester mon équipement comme jamais je n'ai pu le faire auparavant. Je ne veux pas courir le risque d'être espionné.

— Je vous suis reconnaissant de répondre à mes questions de façon si directe, déclara Chaillé-Long, narquois.

Il posa les mains sur les hanches et surveilla la rive qui commençait à se distinguer au loin.

— Alors, prêt ? interrogea-t-il.

— Avez-vous votre lampe ? demanda Jones à Guérin.

— Mais oui ! répondit le Français de manière exubérante en brandissant une boîte métallique ouverte sur le devant, de la taille d'une lampe à kérosène mais contenant une balle en verre opaque. Une autre de mes inventions. Elle contient une batterie et un filament électrique. Le verre opaque atténue l'éclat de la lumière pour éviter que le reflet sur les particules dans l'eau ne m'éblouisse. Je l'ai testé moi-même jusqu'à dix mètres de profondeur, dans le port de Marseille.

— Un véritable entrepreneur ! murmura Chaillé-Long. Si la devise « Liberté, Égalité, Fraternité » n'est pas votre unique maîtresse, alors il est sûr que nous pourrons faire affaire.

Guérin se tourna vers Jones, une étincelle dans les yeux.

— Et vous, monsieur, avez-vous les explosifs ?

Jones ouvrit prudemment une bâche huilée à côté de l'écoutille, révélant une petite boîte en bois fixée à une ventouse par un câble enroulé.

— Empruntés au dépôt des Royal Engineers, au Caire. La sécurité n'est plus ce qu'elle était, là-bas... Bref, la boîte contient huit bâtons de dynamite de cinq cents grammes, enrobés de vaseline pour la plongée sous-marine. Le câble fait six mètres de long, et la charge peut aller jusqu'à un mètre de profondeur. Si le capitaine peut nous maintenir à cette distance de la rive, le bateau supportera la détonation sans subir de dégâts.

Guérin observa la boîte, soudain hésitant.

— Oui, enfin, si je trouve ce que vous recherchez et que j'ai l'occasion de déposer la charge...

— J'ai passé des semaines à trianguler cette position depuis les pyramides, transposant le plan antique aux cartes les plus récemment mises à jour par l'Ordnance Survey.

Le Français ajusta sa moustache.

— Encore du matériel des Royal Engineers, je suppose ? Et vous avez trouvé un théodolite... Vous ne manquez pas de ressources, dites-moi.

Jones toussota.

— Disons que j'ai suivi une petite formation.

Un sourire amusé se dessina sur les lèvres de Guérin.

— Une formation à titre individuel dans l'art du vol, ou une formation militaire ?

Jones montra du doigt la berge plongée dans le noir, que le boy du capitaine maintenait éloignée grâce à une gaffe. Sur la rive s'amoncelait un ramassis de briques et de mortier, au-dessus duquel ils parvenaient à distinguer les murs en ruine et les meurtrières du fort.

— Voilà ! s'exclama-t-il, d'une voix étouffée. Cet emplacement correspond exactement à mes mesures. C'est l'endroit que j'ai demandé au capitaine de trouver. Quand je suis venu ici de jour, j'ai également calculé le mouvement de l'eau contre la rive. Le courant principal de la rivière y est inexistant, mais attention tout de même aux tourbillons... Monsieur Guérin, je pense que les conditions sont favorables, assura-t-il avant de se tourner vers Chaillé-Long. Êtes-vous prêt à vous mouiller les mains, colonel ?

— Je tiens à ce que vous sachiez que j'ai surmonté des pluies diluviennes, des torrents de boue, la misère, la malaria et d'affreuses fièvres équatoriales, au cours de mes années d'explorateur, se vexa Chaillé-Long, en montrant une cicatrice sur sa joue. Cette blessure, vous devez vous demander comment je me la suis faite... Eh bien, je l'ai eue en combattant des guerriers ougandais, avec mon fusil Reilly à éléphants, assisté uniquement par deux de mes hommes équipés de Snider. Et nous avions des dizaines de sauvages contre nous !

Il retira ses gants de soie dans un geste théâtral.

— Je dirai donc, monsieur, que je me crois capable de tremper la main dans cette rivière, et peu m'importe que les eaux en soient fétides et pestilentielles.

Jones observa Chaillé-Long, qui s'agenouillait à côté de lui. Quelle classe, avec son chapeau en soie, sa cape noire à bord cramoisi et ses chaussures en cuir verni ! La guerre au Soudan avait attiré toutes sortes de marginaux, certains très compétents, mais aussi de vrais charlatans, et révélé les aptitudes des uns et des autres au fil des combats, et parfois de façon magistrale. Puis elle les avait renvoyés d'où ils venaient, en propulsant quelques-uns vers de hautes destinées, tout en replongeant la majorité des autres dans l'obscurité de l'anonymat. Les officiers américains employés en tant que mercenaires au service du khédive avaient fait de l'armée égyptienne une force de taille, mais avec son lot d'hurluberlus et d'égocentriques. Jones se rappela un soir, au bord du Nil, avec son commandant, le major Mayne, et un groupe d'autres officiers des Royal Engineers. Il les avait écoutés parler de Chaillé-Long et de ses exploits en Afrique équatoriale. Apparemment, ledit Chaillé-Long avait été ridiculisé par des membres de la Royal Geographic Society pour avoir suggéré que le lac Victoria n'avait que vingt kilomètres de largeur, pour avoir pris certaines îles pour la rive opposée, et pour avoir essayé de corrompre un cartographe afin qu'il accepte de dessiner le lac Kyoga sur le Nil supérieur plus large qu'il ne l'était en fait. Il était aussi notoire que sa cicatrice sur le visage avait été causée non par des tirs ennemis mais par son cuisinier soudanais, qui lui avait sauvé la vie en abattant un guerrier d'un coup de revolver, la balle ayant au passage égratigné le visage de son maître.

Et pourtant toute cette vantardise, toutes ces exagérations étaient inutiles. Chaillé-Long avait indubitablement poussé plus loin au sud que n'importe quel autre étranger au service du khédive, faisant preuve du courage et de la détermination si chers aux Anglais, ce qui lui avait valu une lettre d'approbation de Gordon en personne, publiée dans le *New York Herald*. Et il n'avait aucun besoin d'embellir son expérience des combats : Jones avait du respect pour tous ceux qui avaient connu le bain de sang qu'avait été la guerre de Sécession et il savait que Chaillé-Long y avait participé activement. Sous ses airs de dandy maniéré, on percevait le regard caractéristique des hommes qui ont affronté la mort sur le champ de bataille, et sa cape laissait entrevoir un colt à la crosse sertie de perles. Chaillé-Long n'était pas quelqu'un à prendre à la légère. Maintenant que Jones avait décidé de l'accompagner, il lui faudrait suivre l'homme à la cape et au haut-de-forme quoi qu'il advienne.

Le capitaine du bateau siffla doucement et fit signe vers la rive. Chaillé-Long répondit par un geste de la main et se leva.

— Maintenant, monsieur Guérin, si vous voulez bien nous donner vos instructions, Jones et moi-même allons vous assister pour fermer votre combinaison. Nous avons moins de quatre heures avant l'aube, où nous serons alors trop voyants. Nous n'avons donc plus de temps à perdre.

4

Une demi-heure plus tard, Jones et Chaillé-Long regardaient Guérin flotter à la surface du Nil, sa lampe sous-marine éclairant un magma brunâtre de vase dans l'eau autour de lui. Avec des efforts considérables, ils avaient réussi à l'éloigner du bord du bateau, tandis que le capitaine et son boy se chargeaient de maintenir l'équilibre de l'autre côté, orientant la bôme et s'y suspendant aussi loin que possible sans tomber. Après qu'ils avaient descendu Guérin dans l'eau, essayant de réduire les éclaboussures au minimum, Jones avait vérifié la valve du régulateur sur le gros réservoir d'air que le Français portait sur le dos et qui avait été rempli à l'aide d'un compresseur de vapeur déniché dans un bazar quelconque à Alexandrie. Il ne restait plus qu'à espérer que la machine soufflerait plus d'air que de fumée. Si tout fonctionnait comme prévu, Guérin bénéficierait d'une trentaine de minutes en profondeur, à l'endroit où Jones avait estimé que se trouvait leur cible, à environ huit mètres sous la surface. Guérin lui avait montré le petit robinet de sécurité, qu'il avait conçu pour le moment où la pression atteindrait les dix atmosphères, ce qui lui indiquerait qu'il fallait commencer à remonter, mais aussi qu'il avait le temps d'ouvrir le robinet pour respirer les dernières bouffées d'air du réservoir avant qu'il ne se vide complètement.

Le régulateur sifflait désormais, une écume de bulles recouvrant l'eau à chaque expiration. Ils regardèrent Guérin vider les poches d'air sous ses bras, qui lui permettaient de flotter. Alors que sa tête commençait à s'enfoncer, Jones se pencha pour la tapoter.

— Bonne chance, mon ami. N'oubliez pas de vous débarrasser de vos lests quand vous voudrez remonter, sinon vous ne reviendrez jamais à la surface.

Guérin acquiesça, leva une main en signe d'au revoir et disparut dans l'eau, et avec lui l'éclat de sa lampe. Après quelques instants, seules les bulles de son tuyau trahissaient sa présence, ainsi que la corde du détonateur que Jones déroulait au fur et à mesure que Guérin descendait, et qui était reliée à la dynamite dans la boîte sur le devant de sa combinaison.

— Bon Dieu, murmura Jones. J'ai oublié de lui rappeler de souffler quand il remontera...

Chaillé-Long s'essuya les bras avec son mouchoir et descendit ses manches.

— Souffler ? Pourquoi deviez-vous le lui rappeler, si vous me permettez de poser la question ?

— Parce que l'instinct sous l'eau est de bloquer sa respiration. C'est ce qu'on nous apprend pendant les cours de plongée aux Royal Engineers, à Chatham. Si vous retenez votre respiration en remontant, vous risquez une embolie.

Chaillé-Long rattacha ses boutons de manchettes.

— Et alors ?

— Vos poumons éclatent comme un ballon trop gonflé.

— M. Guérin doit le savoir, assurément.

— M. Guérin est davantage un ingénieur qu'un plongeur, plus un théoricien qu'un homme de terrain.

— Joliment présenté. Vous êtes un homme éduqué, Jones. Bien plus que la plupart des voyous que j'ai côtoyés au sein de votre armée.

— Éduqué, mais en rien un gentleman. Un bienfaiteur venu visiter mon orphelinat m'a payé une bourse pour que j'étudie à la Bluecoat School de Bristol. Mais j'étais trop rebelle et je savais que je ne serais jamais assez raffiné pour entrer à la Royal Military Academy, alors à seize ans je me suis enfui de l'école et j'ai rejoint l'ancien régiment de mon père, les sapeurs du génie. Ils m'ont enseigné certaines techniques, et le reste, je l'ai appris seul. J'ai toujours beaucoup aimé lire. Je n'ai pas arrêté pendant huit ans, depuis le début de la guerre.

Chaillé-Long glissa sa cape sous lui et s'assit sur le banc du pont avant. Il ajusta son haut-de-forme, sortit deux cigares de la poche de son gilet, en offrit un à Jones, qui le refusa, et alluma le deuxième avec un briquet en argent, aspirant profondément et se croisant les jambes.

— Je voulais vous interroger à ce sujet, Jones, maintenant que nous disposons d'un peu de temps. À propos de ces huit années et de l'officier qui vous a dirigé vers moi, le major Mayne.

Jones surveillait les bulles de Guérin, malgré l'obscurité, alors qu'elles avançaient vers la rive pour ensuite tourner à une quinzaine de mètres vers le nord. Elles allaient désormais être poussées par le courant en s'élevant, donnant une fausse impression de la position du plongeur, mais Guérin devait tout de même s'approcher de la limite du câble du détonateur. Tendu, Jones s'assura que la boîte de plongée se trouvait toujours là où il l'avait fixée sur le pont. Et à son grand soulagement, il vit que les bulles revenaient vers le bateau, à moins de quinze mètres. Il se hissa sur le plat-bord, un œil toujours sur les bulles, et se tourna rapidement vers Chaillé-Long.

— Le major Mayne… Le plus impressionnant des officiers que j'aie jamais rencontrés. Sans lui je ne serais pas ici. Il m'a parlé de vous comme d'un des amis proches de Gordon, et lorsque j'ai eu besoin d'un associé pour cette aventure, vous étiez le seul encore présent en Égypte. J'ai pris un risque en vous dévoilant ce que j'avais fait, mais vous aviez de l'argent, et sans or pour payer un bateau et un plongeur, je ne pouvais aller nulle part.

— Que faisiez-vous avec Mayne dans le désert ?

Jones l'observa un moment avant de répondre :

— C'était un officier de reconnaissance et nous avons effectué une incursion derrière les lignes ennemies. J'étais son officier d'ordonnance, son homme de main.

— Vous voulez dire que c'était un officier des services secrets ?! Un espion ?!

— Pas exactement. Il m'est arrivé de nettoyer son fusil. Un Sharps 1873, calibre 45-70, avec un viseur télescopique et un gros canon octogonal. Un des fusils utilisés par vos tireurs d'élite.

— Un Sharps 45-70 ? répéta Chaillé-Long en soufflant un nuage de fumée. J'ai vu un homme abattre un buffle à une distance de mille mètres avec une arme pareille.

— Eh bien moi, j'ai vu Mayne éliminer un derviche de l'autre côté du Nil à plus de cinq cents mètres de lui, et c'était avec un Martini-Henry standard, répliqua Jones. C'est le plus beau tir qu'il m'ait jamais été donné de voir, alors qui sait ce dont il était capable avec un Sharps ?

Chaillé-Long fronça les sourcils.

— Donc, Mayne part avec son fusil pour une mission à Khartoum, et quelques semaines plus tard Gordon est mort, et Mayne aussi, apparemment. On ne l'a plus jamais revu depuis.

— C'est ce que je vous ai expliqué quand nous nous sommes rencontrés, oui.

— On rapporte que Gordon a passé ses derniers instants sur le balcon de son palais de gouverneur, entouré de derviches. Il était bien en vue depuis l'autre rive du Nil, à, disons, cinq cents, six cents mètres de distance, au-delà du camp derviche. Un tireur aurait très bien pu l'attendre de là.

— Je sais de source sûre que Mayne a rencontré Gordon à Khartoum, le matin de sa mort.

— « De source sûre » ? Qu'est-ce à dire ?

Jones se reprit, il en avait révélé bien assez déjà.

— J'ai passé beaucoup de temps avec les Arabes depuis et j'ai entendu parler des hommes qui se trouvaient à Khartoum ce jour-là.

— Est-ce que Mayne était seul dans son entreprise ?

— À Wadi Halfa, où lord Wolseley lui a confié sa mission, je ne l'ai pas vu partir pour Khartoum, concéda Jones, après une courte pause. C'est la veille que je l'ai rencontré pour la dernière fois sur le Nil. Il m'a laissé là avec ses affaires et m'a confié la plaque que ses compagnons officiers et lui-même avaient trouvée dans le temple du crocodile à côté du bassin, avec le soleil rayonnant, symbole du pharaon Akhenaton, qu'il avait reconnue comme le plan d'une cité souterraine, avec les trois pyramides de Gizeh clairement représentées...

— L'objet qui nous a conduits ici, compléta Chaillé-Long en tirant de nouveau sur son cigare. La carte antique d'un lieu caché sous les pieds de tous ceux qui ont foulé le plateau de Gizeh en quête de trésors, ignorant ce que les sous-sols dissimulaient.

Il mordit son cigare avant de l'enlever de sa bouche et de retirer un bout de tabac coincé entre deux dents. Il regarda le pont, puis revint sur Jones.

— Est-ce que l'idée vous a traversé l'esprit que Gordon aux mains du Mahdi aurait gravement nui à l'image des Anglais ? Cela aurait sonné le glas du gouvernement de Gladstone et creusé une entaille fatale pour le prestige de l'Empire. Gordon vivant, martyre chrétien abandonné aux forces du djihad, ou Gordon vivant, partenaire consentant du Mahdi, à ce point dégoûté par l'échec de ses compatriotes pour sauver la population du Soudan qu'il se serait rallié à l'ennemi ? Ne pensez-vous pas qu'un homme dans sa situation était tout désigné pour être assassiné ?

Jones ne quittait pas des yeux les eaux troubles sur la rive.

— Ce sont les officiers qui pensent, colonel. Je ne suis qu'un humble sapeur.

Chaillé-Long réfléchit un instant, secoua la tête et jeta son mégot dans la rivière. Il se pencha contre la rambarde en souriant.

— Ce n'est plus si vrai, apparemment. Vous dites vous être associé aux Arabes... Êtes-vous un déserteur, Jones ?

— Avant que le major Mayne ne parte pour sa mission à Khartoum, il s'était arrangé pour que je retourne à l'unité chargée de la construction de la voie ferrée avec laquelle je travaillais quand je suis arrivé en Égypte, juste après mon service militaire en Inde. Il pensait que j'y serais plus en sécurité et que cela me permettrait de rester en vie jusqu'à la fin de la campagne. Il avait sûrement raison, mais à ce que je pouvais voir, ni le train, ni l'expédition du Nil n'atteindraient le général Gordon à temps, alors au hasard, j'ai opté pour le Nil. Tout se passait bien, jusqu'à ce que les hommes du Mahdi finissent par nous rejoindre à Kirbekan, et une terrible bataille de vingt minutes a éclaté. À un moment je transperçais un derviche de ma baïonnette, et l'instant d'après, sans comprendre comment, je flottais sur la rivière, seul au milieu des cadavres de ma compagnie. J'ai fini par trouver le bassin où le major avait découvert le temple du crocodile et la plaque qu'il m'avait confiée. J'y suis resté pendant des jours, me nourrissant de provisions abandonnées. J'avais été frappé à la tête et je délirais à moitié. Nous avions entendu des rumeurs sur un crocodile géant dans le bassin, et je me suis donné pour but de l'attraper, imaginant toutes sortes de méthodes pour y parvenir. Nous l'appelions le Léviathan, comme le monstre de la Bible. Puis Kitchener et ses troupes à dos de chameau sont arrivés, et les voir m'a rendu quelque peu la raison. Vous connaissez Kitchener ?

Chaillé-Long hocha la tête.

— L'étoile montante de l'armée égyptienne. L'homme qui a juré de venger Gordon.

— Je l'ai entendu le dire, de fait. Qu'il tuerait un derviche pour chacun des cheveux de Gordon. Mais je savais que ce ne pouvait être pour tout de suite. C'est Kitchener en personne qui m'a annoncé que Gordon avait été tué et que les forces britanniques se repliaient vers l'Égypte, abandonnant le Soudan au Mahdi. Et, à cet instant, j'ai su que le major Mayne ne reviendrait pas, même si j'ai toujours gardé l'espoir vain de le retrouver. Juste avant d'atteindre le camp britannique d'Abou Halfa, sur la frontière égyptienne, j'ai lâché Kitchener. Je me souvenais de ce qui s'était passé pendant la bataille de Kirbekan et je savais ce que l'on dirait de ma disparition. Une armée battue cherche toujours des boucs émissaires et se montre fort peu conciliante envers les déserteurs présumés. J'avais déjà reçu des blâmes et des punitions en Inde, j'avais même été rétrogradé du rang de sergent. Je péchais par excès d'assurance, n'hésitais pas à affirmer mes opinions. Cette fois, c'était plus sérieux. Je n'avais aucune envie d'avoir survécu aux derviches à Kirbekan pour me retrouver devant un peloton d'exécution formé de mes propres camarades à Abou Halfa...

— Cela fait plus de huit ans, remarqua Chaillé-Long. Qu'avez-vous fait depuis ?

Jones le dévisagea et gratta sa barbe naissante.

— Je suis le maître de la dissimulation. C'est ainsi que le major Mayne m'appelait. Après quelques jours seulement de notre mission de reconnaissance, je me faisais déjà passer pour un derviche, avec barbe et turban. Ma mère était anglo-indienne, la fille d'un soldat britannique et d'une femme de Madras. Je suis donc naturellement mat de peau, comme vous l'aurez constaté. Je parle assez bien le tamoul pour qu'on me prenne pour un Indien, et suffisamment l'arabe pour nous permettre de traverser le désert. J'ai appris à vivre comme un Arabe, à me fondre dans les replis des dunes et les souks bondés du Caire, à vivre sans me faire remarquer...

— Et vous avez lu des livres. Vous avez accumulé des connaissances sur l'Égypte antique.

— J'ai rejoint les fellah, employé comme laboureur, et j'ai trouvé du travail à Gizeh pour vider les pyramides. Je suis allé à Amarna, où j'ai été contremaître sur un site de fouilles d'une équipe française. Personne ne m'a posé de question. Je passais pour un Arabe, et avec mes compétences d'ingénieur tout le monde était content de moi. J'ai passé plusieurs jours dans le musée du Caire, de salle en salle, à mémoriser tout ce que je voyais. J'ai appris à lire les hiéroglyphes, expliqua Jones en baissant le ton. J'ai appris tout ce que je pouvais sur lui...

— « Lui » ?

Jones se pencha vers Chaillé-Long, chuchotant presque :

— Long-Visage. C'est ainsi que l'appelaient les Indiens Canadiens. Nous les avions avec nous pendant l'expédition sur le Nil, vous savez, ces « voyageurs », emmenés en Égypte par lord Wolseley pour conduire nos bateaux. Sur le chemin vers Amarna, ils avaient vu les statues cassées du pharaon qui avait bâti la ville, avec son visage étrange et ses lèvres charnues. Dans la langue des Mohawks, ils l'avaient appelé Menakouhare, Long-Visage. Ce nom m'a frappé.

— Vous parlez d'Akhenaton.

— Le pharaon-soleil, confirma Jones, dans un murmure. Le père de Toutânkhamon, le garçon-pharaon. Celui qui est parti vers le sud, dans le désert, en tant qu'Amenhotep IV, grand prêtre de l'ancienne religion, et en est revenu Akhenaton, Celui par lequel brille la lumière d'Aton, le roi-soleil. Il est parti vers le sud avec sa femme Néfertiti et son compagnon, Moïse, l'ancien esclave qui avait eu la même révélation et avait rapporté à son peuple sa vision du dieu unique. Ils étaient dans le temple du crocodile, celui que Mayne a découvert dans le bassin sur le Nil. Je l'ai vu par moi-même, je m'étais préparé pour y pénétrer dans les semaines où je suis resté là après la bataille, quand mon esprit battait la campagne. J'ai vu les gravures sur le mur, avec Menakouhare à la tête de la procession, le symbole d'Aton devant lui. Akhenaton avait eu sa vision dans le désert, mais la cité de la lumière n'était pas là : elle devait être ici, hors de la vue et cachée dans le cœur de l'Égypte antique. Et nous serons les premiers à la voir, après trois mille ans.

Chaillé-Long posa une main sur sa hanche et fixa Jones du regard.

— Quand nous aurons effectué notre grande découverte, vous et moi serons très demandés. Nous ferons la une du *New York Herald* et de l'*Illustrated London News*, et partout dans le monde. Ceux qui sont sous le choc de la mort de Gordon, de par sa négligence, et je dis bien *négligence*, verront notre triomphe comme son apothéose, la preuve qu'il était à Khartoum pour une noble cause, pas seulement pour secourir le peuple du Soudan mais pour protéger les indices d'une découverte qui éclairera toute l'humanité. Je ne doute pas qu'à mon retour je serai convoqué à la Chambre des représentants, ou même au Sénat. Vous devriez venir avec moi, Jones. L'Amérique est un pays fait pour un homme comme vous. Des lignes de chemin de fer attendent d'être construites, des rivières d'être barrées. Avec mes contacts et des mots bien placés, je peux vous introduire auprès des plus riches et des plus célèbres, sans les contraintes des classes sociales et de l'étiquette utilisées au Royaume-Uni pour maintenir des gens comme vous dans l'égout.

Jones se tourna pour voir les bulles émises par Guérin, le câble du détonateur toujours détendu dans ses mains. Les bonnes intentions, le discours de s'emparer du monde, de se lancer dans une collaboration avec Guérin n'étaient peut-être que du vent, le numéro d'un homme qui, le moment venu, une fois la découverte réalisée, pourrait tout aussi bien les rejeter et vouloir recueillir toutes les louanges pour lui seul. Jones ignorait si l'individu qu'il avait en face de lui était un vrai gentleman ou s'il n'avait que le vernis de la décence. Il avait vu ce que la guerre peut provoquer chez les gens, et les guerres civiles étaient les pires. Elles faisaient se combattre des frères, des hommes qui après cette épreuve n'étaient plus capables de revenir à la surface. L'Amérique dont lui avait parlé Chaillé-Long était un endroit où l'ambition ne connaissait aucune limite, la moralité ayant été noyée dans le traumatisme de la guerre de Sécession. Il avait entendu des récits de barons cambrioleurs qui s'étaient, après la guerre, bâti de gigantesques fiefs dans l'Ouest grâce à leur colt et leur winchester. Rien de plus facile pour Chaillé-Long, une nuit comme celle-là, d'utiliser le revolver qu'il cachait sous sa cape pour se débarrasser de tous ceux qui l'entouraient ici : un déserteur de l'armée britannique qu'on pensait mort, un inventeur français inconnu qui semblait exceller dans l'art de maintenir sa propre existence secrète, un capitaine de bateau et son boy... Tout ce petit monde viendrait sans problème s'ajouter aux cadavres que le Nil rejetait chaque année dans les marais du delta.

Tuer avait également endurci Jones, mais pas au point de lui faire perdre sa moralité. Dans l'armée, il avait été un dissident, en rébellion constante contre l'autorité, un simple soldat qui nourrissait des opinions autorisées seulement à des officiers. Et pourtant, encore une fois, il se surprenait à regretter cet esprit de corps, la certitude morale qui habite ceux qui travaillent et se battent les uns pour les autres. Ici, dans le monde civil, il avait appris que la seule personne sur laquelle il pouvait compter, c'était lui-même. Les défauts et les faiblesses se font alors plus exacerbés, les démons maintenus à l'écart par l'armée se manifestent avec leur force destructrice, quand la discipline n'est plus là pour vous en protéger.

Il avait laissé flotter un voile de mystère et n'avait pas tout dit à Chaillé-Long. Au cours des huit dernières années, il avait appris à agir en catimini, à tordre la vérité dans son sens. Il savait ce qui était arrivé à Mayne, il avait deviné qui l'avait ordonné. Chaillé-Long avait vu juste, Gordon était devenu un boulet, mais celui qui devait l'éliminer le devenait aussi, du même coup, parce que cet acte était bien trop abject pour que le grand public puisse jamais en être informé. Et Mayne ne s'était pas rendu seul à Khartoum mais accompagné de son ami, son frère de sang depuis l'époque de l'expédition sur la rivière Rouge au Canada, un « voyageur » nommé Charrière. Après que Jones avait quitté le bassin des crocodiles avec Kitchener, ils avaient traversé le désert pour rejoindre la route qui menait de Khartoum à la frontière égyptienne. Jones avait été sidéré de reconnaître Charrière, en partance vers le nord. Une nuit, Jones l'avait suivi jusqu'à Wadi Halfa et l'avait vu entrer seul dans la tente de lord Wolseley. Il avait alors compris ce que Charrière avait fait. Wolseley avait été un bienfaiteur et un mécène pour les Indiens Mohawks depuis qu'il les avait pris à son service sur la rivière Rouge. Charrière lui était redevable et il disparaîtrait vite dans la forêt canadienne, aussi discrètement qu'il était venu dans le désert. Il ne raconterait jamais ce qu'il avait fait, on pouvait lui faire une entière confiance.

Et ce n'était pas tout ce que Jones avait tu à Chaillé-Long. La plaque du temple du crocodile n'était pas le seul indice qui l'avait conduit en cet endroit. Cette nuit-là, à Wadi Halfa, risquant le tout pour le tout, il s'était introduit dans la tente où Charrière et Wolseley discutaient. Dans le sac de Charrière, il avait trouvé le journal de Gordon. Le récit de ses derniers jours à Khartoum, qu'il avait sans doute confié à Mayne et que Charrière avait dû lui voler mais avait apparemment décidé de ne pas montrer à Wolseley. En l'espace de quelques secondes, il avait vu un croquis époustouflant, esquissé sur la dernière page, qui s'était comme gravé dans son esprit. Un autre indice d'Akhenaton que Gordon lui-même avait découvert, une version plus détaillée du plan sur la plaque. On pouvait y voir le symbole solaire d'Aton, les lignes irradiant depuis le centre avec le groupe de trois carrés qui représentaient les pyramides de Gizeh dans un coin. Jones avait rapidement recopié une série de cartouches que Gordon avait notés en bas de la page, avant de replacer le journal dans le sac et de s'enfuir dans la nuit.

C'était ce croquis dessiné par Gordon qui avait constitué la plus grande révélation et lui avait permis de comprendre la plaque. Un jour, plusieurs années plus tard, alors qu'il travaillait à Gizeh avec les fellah, il s'était rendu compte que les trois petits carrés correspondaient exactement aux positions des pyramides sur le plateau. Il fut donc capable d'utiliser le croquis et la plaque pour trianguler leur emplacement dans la rivière par rapport aux pyramides, suivant une des lignes irradiant du symbole solaire qu'il imaginait être des passages souterrains. Découvrir ce qui se cachait sous le sable l'obsédait, non parce qu'il était attiré par la fortune des anciens, mais parce que cela révélerait une vérité qui donnerait toute sa noblesse à sa présence dans le désert, qui réhabiliterait Mayne et même Gordon, qui contrasterait de façon flamboyante avec la triste réalité des échecs et des déshonneurs des forces occidentales. Dans son imagination fébrile, tenaillée de nouveau par l'euphorie qui s'était emparée de lui dans le bassin des crocodiles, il s'était vu prendre la relève de Gordon à Khartoum, un homme qui avait su se défaire de toutes les chaînes pour tenter d'atteindre un objectif plus noble.

Retombant sur terre et pris dans la mélancolie qui suit toujours un tel état maniaque, alors qu'il mendiait tout près du Shepheard's Hotel au Caire, il avait entendu parler de Chaillé-Long et de son cabinet d'avocat à Alexandrie. Jones avait déjà compris qu'il devrait demander l'aide de personnes fortunées, s'il voulait percer le mystère du croquis. Et moins d'un mois plus tôt, une autre révélation incroyable s'était offerte à lui. Il avait appris à lire les hiéroglyphes dans le but de traduire les cartouches qu'il avait recopiés dans le journal de Gordon. Il avait appris à reconnaître le cartouche royal d'Akhenaton, l'un des trois dans le journal, mais les deux autres, il n'était pas parvenu à les comprendre. Et soudain, il avait été frappé par une illumination : les symboles d'Aton, pour le soleil et la lumière, ne représentaient pas la lumière du soleil, après tout, mais quelque chose de bien plus terre à terre et surprenant. L'endroit qu'il recherchait n'était pas juste le sanctuaire d'une nouvelle religion, mais un trésor que peu d'égyptologues auraient pu imaginer même dans leurs rêves les plus fous.

Il n'en avait pas encore parlé à Chaillé-Long, parce qu'il ne pouvait pas anticiper l'effet qu'une telle révélation aurait sur cet homme. Il craignait aussi les fuites potentielles. Le Caire, huit ans après la guerre, grouillait d'hommes sans scrupule alléchés par les récits sur les richesses antiques, qui avaient transformé leur passion pour la guerre en une obsession pour les tombes et les pharaons. Jusqu'à ce que Guérin revienne de sa plongée, avec l'annonce qu'ils étaient au bon endroit, son secret resterait connu de lui seul, préservé sur une feuille de papier froissé, serrée dans sa ceinture, et dans un journal qui avait sûrement dû disparaître avec Charrière de l'autre côté de la planète.

Chaillé-Long se leva et consulta sa montre de gousset.

— Cela fait déjà une demi-heure qu'il est dans l'eau, affirma-t-il. Il devrait remonter bientôt.

Jones se leva à son tour, scrutant la surface de l'eau. Il se rendit compte qu'il voyait mieux, désormais. En regardant au-dessus de la rive, il apercevait les pyramides de Gizeh, éclairées par les premiers rayons de l'aube.

Son cœur se mit à battre. Il y était presque.

5

Le bateau vacilla, puis trembla de nouveau, comme si un objet en avait percuté la coque.

— Grands dieux, mais que se passe-t-il ? lâcha Chaillé-Long.

Le boy accourut pour vérifier, et Jones le suivit du regard. Une grosse masse informe flottait sous la surface boueuse, se soulevant et s'agitant dans le courant. Elle s'était prise dans le bateau et menaçait de l'entraîner vers le large, forçant le capitaine à appuyer de toutes ses forces sur le gouvernail pour maintenir le navire contre la rive. Jones sentit le câble du détonateur se tendre, mais il ne voyait toujours aucune trace de la lampe de Guérin. Le capitaine cria des ordres à son boy dans un arabe suraigu, faisant de grands signes avec sa main libre vers la gaffe en bois posée sur le pont. Le boy la ramassa et en abaissa l'extrémité en fer par-dessus bord, la tenant fermement et longeant le bateau à la recherche d'un contact. L'embarcation continuait à dériver et sombrer, le capitaine se battait en vain avec le gouvernail. Il fit signe à Chaillé-Long et Jones de rester où ils étaient pour maintenir un certain équilibre.

Le boy s'arrêta brusquement, puis tira puissamment. Aussitôt le bateau se dressa et la gaffe se souleva à l'horizontale, le crochet en fer pris dans une vrille qui ressortait de la masse principale de l'objet. Il flottait désormais librement, détaché du bateau. Le boy trébucha en avant et tomba à genoux tout en tentant d'extirper la gaffe de la vrille. Le capitaine hurla de nouveau en arabe, et Jones comprit que le boy risquait de passer par-dessus bord. Il se jeta sur lui, gardant toujours dans la main le câble du détonateur, s'empara de la gaffe pour essayer de la libérer, mais en vain. Alors qu'il faisait une dernière tentative désespérée, le boy refusant toujours de lâcher prise, l'objet sortit de l'eau, propulsé par un tourbillon.

Jones en resta pétrifié d'horreur. Le boy avait reculé et le capitaine s'était effondré, les yeux grands ouverts, versant des torrents de larmes et suppliant Allah. Une puanteur, étouffée par l'eau de la rivière tant que le corps s'y trouvait englouti, s'éleva d'un coup, charriant avec elle la mort et la décomposition. Jones se retint à grand-peine de vomir : son pire cauchemar se matérialisait. *Un crocodile.* Plus exactement, la carcasse putride et depuis longtemps éteinte d'un crocodile, son squelette géant recouvert de vrilles blanches et grises, juste assez de matière pour lui avoir permis de flotter lors de son ultime voyage hors du bassin qu'il avait habité, bien plus loin sur la rivière.

— Dieu me garde, lâcha Jones, la respiration accélérée.

Il serrait le câble du détonateur de toutes ses forces, essayant d'arrêter de trembler. *Chaillé-Long ne doit pas me voir dans cet état.* Il se revit, huit ans plus tôt, dans le temple du crocodile. Il ne fallait pas qu'il retombe dans cette folie. Il s'était convaincu que son obsession du Léviathan n'était qu'un délire causé par sa blessure à la tête. Il avait réussi à récupérer un certain équilibre avec l'arrivée de Kitchener et de ses troupes à dos de chameau. Mais soudain la raison menaçait de s'évanouir à nouveau, et il se sentait une fois de plus attiré dans la mauvaise direction. Avec toutes ses inventions diaboliques, tout ce que ses connaissances d'ingénieur lui avaient permis de créer, la dynamite, les armes à fil de détente, avait-il réussi à tuer le crocodile sacré du bassin, un crocodile dont la carcasse pourrie venait seulement de le rattraper ?... La peur commença à monter en lui, une peur qui, il en était conscient, allait se transformer en panique, s'étendant à tous les recoins sombres de son esprit, réveillant sa phobie des endroits confinés, sa terreur de se retrouver piégé sous terre, qu'il avait pour la dernière fois ressentie dans la cave lugubre du musée du Caire, au milieu de rangées de momies en déliquescence. On aurait dit que les démons de son propre monde souterrain avaient été de nouveau libérés, le lacérant, l'écrasant sous le portail à ses pieds, près de l'entrée du monde des morts en dessous de la rivière.

La corde du détonateur, en se tendant, le rappela brutalement à la raison. Chaillé-Long remontait la lampe sous-marine, toute sa puissance dépensée. Guérin avait refait surface, sans son masque, de l'autre côté du bateau, à l'opposé de la carcasse.

— La charge est en place, annonça-t-il, à bout de souffle.

Jones tituba et agrippa la poignée du piston, l'enroulant à toute vitesse afin de générer suffisamment d'électricité pour déclencher la charge. Quelque chose en lui, une voix datant de sa formation militaire, lui souffla que ce n'était pas bien, qu'il ne devait préparer le piston qu'au moment de tout faire sauter. Guérin ne leur avait pas encore annoncé ce qu'il avait trouvé. Mais ce geste lui permettait de se concentrer et justifiait sa respiration saccadée. Il laissa le piston en position et courut vers le côté du bateau. Guérin cherchait quelque chose dans sa combinaison, mais il fixait du regard les deux autres, les yeux injectés de sang.

— Je l'ai trouvé ! s'exclama-t-il. Une demi-heure à creuser pour dégager le linteau… Et cette inscription !

Il brandissait une ardoise en bois sur laquelle était gravé un cartouche. Jones s'en empara, ses mains tremblant d'excitation.

— Mon Dieu ! s'écria-t-il d'une voix rauque. Regardez, colonel, nous avions vu juste. C'est le cartouche royal d'Akhenaton.

Chaillé-Long se leva, dominant les deux hommes de toute sa hauteur, le pouce sur sa montre de gousset, la crosse en ivoire de son pistolet sortie de la poche.

— Eh bien, messieurs, je pense que c'est un succès total.

— Il y a une porte en pierre sous le linteau. Elle est fermée, haleta Guérin, grimaçant. Et j'ai posé contre elle les bâtons de dynamite. Mais, mes amis, je dois vous prévenir...

Il toussa bruyamment, avala, toussa de nouveau.

— Si le tunnel qui se trouvait derrière n'est pas inondé, cela entraînera un vortex, un tourbillon surpuissant...

Chaillé-Long adressa un regard de dédain au capitaine, blotti contre son boy et apparemment toujours en train de prier.

— À ce que j'ai cru comprendre, ils ont l'habitude des tourbillons, par ici. Un peu d'agitation pourrait bien les rappeler à la réalité, ces deux-là, de toute façon, ajouta-t-il en s'emparant de la poche en peau de cochon qui servait de flotteur. Et je suis prêt pour un petit plongeon dans l'eau, s'il le faut.

Le bateau remua de nouveau. Jones ne pouvait pas se résoudre à regarder de l'autre côté. Guérin se souleva d'une main et attrapa le plat-bord.

— Qu'était-ce donc ?

— Encore des débris qui dérivent à la surface, répondit Chaillé-Long en haussant les épaules. Ne vous en faites pas pour cela.

Jones s'agenouilla à côté du piston, protégeant la poignée d'un éventuel coup, et leva les yeux vers l'Américain.

— Je dois vous dire autre chose. Au sujet de ce qui se trouve sous l'eau. De ce qui s'y trouve *vraiment*. Ce qu'Akhenaton avait construit sous les pyramides.

— J'en sais suffisamment, assura Chaillé-Long, impérieux, en consultant sa montre. Nous avons trouvé ce que nous étions venus chercher.

Le bateau sembla s'élever légèrement avant de glisser vers le courant, tirant sur la corde du détonateur.

— Vous devez déclencher cette charge maintenant, Jones.

— Allez-y, renchérit Guérin. Je suis assez loin, je ne crains rien.

Jones secoua la tête.

— Vous ne connaissez rien aux explosifs, Guérin. Aux ondes de choc sous-marines.

Guérin toussa et cracha un gros caillot de sang. À chaque nouvelle quinte, l'écume rouge sur ses lèvres grossissait.

— Il a fait une embolie ! s'écria Jones en regardant Chaillé-Long. L'onde de choc va sûrement le tuer. Il faut qu'on le hisse à bord...

— Abaissez le piston, Jones. Le bateau tire le détonateur et la charge loin de la rive. C'est notre dernière chance. *Votre* dernière chance, siffla Chaillé-Long derrière lui, glacial.

Soudain le bateau cahota violemment et l'Américain bascula en arrière. Jones se tourna et vit Chaillé-Long perdre l'équilibre et s'écrouler de tout son long sur le piston. Le navire se balançait dans le courant, plongeant le câble du détonateur et le piston dans l'eau, laissant Guérin flotter dans un bain de sang vers la rive. La rivière devant lui se souleva en un immense geyser, agitant violemment le bateau. Quelques secondes plus tard, une explosion sourde résonna, suivie d'un bruit incroyable, différent de toutes les détonations sous-marines que Jones avait entendues auparavant, et qui semblait provenir de bien plus bas sur la rive. Il se souvint de l'avertissement de Guérin, comprit tout à coup de quoi il s'agissait : un écho provenant d'une cavité creuse, un passage sec, s'étendant sous le désert. Quoi qu'ils trouvent derrière ce portail, il ne s'agissait pas seulement d'une grotte mais d'un long tunnel, assez grand pour avaler tout un torrent d'eau si la charge avait réussi à faire exploser l'entrée de pierre.

Le calme s'installa, un instant. Guérin flottait sur l'eau, inconscient ou mort. Chaillé-Long gisait sur le pont, grognant et agrippant sa bouée en peau de cochon. Le capitaine et son boy n'étaient plus là. Et petit à petit, d'abord doucement, mais avec une violence grandissante, l'eau devant lui se mit à tourbillonner comme dans un entonnoir géant, entraînant le bateau avec lui. Jones ne put rien faire d'autre que s'agenouiller, regardant avec horreur le trou noir qui s'enfonçait de plus en plus profondément dans les abîmes. Le bateau descendit en dessous de la surface de la rivière. Le corps de Guérin disparut, aspiré lui aussi par le tourbillon. Et, l'espace de quelques secondes, Jones aperçut ce que Guérin avait vu, un portail en pierre, une image furtive de piliers et une inscription en hiéroglyphes, un passage sombre en dessous. Il sentit le bateau voler en éclats autour de lui et fut propulsé en avant, incapable de respirer ou d'entendre, ne voyant plus que les ténèbres ouvertes devant lui.

DEUXIÈME PARTIE

6

Alexandrie, Égypte, de nos jours

Jack Howard longeait le vieux quai du port d'Alexandrie, vers Qaitbay, le fort du quinzième siècle, bâti sur les fondations de l'ancien phare, qui servait désormais de quartier général pour l'institut d'archéologie de Maurice Hiebermeyer. Le soleil frappait contre la pierre, la lumière se reflétait sur l'eau du dock. Et, l'espace d'un court instant, Jack se permit de savourer l'air estival de la Méditerranée et d'oublier qu'il se trouvait dans un pays en situation de guerre imminente. Il se remémora, dix ans plus tôt, la découverte d'un fragment de papyrus dans la nécropole de la momie à Fayoum, qui les avait conduits à apprendre la vérité derrière la légende d'Atlantis. L'étudiante à l'origine de cette aventure était à présent la femme de Hiebermeyer, et ensemble ils avaient créé en Égypte un centre archéologique de premier plan. Jack éprouva une forte sensation de déjà vu en avançant vers le fort, entre les rochers usés. Il s'apprêtait à entendre les dernières nouvelles sur la nécropole encore en cours d'excavation. De son côté, il allait informer Hiebermeyer du spectacle extraordinaire qui s'était offert à leurs yeux, espérant susciter le bouillonnement d'idées et la vague d'excitation qui avaient toujours marqué leur collaboration.

Mais cette journée était également marquée d'une pierre noire. Depuis Atlantis, tous les projets de Jack s'étaient noués ensemble, reliés par des découvertes qui l'avaient fait voyager dans le monde entier, d'Égypte en Grèce et en Turquie, d'Inde à l'Asie centrale et l'antique Herculanum, et de l'autre côté de l'Atlantique, vers les eaux glacées du Groenland et les jungles du Yucatán. La fin d'un projet devenait toujours le début du suivant. Et là, pour la première fois, il éprouvait comme une impression de clôture, la sensation déprimante que ce qui avait été entamé ici dix ans plus tôt touchait à sa fin, que les portes de l'Égypte antique allaient se refermer pour toujours. Il se sentait nerveux, fébrile, l'esprit aussi aiguisé que lorsqu'il plongeait. S'il lui restait des découvertes à faire en Égypte, il faudrait qu'il les réalise au cours des jours à venir, ou même des prochaines heures. Le temps leur était compté.

Par-dessus les bateaux qui flottaient à quai, il admira la prestigieuse Bibliotheca Alexandrina, la nouvelle bibliothèque d'Alexandrie. Tout comme son prédécesseur, le célèbre *mouseîon* fondé par Ptolémée, roi de Macédoine, en 283 avant Jésus-Christ, la bibliothèque semblait condamnée à souffrir des extrémismes religieux. À l'époque, c'était le christianisme, à son apogée avec la purge antipaïenne ordonnée par l'empereur roman, Théodose, en 391 après Jésus-Christ, qui avait entraîné la destruction de la bibliothèque. Aujourd'hui, la menace venait du fondamentalisme islamique et de l'imminence de la guerre dans la région. La reconstruction de la bibliothèque avait été une noble entreprise en cette époque où beaucoup croyaient qu'Internet et l'édition électronique avaient éclipsé le besoin d'archives physiques du savoir. Et pourtant la destruction, le sabotage informatique et l'adolescence des technologies étaient autant de réalités qui rendaient le stockage virtuel de l'information aussi vulnérable que les bibliothèques d'antan. À chaque époque sont accumulées des quantités impressionnantes de connaissances, qui se voient réduites à néant, à l'exception de précieux fragments. Enterrées parfois, comme la bibliothèque que Jack avait découverte dans le site romain de Herculanum, ou ces lambeaux de papyrus, réutilisés pour entourer les momies, que Hiebermeyer et son équipe avaient extraits du sol dans la nécropole du désert.

Jack se protégea les yeux du soleil, songeant au papyrus d'Atlantis. L'histoire de la cité perdue avait tout d'abord été rapportée au sixième siècle avant Jésus-Christ par un voyageur athénien, Solon, qui avait visité le temple égyptien de Saïs. Il l'avait entendue du grand prêtre et l'avait réécrite, mais son papyrus original avait été perdu et réutilisé pour envelopper des momies. Le savoir mémorisé par le grand prêtre avait été transmis de génération en génération depuis l'aube des temps, une tradition orale qui avait disparu avec l'arrivée en Égypte des Grecs et de leur nouvelle religion. Mais que se serait-il passé si, à l'apogée de l'Égypte antique, durant le Nouvel Empire de la fin du deuxième siècle avant Jésus-Christ, un pharaon visionnaire avait décidé de collecter et transcrire toutes ces informations ? Et s'il avait existé une bibliothèque plus ancienne, quelque part en plein cœur de l'Égypte antique ?

Jack contempla l'extraordinaire structure circulaire de la nouvelle bibliothèque, délibérément conçue pour ressembler à un disque solaire se levant à l'horizon, vers l'est. Qui avait été ce pharaon visionnaire ? Akhenaton ? Celui qui avait rejeté l'ancienne religion, le pharaon qui vouait un culte à Aton, le dieu-soleil ?

Jack fouilla dans sa poche et en sortit une médaille militaire de l'époque victorienne qu'il avait achetée dans un marché à côté du port où le taxi l'avait déposé. C'était une étoile de khédive, déjà bien usée, attribuée à un soldat égyptien qui avait combattu sous les ordres des Britanniques dans la guerre des années 1880 contre le Mahdi au Soudan. Jack repensa à ces officiers anglais dans le désert qui n'étaient pas là que pour la guerre, mais dont les explorations dans d'anciens sites l'avaient tant fasciné. Avaient-ils cherché non pas juste la confirmation de l'Ancien Testament, mais quelque chose de plus important encore ? Un entrepôt perdu contenant le plus grand trésor qu'une civilisation pouvait offrir, la sagesse et le savoir accumulés des Égyptiens de l'Antiquité ?

Il serra la médaille si fort que les pointes de l'étoile égratignèrent sa main, puis la rangea dans sa poche. Ces pensées ne lui laissaient pas de répit depuis que, avec Costas et Hiebermeyer, il avait été contraint de quitter le Soudan en catastrophe, près de deux mois plus tôt, emportant avec eux assez d'images de gravures d'un temple antique à côté du Nil pour suggérer que la cité de lumière d'Akhenaton existait quelque part à côté du Caire, et que les pyramides constituaient la clé pour y entrer. Lui et Costas s'y étaient trouvés, au seuil d'une découverte révolutionnaire, sous la pyramide de Mykérinos. Ils avaient vu les rayons du soleil se refléter sur quelque chose, bien plus loin, au-delà d'un tunnel presque entièrement bloqué par une chute de pierres. Depuis qu'on les avait forcés à partir, il avait tenté de ne plus y penser, sachant qu'ils ne pourraient jamais y retourner, qui plus est avec les outils dont ils auraient eu besoin pour se frayer un passage. Il s'était rendu dans le golfe de Suez, espérant trouver la force de tourner la page, mais tant qu'il resterait en Égypte, tant qu'il entreverrait une lueur d'espoir, l'image d'Akhenaton resterait gravée dans son cerveau.

Peut-être existait-il une autre entrée du complexe souterrain, plus près du Nil. Il devrait étudier de nouveau le plan qu'il voyait dessiné dans les traits rayonnants du symbole d'Aton, sur la plaque repêchée dans l'épave du *Beatrice*, mais aussi l'agencement du système de canaux du début de la dynastie qui relient les pyramides au Nil. Tant que des équipes de l'IMU travailleraient en Égypte, il continuerait sa quête. Il ne renoncerait pas.

Dix minutes plus tard, il escaladait l'escalier en pierre usée jusqu'à l'entrée de Qaitbay, passant à côté des blocs de granit rouge de l'ancien phare écroulé qui avait été intégré au fort lors de sa construction en 1480. À l'intérieur, l'institut occupait un étage moderne contre le mur de la cour, avec une bibliothèque, un laboratoire de conservation et des bureaux de recherche pour les étudiants égyptiens qui constituaient les piliers de l'équipe de Hiebermeyer, dont le budget principal provenait d'un programme universitaire géré par sa femme, Aïcha. De l'autre côté de la cour se trouvaient les fondations du nouveau musée financé par le bienfaiteur principal de l'IMU, Efram Jacobovich, pour compléter la galerie déjà existante dans l'ancien port de Carthage en Tunisie. Le musée d'Alexandrie exposerait des vestiges remontés d'épaves par les équipes de l'IMU au nord des côtes égyptiennes et sous les eaux du Nil. Comme tout ici, comme le programme universitaire, l'avenir du projet était suspendu à un fil. Jack devrait en discuter avec Hiebermeyer, une fois qu'ils auraient partagé l'enthousiasme de leurs dernières découvertes.

Costas apparut en haut des marches, courant derrière lui, une radio VHF à la main.

— Jack, un message de Macalister, le capitaine du *Seaquest* ! Il veut te parler, il dit que ça urge...

Jack secoua la tête.

— Pas maintenant. Je voudrais être tranquille avec Maurice, là. Ça va se corser dans la région, j'ai écouté les nouvelles dans le taxi depuis l'aéroport, et la situation au Caire semblait se détériorer. Ça pourrait annoncer la fin de la mission de Hiebermeyer à l'institut. Dis à Macalister que je le contacte dans une heure.

— D'accord, je m'en occupe.

Costas s'arrêta pour passer l'appel, et Jack se tourna vers la cour. Sur le mur gauche, un poster de l'IMU montrait le *Seaquest*, le navire de recherche qui était sa joie et sa fierté, une image désormais aussi iconique de leurs expéditions autour du monde que la *Calypso* du capitaine Cousteau, dans sa jeunesse. Pendant la plus grande partie de l'été, il avait vogué au large de l'Espagne avec une équipe de l'IMU qui fouillait l'épave du *Beatrice*, le bateau qui avait transporté le sarcophage du pharaon Mykérinos vers le British Museum dans les années 1830. La découverte d'une incroyable plaque à l'intérieur du sarcophage non de Mykérinos mais d'Akhenaton avait entraîné Jack dans sa quête actuelle. Pour l'instant, cependant, il était plus préoccupé par la situation du jumeau du *Seaquest*, le *Sea Venture*, qui avait mené des recherches géologiques autour de l'île volcanique de Santorin, au nord de la Crète. Comme le *Seaquest*, il transportait un hélicoptère Lynx, et il avait été dévié au sud vers l'Égypte, prêt pour une éventuelle évacuation. Jack avait été soulagé de voir des pales sur l'héliport, à côté du fort, mais cela l'avait également bouleversé. Si cela figurait la réalité de la situation pour lui, il osait à peine imaginer ce que devait ressentir Hiebermeyer. Encore une fois, la présence d'Aïcha le rassurait, un roc qui avait apporté un équilibre salutaire à Maurice dans les tempêtes du passé, et dont il aurait besoin plus que jamais.

Costas surgit derrière lui et ensemble ils franchirent une porte ouverte vers la salle d'opération principale de Hiebermeyer, remplie d'ordinateurs, de classeurs, de livres et de papiers. Contre le mur à côté de la porte s'entassaient des boîtes en plastique avec du matériel emballé pour partir. Hiebermeyer était assis, leur tournant le dos, derrière un immense moniteur au centre de la pièce. Jack sourit en voyant le short kaki en loques, une relique de l'Afrikakorps de la Seconde Guerre mondiale, récupérée des années avant le début de sa carrière. Il portait toujours ses bottes de travail en cuir et était couvert de poussière de la tête aux pieds, après avoir roulé dans le désert le matin même. La veille, Jack l'avait averti de leur découverte sur le canal sécurisé de l'IMU, alors qu'ils attendaient au bord de la mer Rouge que leur niveau d'azote diminue suffisamment pour prendre l'avion. Il avait bien plus à lui dire maintenant, mais il était déterminé à laisser parler son ami en premier. Il devait avoir trouvé un objet sensationnel pour s'être permis une pause loin de son site de fouilles et être venu jusque-là pour les rencontrer.

— Jack, Costas ! s'exclama Hiebermeyer en se tournant pour les accueillir. Ça fait plaisir de vous voir !

— En effet, Maurice.

Hiebermeyer avait l'air épuisé, plus même que d'habitude, et Jack remarqua qu'il avait perdu du poids depuis leur dernière rencontre.

— Quoi de neuf ?

Hiebermeyer montra, au-dessus de lui, un écran de télévision où s'affichait une image sur pause. Il s'agissait des informations de la chaîne Al Jazeera. On y voyait un reporter devant les formes sombres des pyramides de Gizeh.

— Ils parlent encore de cet illuminé qui délire sur l'explosion des pyramides, le même type qui avait fait les gros titres il y a quelques années quand il avait déjà menacé de les raser de la planète. À l'époque, on ne l'avait pas pris au sérieux. Maintenant, ça semble réel.

— Oublions cela un moment. J'aimerais savoir ce que toi, tu as de nouveau.

Hiebermeyer le fixa du regard, ses yeux étincelant soudain.

— D'accord, Jack. Prépare-toi à être ébloui.

— Je t'écoute.

Il désigna son ordinateur.

— Regarde ça.

Il cliqua et l'image d'une grotte souterraine aux murs plâtrés apparut. Une série d'objets décoraient le lieu et en son centre on voyait la sépulture d'une momie, dont seuls les yeux peints étaient visibles.

Jack s'approcha pour examiner l'écran.

— Incroyable ! s'écria-t-il. Intact.

— Complètement ! s'enthousiasma Hiebermeyer. C'est une pièce rarissime. Aucune trace de vol. Hier soir, j'étais la première personne à pénétrer dans cette tombe depuis plus de trois mille ans. Elle remonte à la dix-huitième dynastie, Jack, j'en suis sûr.

— La dix-huitième dynastie, répéta Costas. La fin du deuxième millénaire avant Jésus-Christ ? La plupart des nécropoles sont plus récentes, autour du premier millénaire avant Jésus-Christ, comme la momie enveloppée du papyrus d'Atlantis...

— *Mein Gott !* s'écria Hiebermeyer. Costas, on fera de toi un archéologue, c'est sûr !

— Pas question, mon ami. Pas tant que vous aurez des automates que vous ne savez pas programmer. Alors, est-ce que c'est une sépulture royale ?

Hiebermeyer secoua la tête.

— Pas dans l'oasis de Fayoum. Ce sont surtout des fonctionnaires, dont certains haut placés. Celui-ci est un officier de l'armée, un général d'infanterie jusque-là inconnu, Mehmnet-Ptah. Mais, en fait, ce n'est pas la tombe de la momie qui a éveillé mon intérêt, mais les peintures sur les murs. C'est ce que je voulais que vous voyiez...

Il cliqua de nouveau pour montrer un gros plan d'un des murs, sur lequel on apercevait du plâtre de couleur écaillé.

— Alors ?

Costas se pencha pour voir de plus près, puis se redressa.

— Des hommes en jupe. Normal pour des Égyptiens.

Hiebermeyer s'impatienta :

— Tu parles de l'infanterie égyptienne, qui avance la lance tendue. Et maintenant, si je grossis l'image, vous voyez des chars, semblables à ceux que vous avez vus dans le golfe de Suez, ici avec leurs conducteurs, les rênes dans les mains. Et encore un groupe d'auriges, plus important que le premier, avec des tenues plus sophistiquées...

Il s'interrompit pour laisser réfléchir ses compagnons.

— Des idées ?

Jack observait l'image. Les auriges aussi portaient des jupes, mais avec des sandales, et des cuirasses et des casques fendus de façon caractéristique. Ils tenaient à la main des épées courtes et sur les épaules des arcs. Au-dessus, on distinguait un cartouche ainsi que le symbole des cornes d'un taureau. Jack fut traversé par une décharge d'adrénaline.

— Des mercenaires ! s'exclama-t-il. Mais pas n'importe lesquels. Ce sont des mercenaires égéens, bien évidemment. Et les casques sont en os et corne, comme ceux trouvés à Mycènes. Les épées sont du même type que celles de l'épave minoenne que nous avons fouillée au moment où Aïcha et toi avez découvert le papyrus d'Atlantis...

— Exactement ! se réjouit Hiebermeyer en se tapant la jambe. Et cela correspond tout à fait à la dix-huitième dynastie. Avant cela, on se serait plutôt attendu à des mercenaires nubiens, de grands hommes à la peau mate qui vivaient dans le désert. Mais, au moment de la dix-huitième dynastie, ils étaient trop normalisés, trop intégrés dans la société égyptienne. Les mercenaires doivent être des étrangers, sans intérêt politique personnel, seulement attirés par le gain et le combat. Pensez aux Varègues, les gardes du corps de l'empereur byzantin à Constantinople, des Vikings de Scandinavie. Ils ont protégé les empereurs pendant plusieurs siècles, mais ils ne faisaient pas partie d'une communauté née et élevée à Constantinople. Les nouvelles recrues venaient du Nord et y retournaient une fois qu'ils avaient terminé leur mission et fait fortune. Je suppose que le même phénomène s'est produit en Égypte au cours de la dix-huitième dynastie avec les peuples des mers du Nord.

— Les Mycéniens ? interrogea Costas.

— C'est ce qu'on pourrait penser. On sait que vers le quatorzième siècle avant Jésus-Christ les Mycéniens de Grèce ont conquis la Crète. On imagine les Mycéniens comme un peuple guerrier, donc vous vous dites sans doute que les mercenaires égéens de l'époque étaient des Mycéniens. Mais la vérité est plus intéressante. *Beaucoup* plus. En fait, cela révolutionne notre vision de cette période : tout d'abord, le mot dans le cartouche, *Hau-nebut*, ne dénote pas spécifiquement les Mycéniens, mais c'est un terme ancien pour définir les peuples égéens, datant de l'époque où la civilisation minoenne de Crète dominait les Égéens. Pourquoi un mot si fortement connoté serait-il utilisé pour les Mycéniens, qui étaient des guerriers bien différents ? Et les cornes du taureau indiquent spécifiquement la Crète, où le symbole est présent sur tous les palais minoens...

Jack sortit son téléphone et montra à Hiebermeyer l'écran de veille, un fragment d'une peinture sur lequel des canards s'envolaient d'un fourré de papyrus, impressionniste dans les tons de bleu.

— Je l'ai depuis qu'on en a discuté pour la dernière fois, Maurice, dit-il en jetant un œil vers Costas. C'est une peinture murale dans la nouvelle cité d'Amarna d'Akhenaton. C'est une scène égyptienne typique, mais qui rappelle beaucoup dans son style les peintures murales minoennes de Crète. On trouve aussi à Amarna un dépôt secret de tablettes en argile qui montrent le commerce avec les Égéens à cette période. Je soutiens que le lien avec la Crète n'était pas uniquement commercial et que des influences culturelles sont également notables. Akhenaton a complètement bouleversé l'ancienne religion et était ouvert aux idées extérieures. Maintenant que je vois ce que Maurice a découvert, il semble clair que les Égyptiens ont également fait appel à des mercenaires égéens. Akhenaton était peut-être un rêveur, mais il était assez pragmatique pour survivre comme pharaon pendant plus de vingt ans, par conséquent ce serait logique qu'il se soit choisi des mercenaires qui ne risquaient pas de se retourner contre lui.

Hiebermeyer fit pivoter sa chaise et leva les bras au ciel en signe de reddition. Il esquissa un sourire.

— Cela fait des années qu'on discute de ce sujet, et finalement je me vois forcé de reconnaître que tu avais raison. C'est un processus à double sens : l'Égypte a influencé la Grèce et maintenant on comprend que ça a également été réciproque. Mais ce n'est pas tout : au seizième siècle avant Jésus-Christ, le premier pharaon de la dix-huitième dynastie, Ahmôsis Ier, a contracté un étonnant mariage dynastique. Une stèle en pierre dans le temple d'Amon à Thèbes décrit sa femme Ahhotep comme la « Maîtresse des rives de Hau-nebut ». C'est la première occurrence connue pour la Crète du mot *Hau-nebut*, que vous voyez ici dans le cartouche. Et la suite : « Sa réputation dépasse de loin tous les autres pays. » Ce qui me conduit à la plus étonnante des révélations dans notre découverte...

Costas scrutait l'image des peintures sur l'écran de Hiebermeyer.

— Et ces cuirasses, intervint-il. Ces plastrons... Ils ont des... *seins.*

— Je me demandais quand vous alliez le remarquer, plaisanta Hiebermeyer dans un sourire.

— Ce ne sont pas des hommes en jupe.

— Non, renchérit Costas en hochant la tête. Ce sont des mercenaires *filles.*

— Bon sang ! s'exclama Jack. Tu as raison.

— Concentrez-vous là-dessus, alors.

Hiebermeyer glissa la souris et l'aurige suivant apparut, une vision surprenante. Sans conteste une femme, sa poitrine nue au-dessus de la cuirasse. Elle dominait toutes les autres. Ses longs cheveux étaient tressés dans son dos et elle portait des serpents entortillés sur la tête. Jack écarquilla les yeux.

— C'est la déesse minoenne, la Maîtresse des animaux...

— Pas tout à fait, Jack. Regarde ce cartouche, au-dessus de sa tête. C'est exactement le même que celui d'Ahhotep, un siècle et demi plus tôt. Pas la Maîtresse des animaux, mais la *Maîtresse des rives de Hau-nebut.*

Jack réfléchissait à cent à l'heure.

— À quoi penses-tu, Maurice ?

— Ce que je pense, c'est qu'il nous faut oublier notre vision romantique des Minoens comme un peuple paisible et idéaliste. Ce n'est pas ainsi que l'on peut survivre dans l'âge du bronze. L'expression « Maîtresse des animaux » a été inventée par sir Arthur Evans quand il a découvert Cnossos et qu'il a voulu en faire une sorte de paradis, un antidote idéalisé aux atrocités du monde moderne. Vous autres, Anglais, pouvez vous montrer tellement sentimentaux, Jack. « Maîtresse des rives de Hau-nebut » est sans aucun doute une appellation militaire, comme « comte de la côte saxonne » pour le dernier défenseur romain d'Angleterre. La Crète aussi était une île, et c'est là que résidaient ses défenses. Ta déesse minoenne était en vérité une Boadicée ou une Valkyrie, une reine guerrière...

— Imaginez le scénario suivant ! s'enflamma Jack. Le volcan de Théra est entré en éruption au quinzième siècle avant Jésus-Christ, n'est-ce pas ? La civilisation minoenne est dévastée, ce qui rend la Crète vulnérable à la prise de pouvoir des Mycéniens. Peu de temps avant, une reine minoenne épouse un pharaon égyptien : ce sont Ahhotep et Ahmôsis Ier. La lignée des dirigeants minoens ne passe plus par la Crète, mais par la dix-huitième dynastie en Égypte. Peut-être est-ce là l'origine du brillant mélange de génie, de force militaire et d'iconoclasme qui a contribué à ce que le Nouvel Empire sorte à ce point du lot, atteignant son apogée avec Akhenaton et Néfertiti. Entre-temps, la tradition de la Crète minoenne, tradition de la femme guerrière, perdure, peut-être dans les montagnes reculées du Sud. Pendant des générations, ces guerrières se vendent au plus offrant, commandées par une femme que les Égyptiens connaissaient sous l'ancien titre de reine minoenne, Maîtresse des rives de Hau-nebut. Qu'en pensez-vous ?

— Voilà un petit segment de l'égyptologie que je te concède, déclara Hiebermeyer en ouvrant les bras. Mais un tout petit !

Jack pensait l'impensable : *Et le roi Minos serait une femme.* Il posa la main sur l'épaule de Hiebermeyer.

— Félicitations, Maurice. Vraiment très fort. Ça pourrait nous mener à cet ouvrage commun dont nous avons souvent parlé. La réécriture du contact entre l'Égypte et la Crète à la fin de l'âge du bronze.

— En y intégrant les femmes, ajouta Costas, toujours subjugué par l'aurige. Incroyable...

Hiebermeyer se tourna vers l'ordinateur, manipula la souris et afficha de nouveau la première image sur laquelle on voyait la sépulture et ce qu'elle contenait.

— Nous n'avons pas encore fini les fouilles ici, Jack. Il reste bien plus encore à découvrir. Nous sommes contraints à un véritable contre-la-montre, et j'ai dû prendre la décision la plus difficile de ma vie en fermant la tombe et en la scellant. Nous devons finir d'examiner encore bien trop de parties de l'excavation. Je ne peux même pas faire un rapport sur cette sépulture, le risque de voir des pilleurs affluer serait bien trop grand. Et je ne suis pas sûr, pour l'idée du livre, Jack. Ce dont nous venons de parler n'est encore qu'au stade des spéculations, ce serait bien trop controversé pour être publié sans une inspection approfondie du tombeau. Nous savons tous trop bien ce qui arrive quand ce genre de théorie est révélée trop tôt et se trouve ridiculisée. Il faut alors dix fois plus de preuves pour la réhabiliter.

Hiebermeyer s'écroula dans son fauteuil, se prenant la tête dans les mains. Il semblait soudain complètement abattu.

Jack se sentit impuissant, incapable de trouver les mots qui pourraient l'encourager. Il se revit alors, des années plus tôt, avec son ami d'enfance, dans un internat en Angleterre, lorsqu'ils partageaient leurs rêves de grandes découvertes, celles qu'ils feraient un jour quand ils seraient archéologues. Ils avaient accompli bien plus encore qu'ils n'auraient pu imaginer, et pourtant il semblait qu'il leur en restait toujours plus à mettre au jour. Aucun trésor ne représentait l'avènement du rêve, chaque révélation menait à une autre quête. Désormais il leur semblait par trop insupportable que la perversité de l'extrémisme, ce penchant humain à l'autodestruction, puisse venir contrecarrer leur destinée. Pour se montrer à la hauteur de leur amitié, Jack devait épauler Maurice et lui montrer que leur passion commune ne s'éteindrait jamais.

Comme s'il avait lu dans les pensées de Jack, Costas posa une main sur l'épaule de Hiebermeyer.

— Ne te tue pas avec ça, Maurice. Tu fais de ton mieux. La lumière est au bout du tunnel.

Hiebermeyer posa la main sur celle du Grec.

— Merci, Costas. Jack et toi, vous l'avez bien vue, n'est-ce pas ? Cette lumière sous la pyramide. Tant que nous nous souviendrons qu'elle est là, alors peut-être qu'il restera de l'espoir pour nous.

Jack inséra une clé USB dans l'ordinateur de Hiebermeyer.

— Je sais que tu dois retourner dans la nécropole au plus vite, mais je voudrais te montrer une image de notre dernière sortie en mer que tu n'as pas encore vue... Aïcha est ici ? J'aimerais bien qu'elle y jette un coup d'œil, elle aussi.

Hiebermeyer fit un geste vers la porte.

— Dehors, sur le quai. Elle parle à notre fils au téléphone. Nous l'avons envoyé chez ma mère en Allemagne, c'est trop dangereux ici, maintenant, pour un petit bonhomme de cinq ans. Elle arrive dès qu'elle a fini sa conversation.

— Je lui ai envoyé une photo de notre plongée, affirma Costas. Tonton Costas qui fait la grimace avec un serpent de mer entortillé sur la tête…

— C'est gentil, Costas. Je te remercie vraiment. Il ne reçoit pas grand-chose de très amusant de son père, depuis quelque temps…

Il se redressa et inspira profondément.

— Bon, Jack, qu'est-ce que tu veux me montrer ?

7

Jack fut envahi d'une vague d'excitation en revoyant la photo que Costas avait prise deux jours plus tôt dans les profondeurs de la mer Rouge : la forme évidente d'un char emprisonné dans les colonies de corail. Hiebermeyer déplaça la souris sur différents points de l'image, zooma sur l'aile dorée du faucon à l'avant du char, en partie exposée.

— Il aurait dû y avoir un cartouche au-dessus, un cartouche royal, murmura-t-il. Une inscription sur le temple de Karnak, à Louxor, mentionne un char de Thoutmôsis III en électrum, et celui-là devait provenir de la même écurie. Avec cette dorure, ce ne pouvait être qu'un char royal, peut-être prêté par le pharaon à un de ses généraux favoris...

— C'était notre dernière plongée, et nous étions aussi pressés par le temps que vous dans la tombe de la nécropole de la momie. Pas le temps d'essayer de retirer les coraux.

Hiebermeyer revint sur l'image dans sa totalité et se radossa sur son siège en secouant la tête.

— Vraiment incroyable... Vous savez que c'est Howard Carter qui le premier a reconstitué leur apparence ? En se basant sur les chars démontés qu'il avait trouvés en 1922, lors de la découverte de la tombe de Toutânkhamon.

— Je sais qu'ils sont apparus en Égypte vers le début du Nouvel Empire, inspirés par les chars du Nord-Est.

— C'est notre ami Ahmôsis Ier et sa femme minoenne Iâhhotep, qui, après leur combat contre les Hyksôs dans les marais au nord du delta du Nil, ont dû récupérer des chars pour copier les armes de leur ennemi, ajouta Hiebermeyer. À en juger par la peinture murale dans la tombe, il est probable que ce sont les guerrières minoennes de la reine Ahhotep qui les ont adoptés. On ne se serait pas vraiment attendu à cela de la part d'un peuple vivant sur une île montagneuse...

Jack secoua la tête.

— Les Minoens étaient connus pour leur puissance navale, tu te souviens ? Ils utilisaient sûrement des petits navires, comme les Liburniens de l'Antiquité classique, conçus pour se précipiter au cœur de la flottille ennemie, arcs et frondes déployés. La transition vers un armement adapté au désert n'est peut-être pas si compliqué d'un point de vue stratégique. Ce qu'ils ont construit pour l'eau, ils sont parvenus à le reproduire pour le sable, avec des chars tout aussi performants que leurs navires.

Hiebermeyer plaça ses deux mains derrière sa tête et fixa du regard l'écran.

— Deux siècles plus tard, à l'époque d'Akhenaton et Toutânkhamon, les chars étaient à l'apogée de leur sophistication. Des vrais bolides, d'une vitesse et d'une souplesse incroyables, mais totalement instables. Si on les conduisait trop rapidement, l'action militaire que tu viens de décrire était impossible. Ils n'avaient plus d'autre choix que de percuter de plein fouet leurs adversaires, avec tout ce que cela entraîne comme désagréments...

Jack scrutait l'écran, songeur.

— La technologie était si avancée qu'elle s'est retournée contre eux : la vitesse et la souplesse les auront desservis.

Costas s'éloigna du poste de travail sur lequel il avait chargé les photos de la mer Rouge, pour s'approcher de ses amis.

— Ou peut-être que quelqu'un qui connaissait les risques de cette technologie en a tiré avantage. Les meilleurs systèmes, les meilleures avancées ont toujours un déséquilibre interne. C'est ce qui permet parfois de leur faire réaliser des exploits, comme ces drones, mais les laisse à la portée des manipulations et des sabotages...

— Continue, s'anima Hiebermeyer.

— Nous avons discuté de cela avec Costas au cours de notre voyage jusqu'ici. On a essayé de réfléchir de façon latérale : et si le pharaon Akhenaton, si c'était bien lui, avait tout orchestré ? Pense au contexte. Selon nombre de théories modernes, Moïse et lui étaient plus qu'un maître et son esclave. Freud allait même jusqu'à suggérer que c'étaient les deux faces d'une même pièce. Imaginons qu'ils aient eu ensemble cette révélation d'un dieu unique et qu'Akhenaton ait décidé de laisser Moïse emmener son peuple dans le désert. Pour Akhenaton, c'était peut-être l'assurance que la nouvelle religion, le nouveau monothéisme, aurait une chance de survivre en dehors de l'Égypte, où il devait se douter que l'intérêt pour Aton ne durerait pas au-delà de son vivant. Mais, politiquement, il n'avait sans doute pas d'autre choix que de donner l'impression qu'il souhaitait détruire Moïse, avant qu'il ait pu conduire son peuple vers Israël. Akhenaton sait qu'une importante faction du vieux clergé est contre lui et qu'il manque de références militaires pour s'imposer. Chasser et anéantir les Israélites augmenterait son prestige en rappelant les grandes victoires des anciens pharaons contre les Hyskôs et les autres peuples du Moyen-Orient. La force que cela lui conférerait pourrait lui faire gagner le temps dont il a besoin pour établir sa nouvelle religion plus fermement, pour construire des temples et convertir le plus de disciples possible à ses nouvelles croyances...

— Alors, il l'aurait... *simulé* ? s'étonna Hiebermeyer.

Jack se pencha en hochant la tête.

— Oui, il aurait simulé la destruction des Israélites. Mais il savait qu'une victoire serait encore plus glorieuse si elle impliquait un sacrifice. Imagine Akhenaton revenant à Amarna avec quelques survivants seulement qui loueraient sa grande victoire, au cours de laquelle l'intervention divine aurait entraîné vainqueurs et vaincus au fond de la mer, ce qui constitue la base de l'histoire de l'Exode dans l'Ancien Testament. Le statut d'Akhenaton est mis en valeur non seulement par sa victoire, mais aussi parce qu'il a miraculeusement survécu. Peut-être même qu'il aura laissé son général favori conduire son char doré, celui que nous avons trouvé, pour qu'Akhenaton rentre pour ainsi dire à pied, ce que les habitants d'Amarna auront pris comme la preuve de sa participation à la bataille. De toute façon, jamais par le passé un pharaon n'aurait laissé un général conduire son char... Avec le massacre de l'armée égyptienne, les Israélites pouvaient sortir librement d'Égypte. Plus personne n'a dû entendre parler de Moïse et de son peuple du vivant d'Akhenaton, tandis qu'ils s'installaient dans le nouveau lieu de culte que le pharaon leur avait réservé sur la terre d'Israël...

— Tu sous-entends qu'Akhenaton aurait joué un rôle fondamental dans l'Exode ?

— Plus que ça : je dis qu'il l'a orchestré. Je dis que la course suicidaire des chars a été montée de toutes pièces par lui. Je dis que Moïse et lui ont choisi l'endroit à l'avance, que le camp des Israélites se trouvait à dessein sur une falaise instable, mais que Moïse et les siens sont partis discrètement avant l'attaque. Pour réussir, Akhenaton a dû recourir à un stratagème pour encourager ses hommes, pour les convaincre qu'ils pouvaient en toute sécurité détruire le camp et ses occupants...

— Les mercenaires ! s'exclama Hiebermeyer. Elles ont dû obéir aux ordres du pharaon sans poser de questions...

— Les femmes mercenaires, renchérit Jack. Les mercenaires aux seins nus. Quel meilleur moyen pour attiser l'enthousiasme d'une armée ?

— Comme envoyer un lapin devant une meute de chiens de course, ajouta Costas, vautré sur une chaise. J'adore !

Hiebermeyer secoua la tête.

— Elles vont me manquer, nos séances de brainstorming, Jack.

— Je voulais te demander quelque chose au sujet de ta tombe dans la nécropole, intervint Costas.

— Je t'écoute.

— Le général du char... tu as pu le voir ? Je veux dire, tu as regardé dans le sarcophage ?

Hiebermeyer serra les lèvres. Puis :

— Je ne l'ai pas mentionné avant parce que je me sentais un peu comme un pilleur de tombeau. Heureusement, aucun des membres de mon équipe ne m'a vu. Juste avant de repartir et de fermer la sépulture, j'ai pris un pied-de-biche pour ouvrir le sarcophage. Comme je m'en étais douté, il était vide.

— Pardon ? Je pensais que la tombe était intacte ?

— Elle l'était. Tout ce que cela signifie, c'est que Mehmnet-Ptah est mort au combat et que son corps n'a pas été retrouvé. Sa famille a tout de même respecté le cérémonial en priant pour que les dieux l'acceptent tout de même.

— Au combat... L'action représentée sur la peinture murale. Se pourrait-il qu'elle illustre la vraie bataille ? demanda Costas.

Hiebermeyer se radossa, tambourinant de son stylo contre le bureau.

— Je me suis dit au départ que ça devait être une scène générique. Si on ne retrouvait pas un corps, on devait conclure que la personne était morte au cours d'une défaite catastrophique, avec peu de survivants et sûrement peu de témoins.

— On pourrait presque voir notre char foncer droit dans la mer Rouge...

Hiebermeyer arrêta de tapoter sur la table et fixa du regard l'écran.

— C'est bien possible. On sait que Mehmnet-Ptah était un général et qu'il est mort pendant le règne d'Akhenaton. Nous ne connaissons aucune autre défaite de cette ampleur subie par Akhenaton, sûrement pas une au cours de laquelle un général d'un tel renom serait mort. En supposant qu'Akhenaton était bien le pharaon de l'histoire de Moïse dans l'Ancien Testament, cette attaque de chars colle parfaitement.

— Et rien d'étonnant à ce qu'on ne la trouve pas dans les sources, commenta Jack.

— Ce n'est que dans les tombes qu'on trouve ce genre de preuves enterrées. On ne célèbre pas les défaites avec des inscriptions et des gravures en relief dans les grands temples, surtout s'agissant de l'apparente destruction de l'armée la plus puissante du monde par un groupe d'esclaves. Si on veut vraiment en parler, alors on lui donne une explication surnaturelle. Le désert était un endroit redouté, et ce n'était pas la première fois qu'une armée égyptienne disparaissait dans le sable sans qu'on la revoie jamais. Les Israélites n'ont peut-être pas été les premiers à invoquer les pouvoirs divins pour expliquer ce qui s'était passé aux abords de la mer Rouge.

— Est-ce que tu as trouvé autre chose dans la tombe pour corroborer cette théorie ?

— Je ne disposais que de quelques minutes, soupira Hiebermeyer, à nouveau découragé. J'ai dû me dépêcher d'appeler le bulldozer pour qu'il enterre de nouveau cette partie du site. J'avais mon appareil photo et j'ai pris autant de clichés que je pouvais. Peut-être qu'on trouvera d'autres éléments en les étudiant : un cartouche sur une paroi, par exemple. Le problème, c'est que la plus grande partie du mur était recouverte de mildiou et que la peinture était très abîmée. L'autre problème, c'est que, mis à part Aïcha, vous êtes les deux seuls à connaître l'existence de cette tombe, et je ne peux prendre le risque de confier les images à un de mes coéquipiers, afin d'éviter les fuites éventuelles. J'aurai peut-être le temps de les analyser moi-même au cours des prochains jours, mais je ne peux pas le garantir. La priorité pour moi est de boucler les fouilles dans les parties de la nécropole encore ouvertes.

— Je comprends, ponctua Jack.

Aïcha entra alors dans la pièce. Petite, menue, dans un pantalon poussiéreux, ses cheveux noirs attachés en chignon. Elle tendit à Costas un gros sandwich et en proposa un à Jack, qui refusa d'un signe de tête. Ce dernier avait compris, en l'observant, que ce n'était pas le moment des mondanités. Elle s'approcha de Hiebermeyer et posa une main sur son épaule, le regard fermé.

— J'ai vu les photos que tu as envoyées de la mer Rouge, Jack. Qu'est-ce que tu as d'autre ?

— Je voulais te voir, Aïcha, parce que tu es la première à avoir trouvé ce journal de la Première Guerre mondiale qui nous a conduits sur ce site, et il mentionnait clairement ce que tu vas voir.

Jack activa de nouveau sa clé et ouvrit un dossier contenant les images que Costas avait prises pendant la plongée. Hiebermeyer regarda l'image qui s'affichait sur l'écran et applaudit.

— Je le savais ! s'écria-t-il. Je le savais quand j'ai vu le croquis dans le journal de cet officier…

— Tu peux l'identifier avec certitude ? demanda Costas, tenu en haleine.

— C'est une épée khépesh, affirma Hiebermeyer, enthousiaste. Regardez sur mon mur ce poster de l'exposition Toutânkhamon qui a fait le tour du monde… Presque identique.

— Pas l'air d'être très pratique comme arme, si ? interrogea Costas en examinant l'affiche. Je parle d'un point de vue militaire. Cette lame en forme de faucille devait être difficile à manier pendant les combats. On dirait plutôt l'épée d'un bourreau…

— Howard Carter pensait qu'elles étaient plus adaptées pour écraser que pour couper, confirma Hiebermeyer. Mais, avec le bord aiguisé et le poids de la lame, elles devaient effectivement très bien décapiter. Elles semblent être d'origine asiatique et elles sont arrivées en Égypte au début du Nouvel

Empire, à l'époque de ces chars, pour disparaître vers la fin de l'âge du bronze. C'étaient sans conteste des armes de haut rang portées par les officiers et les commandants d'armée. Cela montre que ces auriges étaient menés par leurs officiers quand ils se sont élancés sur la falaise vers la mer et qu'ils n'ont pas été forcés de commettre une sorte de suicide collectif ordonné par quelque dirigeant resté à l'arrière.

— Tu peux les dater plus précisément ? demanda Jack.

Hiebermeyer se radossa, prenant son temps pour examiner le cliché.

— La date la plus proche dont nous disposons provient du tombeau de Toutânkhamon, autour de 1320 avant Jésus-Christ.

— Le fils d'Akhenaton et Néfertiti, remarqua Costas.

— Tout le monde n'est pas de cet avis, mais je pense que ça doit être autour de cette époque, continua Hiebermeyer. Quel que soit leur lien de parenté, ils devaient avoir une génération d'écart.

— Ça me va ! lança Costas. Et Akhenaton est notre homme ? Je veux dire, est-ce qu'on est sûrs qu'il est le pharaon de l'Ancien Testament ? Celui qui a pourchassé les Israélites à travers la mer Rouge ?

Hiebermeyer leva les yeux vers Jack, qui secoua la tête.

— Non, personne n'en est certain, mais c'est le consensus.

— Alors, en voyant ces deux photos, je dirais que ces épées ont été moulées dans la même forge.

— Très possible que tu aies raison, dit Hiebermeyer. Mais ce n'est pas une preuve suffisante pour confirmer l'identification du pharaon à l'époque du désastre des chars. Les égyptologues ont l'habitude de traiter avec des données très précises, et notre théorie n'aura de consistance que quand nous trouverons des indices archéologiques pour pointer Akhenaton sans l'ombre d'un doute. Tu as eu le temps d'observer de près la lame de l'épée, Jack ? Une trace de hiéroglyphes ?

— Rien, à ce que j'ai pu voir.

— Et les autres objets sur le site ? Tu as vu autre chose ?

Costas se redressa d'un seul coup.

— Ah !

Il se tourna vers Jack, l'air coupable.

— Je connais ce regard, affirma Jack, les yeux plissés. Ça veut dire que Costas a vu quelque chose, mais qu'il a oublié de m'en parler, en général parce que les réglages techniques qu'il faisait à ce moment-là étaient plus importants. Je me trompe ?

Costas toussota et fouilla dans la poche de son short.

— Non, pas exactement *vu* quelque chose. En fait, *trouvé*. J'avais complètement oublié, jusqu'à cet instant. Je l'ai sur moi depuis notre plongée...

— Tu veux dire que tu as franchi la sécurité à l'aéroport avec dans ta poche une antiquité volée, alors que nous essayions de rester incognito et d'éviter la confrontation avec les autorités égyptiennes ?!

— Désolé, OK ? lança Costas, avant de mordre dans son sandwich. De toute façon, j'avais aussi oublié que dans mon carnet j'avais noté toutes les spécifications pour le nouvel Aquapod submersible de l'IMU. C'est bien pire. J'ai dû avaler trop d'azote. Là, vraiment, ç'aurait été un désastre s'ils avaient mis la main dessus.

Hiebermeyer le foudroya du regard.

— Si tu n'étais pas le parrain de mon fils...

— Et un type chuper, ajouta Costas, toujours mâchonnant, en tendant l'objet qu'il venait de sortir de sa poche. Che t'ai interrompu ?

— *Mein Gott*, chuchota Hiebermeyer en contemplant ce que Costas venait de lui donner et en le tournant vers Jack pour qu'il puisse le regarder à son tour. C'est un fragment de dorure d'un panneau de bois, assez épais pour être une plaque d'or. Ça doit faire partie du décor sur l'avant d'un char. Regarde de nouveau ce poster... Tu vois, là, un bouclier paré de la même façon sur la tombe de Toutânkhamon, avec le pharaon qui abat un lion, et le petit panneau sur le côté qui contient ses deux premiers noms ?

— Tu arrives à distinguer ces détails ?

— Un instant... chuchota Hiebermeyer, retirant du fragment, avec soin, une couche de dépôt marin pour révéler la partie basse du cartouche, sur laquelle était gravé un symbole. Vous avez de la chance, se réjouit-il, la voix enrouée d'excitation. *Des hiéroglyphes !* lança-t-il en se tournant vers Costas, le visage empourpré. Comme c'est toi qui as découvert et gardé ce vestige inestimable, je te laisse l'honneur de le traduire.

— Comment ça ? C'est toi l'égyptologue !

— Est-ce que tu as déjà vu ces symboles ? Dans le temple du crocodile, par exemple ? Sur le panneau à l'intérieur du sarcophage de Mykérinos dans l'épave ? À Tell el-Amarna ?

— Un roseau, un oiseau, une pelote de ficelle, le demi-soleil, décrivit Costas avant de lever les yeux. C'est notre homme ?

— Neferkheperura-waenra Akhenaton, si vous voulez son nom complet ! lança Hiebermeyer, triomphant. Ce cartouche ne pouvait se trouver sur un char qu'au cours de son règne. C'est la confirmation dont nous avions besoin. Ce n'est pas uniquement à la période de l'Exode que nous avons des chars perdus, mais nous avons réussi à identifier le pharaon.

— Trop fort ! lâcha Costas, rayonnant.

— Comment ça, « trop fort » ?

— Je veux dire que votre ami Costas vous a une fois de plus sauvé la mise... Qu'est-ce que vous feriez sans lui, d'ailleurs ? s'écria-t-il en tendant vers le fragment doré une main que Hiebermeyer repoussa fermement, plaçant l'objet sur un carré de polystyrène à côté de son ordinateur.

— Je pense que tu en as pris soin bien assez longtemps. Il faut que je le fasse laver et photographier. Quand le moment se présentera, nous aurons tous les éléments nécessaires pour révéler à la presse la plus grande découverte archéologique en Égypte depuis Howard Carter.

— Quand est-ce que tu penses l'annoncer officiellement ? demanda Jack.

— Après que nous aurons emballé nos affaires et que nous aurons quitté le pays. Autrement, il faudra que j'explique comment j'ai remonté un vestige des eaux égyptiennes sans permis, et ils ne vont pas lésiner sur les sanctions. Je préférerais fermer boutique ici, avant qu'on me pousse dehors et qu'on me fasse payer une facture sûrement salée...

— À moins que tu ne fasses une découverte de dernière minute dans la nécropole de la momie...

— À moins que tu ne trouves un passage vers la cité de lumière souterraine d'Akhenaton...

Aïcha posa ses mains sur les épaules des deux hommes.

— Voilà ce que j'aime entendre ! Les battants de toujours ! Si on a fini ici, Jack, je voudrais te montrer quelque chose...

Jack la regarda.

— C'est vraiment super, déjà, tout ce que tu as fait pour nous, Aïcha. Tu devrais retourner à la nécropole avec Maurice. Tu es dans ton pays ici et tu dois veiller à ce que tout soit en ordre pour toi avant ton départ.

Elle prit une profonde inspiration.

— Je ne vois plus l'Égypte comme mon pays. Nous ne sommes pas loin de l'exode, comme à l'époque de Moïse et des Israélites, il y a plus de trois mille ans. Nous sommes comme tant d'autres qui sont retombés dans l'obscurantisme, les Somaliens, les Afghans, les Syriens, et qui vivent en exil, une diaspora moderne. Ce n'est plus possible de nous leurrer. L'Égypte suit le même chemin et il ne nous reste plus que quelques semaines au mieux, peut-être quelques jours. Les heures à venir risquent d'être les plus intenses de toute ma vie. Il faut avant tout que je m'occupe de ce que j'ai à finir pour toi.

— D'accord, Aïcha. Je t'écoute.

8

À cet instant, le téléphone de Jack vibra et il consulta l'écran.

— Un texto de Rebecca. Elle est arrivée à l'aéroport de Tel-Aviv. Elle s'est fait interroger par la sécurité pendant plus de trois heures.

— Tu es inquiet, Jack ? demanda Aïcha en le dévisageant.

— Pour ma fille de dix-neuf ans qui voyage dans une région en guerre ? À ton avis ?

— Tu faisais quoi, toi, à cet âge ? intervint Costas. Je me souviens que tu m'as raconté des histoires d'entraînement avec les plongeurs de la Royal Navy, tu as même mentionné une mission auprès des Royal Marines sur une opération des forces spéciales dans le golfe Persique...

— Le Special Boat Service, oui. Enfin, je n'étais pas vraiment avec eux, je me cherchais un peu. J'avais déjà pris la décision d'aller à l'université. C'est déjà mieux que pour Rebecca.

— Avec toute l'expérience qu'on lui a offerte sur nos projets de l'IMU pendant ses vacances, tu ne peux tout de même pas lui en vouloir si elle veut faire l'impasse sur l'université, déclara Aïcha. Mais je pense qu'elle ira. Je l'ai vue étudier une brochure de Cambridge.

— Qu'est-ce qu'elle fait en Israël, au fait ? s'enquit Costas.

— Ça fait des années qu'elle veut y aller. Depuis que je lui ai parlé de notre chasse à la tombe sous le Saint-Sépulcre, il y a six ans. Elle a entendu parler du grand projet sur le site de la Cité de David pour trier et laver d'anciens débris tombés de la mosquée al-Aqsa au moment de sa construction. On trouve là-bas des millions de fragments, certains remontant à la préhistoire, et ils sont toujours à la recherche de volontaires.

Aïcha fronça les sourcils, sceptique.

— Hmmm. Je me souviens qu'il y a trois ans Rebecca s'est portée volontaire pour nous aider à laver des débris sur le site de Troie. Si ma mémoire est bonne, ça n'a pas duré plus d'une journée. Ce type de besogne n'est pas trop le genre de la famille Howard, non ? Pas quand il y a plus excitant ailleurs.

— Oui, j'ai trouvé ça un peu bizarre aussi, je dois l'avouer. Je me suis dit que ça devait cacher un petit ami, cette histoire de volontariat. Je pense que Jeremy participe. Je n'ai pas voulu demander parce que je ne voulais pas m'immiscer. Pas si facile d'être papa...

Aïcha l'interrogea du regard.

— Tu ferais passer une petite copine avant l'archéologie, toi ? Je suis amie avec Katya et Maria, souviens-toi. Je sais *tout*.

Jack se crispa légèrement, tapotant son stylo sur sa main.

— Katya est toujours injoignable, au milieu de nulle part, à chercher d'anciens pétroglyphes au Kirghizistan, et Maria est totalement débordée en ce moment, à cause d'un nouveau manuscrit médiéval à Oxford.

— Quand Rebecca a-t-elle décidé de partir en Israël ? demanda Aïcha.

— On discutait du général Gordon à Khartoum. De la fascination des autres officiers des Royal Engineers pour la Terre sainte et son archéologie. Je lui expliquais ma théorie selon laquelle leur quête d'Akhenaton dans le désert du Soudan avait été déclenchée par une de leurs découvertes en Israël, à Jérusalem plus précisément, une révélation qui les avait fait y retourner régulièrement jusqu'à la fin du mandat du général à Khartoum.

— Et Israël est le pays que tu n'as jamais visité, toi, remarqua Aïcha.

— J'avais eu l'intention de m'y rendre si la situation en Égypte dégénérait.

Hiebermeyer tourna la tête vers Jack.

— Tu as mis Rebecca en relation avec Solomon Ben Ezra, le représentant de l'IMU en Israël ? Sol et moi avions parlé d'un projet commun israélo-égyptien pour évaluer les sites sur la frontière, ce qui semble totalement inconcevable maintenant.

— J'ai essayé, mais elle voulait se débrouiller seule. J'en ai tout de même informé Sol, pour qu'il garde un œil discret sur elle.

— Il a intérêt à être discret, en effet, ronchonna Costas. Sinon tu ne sauras jamais quoi que ce soit.

— C'est clair pour moi, affirma Aïcha. Rebecca n'est pas allée en Israël pour laver des tessons, elle s'y est rendue pour faire partie du projet, pour poser son empreinte. Elle n'est pas la seule à travailler dans les coulisses cette fois. Tu ne me croiras pas si je te dis qui d'autre est ici, Jack, en ce moment même en Égypte. C'est de cela que je voulais te parler. Qu'est-ce que vous savez des premiers califes du Caire ?

— Je connais Malik Abd al-Aziz Othman ben Yusuf, le fils de Saladin au douzième siècle, répondit Costas en levant la main. C'est lui qui a essayé de détruire la pyramide de Mykérinos et qui est responsable de l'état d'usure de la façade sud au-dessus de l'entrée où nous étions avec Jack...

— Mon pire cauchemar, intervint Hiebermeyer. Et il n'avait même pas d'explosif.

— Qui encore ? continua Aïcha.

— Al-Hakim bi-Amr Allah, lança à son tour Jack. Celui que les Druzes considèrent pratiquement comme un dieu. Il me vient à l'esprit parce qu'avec Rebecca nous avons parlé de ses ordres de détruire le Saint-Sépulcre au onzième siècle.

— Voilà, c'est celui que je veux. On connaît quoi de plus sur lui ?

Jack prit quelques secondes pour réfléchir.

— Son comportement étrange. Il se baladait la nuit dans le désert, disparaissant pendant des jours. Il a été assassiné, je pense.

— Et qu'est-ce que tu sais sur la Gueniza du Caire ?

— Sans doute le plus grand trésor jamais trouvé en Égypte, plus important que celui découvert par Howard Carter dans la tombe de Toutânkhamon...

— Pardon ? s'exclama Hiebermeyer, outré. Attention à ce que tu dis !

Jack lui adressa un sourire.

— Je me disais bien que tu allais réagir. La tombe de Toutânkhamon a peut-être abrité le plus important trésor matériel, mais la Gueniza nous a fait pénétrer dans les détails du passé comme aucune autre découverte archéologique, si ce n'est peut-être à Pompéi et Herculanum. L'étudier ne constitue pas simplement un intérêt pour les conservateurs, c'est devenu le travail des plus grands chercheurs de notre temps, et pas seulement pour la religion et la littérature juives, mais aussi pour l'histoire et l'historiographie médiévales. Elle donne un sens à l'histoire et à son étude.

— J'aimerais bien que tu développes, Jack, le pria Costas.

— Les Guenizot étaient des entrepôts dans les synagogues, on y rangeait les textes sacrés usés. Dans la tradition juive, tous les écrits sacrés ou liturgiques en hébreu sont considérés comme paroles divines et par conséquent ne peuvent être jetés, mais la Gueniza du Caire avait cela de différent qu'elle contenait également du matériel concernant la communauté juive médiévale en Égypte. Elle a été retrouvée dans la synagogue Ben Ezra à Fostat, la vieille ville du Caire, la synagogue des juifs palestiniens. Quand la Gueniza de Ben Ezra a été ouverte à la fin du dix-neuvième siècle, l'essentiel de son contenu – plus de deux mille pièces – a été envoyé à Cambridge sous la surveillance de Solomon Schechter, professeur en études rabbiniques à l'université. J'ai eu la chance de consulter les archives quand je faisais des recherches pour mon doctorat sur la présence des juifs dans le commerce maritime de l'océan Indien...

— Alors tu sais qu'on y trouve aussi une mine de détails sur Le Caire du début du Moyen Âge, et pas seulement sur la vie des juifs, commenta Aïcha.

— « Les petits riens sans importance qui font l'histoire », comme dirait un des chercheurs qui a travaillé sur la Gueniza, affirma Jack.

— Y compris des références aux califes et aux anciens quartiers du Caire qui depuis ont été démolis ou ensevelis sous la ville moderne.

— Où veux-tu en venir, avec ça, Aïcha ? Fostat était la principale colonie du Caire quand les Fatimides sont arrivés de Tunisie pour prendre le contrôle de l'Égypte. Et la plupart des documents de la Gueniza datent de la période d'Al-Hakim et des deux siècles qui ont suivi. C'est ça, le rapport ?

— Je ne veux pas vous en dire plus maintenant, parce que ce que nous avons trouvé est en cours de traduction. Vous devez venir voir par vous-mêmes l'endroit. C'est peut-être notre dernière chance aujourd'hui, comme Le Caire est encore ouvert aux étrangers, mais un couvre-feu est déjà imposé à partir de minuit et la ville risque fort de devenir zone interdite dans les jours qui viennent. Je nous ai organisé un transport pour nous y rendre dans la soirée.

Jack réfléchit un instant. Puis :

— Très bien, si tu penses que c'est une bonne façon d'occuper mon temps ici. L'heure tourne.

— Crois-moi, tu ne le regretteras pas.

Hiebermeyer indiqua le couloir.

— Avant que vous ne partiez, un ami à moi voudrait vous voir. Un physicien de génie, avec un penchant pour les simulations par ordinateur et l'égyptologie.

— Hmmm, ponctua Costas en levant les sourcils ostensiblement. Nous y voilà.

— Qu'est-ce que Lanowski fait ici ? demanda Jack.

— Il a pris un vol tard hier soir depuis le *Seaquest.* Vous savez, le *Seaquest* est toujours sur l'épave du *Beatrice,* au large de l'Espagne. Ils font les derniers préparatifs pour remonter le sarcophage de Mykérinos, mais ils ont rencontré des problèmes. Il est venu pour s'entretenir avec Costas.

— Je sais que le capitaine Macalister a essayé de me contacter. Costas a pris l'appel quand on arrivait ici.

— Lanowski traverse toute la Méditerranée pour me consulter ? commenta Costas, un sourire sur les lèvres. On doit vraiment être de bons amis.

— Tout comme nous, affirma Hiebermeyer. Son cerveau est un répertoire de l'Égypte antique. Il contient toutes les mesures, tous les angles et les coordonnées. Je n'arrive pas à atteindre son niveau de connaissances.

— Ils ne sont pas supposés remonter le sarcophage en mon absence, s'agaça Jack. Je n'aime pas être mis de côté.

— Mais, Jack, voyons, tu *es* de côté. Tu opères incognito dans le golfe de Suez depuis quatre jours, avec comme instructions pour tous les membres de l'IMU de ne surtout pas chercher à te contacter. Le conseil d'administration a décidé de passer outre tes ordres et d'autoriser l'équipe du *Seaquest* à remonter le sarcophage sans toi. C'est un moyen de détourner l'attention de ce qui se passe en Égypte, d'éviter que les autorités ici te démasquent et fassent un scandale. Mieux vaut orienter le public vers le sarcophage et y intéresser les médias : sorti des pyramides de Gizeh dans les années 1830, englouti en mer avec le bateau qui l'emmenait vers le British Museum et retrouvé par l'IMU… Le conseil a fait une déclaration officielle hier devant la presse, et maintenant des dizaines de journalistes sont présents sur les lieux. La divulgation à la presse inclut même ta promesse que si la protection du sarcophage est assurée par les autorités égyptiennes et supervisée par une équipe de l'UNESCO, alors il retournera dans la pyramide. C'est ce que nous avions tous dit depuis le début.

— D'après ce qui a l'air de se profiler, il a plus de chances d'être mis en pièces par les extrémistes, s'inquiéta Costas.

— Le nouveau directeur des antiquités est conscient du danger, répondit Hiebermeyer. C'est peut-être un pion politique qui n'en a rien à faire de l'archéologie, mais c'est aussi un arriviste pompeux, qui ne demanderait rien de plus que d'être associé au retour du sarcophage. Il ferme les fouilles étrangères en Égypte pour satisfaire ses nouveaux supérieurs xénophobes, mais en même temps il résiste aux extrémistes qui veulent reproduire le régime des talibans en Afghanistan et désintégrer tout ce qu'ils considèrent comme non islamique. Si les extrémistes tirent leur épingle du jeu, il sait qu'il n'aura plus de travail et qu'il deviendra aussi inutile que les monuments dont il est supposé se soucier.

— La bataille paraît perdue d'avance, remarqua Costas.

— Avec la déclaration officielle du conseil d'administration, nous gagnons du temps, expliqua Hiebermeyer. On agite une carotte sous le nez du directeur des antiquités pour que nos projets en Égypte sortent de son collimateur. Il faut espérer que ce gars reste en poste assez longtemps pour qu'on puisse terminer nos fouilles dans la nécropole de la momie...

— Mais ce scénario peut partir en fumée à tout moment, rétorqua Costas. Si les extrémistes lui mettaient un couteau sous la gorge, ou si le coup d'État redouté expulsait les modérés, l'Égypte retournerait alors à l'an zéro et l'archéologie n'y serait plus du tout la bienvenue...

— Je n'aurais pu le présenter plus clairement, le félicita Hiebermeyer.

— Tu as fait partie de la commission qui a pris la décision de remonter le sarcophage ? interrogea Jack. Le conseil t'a demandé ton avis ?

— Dès le départ, répondit Hiebermeyer. Ils n'auraient pas fait d'annonce publique sans mon approbation.

— D'accord, c'était ce qu'il fallait faire, concéda Jack. Je devrais commencer à laisser l'IMU voler de ses propres ailes sans que je lui tienne la main, mais ce n'est pas facile. Bref, où est Lanowski ? Si le *Seaquest* attend de remonter le sarcophage et qu'il m'y emmène après ma visite au Caire, je pourrais peut-être même y assister.

— Dans le couloir, déclara Hiebermeyer avec un geste de la main. Il a installé son ordinateur de simulation dans mon bureau.

— Mais qu'est-ce qu'il peut bien faire avec ça ? s'enquit Jack.

Hiebermeyer lui adressa un sourire las.

— Tu connais Lanowski. Il dit que, quand ses pieds touchent le sol égyptien, il se sent tellement connecté qu'il pourrait traverser le temps et voir tous les détails du passé comme s'ils étaient disposés devant lui. Je lui ai dit ce que tu as fait avec Costas dans le golfe de Suez. Je n'ai jamais vu quelqu'un d'aussi enthousiaste. Il fait des simulations de la Bible, en fait.

— Pardon ? s'étonna Costas.

— Tu as bien entendu.

— Des simulations de la Bible ? répéta Costas en secouant la tête. Il vole pas un peu trop près du soleil ? Tu sais, comme l'autre, là…

— C'est tout Lanowski, confirma Hiebermeyer. Les frontières sont là pour qu'on les traverse.

— Que Dieu nous garde, murmura Costas.

Aïcha se leva en consultant sa montre.

— Pas plus d'une heure. Maria t'attend dans la vieille ville du Caire à dix-neuf heures.

— *Maria !* s'exclama Jack. C'est d'elle que tu parles quand tu dis que d'autres aussi travaillent dans les coulisses ? Qu'est-ce qu'elle fait ici ?

— J'avais l'intention de t'en parler avant qu'on parte, bien sûr, assura Aïcha. Tu te souviens, elle est la directrice de l'institut de paléographie d'Oxford. Qui mieux qu'elle pourrait étudier un nouveau document de la Gueniza du Caire ?

— Jeremy aussi ?

Elle secoua la tête.

— Il vient d'être nommé directeur assistant, par conséquent il doit rester dans les parages quand elle n'y est pas. Et, de toute façon, il est à Londres, au British Museum, il travaille sur son nouveau projet que tu ne connais pas encore.

— J'abandonne, soupira Jack. On dirait que mon monde échappe complètement à mon contrôle.

Costas lui donna une tape dans le dos.

— C'est à ça que ça sert, les amis, Jack. Parfois, on peut pas y arriver tout seul.

— Très bien. Lanowski d'abord et ensuite Le Caire. Et après, on verra comment ça s'enchaîne. On retournera peut-être sur le *Seaquest*, pour une plongée de mille mètres en submersible...

— Je suis partant ! s'enthousiasma Costas. À donf !

Aïcha regarda son téléphone.

— Je retourne au Caire. Avant de planifier quoi que ce soit, attends de voir ce qu'on a à te montrer, avec Maria. Il se peut bien que ta quête pour la cité de lumière d'Akhenaton ne soit pas terminée complètement, *inch'Allah*.

— Allons-y, alors ! lança Jack en direction de Costas.

— C'est parti !

9

Jack et Costas étaient au rez-de-chaussée de l'institut et se dirigeaient vers le bureau de Hiebermeyer. La porte était légèrement entrouverte. Hiebermeyer préférait la salle de travail où ils s'étaient retrouvés, et par conséquent il prêtait souvent son bureau de directeur aux chercheurs étrangers de passage, comme maintenant. Costas, désireux de prendre une photo de Lanowski en plein travail pour la mettre sur la page Facebook de l'IMU, avait préparé son téléphone portable avant de pénétrer dans la pièce. Ledit Lanowski était pour l'heure perché sur la table de Hiebermeyer, les jambes croisées, les bras posés sur les genoux en position du lotus, les yeux légèrement fermés. Il fredonnait et poussait de temps en temps un gloussement de surprise, comme s'il était en état de constante révélation.

Costas immortalisa le moment puis se tourna vers Jack.

— Regarde, Jack, murmura-t-il. Il devient un vrai archéologue.

— Mais encore ?

— Depuis qu'on le laisse prendre ses petits congés sabbatiques, il essaye de devenir l'un des nôtres. Regarde le short et les bottes, il imite Maurice. C'est mignon, tu trouves pas ?

Jack se gratta le menton, essayant de garder son sérieux.

— Ça ne marche pas trop, hein ?

Il examina Lanowski, ses longs cheveux noirs et ternes qui pendaient autour de ses petites lunettes rondes, sa bouche dessinant un demi-sourire joyeux de victoire, qui semblait ignorer tout le reste. Lanowski n'avait pas changé d'un iota depuis qu'ils l'avaient débauché du MIT, afin d'aider Costas à développer ses matériaux en polymère renforcé pour les coques des sous-marins. Et il était devenu le petit génie de l'IMU, avec un penchant pour les images de synthèse. Il avait accepté l'offre de l'institut du fait de sa fascination d'enfant pour les mathématiques et pour la géométrie de l'Égypte antique. Désormais, il travaillait en relation étroite avec Hiebermeyer, ce qui réjouissait Jack. Mais leur collaboration était menacée, elle aussi, par la fermeture imminente de l'institut dans le pays.

Costas toussota et frappa à la porte.

— Jacob, à quoi tu joues ?

Pas de réponse. Costas essaya de nouveau, plus fort cette fois :

— Ici, la Terre, j'appelle docteur Lanowski. On peut entrer ?

— Je mène une expérience méditative, répondit Lanowski calmement, les yeux toujours fermés. Venez participer au voyage dans mon esprit.

— Tu plaisantes ! s'écria Costas. La vraie vie à l'IMU me suffit largement.

— « Une expérience méditative... » répéta Jack.

— Comme Einstein, expliqua Lanowski. Il passait des heures à imaginer qu'il était assis sur une particule de lumière qui traversait l'univers.

— La théorie de la relativité... lâcha Costas. Tu en développes une plus convaincante ?

Lanowski ouvrit soudain les yeux, les fixa du regard et sauta du bureau pour s'élancer vers le poste de travail de l'autre côté de la pièce. Il tira la chaise à lui et se mit à pianoter d'une main sur le clavier, l'autre occupée avec la souris.

— Je ne voyageais pas sur une particule de lumière, expliqua-il, concentré sur l'image de synthèse qui s'affichait sur l'écran. Je conduisais un char. Pour être précis, un char de l'Égypte antique, à cinquante kilomètres à l'heure, dans le désert à côté du golfe de Suez, le 22 mars de l'année 1343 avant Jésus-Christ, à six heures quarante-cinq du matin.

L'année coïncide parfaitement avec le règne d'Akhenaton. Le mois semble plausible, avant les grandes chaleurs, et à l'aube, soit juste assez tôt pour une attaque surprise...

Il lança un regard à Costas, qui s'était approché pour consulter l'ordinateur.

— Le seul élément avancé au hasard complet est le jour, mais pour mener une expérience méditative dans le passé il faut avoir l'heure et le jour précis.

— Ça va de soi, ponctua Costas en hochant la tête, comme pénétré par cette évidence.

Jack se plaça de l'autre côté de Lanowski.

— Je suppose que Maurice t'a parlé de notre découverte.

Lanowski cessa de taper sur le clavier.

— Ça y est.

— Quoi ? demanda Costas.

— J'ai résolu la Bible.

— « Résolu la Bible » ?

— L'Exode, chapitre 14. « Les enfants d'Israël entrèrent au milieu de la mer, dans son lit desséché, les eaux se dressant en muraille à leur droite et à leur gauche... » C'est la version massorétique, n'est-ce pas ? Eh bien, j'ai vérifié le texte grec original avec votre vieux mentor à Cambridge, le professeur Dillen, et il pense que le traducteur s'est permis une certaine latitude. Je sais qu'Aïcha t'a parlé de la Gueniza du Caire, Jack, parce qu'elle m'a expliqué ce qu'elle te réserve. Dillen aussi a évoqué la Gueniza, quand nous avons discuté des problèmes de traduction. Parmi les plus grandes trouvailles dans la Gueniza figurent les pages originales du texte hébraïque de Ben Sira, le Livre de la Sagesse, précédemment connu uniquement dans sa traduction grecque. Il m'a expliqué que lire ces pages et les comparer aux versions grecque, latine et anglaise l'a poussé à réfléchir à l'immense difficulté de faire passer le sens dans une langue qui ne possède simplement pas les expressions ou les mots appropriés, ce qui donne lieu à des traductions qui manquent de précision ou sont trop obscures pour qu'on les comprenne sans médiateur. Il pense que les écritures hébraïques originales étaient censées être très claires et précises et ne nécessitaient pas l'intervention d'un interprète. Le développement de la classe sacerdotale est dû à la complexité croissante des textes traduits...

— Il a tiré cette conclusion en étudiant les fondements de la religion organisée au début du Néolithique, quand la religion est devenue un moyen de contrôle pour ses partisans, confirma Jack.

— Dans l'épisode de l'Exode qui vous intéresse, il fallait que l'intervention divine soit la seule explication possible. Ce qui n'aurait pas été le cas avec des marées, par exemple, les Israélites auraient pu avoir simplement profité d'un passage à sec aussitôt recouvert...

— Ça passe bien auprès des fidèles, acquiesça Costas. Dieu par l'intermédiaire de Moïse a séparé la mer.

— Exactement. Mais regardons maintenant les preuves physiques. Selon moi, elles montrent que ces chars ne se trouvaient pas là parce que Moïse a séparé la mer et qu'ensuite elle s'est refermée sur eux. Ils se trouvaient là parce que quelqu'un a ordonné qu'ils foncent à pleine vitesse vers le bord de la falaise et qu'ils n'ont pas pu s'arrêter à temps. Ils se sont jetés dans la mer et ont été engloutis dans les fonds marins.

— C'est également notre théorie. Nous pensons que le campement des Israélites était situé juste en haut de la falaise.

— Il faut penser de façon latérale, Jack. Ou dirais-je plutôt, à angle droit. Si l'on se dit que les Israélites n'auraient jamais pu traverser la mer, alors on ne peut que conclure qu'ils ont fait le tour. Plutôt que d'aller vers l'est, ils sont partis au nord et ont longé la côte ouest. La référence biblique aux « eaux se dressant en muraille à leur droite et à leur gauche », ne signifie alors pas des murs d'eau à l'intérieur de la mer, mais les murs d'eau de la mer elle-même, c'est-à-dire les rives du golfe de Suez. Le professeur Dillen pense que le grec permet cette interprétation. Maintenant, penchons-nous un instant sur ma simulation… J'ai exagéré la hauteur de la falaise pour donner de l'effet, mais vous voyez bien l'illustration de ce que je viens de dire. Et pour couronner le tout, regardez ceci…

Une image satellite d'une plage apparut sur l'écran. Costas s'approcha.

— Je reconnais ces rochers. C'est là que j'ai déjeuné, il y a deux jours, entre deux plongées.

— Regardons donc de plus près… Oh, mais qui vois-je, là, avec ce grand chapeau, les pieds dans l'eau… ? T'étais pas plutôt en vacances, sur ce coup ?…

— Mais… Comment…

— Eh oui, s'amusa Lanowski. Je peux suivre tes moindres déplacements. Même si je ne me joins pas à vos sorties, je les observe de loin et m'imagine avec vous.

— Je pensais que les Égyptiens avaient coupé à Maurice l'accès aux images satellites, ainsi qu'aux autres projets étrangers dans le pays !

— Ce n'est pas par l'institut que j'ai obtenu ces images. C'est du matériel militaire américain, j'ai un ami à la CIA qui me devait un service parce que j'ai écrit la partie mathématique de sa thèse.

— C'est vraiment un réel plaisir de t'avoir avec nous, Jacob, le complimenta Jack. En plus, c'est foutrement utile !

— Heureux que tu le remarques.

— Au fait, ton interprétation me paraît sensée. Très, même. Autre chose ?

— Bien sûr.

Lanowski fit glisser la souris et l'image grossit.

— Aïcha m'a parlé de sa découverte du journal de la Première Guerre mondiale qui vous a guidés vers votre dernière plongée. Le récit à propos des caisses d'armes passées par-dessus bord et de l'officier qui a trouvé une épée datant de l'Égypte antique... Eh bien, nous avons lu ensemble plusieurs entrées de ce journal, hier soir. Il est écrit que les Anglais avaient développé un certain nombre de ruses au cas où ils seraient espionnés dans le désert. Plutôt que de conduire les chameaux qui transportaient les caisses juste au-dessus du point de rendez-vous avec le boutre sur la falaise, ils déchargeaient plusieurs kilomètres au sud et utilisaient un sentier caché sous la falaise connu des seules tribus locales, afin d'effectuer leurs livraisons loin des regards indiscrets. Le capitaine Edwardson, l'auteur du journal, était aussi archéologue, et il explique que ce sentier devait avoir des milliers d'années, d'après son état...

— Et ensuite, ils arrivaient sur la plage où j'ai pris mon déjeuner, intervint Costas. Juste au-dessus de l'endroit où nous avons trouvé les fusils et les munitions noyés, et ensuite les chars.

— Exactement. Et juste au-dessus de cela, l'image satellite montre une concavité dans la ligne de la falaise, qui marque une fissure dans le sentier. Je suis convaincu que la concavité est la preuve de l'éboulement causé par la chute des chars dans l'Antiquité, et je suis également convaincu que Moïse a emprunté ce sentier pour s'enfuir avec son peuple sous le nez des Égyptiens. Le sentier continue pendant des kilomètres le long de la côte, ce qui offrait une issue viable. Qu'est-ce que tu en penses, Jack ? Bingo ! Affaire classée.

— Incroyable, lâcha Jack en contemplant l'image, fasciné. On peut dire que tu sais justifier ton salaire, Jacob...

— Je ne suis pas le premier à avoir eu cette idée. Vous avez entendu parler de Hiwi al-Bakhi ?

Rivé à l'écran, Jack hocha tout de même la tête.

— Son nom signifie « l'Hérétique de Bactrie », un juif dissident du Moyen Âge, natif de Bactrie, l'Afghanistan actuel. Il a critiqué ouvertement la Bible hébraïque pour son manque de clarté et ses contradictions, et parce qu'elle donnait la représentation d'un Dieu inconsistant et capricieux. Ses écrits représentent une autre grande découverte dans la Gueniza du Caire. Il a également tenté de discréditer la théorie surnaturelle. Selon lui, l'ouverture de la mer Rouge était une question de marée haute et de marée basse, quelque chose qu'il avait sûrement vu sur les côtes de l'océan Indien. Il ne devait pas savoir que le golfe de Suez ne connaît pas beaucoup de marées, ni d'estran, comme il avait dû en constater en Inde, mais j'aime assez sa façon de penser.

— Rationaliste comme toi, Jacob.

— Un autre point mérite notre intérêt, Jack. J'en ai discuté avec Dillen, aussi. La secte de Hiwi était tellement occupée à épurer la religion juive qu'elle était même prête à déplacer le shabbat du samedi au mercredi, le jour dans la Genèse où le soleil a été créé. Le *soleil*, Jack… Ça te parle ? On imagine Akhenaton et Moïse ensemble dans le désert, frappés par la révélation du dieu unique, Aton. Akhenaton aussi cherchait à purifier l'ancienne religion, un retour vers une notion plus simple de divinité, un rejet des dieux qui étaient devenus trop anthropomorphiques et portaient les caractéristiques humaines que déplorait Hiwi chez le Dieu de la Bible. Peut-être que ces tentatives chroniques dans l'histoire pour épurer la religion sont prévisibles, mais peut-être aussi qu'on devrait plutôt voir cela comme une continuité, un souvenir préservé du temps de Hiwi de l'événement fondateur apparu dans le désert plus de deux mille ans plus tôt. L'Égypte a subi des conquêtes, les Grecs, les Romains, les musulmans, et des destructions culturelles comme celle de la bibliothèque d'Alexandrie, mais elle n'a jamais souffert d'une dévastation totale comme tant d'autres régions, l'anéantissement complet de sa civilisation et de son peuple. Quant aux juifs, leur histoire tourne autour du maintien de leur tradition, non ? C'est la plus grande leçon de la Gueniza du Caire, la continuité, surtout pas le changement.

Jack hocha la tête.

— Même des dissidents comme les fidèles de Hiwi se sont intégrés dans l'héritage intellectuel juif, un héritage de débat plutôt que de persécution, s'assurant que les esprits curieux ne soient pas étouffés comme dans d'autres religions.

Costas dévisagea Lanowski.

— Je savais pas que tu étais aussi rabbin, Jacob. Tu as plus d'une corde à ton arc.

— « Heureux l'homme qui a trouvé la sagesse et l'homme qui avance dans l'intelligence... » Je cite Ben Ezra. Mes parents étaient juifs ukrainiens. Ils se sont enfuis d'Europe juste avant la Seconde Guerre mondiale. Tout le reste de ma famille, mes oncles, mes tantes, tous sont morts dans l'holocauste. Mes deux grands-pères étaient des rabbins et mes parents espéraient que je suivrais leurs pas.

— C'est ce qui t'a poussé vers l'égyptologie ? demanda Jack.

— J'ai toujours voulu connaître l'identité du pharaon de la Bible. Cela m'agaçait qu'il ne soit jamais nommé, comme s'il était le seul pharaon de l'histoire, mais j'ai compris qu'il était spécial. Faire partie de ton équipe dans la quête d'Akhenaton, c'était comme réaliser un rêve d'enfant, Jack. Je te suis infiniment reconnaissant.

— Nous sommes heureux de t'avoir. Sois-en sûr.

— Bon, maintenant, pour ce qui est de la théorie de la relativité, c'est marrant que tu en parles, commença Lanowski en se tournant vers Costas. Il se trouve que j'ai mes doutes en ce qui concerne le modèle de continuum espace-temps. Disons qu'il est... faux.

Il prit un air tout à fait sérieux.

— Je ne plaisante pas, il est faux.

Il prit une ardoise à côté du bureau, s'empara d'une craie pour écrire une formule.

— Regardez... Je vous...

Sans lui laisser même griffonner la première lettre, Costas lui agrippa le bras.

— Pas maintenant, Jacob. C'est trop, là, même pour l'IMU. Réserve ça pour le comité de sélection du prix Nobel. Jack doit partir, il va retrouver Aïcha et Maria au Caire ce soir. Et moi je dois rappeler Macalister sur le *Seaquest*...

Lanowski cacha vite sa déception.

— Si vous avez du nouveau, prévenez-moi, d'accord ?

— Absolument.

— Si vous avez besoin d'aide, je suis votre homme, ajouta-t-il en montrant son équipement.

— Je vois ça, acquiesça Costas. Tu es prêt.

— Merci, Jacob. On te le fera savoir. En attendant, fais-moi un rapport pour que je l'envoie à la commission, avec les photos des chars que Costas a prises. Ils en auront besoin pour le communiqué de presse. Ça constituera un mélange solide de preuves et de spéculation.

— « Spéculation » ? répéta Lanowski, stupéfait. Je n'en vois pas, je ne vois que des preuves incontestables.

Jack lui adressa un sourire amusé et lui donna une tape sur l'épaule.

— Bien sûr. Incontestables. Beau travail, Jacob.

À peine quatre heures plus tard, Jack descendait du Land Rover de l'institut pour suivre Aïcha sous les fortifications médiévales du complexe antique de Fostat, heureux de se trouver dans la vieille ville du Caire, loin du vacarme et de la foule. La route depuis Alexandrie avait été ralentie par une succession interminable de barrages. Il était déjà près de vingt et une heures, à trois heures du couvre-feu. Le logo de l'institut d'archéologie inscrit en arabe sur le Land Rover les avait aidés à passer un certain nombre de points de contrôle délicats, mais ils savaient que, quand les extrémistes prendraient les commandes de la police, aucune affiliation occidentale, même en arabe, ne ferait l'affaire. Plus tôt dans la journée, quand ils étaient à Alexandrie, Aïcha n'avait pas voulu décourager Hiebermeyer en s'attardant sur la situation politique, mais dans le Land Rover elle avait expliqué à Jack que selon elle la survenue du coup d'État n'était l'affaire que de quelques heures. Le régime des islamistes modérés qui avait remplacé le gouvernement occidental quelques mois auparavant ne fonctionnerait jamais, avec une politique qui ne satisfaisait personne. La décision du ministère de la Culture de fermer les sites de fouilles étrangers n'avait pas suffi aux extrémistes, mais avait tellement irrité les Occidentaux qu'ils avaient commencé à retirer leurs aides financières en signe de protestation. De plus en plus, le nouveau régime était considéré comme le pion des fondamentalistes, le tremplin pour leur prise de pouvoir. Le gouvernement était infesté de petits tyrans, tel le directeur des antiquités, qui s'étaient précipités pour se faire leur place sans se rendre compte que les fondamentalistes qui leur avaient ouvert leurs portes se débarrasseraient d'eux à la première occasion.

Aïcha s'était inquiétée de l'absence de fusils ou de signes de contestation, images classiques depuis quelques mois au Caire. Les voyous extrémistes qui avaient dispersé les manifestants pro-démocratie avaient apparemment disparu dans la nuit, laissant les rues remplies de banderoles mais dépourvues de protestataires. De mauvais augure, comme le calme avant la tempête. Des rapports reçus sur les radios des forces spéciales parlaient de pick-up Toyota, équipés de mitrailleuses, qui auraient franchi la frontière du Soudan sans rencontrer de résistance de la part de l'armée ou de la police égyptiennes. La présence de camps d'entraînement islamistes au nord du Soudan constituait un secret de polichinelle depuis quelque temps déjà, et maintenant on commençait à comprendre ce qu'ils représentaient réellement : un relais pour une invasion de l'Égypte, reprenant là où leurs ancêtres avaient été forcés de lâcher l'affaire, après la défaite des hommes du Mahdi par l'armée de Kitchener à Omdurman en 1898. Ces événements remontant à plus de cent ans revenaient hanter le monde. Le massacre d'Omdurman et la profanation de la tombe du Mahdi pour venger la mort du général Gordon avaient été oubliés en Occident, éclipsés par les horreurs du vingtième siècle, et pourtant, pour les mahdistes, ils étaient aussi actuels que s'ils avaient eu lieu la veille, l'odeur du sang d'Omdurman et la vision des restes du Mahdi déterrés inscrites à jamais dans leur mémoire collective et attisant des étincelles de haine. Jack avait croisé cette vague montante d'extrémisme au Soudan quelques mois plus tôt avec Costas et désormais il prenait conscience de la chance qu'ils avaient eue de partir lorsqu'il en était encore temps. Si Aïcha avait raison, cette vague s'apprêtait à les rattraper. Le Caire n'allait pas tarder à être submergé, et les armées égyptiennes seraient retournées par les fondamentalistes infiltrés appelant à la désertion en masse des appelés. Elle était persuadée que cette soirée représentait leur ultime occasion de venir au Caire, et ils devraient profiter au mieux des heures qui s'offraient à eux.

Jack suivit Aïcha dans un dédale d'étroites allées pavées et de murs de pierre immenses, parmi des hommes vêtus de djellabas et de fez, qui rappelaient la vieille ville de Jérusalem. Il se souvint que c'était autant en Égypte qu'en Espagne que s'étaient installés les juifs qui avaient fui la destruction de Jérusalem par les Romains en 70 après Jésus-Christ. Et même avant cela, d'autres juifs habitaient Alexandrie, travaillant dans le commerce avec l'Inde.

Un mendiant barbu se tenait assis à l'entrée de la synagogue. Jack lui donna quelques pièces et emboîta le pas à Aïcha, qui passa la porte pour fouler le sol en marbre gris de la salle principale, tachetée de zones blanches aux endroits éclairés par des lampes suspendues. Des balcons encerclaient la pièce de chaque côté, décorés de colonnades peintes en rouge et blanc, assez semblables à ce que l'on aurait pu voir dans une mosquée du Caire. Encore une fois, Jack réfléchit aux similitudes entre les cultures judéo-chrétienne et musulmane au Proche-Orient, en parfait contraste avec les différences créées de toutes pièces et stigmatisées par les politiciens et les extrémistes.

Aïcha lui fit signe de rester là, puis elle grimpa rapidement les marches vers la galerie de gauche, disparaissant derrière une section cachée par des tentures et éclairée de l'intérieur. Il entendait les murmures d'Aïcha et d'une autre femme, qu'il reconnut comme étant Maria, mais il fit en sorte de ne pas les écouter et se prit à respirer profondément, savourant le parfum des vieilles pierres et du bois après la pollution de l'extérieur. Il profitait du calme qu'il trouvait toujours dans les lieux de culte dans les villes en ébullition, un répit particulièrement bienvenu ici, dans le nuage d'incertitude qui pesait sur Le Caire.

Il s'émerveillait d'être enfin dans la synagogue Ben Ezra, la source de la Gueniza du Caire, la plus grande collection de documents médiévaux jamais mise au jour à l'époque moderne. Toutes les synagogues possèdent leur Gueniza, comme il l'avait expliqué à Costas, un entrepôt d'écrits sacrés qui ne peuvent être jetés parce qu'ils constituent la parole de Dieu. La plupart d'entre elles avaient été saccagées et leur contenu brûlé, mais celle de la synagogue Ben Ezra semblait rassembler tout ce qui y avait été consigné depuis sa construction au neuvième siècle. Quand la Gueniza fut étudiée, au début, les chercheurs trouvèrent non seulement des milliers de pages de textes sacrés – bibliques, talmudiques, rabbiniques, et même des fragments du Coran – mais aussi un matériel séculaire précieux, des documents en araméen et en arabe en plus des écrits en hébreu, ce qui offrait une image extraordinaire de la vie juive en Égypte à la période médiévale. Quand, étudiant à Cambridge, Jack avait commencé à consulter ces documents, il avait considéré cette collection avec un regard d'archéologue, un peu comme s'il étudiait les éléments trouvés dans une fouille. Les fragments de la Gueniza semblaient d'autant plus précieux que, comme pour le papyrus de Hiebermeyer, les écrits n'avaient pas été sélectionnés par les érudits ou les autorités religieuses pour être préservés, et ils révélaient des détails du quotidien, des éléments qu'on ne retrouvait que rarement dans les archives datant d'avant la période moderne.

Le rideau sur le balcon s'ouvrit, et Aïcha s'approcha de la balustrade.

— Jack, Maria est prête. À quoi penses-tu ?

— Je pense que Solomon Schechter, au siècle dernier, a eu une excellente idée de transporter le plus gros des archives à Cambridge. Je n'ose imaginer ce que les extrémistes feraient à cet endroit.

— S'ils étaient de vrais musulmans, ils n'y toucheraient pas. Moïse était aussi l'un de nos prophètes, et pour les musulmans les juifs sont le peuple du Livre, ceux à qui les écritures ont été révélées divinement. Tu sais que selon la légende le bébé Moïse a été trouvé dans les roseaux du Nil, tout près d'ici ?

Jack s'avança vers les marches.

— Jolie histoire, mais elle remonte à deux mille ans, entre l'Exode et la renaissance de la communauté juive médiévale du Caire. Il est difficile de croire que quelqu'un aurait pu se souvenir de l'emplacement exact. Et il n'est pas facile non plus de savoir ce qui se passait pendant le Nouvel Empire, à l'endroit où se situe désormais Fostat, où un temple avait probablement été érigé. Moïse a plus certainement échoué quelque part vers le nord, dans la région des marais, dans le delta du Nil.

Aïcha écoutait, les mains sur les hanches.

— Et où est passée la foi aveugle de Jack Howard ? lança-t-elle. Maurice dit pourtant que c'est ta qualité principale.

— La foi dans mon instinct, pas dans n'importe quelle vieille légende, corrigea Jack en montant l'escalier, un sourire aux lèvres. De toute façon, je suis en train de me transformer en Lanowski. Où sont les preuves concrètes ?

— Tiens, voilà quelque chose qui va t'intéresser... Tu te souviens du journal du capitaine Edwardson, l'officier archéologue devenu espion dont les notes t'ont conduit dans le golfe de Suez ? Un an avant ce transport d'armes saboté, il avait été nommé second lieutenant au Caire et travaillait dans le même bureau de cryptologie que son ami T.E. Lawrence, les deux s'ennuyant comme des rats morts. Son quotidien s'est un peu éclairé le jour où ses supérieurs l'ont envoyé surveiller discrètement un visiteur important qui voulait explorer incognito la synagogue. Eh bien, notre homme s'est douté qu'Edwardson le filait et, quand il est arrivé dans la synagogue, il l'a attendu et a proposé qu'ils entrent ensemble. Il s'agissait en fait de lord Kitchener, récemment nommé secrétaire d'État à la Guerre. Il était de passage en Égypte, quelques mois à peine avant de se retrouver sur le *Hampshire* dans la mer du Nord. Dans la synagogue, des dizaines d'hommes d'un certain âge étaient déjà réunis. Kitchener a expliqué à Edwardson qu'ils avaient tous un lien avec le général Gordon et qu'ils se réunissaient régulièrement dans la synagogue pour célébrer sa mémoire. Un des autres hommes présents était un Américain, le colonel Chaillé-Long...

Jack se figea sur place.

— Incroyable ! L'ancien chef d'état-major de Gordon, l'explorateur du lac Victoria ?

— À cette époque, il était devenu un vieil homme et un auteur connu.

— De récits richement embellis, si je me souviens bien. Une sorte de dandy...

— Et Edwardson a parlé de quelqu'un d'autre. J'étais impatiente de te le dire, Jack, mais j'attendais que tu sois ici. Un colonel des Royal Engineers que tu dois bien connaître : John Howard...

— Mon arrière-arrière-grand-père... ? s'exclama-t-il, sidéré, son esprit en plein tumulte. Il avait déjà pris sa retraite, à cette date, mais il avait fait plusieurs voyages en Terre sainte. Il était ami avec Kitchener et avait rencontré Gordon. Ils faisaient tous partie des Royal Engineers. C'est logique, en fait.

Il fixa du regard le sol de la synagogue, imaginant ces hommes réunis en mémoire d'un des leurs.

— Fascinant.

— Ils venaient ici dans cette synagogue parce qu'ils croyaient en l'histoire de Moïse. Mais, comme ils étaient des ingénieurs et des hommes pragmatiques, ils cherchaient des preuves concrètes. Apparemment, une nuit, près d'un quart de siècle plus tôt, en 1890, ils s'étaient réunis ici pour la première fois, avec l'intention de faire des fouilles sous la synagogue. Chaillé-Long, le colonel Kitchener, le capitaine Howard et un certain colonel Wilson, qui est mort depuis.

— Ce devait être sir Charles Wilson, murmura Jack. Le chef des services secrets pendant la mission pour secourir Gordon, mais avant cela géomètre en Palestine, qui avait découvert les structures antiques sous la Jérusalem médiévale. J'ai parlé de lui à Rebecca avant qu'elle ne parte, ainsi que de Gordon et de Kitchener. Tous étaient liés par leurs travaux archéologiques en Palestine. En 1883, Gordon y a pris une sorte de congé sabbatique, découragé par son manque de progrès au Soudan et plus intéressé par la recherche des traces liées à la période biblique dans les vestiges de Jérusalem.

Aïcha hocha la tête, enthousiaste.

— Oui, ils ont emporté du matériel de mesure et des outils pour creuser et se sont rendus sur le domaine de la synagogue. Ils avaient été conduits là par un autre des personnages hauts en couleur de cette époque en Égypte, Riamo d'Hulst, un soi-disant comte et sujet du Luxembourg qui devait en fait être un déserteur allemand de la guerre franco-prussienne de 1871, et une sorte de métamorphe. En 1890, alors que la synagogue était en pleine restauration et rénovation, il a profité des travaux pour entreprendre des fouilles. En suivant son exemple, les officiers ont découvert des preuves incontestables de la présence d'une ancienne rivière, pour l'heure ensablée. Cela n'établit pas la véracité de l'histoire de Moïse, bien sûr, mais ils ont aussi trouvé le socle d'une ancienne structure. Selon Edwardson, elle contenait les restes usés d'un cartouche. Cette découverte de vestiges égyptiens leur a confirmé qu'ils étaient au bon endroit. Edwardson aurait peut-être pu déchiffrer les hiéroglyphes grâce à sa formation d'archéologue, mais il n'est pas parvenu à voir l'inscription parce que la pierre a été rapatriée en secret par le lieutenant Howard pour la mettre en sécur...

— Quoi ? s'étonna Jack. Par mon arrière-arrière-grand-père ?

— Tu ne te rappelles aucune antiquité égyptienne dans le domaine des Howard ?

Jack se sentait sonné. *Bien sûr !*

— Mais oui. Sur le bord de la cheminée, dans le salon. Mon père l'a trouvé dans le cellier et il ne savait pas quoi en faire. Du granit rouge égyptien...

— C'est exactement ce qu'Edwardson a dit.

— Maurice est au courant ?

— Pas encore. Il a d'autres chats à fouetter pour le moment.

— Cela pourrait sérieusement le ragaillardir. Quand il est venu pour la première fois chez moi, à l'époque où nous étions en internat, il était obsédé par cet objet. Il passait des heures à l'observer et à le dessiner. C'est ce qui l'a poussé vers l'égyptologie. Nous pensions que c'était une relique quelconque d'un voyage fait au dix-neuvième siècle, le genre d'objet que les Européens riches rapportaient pour décorer leurs demeures luxueuses. Mais Maurice a élaboré toutes sortes de théories sur l'endroit en Égypte d'où il pouvait provenir. Et, bien sûr, il l'a traduit.

— Et ?

— C'était Akhenaton. Le cartouche royal d'Akhenaton. Le pharaon de l'Ancien Testament, le pharaon de l'époque de Moïse.

Le voile s'écarta et Maria apparut, une frêle jeune femme aux cheveux noirs, d'une quarantaine d'années. Elle portait des lunettes au bout d'une chaîne autour de son cou et une paire de gants de conservateur de musée.

— Bonsoir, Jack. Tu rougis ? plaisanta Maria.

Jack s'approcha pour l'embrasser sur la joue.

— Je viens d'avoir une révélation, Maria. Sidérante !

— Tu es bien toujours le même, lança-t-elle, son accent espagnol donnant à ses mots une emphase particulière. Tu me raconteras ça une fois qu'on aura terminé ici.

Jack fit un signe de la tête vers le rideau.

— Ça nous ramène en arrière, hein ? dit-il à Maria avant de se tourner vers Aïcha. Nous nous sommes rencontrés dans un café de la Cambridge University Library après avoir découvert que nous faisions tous les deux des recherches sur les documents de la Gueniza. On ne regrette rien, n'est-ce pas, Maria ?

Maria posa la main sur l'épaule de Jack.

— Jack Howard ne serait pas l'homme que je connais et que j'aime s'il ne partait pas tout le temps à l'aventure. Mais, avant que tu ne disparaisses encore une fois, tu dois venir voir ce que j'ai pour toi.

Jack jetait déjà un regard à travers le voile, apercevant l'échelle qui menait vers la Gueniza.

— Je te suis, Maria. Je brûle d'impatience !

10

Jack écarta le voile devant les deux femmes et les suivit jusque dans une section isolée, au bout de la galerie. À l'intérieur, l'air était bien plus étouffant, la chaleur émanant de deux lampes portables posées sur une table en bois placée au centre de la pièce. Deux valises gisaient ouvertes sur le sol, contenant les outils de paléographe de Maria : sachets plastique pour les fragments de manuscrits, pinces, loupe, gants et ordinateur portable, dont l'écran affichait une partie de texte que Jack reconnut comme étant de l'hébreu, par l'empattement du dessus des lettres. Derrière la table, l'échelle qu'il avait vue de dehors montait vers une ouverture rectangulaire dans le mur à trois mètres au-dessus de leurs têtes, juste en dessous du plafond, une rallonge électrique serpentant sur le rebord avant de disparaître dans la pénombre.

Jack se pencha pour examiner une photo en noir et blanc sur la table.

— Solomon Schechter ! lança-t-il, montrant le barbu en costume noir penché sur ce qui semblait être un tas de vieux tapis. Je connais le célèbre cliché de lui, entouré de boîtes et de piles des fragments de la Gueniza dans la Cambridge University Library, mais c'est la première fois que je vois celui-ci.

— C'est parce que Jeremy vient de dénicher cette photo, expliqua Maria. Il est devenu un sacré limier, tu sais. Pendant très longtemps, on a pensé qu'aucune photo de l'époque de Schechter n'avait survécu dans la synagogue en 1896, quand tout le contenu de la Gueniza avait été répandu sur le sol de cette pièce. En fait, les jumelles écossaises qui l'avaient amené ici, les veuves Agnes Lewis et Margaret Gibson, avaient emporté un appareil photo. Jeremy a fait le tour des membres de leurs familles encore en vie pour retrouver d'anciens albums. L'étude de la Gueniza a longtemps été considérée comme le domaine des hommes, mais cette photo renforce le rôle de ces deux femmes dans la mise en route de ces recherches. Les vieux manuscrits qu'elles ont trouvés en Égypte ont ouvert la voie à leur ami Schechter à Cambridge.

Jack regarda tour à tour Maria et Aïcha.

— Avec vous deux ici, on dirait bien que la boucle est bouclée...

— Les femmes au début, les femmes à la fin, confirma Maria. J'ai le sentiment que nous refermons l'un des chapitres les plus incroyables des découvertes historiques.

Jack contempla l'homme sur la photo.

— Il avait l'air un chouïa débordé...

— Tu le serais aussi, avec plus de deux cent mille fragments de manuscrits à éplucher... Débordé, mais comblé. C'est devenu l'œuvre de sa vie à Cambridge, où la Gueniza est une des collections les plus précieuses, étudiée par des chercheurs en histoire juive du monde entier.

— Je pensais que l'entrepôt avait été entièrement vidé, remarqua Jack en regardant vers le trou dans le mur. Qu'est-ce que tu fais ici, exactement, Maria ?

Elle lança un coup d'œil vers Aïcha.

— Pour faire simple, c'est la première chose que m'a enseignée ton mari, Aïcha, bien avant que tu ne le connaisses. Quand j'étais étudiante, j'ai travaillé sur un des projets de Maurice dans la Vallée des Rois. Je cherchais des débris de papyrus restés dans un entrepôt qui n'avait pas seulement été pillé dans l'Antiquité, mais également ratissé par l'équipe de Howard Carter, laquelle a ensuite, grâce à ce qu'elle y avait trouvé, découvert la tombe de

Toutânkhamon. Mais il ne faut jamais croire que les archéologues ont tout ramassé.

— Continue…

— Tu te souviens de notre projet en Angleterre, il y a quelques années, à la cathédrale de Hereford ? Quand Jeremy et moi avons trouvé la carte du Vinland qui montrait l'exploration des Vikings en Amérique ? Tout ce que recelait la cathédrale était regroupé dans sa célèbre bibliothèque. Pourtant, nous avons découvert un escalier caché qui menait à une mine de manuscrits…

Elle s'approcha du mur et tapa du poing à côté du bureau, sous l'ouverture, produisant un bruit creux qui provenait à l'évidence de la Gueniza, derrière.

— C'est ce que Jeremy et moi expliquons toujours à nos nouveaux étudiants, à l'institut. Ne jamais oublier de taper sur les murs. Sahirah al-Hadeen, une amie d'Aïcha qui étudie l'architecture de la synagogue, une doctorante qui a passé un semestre avec nous à Oxford, est entrée dans l'entrepôt et a fait ce que je viens de faire, sur le mur opposé qui marque l'extérieur de la synagogue. Dès qu'elle s'est rendu compte qu'il se trouvait un espace creux derrière, elle nous a contactées, Aïcha et moi.

— Elle est avec vous, maintenant ?

Le visage d'Aïcha se ferma.

— Plus tôt dans l'après-midi, elle a été arrêtée et emprisonnée. Un de mes contacts encore au bureau des antiquités a fait passer un message à Maria juste avant que nous arrivions. C'est de cela que nous parlions quand tu nous attendais en bas. Elle est au ministère de la Culture, qui a maintenant une aile sécurisée avec des cellules et des salles d'interrogatoire, là où avant se trouvaient les laboratoires de conservation. Elle a été arrêtée, sur la base de fausses accusations, pour trafic d'antiquités, parce qu'ils ont trouvé dans sa valise un fragment de manuscrit qu'elle emportait en fait à l'institut à Alexandrie, étant donné qu'il n'existe plus de centre pour conserver ce genre de vestiges au Caire. Mais la réalité est tout autre. Sahirah vient d'une des plus vieilles familles juives du Caire. Tu as remarqué les extrémistes, avec leurs bandeaux noirs sur le front, Jack ? Ils sont terrifiants. Nous les avons vus frapper un homme devant la synagogue hier soir, juste quand j'arrivais. On aurait dit une scène des années 1930, quand les nazis s'en prenaient aux juifs dans la rue. Et les affiches sur les murs ? Elles ont été collées dans la nuit. Elles appellent tous les juifs à quitter l'Égypte, sous peine d'être pillés et emprisonnés. Même les pires des califes n'étaient pas allés aussi loin...

— Alors on devrait être en train d'essayer de la sortir de prison, plutôt que de rester ici à bavarder ! s'indigna Jack.

Maria posa une main sur son bras.

— Le mieux que nous puissions faire pour elle, c'est de terminer ici. Le manuscrit en question est un fragment qu'elle a réussi à extraire du trou qu'elle a creusé dans le mur de l'entrepôt, là où elle a entendu le bruit creux. S'ils la torturent et menacent sa famille, elle pourrait révéler où elle l'a trouvé, et la dernière chose qu'elle voudrait, c'est fournir une excuse à ces ordures pour faire une descente dans la synagogue. Elle voudrait que nous soyons sur place maintenant, pour emporter autant de matériel que possible avant qu'ils ne viennent la saccager. C'est devenu une affaire personnelle pour moi aussi, Jack. Dans quelques heures, cet endroit sera vidé et peut-être destiné à être détruit, et il faut avant tout éviter qu'un millier d'années d'histoire soit réduit à néant. Emporter les dernières traces de documents de la Gueniza n'est pas une fin, mais le fil de la continuité. L'histoire représentée ici a déjà survécu aux ténèbres par le passé, et il ne faut pas que nous laissions ces barbares vaincre. Aussi, quand Sahirah m'a contactée, je suis venue ici au plus vite pour me battre contre une nouvelle vague d'obscurantisme et de destruction.

Jack grimaça.

— Nous n'avons pas apporté de téléphone satellite d'Alexandrie, de peur de nous le faire confisquer à un point de contrôle, ce qui aurait pu mettre en danger la ligne sécurisée de l'IMU...

Il sortit son portable pour vérifier le réseau.

— Comment est la réception ? demanda-t-il.

— Pratiquement inexistante en dehors du Caire, répondit Aïcha en secouant la tête. Je ne peux joindre ni l'institut, ni Maurice, qui est en route dans son Land Rover vers le site de Fayoum en ce moment. Les mahdistes sabotent les transmetteurs dans tout le pays.

Jack rangea son portable dans sa poche.

— D'accord. Voilà ce que je vais faire : première chose, demain matin, dès que j'arrive sur le *Seaquest*, j'appelle le conseil d'administration pour réitérer notre offre de rendre le sarcophage de Mykérinos à l'Égypte, mais seulement à condition qu'ils libèrent Sahirah sur-le-champ. Cela va mettre la pression sur le directeur des antiquités, tant qu'il est encore en place. Le retour du sarcophage était censé être le point culminant de ce qui sera certainement une très courte carrière. Il faut juste espérer que nous pourrons agir avant l'arrivée des extrémistes au pouvoir.

— Ça pourrait marcher, acquiesça Aïcha. C'est notre seul moyen de pression.

Jack prit un long moment pour réfléchir. Ils n'avaient aucune autre possibilité, si ce n'était aller tempêter au ministère et exiger la libération de Sahirah, ce qui ne conduirait qu'à les faire arrêter, eux aussi.

— Très bien. Au travail, alors.

Maria le fixa.

— Nous avons élargi au maximum le trou qu'avait creusé Sahirah dans le mur, mais il est toujours à peine suffisant pour passer le bras. C'est une fente qui n'a pas été correctement rebouchée pendant les travaux de rénovation en 1890 et de nouveau il y a quelques années, sans doute parce que l'ouverture avait été colmatée des siècles plus tôt par du vélin gélatineux et d'autres matières organiques. D'innombrables générations de souris ont transporté des petits bouts de manuscrits dans le trou et les ont déchiquetés pour en faire leurs nids. Par conséquent les papiers et les papyrus n'ont été préservés que sous forme de minuscules lambeaux. Mais il nous reste tout de même des plus gros morceaux de vélin. Apparemment, le vélin n'était pas du goût des petits rongeurs, peut-être la gomme utilisée pour stabiliser et sécher l'encre métallo-gallique... Avec le temps ces fragments se soudent avec les déjections des souris à l'intérieur du trou, ce qui aide à isoler le nid. Quand Sahirah nous a montré les quelques fragments de la taille d'un timbre qu'elle a réussi à en extraire, nous étions vraiment impressionnées, parce que le vélin était en général utilisé pour les textes religieux, ce qui laisse envisager une découverte vraiment importante. Après avoir vu les photos qu'elle a jointes à son mail, j'ai sauté dans le premier vol pour Le Caire.

Jack montra du doigt un mouchoir qui semblait recouvrir quelque chose sur la table.

— C'est un fragment, ça ?

Maria s'installa à la table et souleva le mouchoir. Elle révéla un morceau de vélin de la taille d'une page de livre, plié sur un coin et très sale.

— La crasse est constituée en partie d'excréments de souris et de cadavres en décomposition. Cela donne quelque chose de très collant. L'autre partie, c'est l'encre qui a servi à écrire les textes, ainsi que les taches de moisissure, qui ressemblent à du brûlé. Une fois que j'aurai rapporté les fragments au labo et que je les aurai placés sous un microscope électronique pour vérifier la stabilité de l'encre métallo-gallique, je les mettrai dans un humidificateur pour rendre au cuir sa souplesse, et ensuite je le renforcerai avec de la méthylcellulose et du papier iodo-amidonné. Mais, sans l'avoir lavé, on peut déjà apercevoir des mots...

Jack se pencha... et recula aussitôt.

— Quelle puanteur ! s'exclama-t-il en se cachant le nez. Je crois qu'il va me falloir un masque à gaz...

Maria lui adressa un regard chagrin.

— Il y a plus alléchant, hein ? Neuf cents ans de crottes de souris. Solomon Schechter ne s'est jamais remis des mois qu'il a passés ici, sa santé en a été affectée pour toujours. Il a commencé à porter un masque quand il a étudié les manuscrits à Cambridge, mais c'était sans doute déjà trop tard, et l'exposition à cette pestilence est probablement ce qui l'a achevé, je pense.

— Neuf cents ans, murmura Jack, en jetant un nouveau coup d'œil vers le fragment. Le milieu du douzième siècle. Tu as réussi à le transcrire ?

— Regarde-le de plus près, tout d'abord... Qu'est-ce que tu vois ?

Jack retint sa respiration, s'approcha, puis se redressa le plus vite possible.

— Des lettres en hébreu, environ dix-sept lignes, effacées en bas comme s'il manquait une partie de la page.

Il bloqua de nouveau sa respiration et se baissa pour examiner les inscriptions de plus près.

— Mon Dieu, c'est ce que je pensais. Il s'agit d'un palimpseste. Des lettres plus anciennes flottent au-dessus du texte, dans l'autre sens. Je n'arrive pas à distinguer les mots, mais les lettres ont également des empattements hébraïques.

— Pour l'instant, je n'arrive pas à traduire la partie inférieure du texte. C'est ce qui nous attend, pour notre retour au labo. J'espère, même si c'est un peu illusoire, découvrir de nouvelles lignes de Ben Sira, le Livre de la Sagesse qui est sans aucun doute le plus grand trésor de la Gueniza.

— Lanowski nous en a parlé cet après-midi. Il nous a entretenus du problème de la traduction et de la transmission des écrits sacrés, et de l'importance de trouver des originaux...

— Oui, je lui ai parlé au téléphone. Il a quelques idées très intéressantes. Il suit l'opinion de plusieurs universitaires qui pensent que Joshua Ben Sira, au deuxième siècle avant Jésus-Christ, aurait écrit le livre à Alexandrie. Mais il va plus loin dans cette théorie en suggérant que la grande bibliothèque d'Alexandrie, récemment établie à cette époque, aurait offert à Ben Sira un accès libre aux livres de sagesse qui auraient survécu à l'Égypte des pharaons, des textes pour la plupart dévastés lors de la destruction de la bibliothèque à la fin de l'Antiquité et par conséquent inconnus aujourd'hui. Avec le professeur Dillen, il pense que le matériel de Ben Sira suffit à établir un lien pharaonique, même s'ils auraient besoin de plus de textes pour en avoir la confirmation. Peut-être que c'est ce que nous avons ici, mais pour l'instant, ce n'est qu'un mur de brique. Ce qui m'intéresse réellement désormais, ce pour quoi je t'ai fait venir jusqu'ici, Jack, c'est la partie supérieure du texte. Est-ce qu'Aïcha t'en a déjà touché un mot ?

— Elle m'a juste dit que cela avait un rapport avec Al-Hakim bi-Amr Allah, le calife d'Égypte du dixième siècle.

— D'accord. Al-Hakim a régné de 996 à 1021. C'est une lettre écrite environ cent vingt ans après sa mort par Juda Halevi.

— Le poète juif ? s'écria Jack. Je sais que la Gueniza contenait une très riche collection de lettres de lui.

— Plus d'une cinquantaine, confirma Maria avec un hochement de tête. C'est un des poètes les plus réputés du judaïsme médiéval. Il était sépharade, d'Espagne, et avait un large cercle d'amis dans son pays et au sein de la diaspora juive autour de la Méditerranée. Il est venu en pèlerinage en Terre sainte en 1140, au crépuscule de sa vie, arrivant à Alexandrie en septembre de cette année-là, descendant du bateau sans doute au pied du phare où se trouve désormais l'institut. Après plusieurs mois au Caire, il est enfin parti à Jérusalem, le 11 mai 1141, où sa route a été perdue pour la postérité. Pendant les croisades, la ville était interdite aux juifs et aux musulmans, mais les pèlerins comme Halevi avaient le droit de prier sur le mont des Oliviers, et peut-être qu'il y est mort après avoir accompli son rêve. C'est une autre ombre du passé qui flotte sur le sol de la synagogue. En fait, il avait beaucoup de points communs avec le général Gordon et son cercle. Comme eux, Halevi était convaincu que les concrétisations religieuses ne pouvaient être atteintes que sur la Terre sainte. Il vivait à l'époque de la première croisade, lorsque Baudouin III était roi de Jérusalem, et que la communauté juive d'Espagne était coincée entre le christianisme et l'islam...

— Tes propres ancêtres, si je me souviens bien.

— Ils ont été contraints de se convertir au christianisme et d'adopter des noms chrétiens pour éviter l'Inquisition, et ils ont fini par perdre leur identité juive. Mais j'ai une immense diaspora de cousins lointains qui ont décidé de s'enfuir vers l'Angleterre, la Hollande, Constantinople, le Nouveau Monde et même Le Caire. Et ils ont repris des prénoms comme Sarah, Rebecca, Moïse ou Abraham. Étudier ce document du douzième siècle me donne une impression étrange, comme si cette identité juive était restée latente dans ma famille pendant toutes ces générations depuis la conversion et ne s'était pas éteinte entièrement.

— On ne peut jamais la perdre, murmura Aïcha.

— Ce n'est pas tout. Comme ces soldats à la fin du dix-neuvième siècle, Halevi a également nourri une fascination pour ce qui allait devenir l'archéologie.

— C'est ce que tu as lu dans la lettre ?

— C'est un ajout inestimable aux archives. Sa plume est tout de suite reconnaissable, et je suis bouleversée de l'avoir trouvée. C'est en arabe, en fait, mais écrit avec des lettres hébraïques. La Gueniza représente une fusion très riche entre les traditions arabe et juive, la preuve d'un monde cosmopolite, bien loin de la version de l'histoire véhiculée par les prêcheurs de haine qui endoctrinent les extrémistes. Halevi avait été influencé en Espagne par l'islam, tout comme les juifs du Caire, et il avait fini par croire que les formes d'expression arabes pouvaient servir de médiateur à la pensée juive, en poésie aussi bien qu'en prose.

— Et il possédait une intuition pour l'histoire qu'il ressentait autour de lui...

— Exactement. Et maintenant, nous arrivons au vif du sujet... Pendant les quelques mois où il s'était trouvé au Caire, de 1140 à 1141, il s'est lié d'amitié avec le naggid, le chef de la communauté juive, Samuel ben Hananiah, et avec un marchand fortuné, Halfon ben Netanel. Il correspondait aussi régulièrement avec ses amis intellectuels en Espagne. Il aimait l'Égypte : « C'est un pays merveilleux, et j'y resterais volontiers, mais mes boucles grisonnent », écrivait-il. Il était pressé de se rendre à Jérusalem, mais voulait profiter au maximum de ce que l'Égypte avait à offrir. Le calife Al-Hakim revient sur le devant de la scène parce que les juifs d'Espagne avaient une fascination particulière pour le comportement des potentats musulmans du Moyen-Orient, à une époque où ils regardaient inquiets par-dessus leur épaule, craignant le pire de la part de leur propre souverain. Al-Hakim n'avait pas vraiment la cote, chez les juifs autant que chez les chrétiens, il était honni pour avoir ordonné la destruction du Saint-Sépulcre en 1021, ainsi que de la synagogue Ben Ezra, ici au Caire. Mais ils le considéraient également comme un homme complexe et énigmatique, d'une profonde moralité. Halevi aimait le mystère et s'était penché plus particulièrement sur la question de la mort d'Al-Hakim. Cette lettre pourrait bien être le brouillon d'un texte qu'il n'a jamais envoyé, écrit à son gendre, l'historien Abraham Ibn Ezra, de Tolède.

— Tu peux la traduire ?

Elle afficha à l'écran l'image grossie du texte avec des mots en anglais superposés sur les phrases de l'original. Jack se pencha sur son épaule pendant qu'elle en faisait lecture :

— « À mon gendre, Abraham Ibn Ezra, et ma fille Ribca, mon cœur vous appartient à vous autres, âmes nobles, qui me gardez attaché à vous par des liens d'amour. Dans ma dernière lettre, je vous ai écrit au sujet du calife Al-Hakim, et des révélations que m'ont faites le naggid et le marchand Halfon sur sa disparition dans le désert, un mystère plus grand que tout autre sur cette terre envoûtante. Je vous demande de transmettre cette lettre à mes amis, l'astronome Ibn Yunus et le mathématicien Ibn al-Haytham, car ils seront capables d'étudier les plans que je leur ai envoyés avec leurs instruments de mesure pour se représenter l'histoire qu'on m'a contée. Al-Hakim errait dans le désert, au sud du Caire, toutes les nuits sur son âne, ordonnant à ses domestiques et ses gardes de rester aux portes de la ville. Certains disent que c'était un dieu, que sa disparition constituait un retour à sa forme non humaine. D'autres disent qu'en persécutant les juifs et les chrétiens il allait à l'encontre des lois de l'islam, et pourtant, en tant qu'imam, il n'avait à rendre des comptes à aucune loi autre que la sienne. Cela suffirait à rendre n'importe quel homme fou ou le pousserait dans le désert ! Peut-être, comme le pharaon qui cherchait Aton et qui a bâti son temple à Fostat, aligné avec les pyramides. Peut-être voulait-il se débarrasser de cet incroyable fardeau et recherchait-il la simplicité. Quand il partait seul, il n'était plus le calife ou l'imam, mais juste l'homme. »

Maria leva les yeux de l'écran.

— La traduction littérale de l'épithète qu'il utilise pour qualifier Al-Hakim est « voyageur du sable », qui est lui-même la traduction littérale d'un ancien terme égyptien connu uniquement par les hiéroglyphes. C'est presque comme s'ils parlaient la même langue.

Jack secoua la tête, impressionné.

— Fascinant ! s'exclama-t-il. Ça concorde avec ma propre révélation à l'instant dans la synagogue, quand j'ai pris conscience que j'avais dans ma famille une pierre trouvée à cet endroit en 1890 et sur laquelle on peut lire le cartouche d'Akhenaton. Et tout cela entre dans un cadre plus large encore : le site de la Fostat médiévale était autrefois connecté à l'ancien complexe de Héliopolis, au nord-est du Caire actuel. Héliopolis était le centre du culte du dieu-soleil, et un emplacement logique, de la part d'Akhenaton, pour bâtir un temple en l'honneur d'Aton. Maurice m'a raconté que des blocs du temple ont été identifiés dans les murs médiévaux du Caire, et ça a été ma première pensée quand Aïcha m'a parlé des officiers britanniques qui ont découvert la pierre avec le cartouche, ici en 1890. Mais le récit que tu as lu dans le journal semble indiquer qu'elle provient d'une structure antique et non médiévale, donc ça colle avec ce que Halevi suggère d'un complexe pharaonique distinct, aligné avec les pyramides, plutôt que l'ancien centre de culte de Héliopolis. Ça continue encore, Maria ?

— Quelques lignes, avant que le papier ne se déchire... « Maintenant, ben Netanel me dit ceci. Son arrière-grand-père, enfant, a secrètement suivi Al-Hakim dans le désert la dernière nuit avant qu'il ne disparaisse. Il relevait un pari lancé par les garçons de Fostat pour savoir où le calife se rendait vraiment. Il l'observa, caché derrière une dune. Al-Hakim entrava son âne avec un couteau, se dévêtit et lacéra ses habits avec le poignard ensanglanté. Ensuite, nu, il leva les bras vers le ciel. Son assassinat était une ruse. Il voulait que le monde pense qu'il était mort. Il venait en effet de se métamorphoser, non pas d'imam en divinité, mais d'imam en homme. Il ne mourut pas ce soir-là, mais disparut dans un trou creusé vers le monde souterrain, et personne ne le revit jamais. Ce n'est pas une légende, c'est la vérité. »

Jack resta silencieux un moment, bouillonnant d'enthousiasme.

— « Le monde souterrain... » répéta-t-il. Continue.

— C'est tout, conclut Maria en s'asseyant.

— Tu en es sûre ? demanda Jack en fermant les yeux.

— Ce n'est probablement pas la fin, de fait, précisa Maria en jetant un regard vers Aïcha. Hier soir, quand je suis arrivée ici, Aïcha et moi sommes montées dans l'entrepôt et nous avons réussi à regarder par le trou avec nos torches. Nous sommes parvenues à arracher ce fragment, mais nous avons aperçu une autre feuille plaquée contre la pierre, derrière. Cela pourrait être la suite de la lettre. Nous n'avons pas de matériel d'extraction qui permettrait de la sortir sans l'abîmer. Il faut qu'on s'y prenne à l'ancienne, à mains nues. Et Aïcha et moi sommes un peu trop petites...

— Vous êtes en train de me dire que vous m'avez fait venir jusqu'ici parce que j'ai de longs bras ?...

— Les plus longs du Caire. Certainement les plus longs d'Égypte. Et des doigts habitués à tâtonner dans l'obscurité. Plonger dans les trous est ta spécialité, non ?

Jack secoua la tête.

— Ce qu'il vous faut vraiment, c'est *Little Joey*, le robot miniature de Costas. Son meilleur pote. C'est pour cela qu'il est si impatient de retourner à bord du *Seaquest*, pas pour remonter le sarcophage de Mykérinos.

— Nous avions pensé à le lui demander, mais on s'est dit que les crottes de souris ne devaient pas être sa tasse de thé.

— Pas bête... La vie sous-marine, passe encore, mais entrer dans des trous remplis de matières en décomposition ne figure pas dans son contrat.

— Et, bien sûr, il ne faut pas oublier la malédiction, ajouta Aïcha. On raconte que la Gueniza est gardée par un serpent allongé sur le manuscrit comme un dragon sur son trésor. Ceux qui s'aventurent là sont maudits jusqu'à la fin des temps. Regarde ce qui est arrivé à Solomon Schechter.

— Des serpents, marmonna Jack. Vraiment pas un endroit pour Costas.

— Il va donc falloir que tu t'en charges tout seul, conclut Maria.

Jack regarda la crasse sur le fragment de vélin.

— Il me faudra une combinaison de protection. Un masque...

Aïcha indiqua d'un signe de tête une caisse en plastique à côté de l'échelle.

— On y avait pensé. Une tenue de protection complète, biologique, chimique et nucléaire, empruntée par un ami à un dépôt militaire.

— Tu te sens prêt ? demanda Maria, tout en dévisageant Jack.

Jack consulta sa montre, puis tourna la tête vers l'entrée de la Gueniza au-dessus de lui, noire et légèrement menaçante.

— Allez, mesdames, trêve de tergiversations ! Que les dieux me protègent des malédictions, je n'en demande pas plus !

11

Vingt minutes plus tard, Jack était tapi à l'intérieur de la Gueniza, les yeux levés vers l'ouverture dans le mur extérieur de la synagogue. L'espace était confiné, moins d'un mètre carré, mais haut de près de six mètres. C'était comme se trouver dans une longue cheminée d'un château du Moyen Âge. Il regarda Maria, qui le suivait prudemment sur l'échelle en corde qu'elles avaient installée, sa combinaison de protection blanche scintillant dans la lumière d'une unique ampoule suspendue en haut de la salle. Jack sentait à peine sa tenue après les heures passées sous l'eau dans du Kevlar renforcé, et il devait bouger et entendre les crissements du plastique pour se convaincre qu'il portait quelque chose par-dessus ses vêtements. Il déplaça son respirateur et sa visière transparente pour avoir une meilleure visibilité, puis regarda sa main droite exposée, déjà recouverte de crasse. Ils étaient équipés de minilampes torches, mais il fallait désormais qu'il se fie à la sensibilité de ses doigts nus pour repérer le vélin antique dans le trou.

Maria arriva à côté de lui et inspecta la saleté sur sa main.

— Solomon Schechter appelait ça *Guenizaschmutz*, souffla-t-elle, sa voix étouffée par le respirateur. Poussière, insectes, manuscrits en décomposition, taches de chaux du plafond, sable du désert, peau morte et transpiration de toutes ces mains qui ont écrit, et bien sûr les excréments des souris, amalgamés avec le vélin par l'humidité. C'est comme de la résine de pin sur les mains, c'est pratiquement impossible de s'en débarrasser.

Jack examina l'orifice.

— Donc, ce local était rempli jusqu'au plafond de manuscrits ?

— Ils débordaient littéralement. On dit que l'ouverture est en hauteur pour que les mots saints en hébreu montent vers les cieux, comme l'âme. En réalité, c'est le seul endroit possible pour placer une ouverture, comme une poubelle géante. Même si les manuscrits ont été retirés il y a près d'un siècle, j'ai toujours l'impression de plonger dans un puits d'histoire quand j'entre ici. Aïcha n'est qu'à quelques mètres de nous, de l'autre côté du mur, mais c'est comme si nous étions retournés dans le monde de la Gueniza, dans une sorte d'univers obscur duquel risquent de surgir à tout moment des voix et des visages. Je n'ai jamais rien ressenti de tel auparavant dans un entrepôt de manuscrits anciens. Dans la plupart des cas, comme la bibliothèque Hereford, les manuscrits faisaient partie de la bibliothèque d'un érudit, alors on s'imagine entrer dans le repaire d'un moine éclairé à la bougie. Ici, nous retournons dans la rue fourmillante du Caire aux onzième et douzième siècles, avec toutes les couleurs et l'animation que la vie peut offrir.

Jack repéra un bout d'un matériau plus clair sur le mur à côté de son visage et le gratta avec l'ongle de son pouce. C'était un minuscule morceau de papier avec une lettre écrite dessus, un empattement à peine visible. Maria ouvrit une petite boîte en plastique et Jack y déposa délicatement le fragment. Elle la referma et la rangea dans sa poche.

— C'est vraiment de l'archéologie, Jack. Créer une réelle mosaïque à partir des détails les plus infimes. Cette lettre pourra flotter seule dans l'histoire à tout jamais, ou se voir reconstituer pièce par pièce. Avec la Gueniza, on peut toujours espérer.

— Mettons-nous au travail.

Maria indiqua un trou juste au-dessus du sol du local, de l'autre côté du balcon de la synagogue, qui donnait sur le mur extérieur. Il était plus petit même que ce que Jack avait imaginé, à peine assez grand pour laisser passer son biceps. Jack s'allongea sur le flanc droit, la main tendue pour entrer dans le trou. Il s'arrêta un moment pour observer Maria.

— Et pour le serpent, le gardien venimeux de la Gueniza... Si des souris vivaient là, je n'ai rien à craindre, n'est-ce pas ?

— La dernière souris est morte il y a plus de cinq cents ans, emprisonnée derrière un bloc de vélin gélatineux, répondit Maria, songeuse. Le serpent aurait pu s'installer après. Peut-être même qu'il t'attend là depuis tout ce temps, Jack.

— Je suis vraiment heureux que Costas ne soit pas avec nous, déclara Jack en pliant les doigts.

— Il existe une jolie phrase de Ben Sira, des mots sur un parchemin retrouvé parmi la masse de manuscrits qui se trouvaient à cet endroit même. « Car à quoi servent une sagesse cachée et un trésor inconnu ? » Ce qui est enfoui ici doit voir le jour, Jack. Je ne pense pas que le serpent te mordra.

— D'accord, je te fais confiance.

— Je voulais te dire encore autre chose, Jack, pendant qu'on est ici tous les deux. Quoi que tu trouves, tu voudras partir ensuite au plus vite et je n'aurai plus l'opportunité de te parler...

— Ce n'est peut-être pas le meilleur moment, Maria, répliqua Jack en roulant sur le dos pour la regarder.

— Ce n'est pas ce que tu crois, se défendit-elle, agacée. C'est au sujet de la recherche, de l'exaltation des découvertes. C'est au sujet de ce qui alimente les gens comme Solomon Schechter, Howard Carter et toi, Jack. À l'époque où la Gueniza a été révélée, beaucoup jugeaient que les érudits juifs s'étaient repliés sur eux-mêmes, comme les sophistes de la fin de l'Antiquité ou de la chrétienté médiévale, avec trop d'énergie intellectuelle gaspillée sur des futilités obscures, et une piété qui devenait pesante et négative. La Gueniza a redonné une dose de vitalité à tout cela, une sorte de coup de jeune. Cela a permis aux gens de regarder avec des yeux nouveaux non seulement les fondements de leur religion, mais aussi le dynamisme de ceux qui ont vécu par et pour elle. C'était comme si ce qui s'était passé avant n'était que de l'écume sur la mer de l'érudition, mais la découverte de la Gueniza a créé un raz-de-marée qui a survécu même à la période sombre de l'holocauste. Cela a conduit bon nombre d'érudits vers une vision du monde qui n'avait plus rien de partisane, qui n'était pas écartelée entre les communautés séparées, mais au contraire aussi cosmopolite que le monde qu'ils avaient découvert, un monde où la coexistence paisible à travers les plus grandes religions était possible. C'était de l'idéalisme, mais un idéalisme basé sur des révélations historiques. Voilà ce que je voulais te dire, Jack. Chaque fois que tu fais une découverte, tu redonnes de la vitalité au monde, une étincelle de merveilleux et de possible. Avec ce nouveau nuage noir qui nous recouvre en ce moment même, nous en avons besoin plus que jamais. N'abandonne jamais ta quête.

Immobile, Jack fixa du regard l'ouverture à côté du plafond. Il sentait les battements de son cœur ralentir comme pendant une plongée.

— Ce n'est plus simplement Jack Howard, répliqua Jack. Cette quête est notre affaire à tous, nous sommes une équipe.

Il se replaça, prit une profonde respiration et réfléchit un instant. Puis :

— Mais je comprends ce que tu dis. Il faut penser plus grand, n'est-ce pas ? Une découverte n'est pas juste une question d'excitation personnelle, de décharge d'adrénaline, de problèmes à résoudre. Ce qu'il faut prendre en compte ce sont les conséquences, ce qu'on trouve et comment on le présente au monde. C'est une question d'enrichissement et d'inspiration, et parfois cela contribue à rendre la société plus humaine. Je suis complètement d'accord avec toi. Et je suis flatté que tu m'associes à de grands noms tels que Schechter et Carter. J'en pense autant de toi et d'Aïcha et de Maurice. Je ne suis pas toujours la star, lança-t-il en souriant. Parfois je suis juste un long bras, n'est-ce pas ?

— Il est d'ailleurs temps que tu montres de quoi tu es capable avec ce fameux bras, acquiesça Maria en lui rendant son sourire.

Jack ferma sa main et glissa son bras dans le trou, l'enfonçant jusqu'au coude. Au début, il ne perçut que le vide, mais soudain il atteignit le bord, la pierre glissante et une masse collante. Il essaya de ne pas réfléchir à ce qu'il touchait et poussa plus loin encore, entrant la moitié de son biceps dans la fente jusqu'à ce qu'il ne puisse plus forcer davantage.

— Toujours rien, lança-t-il. Je ne sens pas le bout.

— Ce n'est pas si loin, encore un effort, encouragea Maria.

Il insista encore, faisant passer avec peine son bras jusqu'à l'épaule cette fois.

— Ça y est, je suis arrivé... lâcha-t-il, son visage pressé contre le mur de la salle, juste au-dessus du trou.

Il ferma les yeux, tâchant de se représenter ce qu'il sentait, une surface lisse, mais ondulée, avec des crêtes qui saillaient sur la paroi opposée.

— Je pense que je suis sur le morceau de vélin... De la taille de ma main, c'est ça ? J'essaye de l'arracher...

Il tira doucement sur les bords, tournant lentement tout autour, jusqu'à ce que seule la partie centrale reste fixée. Avec un soin infini, il glissa ses doigts sous le rabat, le sentant se décoller millimètre par millimètre, jusqu'à se détacher enfin.

— Ça y est ! Je l'ai.

Il recula du mur en retirant précautionneusement son bras du trou et fit apparaître un objet noirci qui ressemblait à un morceau de cuir brûlé. Il le tendit à Maria, qui le regarda attentivement avant de le placer dans une autre boîte en plastique. Jack s'assit, sa main recouverte de crasse.

— Tu as vu quelque chose ? demanda-t-il.

— Oui, répondit Maria, sa voix teintée d'excitation. Peut-être vingt lignes, écrites de la main de Halevi. La partie supérieure correspond parfaitement à celle-là. Sortons d'ici pour voir si j'arrive à la déchiffrer…

Cinq minutes plus tard, ils retiraient tous les deux leurs combinaisons sur le balcon, Jack essuyant rapidement le plus gros de la crasse sur sa main avec des lingettes humides. Aïcha s'était déjà emparée de la boîte et l'avait ouverte sur la table. Maria ne perdit pas de temps, elle s'installa immédiatement devant, approchant une des lampes et enfilant une paire de gants. Elle attrapa doucement le vélin, le disposa sur un film plastique placé sur la table. Elle se mit à déchiffrer les lignes à l'aide d'une loupe, notant sur son carnet leur traduction. Jack s'avança vers elle.

— Tu vois des traces d'inscriptions plus anciennes ?

— Tout à fait. C'est même plus clair que sur l'autre fragment, mais pour l'instant je me concentre juste sur le texte du dessus.

Elle continua à griffonner des mots et après une dizaine de minutes, s'arrêta et se radossa à sa chaise. Elle resta silencieuse quelques instants, puis retira ses gants et posa son bloc-notes sur la table.

— Je pense que ça va te plaire, Jack.

— Je t'écoute…

— Tu te souviens, on s'était arrêtés quand le garçon avait suivi Al-Hakim dans le désert et que ce dernier avait mis en scène son propre assassinat ?

— Oui.

— Eh bien, ce passage raconte ce que le garçon a vu ensuite… « D'après ce que m'a confié mon ami ben Netanel, son arrière-grand-père suivit le calife jusqu'à un endroit où il disparut sous une dune de sable. Caché au-dessus, l'enfant vit un long tunnel qui menait vers une lumière resplendissante. Il essaya d'emboîter le pas au calife, mais alors qu'il avançait, une porte en pierre se referma, vite avalée par le désert. Avant qu'elle ne soit noyée sous le sable, il aperçut sur la porte l'inscription antique d'un disque avec des rayons que j'avais déjà vu à Fostat, derrière la synagogue où Moïse avait été trouvé dans les roseaux par le pharaon. On raconte qu'Al-Hakim a laissé ses vêtements et son âne à côté du monastère de Qousseir, et de la ville de Hulwan, mais si le garçon avait vraiment vu les pyramides, alors Al-Hakim a dû disparaître plus au nord, et pas au sud de Fostat, d'où je vous écris en ce moment, depuis la synagogue Ben Ezra, entouré par des délices de fruits, de vignes et de femmes splendides que ce beau pays a à offrir. Si vous transmettez cette lettre à mes amis, l'astronome Ibn Yunus et le mathématicien Ibn al-Haytham, ils pourront calculer le périmètre proche du Nil depuis lequel on aperçoit les pyramides et où cet événement s'est produit. Je pourrais moi-même rechercher cet emplacement dans le désert, mais je dois partir vers la Terre sainte et Jérusalem tant que nous sommes encore dans la saison de navigation. Que Dieu protège la Terre sainte. Dieu sait combien je vous aime, mon fils Abraham et ma fille Ribca, ainsi que mes adorables nièces et neveux, et je prierai pour vous tous en arrivant au mur du temple sur le mont des Oliviers, *inch'Allah* »...

Jack regarda le vélin, son esprit piqué au vif.

— Incroyable ! s'exclama-t-il. C'est exactement ce que Costas et moi avons vu sous la pyramide de Mykérinos, mais là, il semble qu'il parle d'une autre entrée dans une autre direction, qui donne à l'ouest vers les pyramides. Ce qu'il décrit, c'est le symbole solaire d'Akhenaton, et celui qu'il mentionne à Fostat pourrait très bien être associé au cartouche du pharaon trouvé par les officiers britanniques et rapporté en Angleterre par mon arrière-arrière-grand-père...

Il inspira profondément en secouant la tête.

— C'est incroyable, même si cela ne nous rapproche pas forcément d'une autre entrée par laquelle nous pourrions pénétrer. Celle qu'il dépeint nécessiterait des fouilles énormes pour l'ouvrir et pourrait se situer n'importe où dans un rayon de plusieurs kilomètres, probablement au sud de la banlieue sud du Caire.

— Je vais faire appel à un de mes experts en hébreu à Oxford pour vérifier la traduction, déclara Maria. Peut-être qu'il existe des significations alternatives à ces mots qui nous mettront sur la voie.

Elle jeta un coup d'œil à sa montre.

— Mais il faut que nous avancions ici. Je dois encore m'occuper de petits fragments d'autres manuscrits, ne perdons pas de temps.

— D'accord, je vais appeler notre chauffeur dans le Land Rover, proposa Aïcha. Il sera devant l'entrée principale dans un quart d'heure.

Jack se tourna vers Maria.

— Comment t'étais-tu doutée que la deuxième partie de la lettre révélerait une information pareille ? La première moitié ne laissait rien présager du sort d'Al-Hakim.

— On va dire que c'est mon instinct. Une inspiration à la Jack Howard.

— Ça t'arrive d'en avoir ?

— *Très* rarement, répondit-elle dans un sourire. En fait, c'est quelque chose que Jeremy a trouvé au cours de ses recherches dans les papiers de Howard Carter. Il ne m'en a donné que quelques détails dans un texto après que j'ai embarqué dans l'avion pour Le Caire hier, mais il avait l'air de dire qu'Al-Hakim n'est pas le seul à avoir disparu dans le désert. Et qu'il existerait un lien avec les Royal Engineers de la fin du dix-neuvième siècle. Jeremy espérait qu'il aurait fini son étude des documents d'ici demain, il me contactera alors.

Jack consulta sa montre. Il avait une autre tâche à accomplir au Caire, une tâche qu'il avait en tête depuis que Costas et lui avaient pour la première fois posé les yeux sur la sculpture en relief à l'intérieur du temple du crocodile à côté du Nil. Là, il avait vu le pharaon en deux dimensions, désormais il voulait le voir en trois. Il s'adressa à Aïcha :

— Est-ce que nous avons le temps de nous rendre au musée ? Je voudrais voir l'immense statue d'Akhenaton à Amarna, qui a été présentée dans le monde entier lors de l'exposition itinérante, il y a quelques années.

Aïcha prit un air perplexe.

— Le public n'y a pas accès, mais j'ai un passe. Notre chauffeur connaît les petites routes qui pourraient nous amener à l'entrée de derrière. Je suis supposée te raccompagner à Alexandrie pour filer tout de suite après vers Fayoum et rejoindre Maurice à la nécropole de la momie. Mais on peut s'accorder une heure de plus, si tu le souhaites vraiment.

— Qui sait quand je reviendrai en Égypte…

— Bien sûr que tu reviendras, assura Maria. Je ne vois pas Jack Howard renoncer à une aventure pareille.

— Je pensais faire un tour à Jérusalem, ces jours-ci.

— La situation s'enflamme sérieusement, apparemment. Des missiles ont été tirés de la Syrie vers Haïfa.

Jack haussa les épaules.

— N'oublie pas que je terminais mes recherches pour mon doctorat quelques semaines avant le début de la première guerre du Golfe. Les touristes avaient déserté la région et j'avais le Saint-Sépulcre pour moi tout seul. J'ai dit à Rebecca qu'elle pourrait en profiter pour explorer les lieux sans les nuées de cars de visiteurs.

— Si la vraie raison pour ton envie d'aller en Israël c'est de surveiller Rebecca, mets une croix dessus, elle ne te le pardonnerait jamais. Tu dois la laisser creuser sa propre voie et ne pas t'immiscer.

Jack sortit son portable pour lui montrer une image.

— C'est le tunnel qu'elle va traverser sous la Cité de David. Elle m'a envoyé ça juste après notre départ d'Alexandrie.

Elle voulait que Costas vienne aussi, mais je lui ai répondu par SMS que Lanowski était venu nous rendre visite et que Costas risquait d'être bloqué pendant un moment à cause des problèmes techniques sur le *Seaquest.*

— Quand tu lui parleras, dis-lui que le voyage que nous avions programmé toutes les deux en Grèce se présente pour le mieux. Je viens de recevoir un permis pour visiter les monastères du mont Athos afin que nous puissions consulter les bibliothèques de manuscrits. Ils ont enfin autorisé des femmes à y accéder, et Rebecca et moi serons les premières...

— Génial ! s'exclama Jack, impressionné. J'ai toujours voulu y aller. Peut-être que je me joindrai à vous.

— C'est ça, Jack, comme dirait Rebecca. C'est ouvert aux femmes pour la première fois. Ça donnerait l'impression qu'on a besoin d'un chaperon.

Jack rangea son téléphone.

— Je t'appelle à Oxford. On devrait passer un peu de temps ensemble.

Maria retourna au vélin devant elle.

— Comment va Katya ?

— Je ne l'ai pas vue depuis des mois, répondit Jack dans un nouveau haussement d'épaules. Toujours avec ce Kirghize, sur le site des pétroglyphes. Almaty, si je me rappelle bien son nom.

Jack tourna la tête vers Aïcha, qui lui adressa un regard chagrin.

— Faut qu'on y aille, Jack. N'oublie pas le couvre-feu à minuit, on ne peut pas aller au-delà...

— Je reste toute la nuit ici, intervint Maria. Ensuite, je prends le premier vol pour Heathrow. Je voudrais voir mon spécialiste en hébreu à l'institut et ensuite je t'envoie par mail la traduction définitive. Et attends-toi à recevoir des nouvelles de Jeremy. Il travaille au British Museum sur des manuscrits de Howard Carter, pour en apprendre davantage sur le vieux soldat et son histoire de trésor perdu sous les pyramides. En général, Jeremy fait des merveilles si on lui en laisse le temps.

— On n'en a pas beaucoup, riposta Jack.

— Il en était à la dernière boîte de correspondance quand je suis partie. Maintenant que la pyramide est devenue une zone interdite, ce qu'il va trouver pourrait bien être notre dernier espoir de découvrir l'accès au souterrain. Dieu sait ce que cet homme a confié à Carter.

— Je lui enverrai un texto à mon retour à Alexandrie, juste après je contacterai le conseil d'administration de l'IMU et je ferai tout ce qui est en mon pouvoir pour faire libérer ton amie, Sahirah. Le projet de rendre le sarcophage à l'Égypte restera en suspens jusqu'à sa sortie de prison. Si nous parvenons à le remonter demain, cela jettera l'opprobre public sur le directeur des antiquités. Je pense qu'il sera prêt à libérer Sahirah pour éviter une telle humiliation.

— Demain risque d'être ta dernière chance, déclara Aïcha. Il est fort probable que le directeur des antiquités ne tienne plus bien longtemps, et celui qui le remplacera se fichera complètement que le sarcophage retourne ou pas en Égypte. Enfin, si tant est qu'il existe encore un ministère de la Culture à ce moment-là…

— Je vais insister pour qu'on la laisse sortir de prison dès demain midi, heure égyptienne, assura Jack, l'air déterminé. Sans réaction de la part du gouvernement, je demanderai à parler au directeur de la sécurité de l'IMU et nous verrons les options qui s'offrent à nous.

Maria se leva, les bras croisés, et fixa Jack du regard.

— Je te félicite pour ta découverte des chars en mer Rouge. Cela me fait penser à des vers de Yannai, un autre poète de la Gueniza, sur le buisson ardent dans l'Exode. « Présages de feu dans le vent des chars. Piliers de feu dans le tonnerre et la tempête… » Fais attention à toi, Jack. Ne tire pas trop sur la corde, sinon c'est Rebecca qui devra venir te chercher et pas le contraire.

— Tu ne crains rien ici, toute seule ? demanda Jack, préoccupé.

— Le mendiant à qui tu as fait l'aumône devant la synagogue, c'est Ahmed, un agent des forces spéciales égyptiennes, un cousin à moi, intervint Aïcha. Il a un Glock 17 caché dans ses vêtements. Il ne quittera pas Maria des yeux avant qu'elle soit en sécurité dans l'avion qui la ramènera à Heathrow demain matin.

— Très bien. Je ne voudrais pas avoir à revenir ici pour te sauver.

— Ce ne sera pas nécessaire. J'y serai avant toi.

Maria lui déposa un rapide baiser sur la joue.

— On se revoit à Oxford quand ce sera terminé.

— *Inch'Allah*, lança Aïcha en leur adressant un sourire complice.

Une demi-heure plus tard, Jack sortit du Land Rover dans une petite ruelle et suivit rapidement Aïcha derrière le musée. Pendant qu'ils s'étaient trouvés dans la synagogue, Le Caire s'agitait encore, le nuage bas sur la ville reflétant les lueurs orange des tirs et le grondement du trafic ponctué par les plaintes des sirènes et les salves des fusillades.

Aïcha s'adressa aux deux gardes armés devant l'entrée, leur présenta son passe et attendit que l'un d'eux ouvre la porte. Quelques instants plus tard, ils marchaient dans un long couloir mal éclairé et montaient un escalier qui partait du fond de la salle d'exposition du rez-de-chaussée. L'endroit tout entier ressemblait à un sépulcre, bon nombre des œuvres étant recouvertes d'un drap.

— C'est le dernier directeur des antiquités qui a pris cette décision. Ou plutôt le dernier *archéologue*, avant d'être mis à la porte par le nouveau régime, expliqua Aïcha, alors qu'ils avançaient d'un pas rapide. Tout le monde avait peur qu'il arrive la même chose ici que dans les musées en Irak et en Afghanistan. Recouvrir les pièces fait au moins gagner du temps, les retirer de la vue des extrémistes qui considèrent tout contraire à l'islam. Nous sommes dans la pièce numéro trois, la salle Amarna. Ce que tu cherches se trouve dans le coin tout au fond, à gauche, sous un drap. J'attends ici, au cas où un garde viendrait et qu'on devrait justifier notre présence ici. Tu n'as pas plus de dix minutes.

Elle alluma et Jack la laissa à l'entrée de la salle. L'endroit sentait le renfermé, comme dans une tombe, et il avait la sensation effrayante d'être à la fin d'une époque, que les momies et les sculptures, ainsi que les autres objets précieux célébrés dans le monde entier allaient être de nouveau ensevelis ou réduits en miettes comme les ruines de ce bâtiment. Il passa à côté de la fameuse statue inachevée de Néfertiti, son beau visage ressortant dans l'obscurité, la vit de nouveau un peu plus loin, dans une sculpture en relief, cette fois plus aussi belle, avec le même visage allongé et bulbeux que son mari. Il s'arrêta dans le coin de la pièce devant une forme cachée qui dominait le reste des œuvres d'art, tira doucement sur le drap. La statue se dressait au-dessus de lui, telle que dans son souvenir de l'exposition itinérante vue à Londres. Mais ici les traits étaient encore davantage accentués par les ombres. C'était une représentation totalement différente de celles des autres pharaons de l'Égypte antique, avec le menton étendu, les lèvres charnues et souriantes, et les yeux globuleux, comme provenant d'une autre époque et d'un autre lieu.

Il n'avait pas su exactement pourquoi il tenait à revoir cette statue, mais maintenant il comprenait. Avant de partir pour Jérusalem, Rebecca lui avait parlé de Baudouin IV, le roi croisé qui avait régné sur la ville avec ses barons au douzième siècle, peu de temps après que le poète de la Gueniza, Halevi, eut péri là. Ensemble, le père et la fille avaient vu le film de Ridley Scott, *Kingdom of Heaven*, dans lequel Baudouin apparaît derrière un masque doré, pour cacher la lèpre qui a ravagé son visage et finira par le tuer. Jack s'était rappelé les masques en bois du Burundi avec leurs yeux tombants qu'il avait vus au Soudan, des masques de cérémonie dont l'origine pouvait remonter à des milliers d'années, de l'époque où les pharaons avaient essayé de conquérir le désert. C'était là qu'Akhenaton avait reçu la révélation d'Aton, s'était attribué la mission de répandre la bonne parole et avait rejeté l'ancienne religion. Les tribuns avaient-ils vu ses traits extraordinaires et s'en étaient-ils inspirés pour créer leurs masques à son image ? Ou était-ce lui qui avait vu leurs masques, les masques de ceux qui vivaient dans le rayonnement d'Aton, et Néfertiti et lui les avaient-ils adoptés comme les leurs, symboles de leur allégeance à la nouvelle religion ? Comment, sinon, expliquer la transformation de Néfertiti dans les sculptures ? Plutôt que le signe d'une maladie, comme beaucoup l'avaient supposé, n'était-ce pas plutôt qu'Akhenaton se représentait comme les Burundi, cherchant l'anonymat qu'un masque pouvait lui offrir dans la lumière divine ?

Jack leva une dernière fois les yeux vers la statue. Il ignorait s'il venait de vivre une révélation renversante, ou si l'idée du masque ne faisait que repousser Akhenaton plus loin encore dans le mystère. Il avait l'impression que le pharaon lui-même lui jouait des tours, le pressait d'avancer encore dans l'inconnu pour lui montrer que la piste tracée n'était qu'une illusion. C'était le reflet de ce qui venait de se dérouler au cours des derniers mois, de cette incertitude constante entre succès et échec, entre la résolution d'un mystère que Jack savait à sa portée et l'obligation de s'éloigner, avec, tout le temps présente à son esprit, cette ambiguïté que cachait le visage d'Akhenaton, ce masque sur la réalité.

Son téléphone vibra. Un message de Costas. Il le lut rapidement, fut envahi d'une soudaine excitation. La plongée pour remonter le sarcophage était prévue pour le lendemain après-midi. Le jet Embraer de l'IMU devait arriver à Alexandrie à l'aube et l'hélicoptère Lynx attendait déjà à l'aéroport de Séville en Espagne pour les emmener sur le *Seaquest*. Rebecca pouvait comprendre que son voyage à Jérusalem était retardé, et Maria avait raison, sauter dans un avion pour Israël en recevant son texto n'aurait pas été intelligent. Elle aurait l'impression qu'il venait la surveiller. Elle avait l'habitude des changements de dernière minute, quand Jack suivait trop de pistes en même temps.

En rangeant son portable, il sentit l'odeur de la Gueniza sur sa main. Il se souvint de Maria dans l'entrepôt, sa passion pour le projet lui éclairant le regard, l'enthousiasme qu'elle essayait de communiquer à Jack, pour qu'il ne renonce pas. Il sentit une vague d'émotions l'envahir. Après avoir lu la lettre de Juda Halevi, il avait commencé à comprendre ce qui avait tant bouleversé Solomon Schechter et les autres chercheurs de la Gueniza, pas simplement la richesse du matériel, mais sa profonde humanité, préservée avec une immédiateté déconcertante. C'était comme si Halevi lui avait écrit à lui, Jack, débordant de curiosité et de fascination pour le monde qui l'entourait. Jack se sentait revitalisé et plus déterminé que jamais à poursuivre sa quête. Il se rappela les dernières lignes de Halevi, l'extraordinaire récit du tunnel, et il se sentit au comble de l'excitation. Mais, pour le moment, il devait se concentrer sur une autre mission : s'assurer que l'étudiante égyptienne à l'origine de cette découverte soit libérée. Le sarcophage ne lui offrait sans doute pas beaucoup plus qu'une faible monnaie d'échange, mais il ferait au mieux avec ce dont il disposait. Il devait reprendre contact avec le monde extérieur le plus vite possible.

Il tourna les talons pour revenir rapidement vers l'entrée de la salle. Aïcha avait déjà les doigts sur l'interrupteur.

— Tu as vu ce que tu voulais ?

— Oui, absolument.

— Très bien. Il nous reste à peine vingt minutes avant le couvre-feu, il faut se dépêcher de sortir.

TROISIÈME PARTIE

12

Au large des côtes espagnoles,
à l'ouest de la Méditerranée

Installé sur le siège passager du Lynx, Jack jeta un regard vers Costas endormi un peu plus loin, puis vers le bleu chatoyant de la mer en dessous d'eux. À l'aéroport de Valence, il avait refusé la proposition du pilote de prendre les commandes, savourant la demi-heure de calme avant d'atterrir et d'être pris par l'animation du *Seaquest* et les sollicitations de la journée. Jack savait que dès sa descente de l'hélicoptère une téléconférence serait organisée pour discuter de l'étudiante égyptienne emprisonnée. Costas, lui, partirait droit vers le labo pour s'assurer que l'équipement était prêt pour la plongée de l'après-midi. Jack entendit ronfler dans ses oreillettes et il se tourna pour voir la tête de son ami tomber en avant, son buste retenu par ses ceintures de sécurité. Il le redressa délicatement et Costas ouvrit les yeux, encore étourdi.

— On est arrivés ?

— Pas encore, mais tu commençais à plonger vers le sol.

— Plonger, répéta Costas. Il faut que je règle la dynamo dans le système de stabilisation du sous-marin ADSA. Je savais que j'avais oublié quelque chose sur la liste. Je réfléchis toujours mieux quand je dors. J'arrive pas à me faire à l'idée que j'aurai pas Lanowski pour m'aider.

— On avait besoin de lui à Alexandrie sur les ordinateurs de Hiebermeyer, pour que les données récoltées soient en sécurité. Il va falloir que tu te débrouilles seul.

Costas pencha la tête de côté et renifla profondément, là où Jack avait posé la main sur son épaule.

— C'est quoi, cette puanteur ? C'est *atroce* !

Jack regarda les doigts de sa main droite, sur lesquels subsistaient des taches noires de résine.

— Oui, je n'ai pas réussi à tout retirer, concéda-t-il. Mon ami, voici ce que sentent des crottes de souris de plus de mille ans.

— Pardon ?

— De vieilles archives. Un trou dans un mur. Avec Maria.

— Tout à fait le genre de rencard à la Jack Howard, encore un grand moment de romantisme… Tu fais allusion à la synagogue du Caire ?

— Je t'en parlerai dès que je pourrai montrer mes photos. C'est une découverte fantastique, un élément qui nous permet de nous rapprocher de ce qui se cache sous le désert. Tu aurais adoré. Un serpent sacré gardait les textes…

— Non !

— Je plaisante. Enfin, presque. Maria pense que la malédiction a été levée depuis longtemps.

Costas semblait perdu.

— Quelle malédiction ? Quel serpent ?

Il tourna la tête vers leurs valises dans la soute.

— Tu n'as rien emporté avec toi, n'est-ce pas ?

— Juste de quoi rêver. Je te réveille quand on arrive.

— Hein ?… Ah, oui, d'accord.

Costas s'appuya sur la vitre et, quelques secondes plus tard, Jack l'entendit ronfler doucement. Il consulta le texto de Maria qu'il avait reçu quand leur jet avait atterri une heure plus tôt. *Merci pour hier soir.* Rien de plus. Il sourit à l'ironie du message. « Hier soir » signifiait une salle poussiéreuse dans une vieille synagogue, Maria et lui penchés sur un manuscrit du Moyen Âge et à peine plus qu'une accolade rapide. Il contempla l'étendue luisante de la mer, sa raison de vivre depuis qu'il avait accompli sa première plongée, près de trente ans plus tôt. Il repensa à la mère de Rebecca, une relation terminée avant même la naissance de sa fille, à l'engourdissement qui s'était emparé de lui en apprenant son assassinat, cinq ans plus tôt à Naples. Il savait que son apparente ambivalence envers Maria et Katya n'était pas due à une incapacité à choisir entre les deux femmes, ni à un amour passé qu'il ne parviendrait pas à oublier, ni même à un sens des responsabilités qui l'aurait poussé à se consacrer exclusivement à Rebecca après la mort de sa mère. Rebecca lui avait dit qu'il ressemblait aux grands capitaines de navire d'antan, magnifiques sur la mer mais totalement perdus sur la terre ferme, orientant sa vie vers des trophées pratiquement hors de portée qui l'obligeaient à se livrer trop souvent aux caprices des éléments et à la chance. Peut-être que sa relation avec les femmes en était le reflet. Et pourtant il savait que ce n'était pas une fatalité. L'histoire d'amour entre Hiebermeyer et Aïcha fonctionnait. Il se rappela les derniers mots de Maria au Caire et se promit cette fois, quand tout serait terminé, qu'il franchirait le pas et l'appellerait enfin.

Un promontoire rocheux se profila, caractéristique des côtes nord de la Méditerranée, le calcaire dentelé et délavé par le soleil, et les battements de son cœur redoublèrent quand il aperçut le *Seaquest* dans la baie. Il savait que le pilote devrait patienter avant de recevoir la permission d'atterrir. Il avait donc l'occasion de contempler son navire pour la première fois depuis qu'il avait reçu son nouvel équipement à Falmouth, plus tôt dans l'année. Sur la poupe, le drapeau de l'Espagne volait au vent, pour remercier le pays qui avait autorisé les recherches dans ses eaux territoriales, et en dessous il aperçut le drapeau de l'IMU, avec son ancre sur une licorne, emblème des ancêtres marins de Jack et hommage au domaine des Howard devenu la propriété principale de l'IMU, près de l'estuaire de Fal en Cornouailles. C'était le deuxième bateau de l'IMU à porter le même nom, le premier ayant été perdu, près de dix ans plus tôt, lors d'une bataille avec un seigneur de la guerre à l'est de la mer Noire, durant la recherche d'Atlantis. Le deuxième *Seaquest* et son navire jumeau, le *Sea Venture,* étaient des vaisseaux scientifiques multitâches qui permettaient à l'IMU de tenir une place de premier rang depuis dix ans dans le monde de l'archéologie, mais aussi de s'intéresser à d'autres domaines de la recherche océanographique. À l'instar des récents navires de la Royal Navy, il était muni de tout l'appareillage hydrographique, échosondeurs multifaisceaux, sonar actif directionnel et profileur de sédiments, ainsi que d'un système de navigation intégré de propulseur d'étraves à l'intérieur d'une capsule orientable qui lui permettait de se maintenir dans une position prédéfinie au-dessus des fonds marins, et ce même dans les pires conditions climatiques. Sa capacité défensive s'inspirait également des bateaux de la marine britannique : roquettes Oerlikon rétractables de 20 mm placées sous le pont avant, et deux mitrailleuses de 7,62 mm, armes indispensables, étant donné le sort de son prédécesseur et la menace de piraterie omniprésente quand il menait des opérations dans des eaux non surveillées par la police.

Sous d'autres aspects, le *Seaquest* et le *Sea Venture* constituaient des navires uniques, dotés de caractéristiques spécifiques conçues par Jack et son équipe. D'un peu plus de six mille tonnes et cent vingt mètres de long, ils étaient légèrement plus grands que leurs homologues, avec une vitesse maximale de vingt-cinq nœuds marins et une portée de plus de douze mille milles nautiques, ce qui rendait possibles les voyages sur l'océan. Derrière le pont s'étendaient des aménagements pour près de trente chercheurs et techniciens, incluant des salles équipées de matériel à la pointe de la technologie pour la conservation et l'analyse des vestiges retrouvés en mer, et en dessous des locaux d'ingénierie installés par Costas pour la maintenance des submersibles autonomes et télécommandés depuis le navire. Le hangar des sous-marins donnait sur deux salles, une de chaque côté de l'arbre de transmission vers la poupe, afin que les plongeurs et les véhicules puissent entrer et sortir en toute sécurité par tous les temps.

Le Lynx descendit, ses pales soulevant les embruns alors qu'il restait à cinq cents mètres au-dessus du bâbord du bateau, offrant à Jack une meilleure vue. Derrière le bâtiment de logement se trouvaient l'héliport et le centre des opérations, principalement utilisés quand ils travaillaient sur un site. Jack inspecta l'équipement visible sur la poupe. Les travaux récents avaient principalement servi à installer un mât de charge plus perfectionné dans le but de soulever et baisser des Zodiac et des submersibles, et il s'étendait jusqu'à tribord, l'arceau préparé pour le sarcophage placé à côté. Le mât de charge avait été testé avec succès en Cornouailles, mais c'est ici et maintenant qu'il allait recevoir son vrai baptême du feu. Jack se remémora, des années plus tôt, le sauvetage de l'épave du *Mary Rose*, la caraque emblème des Tudor, et l'instant terrifiant où la coque avait fait surface… et où l'arceau avait glissé. Cela s'était produit sous le feu des projecteurs, et il savait que le capitaine Macalister ne laisserait rien passer en matière de sécurité, pour éviter que se reproduise pareil désastre.

Jack regarda un groupe de techniciens, portant casques et salopettes de l'IMU, commencer à libérer le mât de ses attaches sur le pont et dérouler le winch. Le plus grand avantage de l'IMU n'était pas son équipement mais son personnel, et Jack n'avait aucun doute sur ses qualités. Au cours des années, il avait réuni une équipe de vrais professionnels, un mélange de vieux amis et de nouveaux talents, beaucoup d'entre eux comblant le fossé entre, d'une part, l'expérience autant commerciale que militaire et, d'autre part, l'importance primordiale que Jack plaçait dans l'érudition et la recherche. Contrairement aux chasseurs de trésors, leur travail n'était pas remis en cause à chaque sortie, ils n'avaient pas à s'inquiéter de la rentabilité de leur mission et ne dépendaient pas de trophées qu'ils ne voyaient de toute façon que très rarement. Les opérations de l'IMU étaient entièrement financées par une dotation qui dispensait à Jack d'avoir toujours à collecter des fonds et satisfaire des investisseurs. Il avait nourri ce rêve depuis l'époque où, étudiant, il avait mené des expéditions dans un vieux camion défoncé ou dans un ancien pneumatique de la marine, un rêve qui s'était réalisé quand un de ses plus fidèles plongeurs, Efram Jacobovich, après avoir surfé sur les vagues du boom informatique, avait amassé, quinze ans plus tard, une fortune qu'il avait aussitôt engagée dans la fondation naissante de Jack, avec un budget bien plus important que ceux des autres instituts océanographiques du monde. Jack devait tout de même rendre des comptes à un conseil d'administration, mais leurs critères étant le mérite scientifique et la faisabilité plutôt que le profit, il jouissait d'une position, unique parmi les autres explorateurs, lui permettant de monter des projets à hauteur de plusieurs millions de dollars. Et surtout, il était totalement libéré du besoin de vendre des œuvres d'art antiques. Toutes leurs trouvailles allaient dans des musées ou dans des expositions itinérantes qui les avaient fait connaître dans le monde entier. C'était un engagement que Jack partageait avec le colonel Vyse, l'officier britannique qui en 1838, après avoir extrait le sarcophage de la pyramide, l'avait expédié dans son voyage infortuné vers le British Museum. Jack s'assurerait qu'il serait exposé à son avantage, mais également dans des conditions de sécurité maximale, et si cela impliquait de revenir sur leur offre de le restituer à l'Égypte, il n'hésiterait pas.

Derrière les pales de l'hélicoptère, la mer était parfaitement calme, et il fallait déployer des efforts d'imagination pour se représenter la tempête de ce jour de décembre 1838. Depuis leur découverte des chars dans la mer Rouge, depuis qu'il avait touché les fragments du manuscrit dans la Gueniza du Caire, les phrases de la Bible revenaient sans cesse dans son esprit, des versets dont il se souvenait, de ses années de catéchisme à l'internat. « Des ténèbres à la surface de l'abîme »... Sous eux, à des dizaines de mètres de profondeur, dans un endroit oublié de tous, gisait l'épave du *Beatrice*, l'ancien sarcophage dans sa coque, posé sur la vase, tel le tombeau d'un dieu de la mer, depuis si longtemps immergé. Une tentation irrépressible pour n'importe quel archéologue, mais ce n'était pas uniquement le sarcophage qui avait poussé Jack à revenir ici. Ce qui l'intéressait le plus, c'était ce que le colonel Vyse y avait caché, une surprise pour le musée, peut-être un joli trophée qui convaincrait ses administrateurs de subventionner ses autres excavations. Un trésor qu'il n'avait pas archivé et qui avait été perdu pour l'histoire, jusqu'à cette plongée qui avait permis à Costas et Jack de le sortir de l'oubli.

Lorsque Jack avait retiré la vase de la plaque, il avait été stupéfait de découvrir le symbole d'Akhenaton, un pharaon qui avait vécu plus de mille ans après que la momie de Mykérinos avait été enfermée dans le sarcophage. Après avoir trouvé une deuxième plaque d'Akhenaton dans le désert, avec le croquis des pyramides, Jack avait alors compris que la pyramide constituait un portail vers le complexe souterrain du plateau de Gizeh, qu'il avait aperçu furtivement trois mois plus tôt sous la chambre funéraire. À l'intérieur de la salle, peut-être au-dessus du portail, le colonel Vyse avait sans le savoir fait la plus grande des découvertes de l'histoire de l'égyptologie. Sa décision de ne pas mentionner la plaque ni sa disparition dans l'épave, peut-être pour éviter les critiques pour ne pas l'avoir consignée, avait gardé le monde dans l'ignorance jusqu'à maintenant. Jack avait tenté le tout pour le tout, cherchant désespérément des indices vers une autre entrée dans le complexe, une découverte qu'il aurait voulu faire avant que l'Égypte ne lui soit définitivement fermée. Retourner dans l'épave faisait partie des éventualités. Il manquait, sur un côté, une partie de la plaque, et il espérait trouver l'autre enfouie dans la vase.

La voix du pilote résonna dans son casque :

— Jack, nous devons encore patienter quinze minutes jusqu'à ce que l'équipe de tournage débarque de l'hélicoptère devant nous. Ensuite, ce sera à nous.

— Bien reçu, Charlie. Je vais en profiter pour prendre des nouvelles du site. Je ne pense pas que j'en aurai le temps une fois sur le bateau. Et un quart d'heure de sommeil supplémentaire ne peut faire que du bien à notre collègue.

— Entendu. Je vous préviens.

Une sorte de ronflement d'hippopotame recouvrit la voix du pilote et Jack repoussa une nouvelle fois Costas pour l'appuyer contre la vitre. Il sortit son iPad, le fixa et le posa sur ses jambes, ouvrant une image spectrale du sarcophage tel que Costas et lui l'avaient vu pour la première fois depuis le submersible, trois mois plus tôt. Ils n'avaient pas aperçu de traces d'autres antiquités dans l'épave, et la décision avait été prise de ne pas creuser le site plus que ce qui serait nécessaire pour ouvrir un espace suffisant au passage des câbles sous le sarcophage afin de le remonter. Il toucha l'écran et afficha l'image qui les avait, au départ, conduits à cet endroit, une aquarelle inconnue auparavant et mise aux enchères quelques mois plus tôt, représentant le *Beatrice* dans le port de Smyrne en Turquie. À l'arrière, une note griffonnée au crayon des années plus tard par le capitaine du navire, George Wichelo, certainement mort durant le naufrage, indiquant sa position dans la baie à quelques milles nautiques au nord de Valence. C'était la résolution d'un mystère qui avait égaré sur des fausses pistes quantité d'explorateurs marins dans leur quête du sarcophage perdu.

L'artiste avait précisément dessiné le *Beatrice* comme un brick, avec le mât de misaine, le grand mât et la vergue principale sur la poupe. Bien qu'il ait vogué à la fin de l'ère victorienne au moment du passage aux bateaux à vapeur, le *Beatrice* ressemblait en tout point aux navires de l'époque des guerres victoriennes. Il arborait sur ses flancs le *Nelson Chequer*, les couleurs de Nelson, et les sabords que les marchands de la Méditerranée utilisaient pour tenir à distance les pirates d'Afrique du Nord, toujours une menace dans les années 1830, lorsque le tableau avait été peint. Jack toucha une nouvelle fois l'écran et ouvrit une image en trois dimensions de l'épave que Lanowski avait terminée quelques jours plus tôt, élaborée après des mois d'observation, utilisant un sonar multifaisceaux à haute tension monté sur un véhicule manœuvré à distance qui pouvait circuler sur les fonds marins. Le programme permettait une visite virtuelle autour du site, où l'épave s'affichait en gris métallique pour la distinguer des sédiments dans lesquels elle se trouvait en partie enlisée. Jack percevait clairement les lignes des coudes saillants et les monticules réguliers, vestiges des râbles en fer, seule touche de modernité de la coque, construite principalement à la manière de l'époque, avec une charpente en bois et des clous en cuivre. Le sarcophage et les seize canons ressortaient en blanc, soulignant le poids important des éléments qui avaient dû affecter la stabilité et le franc-bord du navire. D'une façon qu'il n'avait pas perçue quand il se trouvait dans le sous-marin, la visualisation montrait les canons à tribord qui avaient basculé sur bâbord, et comment le sarcophage avait également quitté son emplacement central, tirant sur les cordes censées le maintenir en place.

Jack imaginait bien ce qui avait causé le naufrage. La simulation de Lanowski montrait que, même avec du lest en plus pour le rééquilibrer, le *Beatrice* avait dû être dangereusement instable, avec le sarcophage sur le pont, trois tonnes de granit qui avaient plombé le bateau d'un peu plus de deux cents tonnes de poids mort. Il ferma les yeux un instant, essaya de s'imaginer la mer en ce jour d'hiver, quand le bateau avait sombré dans la baie. Ses dernières escales connues avaient été La Valette à Malte et ensuite Leghorn, l'actuelle Livourne, sur la côte italienne. À cette époque de l'année, Wichelo avait dû rencontrer de forts vents de nord-est depuis Alexandrie, et décider de se serrer contre la rive ouest de l'Italie plutôt que d'essayer de partir à l'ouest de Malte, pour éviter d'être propulsé vers les côtes d'Afrique du Nord, avec ses corsaires aux aguets. Depuis Leghorn, la route était directe, avec un mistral de nord-est pour pousser le navire dans le golfe de Lyons, une traversée idéale si tout se passait bien, et l'espoir de contourner la côte sud de l'Espagne vers le détroit de Gibraltar. Mais, cette fois, peut-être parce que le vent s'était transformé en tempête, peut-être parce que les équipements récents avaient transformé le bateau plus que prévu, peut-être parce que les charges supplémentaires avaient rendu le navire moins manœuvrable, ou plus probablement une combinaison des trois, sa route s'était arrêtée au large des côtes espagnoles, au nord de Valence. S'il était parvenu à dépasser le promontoire suivant, peut-être aurait-il atteint Valence. Mais à cet endroit la baie n'offrait aucun abri, seulement des falaises irrégulières qui plongeaient à pic, ne laissant aucun espoir pour échouer le navire dans de bonnes conditions et sauver sa cargaison.

Le sarcophage avait bien sûr été arrimé et bloqué avec des poutres, mais il restait sûrement encore vulnérable à un roulis soudain. Le capitaine avait dû vouloir éviter à tout prix de prendre le vent de travers dans les vagues, sachant qu'avec la houle le sarcophage pourrait faire éclater les poutres et se libérer. Même si le bateau n'était muni que de canons légers de six et neuf livres, ils pesaient tout de même plus d'une demi-tonne chacun, ce qui avait dû poser un sérieux problème pendant le naufrage. Les huit canons à tribord se libérant de leur emplacement et venant percuter la cuirasse au moment où le bateau chavirait, cela avait ajouté au poids du sarcophage et empêché toute possibilité de redresser le navire. Ensuite, le plat-bord s'étant trouvé submergé à une vitesse impressionnante, le bateau avait fini par se remettre droit en sombrant, ce qui avait retenu le sarcophage sur le pont, la coque le protégeant quand le bateau avait touché les fonds marins.

L'envahissement soudain avait été une chance pour le sarcophage, nettement moins pour l'équipage. Comme toujours, Jack réfléchit aux pertes humaines, à la terreur lors de ces derniers instants. Il n'avait sans doute pas fallu plus de quelques secondes pour que le navire coule, emportant tous ceux qui étaient sur le pont et entraînant les autres dans le tourbillon. Qu'il y ait pu avoir des survivants tenait du miracle, d'autant plus qu'il s'agissait du capitaine Wichelo, un homme qu'on avait toujours pensé noyé avec son bateau, mais dont les notes griffonnées, des années plus tard au dos de l'aquarelle, avaient prouvé le contraire. Jack se rappela son expérience au sein de l'équipage d'un navire-école, lorsqu'il apprenait à naviguer, et s'imagina Wichelo montant au sommet de la grande hune pour trouver un lieu sûr où mouiller son bateau. Il avait dû être projeté dans la mer quand le *Beatrice* avait chaviré et que les mâts s'étaient enfoncés dans les vagues.

La disparition de Wichelo après qu'il eut rejoint la côte n'était pas difficile à comprendre. C'était un capitaine expérimenté qui avait traversé plusieurs fois l'Atlantique et la Méditerranée, qui avait dû voir la mort en face à plusieurs reprises déjà. Il devait être attaché à la coutume immémoriale qui veut qu'un capitaine soit toujours le dernier à quitter son navire. Cette règle était si profondément ancrée dans le code des marins que l'ombre du soupçon, parmi ses amis et ses collègues, qu'il aurait pu penser à sauver sa vie avant celle de son équipage aurait suffi à lui rendre l'existence insupportable. Il pensait même peut-être rendre service à ses bienfaiteurs, les assurances sûrement plus promptes à rembourser les frais si personne ne surgissait pour témoigner des risques inconsidérés qu'ils avaient pris. Honnête comme il l'était, il n'aurait pas pu les taire. De fait, il savait certainement qu'il n'aurait pas dû accepter de charger ainsi sa cargaison.

Jack imagina la scène avec le colonel Vyse sur les docks d'Alexandrie, à quelques pas de la forteresse de Qaitbay et de l'endroit où Halevi, le poète de la Gueniza, avait débarqué depuis l'Espagne, au douzième siècle. Wichelo devait être un excellent capitaine pour que Vyse s'adresse à lui, un homme dont la réputation était établie et qui avait déjà dû transporter des antiquités pour d'autres clients vers l'Angleterre. Vyse avait dû négliger les questions d'équilibre du bateau avec une telle cargaison, sa façon de négocier la sortie de la pyramide attestant de son inaptitude à considérer une telle logistique. Mais c'était un homme riche qui avait dû se montrer très généreux avec Wichelo, peut-être au point de lui assurer une retraite confortable, auréolée par la gloire d'avoir été celui qui aurait apporté une telle pièce maîtresse de la culture égyptienne dans les collections du British Museum. Si Wichelo avait refusé, Vyse n'aurait pas eu de mal à trouver d'autres candidats. Il devait savoir que son navire n'était pas le mieux adapté et que la saison estivale touchait à sa fin, mais il avait dû être aveuglé par la récompense. Être capitaine de bateau n'était pas une affaire commode, avec la gloire au bout d'une traversée réussie… ou une amère disgrâce si elle tournait mal.

Jack toucha l'écran pour ouvrir la deuxième image de synthèse de Lanowski, une animation qu'il n'avait pas voulu consulter avant de l'avoir visualisée mentalement. Jack sourit en voyant le dessin spectral du bateau, sur lequel Lanowski avait respecté toutes les caractéristiques d'un gréement courant. Preuve encore une fois de son sens du détail, l'animation représentait Wichelo pariant sur les voiles déployées, et le gouvernail tendu à bâbord pour rester parallèle à la côte. Alors que la baie se profilait à l'horizon, on roulait les huniers et le navire prenait soudain le vent de travers dans les vagues et chavirait. Comme si la coque était traversée de rayons X, on pouvait voir le sarcophage bouger et les canons à tribord se libérer pour partir de l'autre côté, puis, tout à coup, le poids de l'eau redressait le bateau tandis qu'il sombrait pour toucher le fond marin à mille mètres de profondeur dans un nuage de vase, avant de se stabiliser.

Jack fixa l'écran du regard.

— Bingo ! s'exclama-t-il tout bas.

Il se sentait désormais tout à fait préparé pour ce qui l'attendait. Il mit son iPad de côté, le glissant dans son sac à dos, puis revint à la situation présente et au capitaine Macalister sur le *Seaquest*, un homme tout aussi fidèle aux traditions nautiques que Wichelo l'avait été. En tant que capitaine, c'est lui qui avait le dernier mot sur toutes les opérations menées à bord de son navire, pas seulement la navigation, mais aussi la plongée et l'exploration. Depuis la découverte de l'épave, trois mois plus tôt, la tâche de cartographier et évaluer le site avait été confiée à un directeur de projet très expérimenté, et Jack n'avait aucunement l'intention de reprendre le contrôle des opérations. Son rôle avec Costas consistait à se trouver sur les fonds marins pour surveiller l'arceau et s'assurer que le sarcophage reste bien maintenu. Jack était conscient de la pression que Macalister subissait désormais, avec le compte à rebours dans sa phase finale, la sécurité de l'équipe et des plongeurs passant avant tout.

Il regarda l'autre hélicoptère s'envoler du bateau, fondre vers la baie et disparaître derrière les falaises. Il repensa à l'Égypte, à Hiebermeyer et à sa course désespérée contre la montre pour achever l'excavation de la nécropole avant que les forces de l'obscurantisme ne s'abattent sur le pays. Au moins, ici, ils travaillaient de concert avec les autorités espagnoles, et la seule dimension politique était celle créée par l'IMU, afin d'utiliser le sarcophage en échange de la libération de l'étudiante au Caire. Avec les médias du monde entier rivés sur l'événement de l'après-midi, et la perspective du retour du sarcophage en Égypte, le directeur des antiquités était dans tous les collimateurs. Ainsi, le pari qu'ils avaient pris de laisser une équipe de tournage à bord semblait largement en valoir la peine. Il tapota des doigts le côté du siège. *Si* la météo restait favorable, *si* le nouveau mât de charge coopérait, *si* aucun problème ne se présentait… Il ferma les yeux, articulant silencieusement les mots qui étaient devenus sa devise : *La chance est avec toi, Jack.*

La voix du pilote résonna de nouveau dans son casque.

— Jack, c'est notre tour.

— Bien reçu.

Costas se réveilla d'un bond, clignant des yeux, le visage rayonnant d'excitation.

— J'ai compris, Jack. *J'ai compris !* Je sais comment réparer *Little Joey*. Et je meurs de faim. Emmène-nous chez nous, Charlie !

13

Vingt minutes plus tard, Jack ouvrit la porte de la salle de conférences pour être accueilli par une tempête de flashes et des exclamations enthousiastes. Il leva une main en souriant, scruta l'auditoire. Au moins vingt-cinq journalistes, quelques visages familiers qui suivaient ses projets depuis des années, et des correspondants étrangers réputés attirés non seulement par la remontée du sarcophage mais aussi par la dimension politique de son retour en Égypte. Les reporters espagnols ne manquaient pas, et en arrivant derrière la table à l'avant de la pièce, Jack serra rapidement la main à deux représentants du ministère de la Culture qui se tenaient assis là. À côté d'eux, James Macalister, petit homme soigné avec une barbe blanche, se tenait droit, impeccable dans son uniforme de capitaine. Une chaise avait été laissée vacante pour Jack, entre James et le directeur de projet. Quand il s'installa, Macalister se pencha pour lui parler.

— Toute la logistique est prête. Ça ne devrait pas trop durer, ici.

Jack hocha la tête et Macalister se leva pour s'adresser aux journalistes :

— Vous connaissez sûrement tous Jack Howard, qui vient d'arriver à bord du *Seaquest* avec le docteur Kazanzakis. Ils auront pour mission de superviser la remontée du sarcophage. Grâce à eux, vous pourrez suivre en direct le déroulement des opérations. Une fois qu'ils reviendront sur le bateau, vous aurez amplement l'occasion de les interviewer. Cette brève rencontre nous permet simplement de faire connaissance pour l'instant…

Une femme au premier rang leva la main et l'agita dans l'air.

— Qu'est-ce que vous faisiez en Égypte, Jack ? On vous a vu à l'aéroport de Sharm el-Sheik.

Jack grogna intérieurement mais garda son calme. La journaliste qui venait de poser la question était une de ses plus ferventes admiratrices, mais également une arme tranchante dans les mains des politiciens. C'était l'une des raisons pour lesquelles il préférait éviter ce genre de conférence de presse avant la fin d'un projet, mais il savait qu'essayer de nier ne ferait qu'attiser la curiosité de la jeune femme.

— Un voyage d'inspection sur les sites de plongée. Le docteur Kazanzakis n'arrête pas de me répéter qu'avec l'IMU on ne fait que travailler, on ne prend jamais une minute pour souffler, alors j'ai voulu y remédier...

Quelques rires résonnèrent dans le public, mais la journaliste insista :

— Nous avons lancé des paris au sein de notre rédaction pour deviner quel nouveau mystère Jack Howard allait percer dans la mer Rouge. La meilleure hypothèse est celle de l'Exode, l'histoire des chars perdus du pharaon...

Jack la fixa du regard sans sourciller et lui offrit son plus beau sourire.

— Ce serait une sacrée découverte ! Si jamais j'avais la chance de la faire, vous en seriez la première informée. En attendant, je suis ravi de vous voir tous ici pour assister à l'événement de cet après-midi. Le capitaine et son équipage ont travaillé d'arrache-pied pour que tout soit prêt dans les temps. Je me réjouis de vous retrouver une fois l'opération achevée.

— Nous nous en tiendrons là pour le moment, conclut Macalister. Nous donnerons un autre point à quatorze heures trente avec le chef de projet, et ensuite, si tout se passe comme prévu, vous serez conviés à tribord pour filmer les opérations. Entre-temps, je vous demanderai de rester dans vos chambres ou dans vos quartiers, le pont étant strictement interdit pour votre propre sécurité. Merci de votre attention.

Jack et Costas se levèrent rapidement et emboîtèrent le pas à Macalister, qui sortit de la salle en passant à côté de ses deux agents de la sécurité. Le capitaine se tourna vers Jack.

— Bien joué.

— Espérons que nous pourrons leur donner ce qu'ils veulent. Je ne répondrai plus à aucune question sur l'Égypte avant que tout soit réglé.

Macalister poussa la porte de sa cabine de jour et les invita à entrer. Le chef de la sécurité de l'IMU était déjà sur place, un ancien officier de la marine qui avait également travaillé pour les services secrets britannique, le MI6. Il se tenait à la fenêtre, un téléphone satellite à la main, qu'il écarta de son oreille pour serrer rapidement la main à Costas et à Jack. Ils s'installèrent ensuite tous les quatre à la table de conférence dans un coin de la pièce. Après s'être servi un verre d'eau, Jack se pencha en avant, une détermination de plomb dans le regard.

— D'accord, Ben. Donne-moi l'état de la situation.

— J'ai respecté notre décision de ne faire intervenir la voie diplomatique qu'en dernier recours. J'ai contacté des connaissances personnelles de l'époque de ma carrière dans les services de renseignement en Égypte. Je sais exactement où elle est retenue prisonnière, dans les sous-sols du bâtiment du ministère de la Culture au Caire. Les laboratoires de conservation ont été transformés en salles d'interrogatoire...

— L'archéologie rencontre le monde moderne, ironisa Costas.

— Nous envisageons de nous adresser au directeur des antiquités afin qu'il fasse pression pour que la jeune fille soit libérée. Je n'ai reçu aucune réaction, par conséquent le professeur Dillen a pris le relais. En tant que directeur du conseil d'administration, il se tient mobilisé depuis le début...

Jack intervint :

— Je sais pourquoi. Il y a dix ans environ, Ibn Afar, l'actuel directeur des antiquités, a essayé d'obtenir un diplôme d'archéologie en Angleterre, au moment où il convoitait un poste haut placé au ministère de la Culture en Égypte. Il s'est présenté à Cambridge, espérant décrocher un master en promettant des permis d'excavation à tous ceux qui l'aideraient. Dillen est le seul à ne pas l'avoir rembarré directement, prenant le temps de lui expliquer comment les choses fonctionnaient en Occident et lui organisant un stage au British Museum. Il n'a pas tenu longtemps, comme on pouvait s'y attendre, mais je sais qu'une fois de retour en Égypte, où il a gravi les échelons en graissant toutes les pattes nécessaires, il a souvent repris contact avec Dillen pour lui demander des références et des lettres de recommandation, le considérant comme une sorte de mentor...

— Ils se sont parlé au téléphone ce matin, déclara Ben. Dillen lui a expliqué que l'offre de rendre le sarcophage à l'Égypte tenait toujours et que la gloire lui en reviendrait. Mais il a également précisé que rien ne serait fait tant que la fille ne serait pas libérée. Dillen et moi nous sommes mis d'accord pour lui donner un ultimatum de deux jours. Comme le sarcophage est remonté aujourd'hui, on a prévenu Ibn Afar que la presse chercherait à tout prix à connaître sa destination et que les autorités espagnoles réitéreraient leurs revendications de le garder pour eux s'ils sentaient des hésitations de notre côté. Bien évidemment, nous savons tous que le gouvernement espagnol, l'UNESCO et l'IMU ne vont pas tenter d'aller à l'encontre du projet de rendre le sarcophage à l'Égypte étant donné les circonstances politiques actuelles, mais Ibn Afar, au Caire, est loin de la réalité et ne va pas forcément le deviner. Il sait seulement que, s'il ne parvient pas à obtenir la restitution de ce vestige, d'ici trois jours il subira l'humiliation et la honte internationales quand les médias révéleront que la décision de rendre le sarcophage a été annulée et que son nom est associé à l'arrestation de la jeune étudiante.

— Alors, quelle a été sa réponse ? le pressa Jack.

Ben se pencha, les mains serrées, fixant Jack du regard.

— Un procès est prévu dans deux jours. Elle sera sur le banc des accusés, avec une centaine d'autres. Les chefs d'accusation ont déjà été présentés. S'ils sont reconnus coupables, ils seront condamnés à mort.

— Condamnés à mort ?! s'exclama Jack. C'est scandaleux ! Parce qu'on l'accuse d'avoir volé un fragment de manuscrit médiéval ?!

— Ibn Afar promet de faire tout ce qui est en son pouvoir pour la faire libérer. Mon agent des services secrets pense qu'il va probablement réussir. Le vol d'antiquités préoccupait plus l'ancien régime que les fondamentalistes, qui traquent plutôt les cas d'apostasie et d'adultère. S'ils doivent annuler des exécutions, ils choisiront d'abord celles-là. Ma source me dit que cela permettra à Ibn Afar de se mettre en avant en affichant les difficultés qu'il a dû traverser pour satisfaire notre requête. À nous de jouer le jeu dans ce sens. Mais il faut qu'on le contraigne absolument à respecter notre échéance, c'est-à-dire dans deux jours à dix heures trente du matin.

— À la seconde près, confirma Jack sur un ton glacial.

— Il reste encore un grand *si*, intervint Costas. *Si* la situation ne change pas. Parce que si ce sont les djihadistes qui prennent le pouvoir dans deux jours, on est fichus.

— Et notre étudiante ne sera pas la seule. Les centaines de personnes qui attendent leur exécution, là, seront rejointes par des milliers d'autres. Ma source prédit une purge totale, à commencer par les ministres du gouvernement.

Costas secoua la tête.

— Joli retour à l'âge des ténèbres…

— Nous ne devons pas perdre espoir, affirma Jack. L'Égypte n'est pas comme l'Irak ou l'Afghanistan, brutalisés par la dictature ou des années de guerre. Nous parlons d'un pays civilisé et d'un peuple équilibré, qui ne se laissera pas piéger sans se battre.

Macalister prit un air sombre.

— Pas si facile, quand tes oppresseurs sont des psychopathes qui fulminent depuis plus d'un siècle.

— Il y a toujours l'option militaire.

— Tu penses qu'on devrait envahir le pays, comme les Britanniques l'ont fait en 1882 et encore une fois en 1956 ? Avec des forces suffisantes, on pourrait repousser les mahdistes loin du Caire, mais on prendrait le risque de créer une guerre d'insurrection comme celle que la coalition a combattue en Irak, avec le même cocktail de terrorisme, d'attentats suicides, et un ennemi qui disparaît et se rematérialise chaque fois qu'on croit tenir la victoire. La population civile sera vite fragilisée et démoralisée, incapable de résister. Et une intervention occidentale en Égypte sera considérée par les irréductibles comme le signe d'une alliance avec Israël. Tous les régimes islamiques radicaux qui ne sont pas encore en conflit ouvert avec Israël interviendraient. La troisième guerre mondiale ne serait plus très loin.

— Tu connais l'autre option militaire, Jack, lâcha Ben. Tu as travaillé pour les forces spéciales...

— Les assassinats ciblés ? J'ai participé à deux opérations contre des dirigeants au Moyen-Orient. J'étais juste un officier de marine doué pour conduire des Zodiac. Une mission a connu le succès, l'autre a échoué. Mais, si tu veux connaître les répercussions de ces interventions, il te suffit de demander à l'ingénieur capitaine de corvette Kazanzakis, de l'US Navy Reserve, ici présent, qui a gagné sa Navy Cross en sauvant des marins perdus en mer à la suite d'un attentat terroriste perpétré contre l'*USS Cole* et provoqué par le même type de tentative d'assassinat ciblé...

Costas se tourna vers Ben.

— J'ai assisté à la réunion de mise au point de l'équipe des SEAL qui a mené l'opération. C'était avant le 11-Septembre, et la conclusion à laquelle ils sont arrivés, c'est qu'on a à peine coupé une tête qu'une autre repousse. Depuis, les extrémistes sont devenus très forts pour aménager leurs infrastructures de sorte qu'ils ne souffrent pas de ce genre d'attaque. Tue un dirigeant des talibans, et cinq autres se lèvent pour prendre sa place. Les mahdistes en Égypte doivent certainement avoir le même genre de commandement, mais ils ont été assez réfléchis pour ne pas mettre en avant leur hiérarchie. Un assassinat n'a d'intérêt que si la cible est une personne importante et influente.

Jack tapota sur la table avec son stylo.

— Ce qui nous ramène à l'archéologie et à la population égyptienne. L'archéologie est notre arme clé contre l'extrémisme. L'Égypte, plus que tout autre pays au monde, dépend de l'archéologie pour sa subsistance. Du plus humble chamelier sur le plateau de Gizeh aux propriétaires d'hôtels, en passant par les guides touristiques, ils bénéficient tous de ses revenus. C'est notre force dans cette bataille. Ce pourrait bien être la première fois que l'archéologie, sa place dans le monde moderne, dans la vie des gens, fournirait les fondements d'un soulèvement populaire. En ce moment même, c'est notre seule arme. Et c'est ce qui peut nous permettre de sauver des vies.

— Espérons que ça n'arrivera pas trop tard pour une jeune fille terrorisée dans les prisons du Caire et pour sa famille…

Jack regarda autour de la table. Il savait qu'Aïcha ajouterait « *Inch'Allah* ». Il prit une profonde inspiration.

— Nous en avons fini ici. Merci pour tout, Ben, tiens-moi au courant.

Costas se leva.

— Ça y est, je peux enfin aller au labo ? Pas le temps pour *Little Joey*, mais je voudrais conduire quelques tests de dernière minute sur le cadran du submersible. Et procéder à des ajustements. Et je n'ai pas encore travaillé sur le nouveau mât de charge…

Macalister consulta sa montre.

— Retrouvez-moi sur le pont à quinze heures. Plongée à quinze heures trente, essayons de respecter le programme.

Jack repoussa sa chaise.

— Bien reçu. Sur le pont dans une heure. Assez pour une petite sieste, à tout à l'heure.

Dix minutes plus tard, Jack s'allongeait sur la couchette de sa cabine, prenant soudain conscience de son immense fatigue. Il était installé sous le pont, ses hublots donnant à tribord sur le pont avant. Il inspecta rapidement du regard ses affaires les plus précieuses, les caisses de vieux livres, le coffre ancien que ses ancêtres déjà emmenaient en mer sur les bateaux de l'époque, les *indianmen*, quelque trois cents ans plus tôt, les vestiges et les affiches qui décoraient les murs. Plus ici que n'importe où ailleurs, plus que dans ses appartements dans le domaine familial en Cornouailles, sa cabine sur le *Seaquest* était l'endroit où il se sentait chez lui, entouré d'objets familiers. C'était là qu'il rêvait de nouvelles découvertes et qu'au réveil le grondement du moteur rendait l'excitation de la réalité plus mordante encore.

Il contemplait, sur le mur en face de lui, un gant en cuivre rapporté d'Inde, de la forme d'un tigre, et, au-dessus, une peinture que Rebecca avait faite d'une menora juive dans le temple de Jérusalem, le trésor perdu qui lui avait fait parcourir la moitié du globe alors qu'elle n'était qu'une enfant. Il allait bientôt la retrouver, et pourtant, quand il fermait les yeux, ce n'était pas elle qu'il voyait, mais la tâche qu'il lui restait à accomplir, l'obscurité d'encre à mille mètres de profondeur et la scène extraordinaire que Costas et lui avaient vue trois mois auparavant, quand ils avaient découvert l'épave du *Beatrice* et le sarcophage. Il s'efforça de se détendre, de ne penser à rien d'autre qu'à la sensation qu'il éprouvait sous l'eau, mais son esprit retournait sans cesse à la question tenace qui l'avait poussé à revenir ici. Est-ce que la partie manquante de la plaque d'Akhenaton se trouvait toujours dans le sarcophage ? Est-ce qu'elle contenait l'indice qu'il recherchait désespérément, la dernière pièce du puzzle qui justifierait un retour en Égypte pour achever leur quête sous la pyramide ?...

— Docteur Howard, c'est l'heure.

Jack ouvrit les yeux et se redressa, consultant le chronomètre à côté de son lit. Il avait dormi près d'une demi-heure. Il se leva, prit une bouteille sur son bureau, avala une gorgée d'eau et ensuite le café que lui tendait le jeune homme.

— Quelle est la situation ?

— Costas est déjà dans l'eau.

— Quoi ?! Déjà ? Il devait m'attendre !

— Il voulait qu'on mette à l'eau le sous-marin pour vérifier le cadran et s'assurer qu'il maintiendrait le submersible à niveau. Il ne pouvait le faire que dans l'eau. Si tout se passe bien, il devrait être remonté quand vous arriverez sur le pont.

Jack siffla le reste de son café et rendit la tasse au marin.

— Merci. J'arrive dans deux minutes.

Le jeune homme disparut dans le couloir et Jack se déshabilla pour enfiler sa tenue orange de l'IMU, suspendue derrière la porte. Elle était plus confortable dans l'espace confiné de la bathysphère et plus fraîche au cas où la température monterait. Il devrait se préparer mentalement à l'épreuve qui l'attendait : rester enfermé les quelques prochaines heures dans une balle en métal et Plexiglas à peine assez grande pour abriter deux hommes recroquevillés. Il devrait lutter contre cette sensation de claustrophobie née au cours d'une plongée dans un puits de mine où, enfant, il avait failli perdre la vie.

Il s'éclaboussa le visage d'un peu d'eau, s'essuya avec sa manche et sortit dans le couloir. Il maintenait ses démons à l'écart en se concentrant sur son objectif. Il ne s'agissait pas que de la plaque et de sa quête personnelle et dévorante. Il fallait avant tout s'assurer que le sarcophage était remonté avec succès, un exploit inestimable ainsi qu'une carotte à brandir devant le tyran égocentrique à la tête du service des antiquités égyptiennes.

Il emprunta l'escalier qui menait au pont principal, ouvrit l'écoutille et se trouva baigné d'une lumière aveuglante, rageant d'avoir oublié ses lunettes de soleil. Devant lui, le nouveau mât de charge rouge se dressait à tribord, son câble tendu à l'endroit où le submersible était maintenu sur le côté du bateau. Jack s'empara d'un casque de protection dans la corbeille à côté de la trappe et avança vers la rambarde. Il se pencha pour voir le submersible inondé sous le bleu azur de la Méditerranée. La bathysphère pressurisée, avec sa nacelle fermée à double tour suspendue sous la carapace jaune, qui contenait les batteries et le matériel électronique. En dehors de l'eau, c'était une bête disgracieuse, comme un insecte géant, une masse de cylindres, de tuyaux et de bras articulés. Une fois immergée, c'était une tout autre histoire, les propulseurs à poussée vectorielle permettant une précision de mouvement et un maintien de position parfaits pour la tâche qu'ils avaient à accomplir dans les fonds marins cet après-midi-là.

Macalister vint le rejoindre, et ils observèrent ensemble le submersible qui remontait. Costas apparut enfin à travers le Plexiglas. Jack consulta sa montre. Les journalistes devaient tenir leur deuxième réunion et bientôt ils trépigneraient avec leurs caméras. Avant cela, le submersible devrait être retiré de l'eau et soulevé sur le pont pour que Jack s'y installe. Ensuite, il replongerait une nouvelle fois dans la mer. Si la suite devait se dérouler sous les yeux des médias, il fallait que tout fonctionne sans encombre. Le feu vert pour tourner ne devrait être donné que lorsqu'ils seraient dans l'eau et sûrs que tout se déroule comme prévu.

Macalister appuya sur son oreillette et se pencha pour écouter. Quand il se redressa, il tendit le pouce et fit avec la main le geste de dérouler, en regardant le technicien aux commandes du mât de charge. Il se tourna vers Jack.

— C'était Costas. Il est prêt à remonter. Il a dit que c'était une mise à l'eau cruciale et qu'il a résolu le problème.

— Tu veux dire que ça le démangeait trop de plonger et qu'il n'a pas pu se retenir…

Macalister répondit par un sourire. Le technicien fit grincer le câble en enclenchant le moteur. Soudain, après un brusque cahot, le câble se mit à se dérouler à toute allure dans l'eau autour du submersible. Affolé, Jack tourna la tête et vit le technicien qui tirait de toutes ses forces sur le frein d'urgence. Il revint au submersible. Au moins il flottait et ne dépendait pas du treuil pour se maintenir à flot. A cet instant, l'avant piqua sous les vagues et disparut. Le cœur de Jack se mit à battre à cent à l'heure.

Quelque chose ne tourne pas rond.

— C'est le câble ! cria Macalister. La bobine est tombée sur le submersible et il l'enfonce sous l'eau…

Jack fixa le câble du regard. Au moins quinze mètres avaient été déroulés. Si le poids plongeait le submersible à dix mètres sous la surface de l'eau, alors le volume d'air dans ses cuves à lest serait diminué de moitié et il continuerait à descendre, ne s'arrêtant qu'au bout de la longueur du câble. Jack attrapa une autre oreillette et retira son casque pour la mettre en place.

— Costas, tu m'entends ?

— Parfaitement.

— Vide les ballasts. Le mât de charge a un problème et cinquante mètres de câble t'écrasent…

— Impossible, Jack. La valve est bouchée.

Jack regarda les vagues au-dessus du sous-marin, juste sous la surface de l'eau. Il voyait où le câble s'était pris, autour du collecteur qui reliait les cylindres d'air comprimé sur le côté. Le submersible coula soudain plus profondément encore et la bobine se libéra, roulant avec le reste du câble dans l'eau sous le mât.

— D'accord. C'est la bobine de câble qui la coinçait. Elle s'est décrochée. Réessaye.

— Toujours rien. Ça a dû fermer la valve extérieure.

Jack se tourna vers le technicien.

— Vous pouvez retenir le câble ?

L'homme lui répondit en levant le pouce, son autre main toujours sur la manette de frein.

— Je peux le retenir une fois qu'il se sera déroulé de cette longueur, soit cinquante-sept mètres depuis le haut du mât. Mais je ne peux pas garantir pendant combien de temps. Après ça, il reste encore mille mètres de longueur.

Jack se tourna de nouveau vers l'eau. Le submersible était à peine visible, sombrant plus rapidement, le câble se tendant au-dessus de lui. Deux hommes se précipitèrent sur le mât et retirèrent le panneau sur le boîtier de commande électronique, essayant d'isoler le problème, et à côté de Jack deux plongeurs enfilaient leurs combinaisons à toute allure. Jack posa sa main sur le micro pour que Costas l'entende malgré le bruit.

— Tu vas t'arrêter à cinquante mètres environ. Les plongeurs vont dégager la valve. S'ils n'y arrivent pas, tu pourras faire une sortie d'urgence par le sas de sécurité et ils t'accompagneront à la surface. Bien reçu ?

— Bien reçu, Jack. Mais il y a un autre problème. Je n'ai plus d'air, ici. Le niveau de dioxyde de carbone est déjà dans le rouge. Il ne me reste plus que cinq minutes.

Jack regarda les deux plongeurs, son esprit évaluant les différentes options. Ils venaient de fermer leur tenue et de passer sur leurs dos leurs réservoirs d'air. Le câble se tendit tout à coup et le mât remua violemment.

— D'accord... Les plongeurs vont arriver dans moins d'une minute. Tu m'entends ?

Quand Costas répondit enfin, sa voix sonnait distante :

— Bien reçu, Jack. Je me prépare à sortir. Mes jambes et mes bras me picotent.

Jack examina le câble. En mer, la moindre vérification de routine peut dégénérer en accident fatal. Sa respiration et les battements de son cœur ralentirent, comme s'ils voulaient forcer le temps à s'arrêter, pour qu'il puisse réfléchir à la marche à suivre. Les plongeurs n'étaient équipés que des réservoirs d'air comprimé utilisés pour des plongées de maintenance en eau peu profonde. Cela prendrait trop de temps désormais de changer pour des recycleurs ou des réservoirs de mélange gazeux. Avec de l'air comprimé, on ne peut pas descendre en dessous de quinze mètres, peut-être vingt en cas d'extrême urgence, mais pas plus. Il ne restait plus qu'une solution pour sauver Costas, un risque qu'il ne permettrait jamais à aucun membre de son équipe de prendre.

Les événements se précipitèrent. Le mât crissa et le câble se remit à se dérouler. Jack retira son oreillette et tourna la tête vers le technicien. Les deux autres s'étaient précipités sur le frein pour l'aider, laissant de côté leurs instruments. Le câble se débobinait rapidement, plongeant le submersible bien en dessous des réservoirs à air comprimé. Jack se sentit comme au ralenti, sa vision se rétrécit, son métabolisme temporisa comme s'il était déjà sous l'eau, son système anticipant ce que son cerveau lui dictait et œuvrant du mieux possible pour maximiser ses chances de survie. Il souffla dans son nez bouché pour dégager ses oreilles, et toujours une main sur le nez il s'empara de la ceinture de plomb d'un des plongeurs, la serra contre lui en se penchant par-dessus le pont à côté du câble. Il avait à peine conscience de ceux qui l'entouraient, du visage abasourdi de Macalister, des deux plongeurs trop stupéfaits pour bouger et des voix qui lui hurlaient de s'arrêter.

Il fixa du regard les abysses. Tout ce temps il ne pensa qu'aux ténèbres et à Costas.

Il prit une profonde inspiration et sauta.

14

Jack eut juste le temps de croiser ses chevilles et ses bras pour présenter une résistance minimale dans l'eau avant de frapper la surface. De sa main droite, il se pinçait le nez, prêt à égaliser la pression dans ses oreilles et ses sinus. De l'autre main, il serrait contre lui la ceinture de plomb prise au plongeur. Il savait que le câble du mât jusqu'au submersible n'était qu'à quelques mètres de lui, et qu'avec le poids mort de la ceinture il plongerait directement sur sa cible sans dévier de sa trajectoire. Dans les secondes qu'il lui avait fallu pour quitter le pont, il s'était mentalement préparé à la physiologie de l'apnée libre : la possibilité de rupture de l'oreille moyenne et des sinus s'il n'égalisait pas correctement, la suppression pulmonaire et le transfert du sang vers la partie supérieure du corps, avec la compression du thorax, mais également la réaction réflexe du corps, la réduction du métabolisme de base pour rester conscient au moment crucial où il atteindrait le submersible et ouvrirait le sas pour libérer Costas.

L'épave du *Beatrice* gisait à mille mètres sous lui. À cette profondeur, sans combinaison, ses organes seraient écrasés, mais il serait mort bien avant cela. À mesure qu'il s'enfoncerait, ses poumons réduiraient de volume, et à cinquante mètres, l'air qui les remplirait n'occuperait plus qu'un cinquième de ce volume, à cent mètres, un dixième. À cent cinquante mètres, un barotraumatisme sur les poumons était inévitable. Le volume restreint de son thorax entraînerait le déchirement des membranes et il se mettrait à baigner dans son propre sang. Quoi qu'il en soit, à cet instant, deux minutes ou deux minutes et demie après le début de la plongée, il aurait atteint la limite de son souffle. Et soit il céderait et inspirerait de l'eau, soit il perdrait connaissance du fait de l'élévation du dioxyde de carbone dans son corps. La mort, de toute façon. Tout ce qu'il savait de source sûre, c'était que la profondeur maximale de plongée en apnée jamais atteinte était de deux cent cinquante mètres, soit à peu près un quart de la distance entre la surface et le fond de la mer, et une distance qui nécessitait une endurance quasi surhumaine. Si le submersible dépassait cette cote avant qu'il puisse le rejoindre, l'issue serait inéluctable, pour lui comme pour Costas.

D'instinct, il s'était préparé au choc du froid, mais alors qu'il s'enfonçait dans l'eau de la Méditerranée, ce fut la chaleur qui l'enveloppa. Il savait que cela ne durerait pas. Un froid violent et paralysant l'attendait quand il passerait la thermocline, et que la saturation d'oxygène dans son cerveau déclencherait une légère euphorie, qui s'achèverait vite, dès que l'oxygène diminuerait. Alors qu'il se sentait s'enfoncer, il se concentra sur ses tympans, gardant les yeux bien fermés. Les ouvrir dans l'eau transparente l'obligerait à affronter l'immensité de l'obscurité sous lui. Il ne s'y résignerait que lorsqu'il aurait atteint le point de non-retour. Dix secondes après son saut, il passa la première thermocline importante, à une profondeur de trente-cinq mètres à cette époque de l'année. Même s'il lâchait son lest maintenant, il savait que sans palmes il n'avait aucune chance de remonter à la surface. Le froid augmenta son sentiment d'urgence, sa peau soudain plus sensible à l'eau qui le caressait. Contrôler la pression dans ses oreilles devenait plus facile à présent que les volumes d'air dans son corps diminuaient. Il n'avait encore jamais connu une telle profondeur en apnée, quatre-vingts, peut-être quatre-vingt-dix mètres, bien au-delà de la distance de sécurité pour la plongée avec air comprimé, dans la zone dangereuse où les risques de syncope augmentaient de façon drastique à chaque mètre supplémentaire.

Il sentit une vive brûlure dans ses poumons, comme si une pince lui comprimait le torse de tous les côtés, se resserrant davantage à chaque seconde. Il avait l'impression que sa poitrine ne supporterait plus jamais de se regonfler. Le froid était désormais accablant, aussi glacial que dans l'océan Arctique, le contraignant dans ses mouvements. Il savait qu'il avait peu de temps, une demi-minute, pas plus. Il ouvrit les yeux. L'espace d'un instant, il fut distrait par la douleur dans son corps, mais il se concentra pour essayer de voir autour de lui. Il baissa le regard, s'efforçant de s'adapter au flou ambiant. Sous lui, il ne distinguait que le noir, une pénombre absolue comme il n'en avait jamais vu avant. Il sentait qu'il s'y enfonçait, qu'il avait franchi la limite de la lumière naturelle. Il se trouvait donc à plus de cent vingt mètres de profondeur, probablement plus près des cent cinquante. Soudain il n'éprouva plus aucune douleur et s'imagina tenir Rebecca serrée dans ses bras, le souvenir d'une époque où sa vie avait pris le plus de sens, où il avait été réellement comblé. Il se força à sortir de sa rêverie, à revenir à la réalité. Il fallait qu'il reste concentré, même si cela signifiait une torture insupportable. *Costas.*

Et c'est là qu'il le vit. Quelques mètres sous lui, une lueur apparut, le voyant d'urgence du submersible. Il continua à glisser le long du câble, le métal griffant son avant-bras exposé, et il percuta la carapace du submersible tel un astronaute qui perd le contrôle lors d'une sortie dans l'espace. Il lâcha la ceinture de plomb, qui tourbillonna dans une danse folle vers les abîmes pour disparaître de sa vue. Il vit la silhouette allongée de Costas à travers la vitre, son visage déformé par le Plexiglas. Il saisit le collecteur qui reliait les réservoirs d'air, trouva la roue qui ouvrait la valve. Il vit l'endroit où le câble en tombant l'avait tordu. Il tourna dans le sens inverse des aiguilles d'une montre. *Rien.* Il essaya de nouveau, utilisant chaque fibre de son être, la moindre parcelle d'énergie qui lui restait encore. Toujours rien. Le besoin irrépressible de respirer le foudroya et il commença à étouffer, chaque réflexe d'inspiration envoyant des décharges électriques dans ses poumons. Il aperçut de nouveau le visage derrière le hublot. *Tu ne peux pas abandonner maintenant.* Il eut un nouveau haut-le-cœur, et soudain la roue céda. Il la tourna plusieurs fois, tira violemment pour ouvrir le sas, qui se déverrouilla de l'intérieur. Il pénétra dans la cabine, referma la trappe et appuya sur la poignée qui débouchait la valve pour faire entrer l'air.

Un sifflement assourdissant résonna et l'eau dans la cabine se mit à tournoyer furieusement, éclairée par la lueur orange du voyant d'urgence. Quelques secondes plus tard, la tête au-dessus de l'eau, il prit de grandes inspirations, frissonnant tandis que l'oxygène lui inondait le corps. Il toussa violemment, crachant un peu de sang, mais pas assez pour révéler un barotrauma pulmonaire. Du sang coula également de son nez et il leva la tête pour l'arrêter. Il consulta sa montre, cela faisait un peu plus de quatre minutes qu'il avait regardé l'heure sur le pont du navire avant de sauter. La jauge de profondeur indiquait deux cent soixante-quinze mètres et augmentait rapidement. À force de suivre le submersible dans sa chute, il avait atteint les limites de la plongée en apnée. Dix mètres de plus auraient signé sa fin. Il avait eu une chance incroyable.

La cabine se vida de l'eau, le sifflement s'arrêta, la trappe de la bathysphère s'ouvrit, la tête de Costas apparaissant de l'autre côté.

— Jack, c'est sympa d'être passé...

Jack toussa de nouveau. Sa voix était rauque et distante.

— Pas de problème...

— Ça va ?

Jack avança, un doigt collé sur le nez.

— T'aurais pas des mouchoirs ?

Costas fouilla dans la poche de sa salopette et lui tendit un Kleenex blanc en boule. Jack s'en empara, le tenant loin de lui.

— Déjà utilisé ?

— Essayé et approuvé, même. Tu peux y aller en toute confiance.

Jack en déchira un bout qu'il s'enfonça dans la narine. Il se pencha en avant pour s'assurer que le saignement était résorbé. Sa respiration revenait peu à peu à la normale, et il remarqua pour la première fois l'entaille rouge vif sur son avant-bras, là où il avait glissé le long du câble. Costas lui donna une serviette, une polaire et un pantalon de jogging.

— Mes vêtements de rechange. Un peu courts et trop larges, mais c'est pas le style qui compte, par ici. Une fois que tu seras installé, je prendrai la mallette des premiers soins pour te réparer ce bras.

— Ça va, toi ?

— J'étais pas très loin de partir, Jack. J'ai vu les étoiles...

Il indiqua d'un signe de la tête la bouteille d'oxygène à côté de lui.

— Je n'ai même pas essayé de la prendre parce qu'avec la coupure d'air la pression avait assez augmenté dans la bathysphère pour rendre l'oxygène toxique. Mais tout est revenu à la normale, maintenant.

Jack s'essuya les cheveux avec la serviette, sa tête encore endolorie du froid de l'eau.

— État des lieux ?

— Nous nous enfonçons toujours, Jack. Comme tu as ouvert la valve, nous avons désormais assez d'air dans la bathysphère pour à peu près six heures. Mais il y a encore un problème avec les tuyaux des réservoirs de lestage. Pour l'instant, il faut surtout que je me concentre sur les appareils de survie et que je manœuvre pour maintenir le submersible stable et droit. Quand nous arriverons à cinquante mètres du fond, j'activerai les propulseurs verticaux pour amortir l'atterrissage. Si la poussée vectorielle fonctionne également, nous aurons suffisamment de puissance pour rebondir comme un gros insecte, mais sûrement pas assez pour remonter sans décharger complètement la batterie.

— On sera à quelle distance du sarcophage ?

— Pile dessus.

— La radio ?

— Défunte. La fibre optique a été endommagée, nous n'avons plus aucun moyen de communiquer avec la surface.

— Mais ils pourraient encore freiner le câble avant qu'on touche le sable ?

Costas secoua la tête.

— Une trop grande quantité s'est déroulée. Le poids de ce qui nous est tombé dessus ajouté à la masse du submersible, ça fait vraiment trop pour qu'ils puissent stopper la chute. Le seul moyen de réparer la manivelle maintenant, c'est de laisser le câble arriver jusqu'au bout de sa longueur après avoir sécurisé l'extrémité supérieure avec l'ancien mât de charge, et ensuite de se pencher sur la machinerie de la manivelle. Le nouveau mât ne m'a jamais paru satisfaisant, Jack. On est allés beaucoup trop vite, on a négligé trop d'étapes pour pouvoir offrir aux médias ce spectacle, qui n'en est désormais plus un. Mais on a les meilleurs ingénieurs, là-haut, et avec un peu de chance, ils nous sortiront vite d'ici. Le plus grand danger, c'est que le câble se dévide entièrement et tombe sur nous de tout son poids, deux tonnes de métal qui s'écroulent de mille mètres, façon coup de fouet géant. Si ça devait arriver, ce sous-marin deviendrait le deuxième sarcophage à résider ici…

— Ils vont nous envoyer un ROV.

— Il est sûrement déjà parti. Mes gars sont déjà dessus, j'en doute pas.

Jack retira ses vêtements mouillés, prenant conscience qu'il tremblait sans pouvoir se contrôler. Il l'avait à peine remarqué, euphorisé qu'il était d'avoir survécu, mais à présent il sentait le froid sur sa peau et la douleur dans sa poitrine. Il s'essuya comme il le put, enfila les vêtements que lui avait passés Costas et le suivit à travers la trappe vers la bathysphère, se glissant à côté de son ami, à la place du co-pilote. Il s'adossa à son siège, fermant un instant les yeux.

— Je n'aurais jamais imaginé qu'un jour je pourrais être aussi heureux dans un espace confiné.

— Attache ta ceinture, Jack, et prépare-toi au choc...

Jack s'exécuta et regarda Costas activer les propulseurs. Les trois hublots devant eux ouvraient sur une obscurité aveuglante, les lumières du submersible toujours éteintes. La jauge de profondeur indiquait huit cent vingt mètres, puis huit cent quarante. Les propulseurs s'activèrent, ralentissant la chute du sous-marin et envoyant Jack en avant, retenu par sa ceinture. Costas déclencha ensuite le sonar multifaisceaux, et alors qu'il balayait les fonds marins, à quatre-vingts mètres sous eux, une image haute définition apparut sur l'écran, révélant des sédiments et la forme familière de l'épave. Les rangées de canons ressortaient clairement, ainsi que le sarcophage entouré de la fosse creusée tout autour pour préparer sa remontée. Costas appuya sur le panneau de l'éclairage stroboscopique extérieur, illuminant un chatoiement de particules à travers le hublot. Il s'empara de la manette d'une main, l'autre toujours sur l'accélérateur.

— On va faire ça tout en douceur... marmonna-t-il. Il faut que je nous redresse à la verticale légèrement au-dessus de l'angle imposé par le câble, pour éviter d'atterrir droit sur le sarcophage. Les propulseurs vectoriels ne réagissent pas, mais je devrais y arriver en réduisant le flot par les propulseurs verticaux sur les flancs, tout en maintenant ceux à tribord à plein régime...

Jack sentit les vibrations des jets d'eau sur un côté du submersible et observa la jauge d'altitude, mesurant leur hauteur par rapport au fond marin. À vingt-deux mètres, il distinguait les contours d'un objet par le hublot de devant à bâbord, et soudain il aperçut l'épave, le vert pâle des canons en cuivre couverts de vert-de-gris qui ressortaient de la vase. Au-dessus de la brèche de l'un d'eux, il remarqua l'écusson caractéristique en forme de cœur de l'East India Company, petit détail qu'il avait déjà relevé en étudiant les photos du *Beatrice*, laissant imaginer une autre carrière inexpliquée dans l'histoire du bateau, ce qui lui avait donné des frissons d'excitation. Puis, dans une petite explosion de sédiments, ils se posèrent, neuf cent trente-quatre mètres sous le *Seaquest* et la surface de la Méditerranée.

— L'aigle a atterri, annonça Costas en lâchant les manettes.

Le voile de sédiments retomba et la forme blanche du sarcophage apparut à quelques mètres d'eux seulement dans les lumières stroboscopiques. Jack pouvait clairement distinguer le style architectural des moulures, un motif géométrique qui faisait de cette sépulture un des plus étonnants exemples de la sculpture de l'ancien empire égyptien, de l'époque de la construction des pyramides. Pendant près de deux cents ans, la seule image que le monde avait vue du cercueil était une gravure sur bois figurant dans le compte rendu de l'excavation du colonel Vyse. Elle représentait le sarcophage à l'intérieur de la chambre funéraire de la pyramide de Mykérinos. Désormais, il se trouvait là, devant eux, comme s'il avait toujours occupé cet endroit, laissé indemne par les forces de la nature qui inexorablement érodaient, émiettaient l'épave dans laquelle il reposait.

Costas essaya de nouveau les manettes.

— Elles ne répondent plus. Je ne peux plus bouger le submersible. Le câble a dû causer plus de dégâts que ce que j'avais imaginé.

— Donc, on ne va plus nulle part. Où est-il, le grand insecte qui rebondit sur le fond marin ?

Costas secoua la tête, avant de se radosser à son siège et de s'étirer.

— Il ne nous reste plus qu'à attendre.

Il s'empara d'un sac en papier à côté de lui.

— J'avais embarqué un casse-croûte, pas eu le temps de déjeuner sur le navire. Un sandwich ?

Jack se sentait plus vidé que jamais, épuisé et perclus de douleurs, et il savait que, s'il parvenait à revenir à la surface, les médecins du *Seaquest* lui feraient passer une batterie de tests. Mais pour l'heure, il mourait de faim, et l'idée d'un pique-nique avec son meilleur ami, enfermés dans un submersible à près de mille mètres dans les abysses, lui parut excellente. Il prit le sandwich, et ils mangèrent tous les deux, se passant de temps à autre une bouteille d'eau que Costas avait placée entre eux. Alors que Jack se régalait tout en admirant une des plus importantes découvertes archéologiques de tous les temps, il sut qu'il n'existait aucun autre endroit au monde où il aurait voulu être en cet instant.

Comme c'est bon d'être en vie.

Vingt minutes plus tard, Jack avait fini de bander son avant-bras et contemplait le sarcophage. À l'intérieur, il savait que se trouvait la plaque qu'ils avaient découverte au cours de leur plongée, trois mois plus tôt. Ce n'était pas cette plaque qui avait poussé Jack à revenir ici, puisqu'ils avaient pu enregistrer toutes les autres sculptures trois mois auparavant, mais plutôt l'espoir qu'ils pourraient mettre la main sur le fragment manquant, le bord aiguisé de la plaque indiquant qu'elle avait été cassée récemment et non dans l'Antiquité, probablement pendant le naufrage. Sur la plaque s'affichait le symbole d'Aton devant la pyramide de Mykérinos, et les lignes rayonnantes qui s'étendaient à l'est vers la région du Caire et du Nil. Il n'était pas exclu que le fragment manquant montre l'intersection entre la ligne la plus épaisse et la rivière juste au sud du Caire moderne, l'indice dont Jack avait besoin pour trouver l'autre entrée vers le complexe souterrain qu'ils avaient aperçu sous la pyramide.

Jack décocha un regard en direction de son compagnon, absorbé dans une masse de branchements qu'il avait sortie d'un boîtier dans la partie supérieure de la bathysphère. Il tapota sur le hublot à bâbord.

— Viens voir une seconde, appela-t-il. Dis-moi si j'ai des hallucinations...

Costas grommela, abandonna une pincette miniature sur un câble et glissa à côté de Jack.

— De quoi tu parles ?

— À deux mètres environ devant nous, à onze heures, pratiquement contigu au sarcophage... À peine visible, qui ressort de la vase...

Costas appuya son visage au centre de la vitre.

— Ça n'a pas l'air de faire partie de la structure du bateau ni des installations. On dirait de la pierre...

— C'est ce que je me disais. C'est complètement blanc, comme du marbre.

— Le fragment manquant de la plaque ?

— Tu peux faire fonctionner le bras articulé ?

Costas tourna la tête vers les branchements.

— Impossible, Jack. On n'a plus que les appareils de maintien en vie, c'est tout. Quand le câble a frappé le submersible, il a court-circuité d'une façon ou d'une autre le panneau électronique. Je peux pas le réparer ici.

Jack contempla les quelques centimètres de pierre blanche noyés dans la vase. *Si près et pourtant si loin.* Ils étaient tellement proches qu'il avait l'impression qu'il pouvait pratiquement l'attraper, et pourtant elle était aussi inaccessible que la glace sur Mars. Il prit une profonde inspiration, sentit la douleur dans ses poumons.

Un tourbillon de sédiments lui cacha la vue, et il crut apercevoir un mouvement vers la gauche du hublot, à bâbord. À l'exception de quelques poissons diaphanes, il n'avait vu que peu de signes de vie dans la désolation à l'extérieur, et il fronça les yeux, au comble de la curiosité, s'attendant à apercevoir un animal plus gros. Soudain un œil apparut, à quelques centimètres à peine, qui le regardait fixement, lumineux, clignotant, de la taille d'une balle de base-ball. Il fit un bond en arrière, surpris, vit un cou métallique flexible.

— Costas, on a de la compagnie !

Costas regarda dans la direction que lui indiquait Jack.

— *Joey !* s'exclama-t-il, ravi, posant les mains sur le Plexiglas. Je savais qu'il viendrait, le bon petit gars !

L'œil se rétracta et un bras articulé apparut, pivotant au niveau du coude et du poignet avec cinq doigts métalliques pareils à ceux d'une main humaine. Derrière, Jack vit la carapace jaune couvrant les batteries et le moteur électrique qui alimentait les jets d'eau et les équipements que Costas et son équipe avaient installés, tous commandés depuis la surface par une fibre optique qu'on apercevait sur le dessus. Le majeur pointa vers un petit écran LCD sur le devant du ROV juste en dessous du bras articulé, et Jack parvint à distinguer les lettres inscrites dessus, déformées par le Plexiglas. Costas s'approcha du centre du hublot, là où l'image extérieure était la plus nette, et au bout de quelques instants se tourna vers Jack.

— *Joey* a inspecté le collecteur, tout semble en ordre. Ils n'arrivent pas à reconnecter notre câble de communication, alors tout va devoir être fait à l'ancienne, avec des messages écrits. Le mât a eu un problème avec l'interrupteur électronique mais l'ingénieur a réussi à le réparer. Ils rembobinent le câble pour le moment et pensent pouvoir nous remonter d'ici vingt minutes. Le caisson de recompression est prêt et l'équipe médicale nous attend. Tu as besoin de respirer de l'oxygène pur, mon pote.

— Je vais bien, affirma Jack. Dis-leur que je n'ai aucun signe de suppression pulmonaire.

— Tu leur diras toi-même. Et *Joey* te surveille, je te signale.

Jack grogna et s'empara du masque à oxygène et de la bouteille d'urgence à côté de son siège. Il ouvrit la valve et pressa le masque contre sa bouche et son nez.

— Ça te va ? demanda-t-il, d'une voix étouffée.

Costas se tourna pour lire l'écran.

— Pour l'instant, *Joey* va continuer à passer l'aussière sous le sarcophage, le travail que nous devions accomplir. Maintenant qu'ils savent qu'on va bien, ils vont continuer comme prévu. Dès que nous serons de retour à bord du bateau, le câble sera redescendu pour que *Joey* le fixe à l'aussière. Heureusement, les journalistes n'ont pas encore eu l'autorisation d'accéder au pont et n'ont donc aucune idée de ce qui se passe, hormis le petit retard. On leur dira qu'on a pris la décision d'utiliser le ROV plutôt que le submersible parce que le bras articulé de *Joey* est plus adapté à la tâche que ceux du sous-marin. Ce qui n'est pas faux.

Jack regarda par la vitre à côté de lui en direction de la forme blanche sur le sarcophage. Le fragment de pierre qui ressortait de la vase n'était qu'à un mètre de *Joey*. Il fit un grand signe de la main. L'œil le capta et se pencha sur le côté, un de ses bras se tendant comme pour poser une question. Jack baissa son masque à oxygène, s'empara d'un stylo et griffonna quelques mots sur un carnet qu'il pressa ensuite sur la vitre. L'œil scanna rapidement le papier, et Jack regarda Costas.

— Ces vingt minutes, ça pourrait suffire à *Joey* pour voir si c'est le fragment manquant de la plaque.

L'écran du véhicule télécommandé se remit à afficher des mots, et Costas se pencha pour les lire.

— Le technicien qui manipule le ROV a reçu des consignes strictes du capitaine Macalister pour se concentrer uniquement sur la mission fixée. En aucun cas il ne doit laisser le docteur Howard l'en détourner pour creuser un trou ailleurs...

— Essaye, toi. *Joey* n'a pas son propre libre arbitre ?

Costas écrivit des instructions sur le carnet avant de les montrer par le hublot. *Joey* lut, plia la main, regarda en l'air et autour de lui comme pour vérifier que personne ne le regardait, puis recula lentement.

— Je crois que j'ai obtenu un résultat, là. Je lui ai dit qu'il n'aurait pas de récompense s'il ne t'obéit pas.

— Tu veux dire le technicien aux commandes ou *Joey* ?

Costas sourit et ils regardèrent tous les deux à bâbord. Quand *Joey* se tourna vers le sarcophage, ils purent l'admirer dans son intégralité. Contrairement aux autres ROV, *Joey* était doté d'un corps fuselé et d'une queue allongée qui se pliait lorsqu'il nageait, ce qui lui procurait une hydrodynamique et une stabilité améliorées pour travailler sur les fonds marins. Avec son deuxième bras articulé, il ressemblait à un immense scorpion préhistorique, s'inclinant gracieusement dans l'eau. Il s'arrêta juste au-dessus de la pierre saillante. L'œil sortit un peu de son orbite, scrutant la plaque de tous les côtés.

— OK, murmura Jack. C'est bien le fragment, on dirait. Prends-le, *Joey*.

Le bras gauche sortit de sa carapace une sorte de tuyau d'aspirateur, plaçant l'extrémité tout près du morceau de pierre blanche. Quelques secondes plus tard, une giclée de vase se souleva et la surface du fragment apparut, la pompe la nettoyant de tous les sédiments qui la recouvraient. *Joey* recula et Jack appuya son visage contre le hublot, attentif au moindre geste du robot.

— Ça y est ! s'exclama-t-il, exalté. J'arrive à voir la ligne de fracture, c'est sûrement notre fragment !

— Mais rien n'est gravé dessus. Il doit être à l'envers.

— *Joey* peut le retourner ?

— Suffit que je lui dise.

Joey resta dans la même position, tandis que la vase retombait. Au bout d'un moment, il se tourna vers eux, son œil roulant sur le côté comme pour les interroger. Costas montra du doigt la plaque et fit signe avec ses mains de la retourner. Il répéta son geste une deuxième fois. *Joey* leva son doigt vers la surface et secoua lentement son œil. Costas lui décocha un regard sérieux et montra de nouveau le bout de pierre blanc.

— Allez, Marcus, grommela-t-il. Je sais que c'est toi. C'est mon meilleur technicien, en général, expliqua-t-il à Jack. Il offre toujours à *Joey* une touche supplémentaire de personnalité. Maintenant, il faut qu'il lui donne un peu de liberté.

Joey regarda tour à tour la plaque, le submersible et encore une fois la plaque. Il s'avança soudain vers le sarcophage, s'installant sur le sable juste devant la pierre.

— C'est bien, mon gars, murmura Costas. C'est bien...

Ses pieds stabilisateurs descendirent de chaque côté de la carapace pour s'enfoncer dans les sédiments. Le deuxième bras articulé se mit en action, et *Joey* agrippa de ses deux mains la partie exposée de la plaque. Il se souleva en frissonnant, un éclat fin de sédiment accompagnant chaque vibration. La plaque se dressa bientôt à la verticale, puis *Joey* rétracta un bras, sortit l'aspirateur et retira la vase. Ils virent le flash d'un appareil photo, et doucement *Joey* déposa la plaque dans un nuage de vase et repartit en direction du submersible. Il s'arrêta, leva les deux mains en signe de doute et désigna l'écran. On y voyait la surface de la plaque, d'un blanc étincelant à cause du flash, un premier aperçu dénué d'intérêt.

Jack regardait intensément, son cœur battant la chamade.

— Ça y est ! s'exclama-t-il.

Le ROV se rapprocha, l'image devint plus précise. Une ligne creusée dans la pierre s'étendait depuis la fracture jusqu'au centre, où elle en rejoignait une autre, plus large, qui continuait grossièrement des deux côtés à angle droit, créant une sorte de *T*.

— La première ligne est la suite du rayon sur le symbole d'Aton. La deuxième représente le Nil. Je pense que la première ligne indique un tunnel fait par l'homme, et cette carte montre où il croise le Nil.

— Tu penses que c'est l'entrée ?

— Il faut que je montre ça à Lanowski. Il peut essayer de faire correspondre cette image aux coordonnées modernes. C'est fantastique ! On y est presque !

Sur l'écran de *Joey*, un autre message s'afficha. Costas pressa une nouvelle fois le visage sur la vitre pour le lire. Il leva le pouce et se tourna vers Jack.

— Tout est réparé, en haut, ils vont commencer à nous remonter dans quelques minutes. Ensuite on s'occupera du sarcophage. Rien n'est annulé. *Joey* va tout installer pour qu'on puisse le récupérer. Les journalistes obtiendront des images en direct grâce à sa caméra. Une fois qu'on sera sur le bateau, ils vont lancer le câble et *Joey* le fixera. Macalister dit que notre petit pépin aura au moins servi à régler un dysfonctionnement de la manivelle du mât. Et si tout se passe bien avec nous, les ingénieurs désormais sont tout à fait confiants pour la remontée du sarcophage.

— Content d'apprendre que notre balade a été utile.

Costas posa un doigt sur le hublot à bâbord.

— C'est à ça que ça a servi. À faire exécuter à *Joey* exactement la tâche que je lui attribuais. C'est lui qui aurait dû descendre vers l'épave dès le départ.

Jack brandit une feuille de papier avec le croquis qu'il avait dessiné du fragment retrouvé.

— Rien ne vaut l'œil humain, Costas. *Joey* n'aurait peut-être jamais trouvé la plaque si nous ne l'avions pas guidé.

Costas ne l'écoutait plus, observant son automate en train de dérouler l'aussière d'un panier pour la glisser sous le sarcophage.

— Tu trouves *Joey* impressionnant ? Tu devrais voir *Little Joey*, il réfléchit presque d'instinct.

— Je me souviens de son prédécesseur. Celui qui est resté coincé à l'intérieur d'un volcan...

Costas prit un air abattu.

— J'essaye d'oublier. Mais toute sa technologie a servi au nouveau modèle, et plus encore. *Little Joey* pourrait presque tenir dans ma poche.

Ils bouclèrent leurs ceintures de sécurité et Jack jeta un dernier regard au sarcophage dans la vase, à côté de *Joey*.

— C'est comme ça que je veux m'en souvenir, affirma-t-il. Je suis content de ne pas le voir soulevé, suspendu au mât. Tu te rappelles les sculptures égyptiennes remontées du port d'Alexandrie, où elles étaient tombées quand le phare antique s'est écroulé ? Elles paraissent plus petites sur la terre ferme, comme des vieux canons rouillés retrouvés sur des épaves. Certains objets sont plus à leur place sur les fonds marins, où ils ont plus de pouvoir et de sens. Si j'avais mon mot à dire, le sarcophage irait au British Museum, comme le voulait le colonel Vyse, mais pas comme il l'avait envisagé, pas en tant qu'antiquité, plutôt en tant qu'exposition virtuelle. Le sonar multifaisceaux et le système de cartographie laser peuvent produire une image de synthèse de l'épave avec le moindre détail, et nous possédons assez de matériel pour simuler une plongée en temps réel d'un submersible sur le site. Laisser le sarcophage ici, dans la mer, reviendrait à conserver toute la puissance et le mysticisme d'un objet dans les abysses, là où aucun humain ne pourrait survivre. C'est ce qui déchaînerait vraiment l'imagination des gens, s'ils étaient dans l'incapacité totale d'observer de près et sous tous les angles les sculptures architectoniques de l'ancien empire...

— Nous sommes pris dans un jeu politique, Jack. Les droits de propriété sont toujours un problème avec un objet pareil, et en cas de conflit, le gagnant ne se gênera pas pour fanfaronner avec son nouveau trophée. En plus de tout, maintenant nous devons nous servir du sarcophage comme moyen de pression.

— C'est un plus, selon moi. Mais ça ne me plaît pas, de jouer le jeu des médias et d'utiliser l'archéologie comme un pion.

— Enfin, il y a toutes les chances que tu ne le voies pas, ici, sur le bateau. Tu auras à peine mis le pied sur le pont que l'équipe médicale te sautera dessus pour te mettre dans le caisson de décompression et t'examiner. Après ça, tu seras renvoyé d'ici aussitôt que les médecins auront donné le feu vert. Direction la Terre sainte.

Jack fixa un moment le sarcophage du regard, son esprit reparti vers la Gueniza du Caire et le poète juif, Halevi. Il repensa à l'extraordinaire lettre qu'ils avaient lue, Maria et lui, la veille au soir dans la synagogue du Caire. « Direction la Terre sainte. » Halevi aussi avait quitté l'Espagne pour se rendre dans le pays de l'Ancien Testament, certain que, après une vie de recherches, les réponses à ses questions s'y trouveraient, qu'il ne recevrait la révélation que sur le territoire des Israélites. Jack avait commencé à éprouver le même sentiment, de plus en plus fort maintenant avec la découverte du fragment manquant de la plaque. Il se sentait attiré par le seul endroit où il pouvait trouver sa rédemption personnelle, la résolution d'une quête qui n'était pas loin de lui avoir tout pris.

— Au fait, merci ! lança Costas en lui donnant un coup de coude.

Jack le regarda, son esprit déjà tourné vers Jérusalem et ses retrouvailles avec Rebecca.

— Hein ?

— Pour m'avoir sauvé la vie. Merci.

— Ah, oui… Pas de problème. Tu en aurais fait de même pour moi.

Costas tapota le panneau de bord.

— Oui, probablement. Impossible de vivre avec moi-même, autrement. J'aurais détesté perdre un bon submersible comme celui-là.

Il adressa un sourire complice à Jack et fit un geste à *Joey* pour dire qu'ils étaient prêts. L'œil les regarda intensément, puis le robot se tourna, son bras articulé se soulevant sur son coude, la paume dirigée vers eux, comme pour leur envoyer un baiser volant.

— Il est fort, ce Marcus, commenta Jack.

Le submersible trembla et les deux hommes se cramponnèrent. Ils le sentirent s'élever et se balancer sur le côté, libéré de la vase. Ils restèrent suspendus immobiles quelques secondes, puis Jack vit que la jauge de profondeur diminuait petit à petit, mètre par mètre. Comme leur ascension avait engendré un nuage de poussière, il regarda par le hublot à bâbord et vit *Joey* s'affairer autour du sarcophage, glissant une aussière sous le cercueil, avant de le contourner pour la faire passer de l'autre côté, lueur dans les ténèbres qui diminua graduellement pour disparaître complètement. Tout ce que Jack vit alors était une obscurité d'encre, le vide absolu des abysses, comme si l'épave du *Beatrice* et leur incroyable découverte n'avaient été qu'un spectre dans la nuit, chassé aussi vite qu'il était apparu.

Il ferma les yeux, s'endormit sur-le-champ.

15

Larnaca, Chypre

— Jeremy ! Content de te revoir. Nous n'avons pas beaucoup de temps.

Jack tendit sa main au grand jeune homme qui venait de traverser le hall de l'aéroport, en tee-shirt et pantalon kaki, un petit sac sur le dos. Il salua Jack, s'assit à sa table et s'empara sans attendre de son ordinateur portable. Il jeta un regard au fourmillement dans le terminal.

— On ne peut pas trouver un endroit plus à l'écart ?

Jack secoua la tête.

— Je ne crois pas, non. La règle numéro, un quand on voyage incognito, c'est de se mêler à la foule, surtout pas de s'en éloigner.

— Tu as peur qu'on te repère ?

— Je ne voudrais surtout pas qu'un de mes admirateurs-journalistes prévienne la Terre entière qu'il vient de me voir à Chypre en partance sur un vol pour Israël, deux jours seulement après que j'ai participé à la remontée du sarcophage en Espagne. Rappeler aux fondamentalistes égyptiens que nous sommes aussi actifs dans la recherche en Israël pourrait être fatal pour Maurice. On marche déjà sur des œufs, je ne vais pas prendre le risque de provoquer le régime égyptien.

— J'avais cru comprendre que l'équipe médicale du *Seaquest* voulait que tu restes trois jours en observation avant de prendre l'avion...

— Par précaution, seulement. Je n'ai respiré aucun air comprimé sous la mer, alors c'est une pure formalité. J'ai subi une rupture des tissus mous dans les sinus, mais pas de pneumothorax. Et les vingt-quatre heures que j'ai accepté de passer en leur compagnie étaient déjà de trop. Il y a trois heures, les Israéliens ont interdit l'entrée du pays aux jets privés et aux compagnies aériennes autres que El-Al, ce qui a obligé l'Embraer à me déposer à Chypre. Avec la menace des attentats terroristes par les djihadistes de Syrie, ils pourraient supprimer tous les vols entrants, quels qu'ils soient, ce qui m'empêcherait de rejoindre Rebecca. Et, pour couronner le tout, je viens de recevoir un texto d'Aïcha m'informant que Maurice et son équipe quittent leur site de Fayoum et retournent à Alexandrie dans l'après-midi. La seule signification possible, c'est qu'ils ont été renvoyés. La situation atteint son point critique...

— Au moins, ça m'a permis de venir te voir.

— On aurait pu communiquer par Skype.

— Tu ne diras plus ça quand tu verras ce que j'ai à te montrer. Quand j'ai vu les images de la plaque que tu m'as envoyées hier, je savais que tu serais intéressé par tout ce que je pourrais te dénicher là-dessus...

Il jeta un coup d'œil vers le tableau d'affichage des départs devant eux.

— Il nous reste quarante-cinq minutes avant l'embarquement. Ça devrait suffire, pile poil.

Après avoir allumé son ordinateur, il se mit à pianoter sur le clavier. Jack inspira profondément, essayant d'oublier sa frustration de la veille. Il observa Jeremy, qui s'était laissé pousser une épaisse barbe noire mais avait toujours l'air aussi jeune que huit ans plus tôt, quand il avait rejoint Maria pour faire sa thèse à l'institut de paléographie d'Oxford. Difficile de croire qu'il avait désormais un doctorat et un poste sur place. Il venait de rentrer d'un congé sabbatique de six mois à l'université de Cornell, son *alma mater*, pour laquelle il venait de refuser une titularisation afin de rester chargé de recherche dans l'institut de Maria. Il était devenu l'inestimable soutien de Maria, dans la lecture et l'analyse des textes anciens. Et Jack était très content de le savoir ami avec Rebecca, une amitié qui remontait à l'époque du lycée, lorsqu'elle avait participé à son premier projet pour l'IMU.

— Tu es prêt ? demanda Jeremy, levant les yeux de son écran.

— Je suis tout à toi. Howard Carter, donc.

— Exactement. Après ce que m'a dit Maria au sujet de la lettre de Halevi trouvée dans la Gueniza, tu verras que ça colle parfaitement... Fils d'un peintre, Carter naît à Londres en 1874, et part en Égypte à l'âge de dix-sept ans, en tant que dessinateur. Pendant un an, il travaille pour sir Flinders Petrie sur le site d'excavation d'Amarna, la capitale d'Akhenaton, et à vingt-sept ans il devient inspecteur général des monuments de Haute-Égypte. Mais il démissionne après une dispute, passe quatre ans comme peintre et antiquaire, et s'intéresse seulement graduellement à l'archéologie. Grâce au mécénat de lord Carnarvon, il peut commencer ses fouilles dans la Vallée des Rois. En 1924, il fait une découverte révolutionnaire en ramenant au jour la tombe d'un garçon-pharaon peu connu... et le reste, c'est de l'histoire.

— Entre-temps, on lui parle du soufi fou qui prétend être un soldat britannique de la vieille ville du Caire. Aïcha m'a parlé de l'article qu'elle avait trouvé.

Jeremy hocha la tête.

— L'article a paru dans un numéro de la *Weekly Gazette* du Caire de 1904. C'était moins un journal qu'un magazine de divertissement pour la communauté britannique du Caire, avec une partie consacrée aux voyages principalement destinée aux femmes désireuses de visiter la vieille ville pendant que leurs maris étaient occupés à remplir des missions de la plus haute importance, comme boire du gin dans les clubs. Une des chroniques était le récit fantasque d'une jeune femme anonyme qui décrivait comment le soufi était devenu une attraction touristique. Il plaisait clairement aux femmes, les fascinait. C'était un sujet torride pour elles qui s'ennuyaient et se sentaient frustrées. Quelque chose comme l'effet Raspoutine...

— Mais personne ne croyait à ce qu'il racontait.

— Peut-être pas ces gens-là, mais quelqu'un d'autre y a cru. Ce que Maurice s'est rappelé quand Aïcha a trouvé cet article, c'est le journal de Howard datant de ce qu'il a appelé ses « années perdues », entre sa démission du poste d'inspecteur général en 1905 et le début de son exploration de la Vallée des Rois, quelque dix ans plus tard. Parce que cette période est moins pertinente pour la découverte du tombeau de Toutânkhamon, elle n'a pas reçu autant d'attention de la part des biographes. Par conséquent, certains de ses écrits de l'époque n'ont pas été du tout étudiés. Mais compte sur Maurice pour ne rien laisser au hasard. Il a tout lu des manuscrits de Carter au cours de ses recherches, dans la bibliothèque bodléienne, quand il était étudiant.

— Je me souviens qu'il y a étudié, confirma Jack. Il essayait de remonter les origines d'une tête sculptée d'Akhenaton qui avait été vendue à l'Égypte avant la Première Guerre mondiale, et il s'est rappelé la période où Carter vendait des antiquités. À cette époque, la distinction entre archéologue et antiquaire était moins clairement définie, avec quelques éminents érudits qui exerçaient dans les deux domaines à la fois. Carter y a été contraint. N'ayant aucun revenu, il pensait sa carrière d'archéologue terminée.

— Cela m'a pris beaucoup de temps, mais j'ai enfin réussi à mettre la main sur le journal de 1908 que Maurice avait trouvé, affirma Jeremy. C'est vraiment incroyable à lire, et ça éclaire singulièrement la période. Cela montre que vraiment Carter n'a pas rechigné à se salir, comme tout bon négociant. Le Caire regorgeait d'antiquités, de momies qui tombaient du dos des chameaux, apportées par des Bédouins du désert qui espéraient en tirer un quelconque profit, et chaque gamin des rues marchandait des poignées de scarabées et de petites sculptures en bronze. Carter disposait d'un fidèle réseau d'informateurs, y compris les anciens employés égyptiens de son service d'antiquités, qui vivaient aussi à la dure, incapables de trouver un travail légitime parce que Carter avait été mis sur la liste noire. C'était un monde de clientélisme et de corruption.

— Plus ça change, plus c'est la même chose, murmura Jack. Donc, il a rencontré le soufi et prêté l'oreille à ses récits de trésor ?

— En fait, cela date de bien avant. Il est tombé sur le soufi dès 1904 ! s'enthousiasma Jeremy. Et c'est ce qui rend cette histoire encore plus plausible, parce qu'il existe une cohérence entre les rapports. Quand Carter est arrivé en Égypte pour la première fois, en tant qu'adolescent influençable, en 1891, il s'est jeté dans le passé du Caire, dévorant toutes les légendes qu'il pouvait trouver. C'est là qu'il a pour la première fois vu cet homme, qui mendiait devant la synagogue Ben Ezra. Ce n'était pas encore le soufi fou de la *Weekly Gazette* dix-sept ans plus tard, mais simplement un des innombrables mendiants des rues du Caire, crasseux et émaciés. Carter a essayé de pratiquer son arabe de débutant avec l'homme, qui a fini par s'impatienter et lui a répondu en anglais. Il a fait jurer à Carter de garder le secret et lui a montré une médaille usée des Royal Engineers. Cela se passait à peine quelques années après l'échec de l'expédition du Nil, et les loques humaines de la guerre grouillaient dans Le Caire, vétérans démunis et mutilés de l'armée égyptienne, ou encore soldats britanniques mécréants qui survivaient tant bien que mal dans les allées obscures de la ville, certains mentalement atteints par les horreurs dont ils avaient été témoins pendant les combats. Mais la menace mahdiste du Soudan était toujours aussi réelle et la promesse de Kitchener de venger la mort du général Gordon résonnait dans toutes les oreilles, si bien qu'être considéré comme un déserteur était passible du plus sévère des châtiments. Mais il semble que Howard ait tenu sa parole, et l'homme, un ancien sapeur dénommé Jones, lui a raconté s'être retrouvé piégé sous la terre pendant des mois. Alors qu'il avait l'intention d'en apprendre davantage, Carter avait été envoyé à Amarna par Petrie, et ce n'est qu'en 1905, après son revers de fortune, qu'il est retourné chercher Jones.

— Qui était alors devenu le soufi fou...

— Avec le style qui va avec : crâne rasé, grosse barbe grise, peau brûlée par le soleil. Il gagnait sa vie en vendant à des Européennes crédules des baumes revitalisants, concoctés, à ce qu'il prétendait, par Osiris lui-même, durant un voyage souterrain vers l'au-delà. C'était à l'évidence un sacré personnage, fort théâtral, qui parlait d'une voix éclatante, avec un anglais étrangement accentué, à la façon de l'ourdou et de l'arabe. Les enfants de la ville accouraient pour écouter ses histoires, il était devenu une célébrité...

— L'ourdou est plausible pour un ancien soldat qui a sans doute servi en Inde, et il devait accentuer son anglais pour cacher ses vraies origines.

— Carter avait remarqué que l'homme rencontré en 1891 était suffisamment lucide quand il était lancé dans son discours, mais qu'il était physiquement faible et apparemment effrayé à l'idée de se faire prendre. Il disait avoir été caporal dans les Royal Engineers et avoir accompagné sur le Nil l'expédition envoyée au secours du général Gordon à Khartoum en 1884, mais, blessé au cours d'une escarmouche particulièrement sanguinaire, il avait perdu connaissance, en même temps que tous ses repères spatio-temporels. Après une longue période d'errance et une rencontre terrifiante avec un crocodile, il avait échoué au Caire, où il a vécu son extraordinaire aventure souterraine. Il s'était agrippé désespérément à Carter en lui confiant son histoire, clairement aux limites de la folie, déblatérant sur le crocodile et sur les momies. C'est la médaille des Royal Engineers qui avait convaincu Carter qu'il ne délirait pas uniquement et qu'il existait peut-être une part de vérité dans son récit...

— Les Royal Engineers... marmonna Jack, concentré. C'est incroyable ! Il a dû suivre l'expédition de secours jusqu'au temple du crocodile, celui que Costas et moi avons découvert sur le Nil. Et la bataille en question ne peut être que Kirbekan, la rencontre principale entre les hommes du Mahdi et la colonne britannique. L'expédition s'est littéralement désintégrée après cela, donc il est très possible qu'un homme laissé pour mort sur le champ de bataille ou perdu dans la rivière ait fini dans cet état.

Jeremy tourna l'ordinateur pour que Jack puisse voir l'écran.

— Je sais tout cela parce que Howard l'a résumé dans son journal, le jour de 1904 où il a retrouvé Jones. Il a rapporté ce que l'ancien sapeur lui avait raconté. Je l'ai scanné pour que tu puisses en lire l'intégralité...

Jack se pencha sur le portable, où s'affichait une page de journal rédigée à la main, d'une écriture claire et lisible. Il se mit à lire :

13 octobre 1904. J'ai visité le souk devant la synagogue aujourd'hui pour retrouver Jones, au sujet duquel j'ai écrit hier. J'ai le sentiment qu'avec les années qui passent je peux citer son nom sans craindre de le mettre en danger, comme assurément, au jour qu'il est, sa désertion de l'armée ne peut plus être sanctionnée, si vraiment je dois croire son histoire. Ayant ratissé tous les endroits habituels et ayant failli conclure à sa mort, conclusion raisonnable après tout ce temps, j'ai repéré l'homme que j'ai décrit hier, et après l'avoir observé discrètement, et l'avoir vu dispenser je ne sais quelle décoction à un groupe de Belges naïfs, je me suis approché de lui. Il m'a reconnu immédiatement et nous avons repris où nous en étions restés. Je lui ai rappelé son récit inachevé, et après avoir échangé quelques salutations, il m'a emmené dans une allée isolée où le rabbin lui permet de dormir et lui apporte de quoi boire et se nourrir.

Voici ce qu'il m'a confié. Une nuit, huit ans après la mort de Gordon, en compagnie d'un Américain que j'imagine être Chaillé-Long, ancien officier de Gordon et désormais auteur distingué et avocat (et j'ai d'ailleurs préféré ne pas révéler à Jones sa carrière actuelle, pour ne pas le distraire de son histoire, ni l'impressionner), et d'un Français, inventeur d'un appareillage sous-marin, il s'est rendu sur le Nil pour retrouver une entrée souterraine que lui avait indiquée une gravure trouvée dans le désert et qui se situait sous un fort en ruine, à dix kilomètres environ au sud de la ville. En la dynamitant, ils ont été jetés hors de leur embarcation et aspirés vers les abysses. De nouveau, Jones a reçu un coup à la tête, ne reprenant connaissance que bien plus tard. Au milieu des décombres du bateau, dans une sorte de pénombre éclairée par une lumière lointaine, il n'a retrouvé ni Chaillé-Long ni le Français, qu'il a supposé morts.

À ce stade du récit, j'ai dû tenir Jones dans mes bras pour qu'il continue à parler. Ses yeux s'ouvraient grands et son discours était devenu enfiévré. Il était en prise à une violente terreur. Il parlait de tourbillons et de nouveau d'une lumière aveuglante. Il m'a dit qu'il avait mangé une espèce de poisson fin, ainsi que, à ma grande consternation, la chair de corps morts depuis longtemps, des corps qu'il décrivait comme étant des momies de l'Antiquité. Après un temps infini et une peur incontrôlable, il est arrivé dans une salle remplie de nombreux récipients fermés sur des étagères, des centaines de grands vases contenant des papyrus. Dans cette salle, il a vu de nombreux trésors resplendissants, de l'or, des amulettes, du cristal, et il m'a expliqué s'être fait un ami mort depuis longtemps, qui lui a indiqué la sortie. J'avais le sentiment que Jones s'était perdu dans la fiction et le délire, et j'ai compris que je ne me trompais pas quand il m'a montré une bague qu'il avait prise sur la main de ce supposé ami, clairement ni pharaonique, ni même antique, mais un sceau du calife, le type de bague fatimide qu'il m'est déjà arrivé de vendre. Particulièrement jolie, je dois dire, et je lui en ai offert un bon prix. Mais alors j'ai vu, au feu qui brûlait dans ses yeux, que ce n'était pas un bijou dont il était prêt à être dépossédé. Il m'a dit être remonté de cet endroit par la rive ouest du Caire, mais que le tunnel s'est effondré derrière lui et qu'il n'a jamais pu le retrouver.

J'ai remercié Jones pour son histoire, mais je ne pense pas retourner l'interroger. J'ai pensé à écrire à M. Chaillé-Long, mais je ne veux pas prendre le risque qu'on se moque de moi s'il ne s'agit que du délire d'un malade mental. J'y ai donc renoncé, ma popularité en Égypte n'étant déjà pas florissante. Aux équipements de plongée sous-marine, je ne connais pratiquement rien, mais je suis bien obligé de croire que Jones a rencontré un inventeur au cours de sa carrière de sapeur, et c'est pour cela qu'il a trouvé une place pour lui dans son histoire. Jones a également parlé d'un officier des Royal Engineers, un certain Main ou Mayne, et en vérifiant les listes des appelés de l'armée britannique dans la bibliothèque de mon club, j'ai en effet trouvé un major Mayne en 1884, un nom de famille courant et peut-être un ancien officier de Jones, même si ce nom a disparu après cette année-là. Peut-être que lui aussi a été victime de cette campagne maudite, et de toute façon, comme il doit être mort depuis longtemps, ce n'est pas une piste à suivre. Le Caire me semble par moments un miasme d'illusions, d'histoires de tombes et de trésors trop nombreux pour toutes les antiques dynasties d'Égypte, et même si je pense que le récit de Jones n'est pas entièrement dénué de vérité, je ne compte pas y retourner à moins que je n'aie plus d'autres choix, à moins que la Vallée des Rois ne me soit fermée pour toujours. Oh, pour une simple tombe de pharaon

Jack interrompit sa lecture, réfléchissant à toute allure. Pour Howard Carter, c'était l'histoire de la bague fatimide qui avait rendu cette histoire invraisemblable, et pourtant, c'était le détail qui lui mettait la puce à l'oreille. Il fixa Jeremy du regard.

— C'est la bague, n'est-ce pas ? C'est ça qui t'a convaincu...

— Maintenant, tu comprends pourquoi j'étais si exalté quand Maria m'a montré la lettre de Halevi. Carter nous a mis sur la voie en identifiant le calife comme étant Al-Hakim, et la bague comme étant un sceau, porté uniquement par le calife et les membres de sa famille proche. Le caporal Jones a dû tomber sur son corps. Ce qu'il veut dire quand il parle de son nouvel ami qui lui a montré la sortie est un poil délirant, mais Jones avait peut-être perdu en partie la raison à ce moment-là. Il se trouvait sous la terre depuis des semaines, peut-être des mois, et devait être la proie de sacrées hallucinations... Tu te souviens de Wilson, dans le film avec Tom Hanks, *Seul au monde ?* Les gens seuls dans des situations désespérées se lient d'amitié avec n'importe quel objet, même saugrenu, et à un squelette, au moins, il reste un semblant d'humanité...

Une lueur d'excitation brillait dans les yeux de Jack.

— L'autre élément essentiel est évidemment la référence de Carter au fort sur les rives du Nil, ce qui nous offre une indication de l'autre entrée vers le complexe souterrain. Si on parvient à situer ces ruines, alors on a une chance, aussi infime soit-elle, de trouver le passage sous la rivière qui a englouti Jones et le plongeur français, et même une petite chance de pouvoir y pénétrer...

Jeremy lui adressa un sourire.

— Une chance même infime est toujours une chance.

— Et comment !

Jack sortit de son sac son téléphone satellite et appuya sur la touche de la ligne sécurisée de l'IMU, attendant la connexion. Il se tourna vers Jeremy.

— Est-ce que tu peux envoyer cette page à Lanowski, Costas et Aïcha ?

Jeremy pianota rapidement sur son clavier.

— C'est fait.

Il ferma son ordinateur et le glissa dans son étui.

— On doit y aller, c'est l'embarquement.

— Comment ça ? Tu viens aussi ?

— Tu ne pensais tout de même pas que je viendrais jusqu'ici pour te voir et qu'après je rentrerais en Angleterre ? Je veux voir Rebecca, moi aussi.

— Elle est au courant ?

— Rappelle-toi, même moi je ne savais pas que je venais à Chypre avant ce matin. Je lui ai envoyé un texto quand j'étais à Heathrow, mais je n'ai pas encore reçu de réponse. Les dernières nouvelles que j'ai eues d'elle, c'est qu'elle entre sous la terre...

— Ça doit être le mont du Temple, déclara Jack. J'espère qu'elle n'ira pas trop loin. Même dans les meilleures périodes, cet endroit est une poudrière. David Ben-Gurion doit me retrouver à Tel-Aviv pour m'y emmener directement.

— Le représentant de l'IMU en Israël, c'est ça ?

Jack acquiesça d'un signe de la tête.

— Je suis content que tu m'accompagnes, Jeremy. Rebecca voudrait me montrer quelque chose, mais je risque de ne rester que quelques heures à Jérusalem...

— Tu retournes en Égypte après ?

— David est réserviste dans la marine israélienne. Avec un peu de chance, il pourra dégoter un vol de reconnaissance et utiliser le *Sea Venture* pour un parachutage, et après je ne serai plus très loin d'Alexandrie en hélicoptère...

— Un retour aux forces spéciales, en quelque sorte.

— Le vrai test sera Le Caire. La situation était déjà au plus bas quand nous sommes partis, mais dès demain la ville pourrait tomber aux mains des djihadistes. On n'a pas d'autre choix que d'y retourner, si on veut identifier ce fort en ruine sur les rives du Nil, au sud de la ville.

— Quand tu dis « on », tu veux dire Costas et toi ?

— Bien sûr. S'il accepte.

— Il faut que tu arrives à obtenir des images satellites du site de ce fort...

— Lanowski s'y mettra dès qu'il aura lu ton mail...

Le voyant vert du téléphone satellite clignota pour indiquer une connexion. Jack s'en empara rapidement pour taper un numéro. Après quelques secondes, une voix familière répondit :

— Jack ?

— Costas ? Dans combien de temps peux-tu être à Alexandrie ?

— L'Embraer devrait revenir de son vol à Valence dans deux heures et on peut lui refaire le plein en Crète immédiatement. De là, je prendrai le Lynx vers le *Sea Venture*, à trois mille kilomètres au sud. Dans vingt-quatre heures, je dirais, peut-être un peu plus.

— On dirait que tout est déjà planifié dans ta tête.

— J'ai appris à anticiper, Jack. Je savais qu'on retournerait en Égypte avant même notre départ.

— L'équipement ?

— Je rassemblerai le tout sur le *Sea Venture*. Les combinaisons, les recycleurs, les scooters sous-marins... Il faudra que je me fournisse un peu en oxygène, il en manque toujours sur le *Sea Venture*. Mais ça ne devrait pas poser de problème. Tu n'as aucun souci à te faire, Jack, concentre-toi sur ta fille uniquement.

— Apporte mon Beretta, Costas. Tu sais où il est.

— Bien reçu. Et je ferai un tour dans la salle d'armes du *Sea Venture*.

— Rendez-vous à Alexandrie dans vingt-quatre heures.

— C'est parti !

Jack rangea rapidement le téléphone dans son sac et se leva au moment où on annonçait l'embarquement. Avec Jeremy, ils se dirigèrent vers les départs, son esprit revenant sur ce qu'il venait de lire. « Une salle remplie de nombreux récipients fermés sur des étagères, des centaines de grands vases contenant des papyrus... » Une vague d'excitation le submergea. Tout allait pour le mieux, dans un peu plus d'une journée il saurait si le récit du soldat était ou non la clé d'une des plus grandes découvertes de tous les temps. Il consulta sa montre, regrettant que l'heure ne tourne pas plus vite. Il était impatient de tout raconter à Rebecca.

16

Jérusalem, Israël

Jack et Rebecca étaient convenus qu'ils se retrouveraient devant la porte de Jaffa, dans la vieille ville de Jérusalem. Il l'aperçut dans l'ombre de l'ancien mur, bavardant avec des soldats israéliens qui gardaient l'entrée. Depuis l'anniversaire de ses dix-huit ans, elle était devenue une belle jeune fille sûre d'elle, tenant de Jack ses membres fins et sa taille, sa peau mate et ses cheveux noirs rappelant les origines italiennes de sa mère. Elle portait un pantalon kaki, un tee-shirt, de robustes chaussures de randonnée et un petit sac à dos. Jack savait qu'elle l'avait vu mais ne voulait pas attirer l'attention, aussi attendait-elle qu'il s'approche d'elle. Avec Jeremy, ils traversèrent rapidement la rue bondée vers une petite place piétonne. Ils la rejoignirent, saluant les soldats d'un hochement de tête avant de l'embrasser sur la joue. Elle se jeta dans les bras de Jeremy, puis se tourna vers son père.

— Vous avez fait bon voyage ?

— Un ami est venu nous chercher à l'aéroport de Tel-Aviv pour nous déposer en haut de la colline.

— J'ai vu sur mon iPhone la retransmission en direct par CNN de la remontée du sarcophage. Ça s'est passé comme sur des roulettes, dis donc.

— On était vraiment soulagés de le voir sur le pont, confirma Jack. Maintenant, c'est aux politiciens de jouer.

— Oncle Costas m'a envoyé un texto juste avant que vous n'arriviez. Il dit qu'il t'a remercié mais qu'il a oublié d'insister sur le fait qu'il te doit une fière chandelle. À charge de revanche, selon lui. En général, quand il me demande de te transmettre ce genre de message, c'est que quelque chose a foiré, mais apparemment vous ne pouvez pas vous remercier directement, parce que sinon, ça risquerait de ne plus aussi bien marcher la fois d'après. Je me trompe ? Et c'est quoi, ce bandage sur ton bras ?

Jack prit un air embarrassé.

— D'accord, ça ne s'est pas passé aussi tranquillement qu'il y paraît. Mais tout est bien qui finit bien, et nous sommes revenus entiers. Je te raconterai plus tard, le plus important c'est que nous avons retrouvé le fragment manquant de la plaque qui était à l'intérieur du sarcophage, et elle semble bien nous donner l'indication de l'entrée du complexe souterrain sous le Nil.

— Alors tu retournes en Égypte, c'est sûr ?

— L'ami qui nous a accompagnés jusqu'ici va venir me rechercher en début de soirée pour m'emmener sur la côte sud de Tel-Aviv, d'où je ferai un petit vol de reconnaissance avec l'armée israélienne jusqu'au *Sea Venture*...

— Tu vas sauter en parachute ?!

— Oui.

— Tu m'avais *promis*. Tu te souviens ? Il y a deux ans !

— J'ai dit que je ne sauterais d'un avion qu'en cas d'absolue nécessité, pas pour les sensations uniquement. Au fait, tu te débrouilles toute seule, maintenant. Si ça te dit toujours d'essayer, tu peux en parler avec le directeur des stages de l'IMU...

— Super ! s'exclama-t-elle, en entourant les épaules de Jeremy d'un bras. On pourrait le faire tous les deux, Jeremy ! Nos premières vraies vacances à deux !

Jeremy réussit à prendre un air plus studieux encore que d'ordinaire et passa une main sur sa barbe.

— Ce n'est pas trop ma tasse de thé... La plongée, passe encore, mais sauter en parachute, non. Je me disais qu'on pourrait passer une semaine à Naples, dans la famille de ta mère, ce qui me donnerait l'occasion d'avancer mon travail sur les manuscrits de la villa des Papyrus à Herculanum. De nouveaux textes fascinants ont été révélés, tu pourrais m'aider à les rassembler...

— Je parlais de *vacances*, là, Jeremy, pas de travail, rétorqua Rebecca, consternée.

— Souviens-toi de ce que Maria te réserve. Elle m'a demandé de te dire que le séjour dans les monastères sur le mont Athos est organisé, annonça Jack dans un sourire.

— Tu as revu Maria, papa ? s'étonna Rebecca.

— Au Caire. Elle est venue consulter des nouveaux manuscrits retrouvés dans la synagogue Ben Ezra.

— J'ai entendu parler de la Gueniza. Tu veux dire que tu l'as revue au fond d'un trou creusé dans un mur ?

— Quelque chose comme ça.

— C'est toi qui as besoin de passer quelque temps avec Maria, papa, pas moi...

Jack lui adressa un sourire. Dix années d'études à New York lui avaient apporté non seulement son accent caractéristique, mais aussi une candeur qu'il trouvait rafraîchissante, même quand c'était pour lui assener des vérités embarrassantes. Il jeta un œil vers la porte de Jaffa, les créneaux médiévaux et les pierres qui semblaient se dresser, imperturbables au-dessus des vagues d'êtres humains qu'ils contemplaient, innombrables pèlerins, guerriers, marchands et prophètes qui avaient foulé les pierres de Jérusalem au cours de sa déjà longue histoire. La dernière fois que Jack s'était tenu à cet endroit remontait à plus de vingt ans, avant le début de la première guerre du Golfe, lorsque Jérusalem avait été vidé de ses touristes et que les sirènes de raids aériens résonnaient à tout-va. Affublé de son sac à dos et de son appareil photo, il s'était senti comme un plongeur prêt à se jeter dans l'inconnu, et il était parcouru du même frisson à présent. La crise qui se profilait de nouveau sur Israël et le Proche-Orient véhiculait un sentiment de danger identique. Il se tourna vers Rebecca.

— Bon, je t'ai parlé de ma dernière découverte. À ton tour, maintenant.

Dix minutes plus tard, Jack et Jeremy longeaient au pas de charge des allées et des ruelles étroites dans le quartier copte de Jérusalem, essayant de suivre le rythme soutenu de Rebecca, qui les entraînait plus loin dans la ville. Hormis des policiers et des soldats, ainsi que des gens du coin qui les dévisageaient, les rues d'ordinaire si animées étaient inhabituellement désertes. La population restait enfermée, par peur des attaques aériennes. Rebecca s'arrêta devant un minuscule boui-boui. Elle salua chaleureusement la femme derrière la caisse et attendit, le temps qu'elle lui presse une orange et lui serve un petit pain.

— Mon petit déjeuner, s'excusa Rebecca auprès de ses deux compagnons. Je n'ai pas eu le temps...

Jack ne commanda rien pour lui.

— Tu es ici en tant que volontaire pour le projet archéologique du mont du Temple, c'est ça ? Comment se passe le nettoyage ?

— Chuper, répondit Rebecca après avoir pris une bouchée de son petit pain.

— Tu peux répéter ?

— C'était marrant. Pendant dix minutes environ, admit-elle en adressant à Jack un regard sombre. Ils ont des tonnes de matériel, papa. J'ai fait un calcul rapide, quand j'étais assise devant mon premier plateau. Chaque tesson doit faire dans les cinq centimètres, et il doit y avoir plus de cinquante millions de tessons...

— Chacun représentant un lien précieux vers l'histoire. Et un jour, l'un d'eux pourrait fournir la clé de tout un monde.

— Je sais, je comprends, pas de problème, c'est un pur privilège de faire partie d'un tel projet... Et pour la plupart des volontaires qui touchent pour la première fois à l'archéologie, c'est vraiment spécial. Mais moi, j'ai été trop gâtée, si tu te rappelles... Je faisais déjà des fouilles à Troie à l'âge de quatorze ans, et je cherchais la tombe de Gengis Khan dans le lac Issyk-Koul au Kirghizistan l'année d'après. J'ai déjà trouvé mes propres liens avec l'histoire...

— Ça ne m'étonne pas.

Elle tourna dans une allée bordée de magasins de métallurgie miteux, prit ensuite une petite ruelle, avec des hommes assis sur des chaises en train de fumer et chuchoter, et enfin s'arrêta devant une porte en bois vermoulu à l'ombre d'un balcon. L'homme assis à côté de l'entrée lui fit un signe de la tête et jeta un regard soupçonneux à Jack et Jeremy avant de déverrouiller la porte.

— C'est mon ami Abdul, expliqua-t-elle à voix basse, les guidant dans le couloir lugubre. C'est lui qui m'a indiqué l'entrée du tunnel.

— Quel tunnel ?

— Patience, papa. Tout d'abord, ça...

Rebecca frappa à une porte. Un petit garçon ouvrit, souriant à pleines dents en voyant la jeune femme. Il les fit entrer et referma à clé une fois qu'ils furent à l'intérieur. La pièce avait l'air d'un salon, avec des chaussures rangées à côté de la porte, une table couverte de manuels de classe et de papiers, et le mobilier typique d'un foyer arabe. Le garçon partit vers le mur du fond et poussa un bureau en bois disgracieux, ses pieds montés sur des roulettes. Derrière se trouvait une autre porte, que le garçon les invita à franchir. Il faisait noir de l'autre côté, avec une petite fente de lumière tout au bout. Il appuya sur un interrupteur et les conduisit vers une pièce éclairée.

À l'odeur, Jack avait déjà deviné où ils allaient. Cela sentait comme dans les entrepôts du musée du Caire et dans la Gueniza : les relents d'anciens objets et de décomposition, de poussière vieille de milliers d'années et de matière organique développée dans des tombes depuis longtemps scellées.

C'était comme s'il entrait dans une caverne d'Ali Baba, avec des objets de toutes sortes et de toutes les époques réunis devant ses yeux : poteries, lampes à huile, pièces de ferronnerie, armes et armures en bronze, la plupart intacts et dans un état de conservation surprenant. On aurait dit que les plus grands musées du monde avaient été privés de leurs plus belles expositions d'antiquités du Proche-Orient et de la Bible, et pourtant Jack savait bien que rien ici n'avait jamais vu la lumière d'un musée, que tout avait été sorti de tombeaux et de lieux inconnus des archéologues pour être destiné au marché noir.

Un petit homme ratatiné apparut. Il portait une barbe blanche et un fez rouge abîmé. Ses yeux injectés de sang s'illuminèrent quand il vit Rebecca. Il lui prit les mains et les serra entre les siennes. Les lâchant, il claqua des doigts vers le garçon, qui partit dans la direction d'où ils venaient. Il se tourna vers les deux autres, et son regard se posa sur Jack.

— Donc, vous devez être le célèbre Jack Howard, dit-il, prononçant chaque mot lentement, son anglais étant marqué par un très fort accent. Vous pensez savoir ce qui est arrivé à la menora du temple, n'est-ce pas ? Eh bien, je sais où se trouve le reste du trésor. Peut-être que vous pouvez donner un peu, je donne un peu, et je vous dis, affirma-t-il dans un rire. Vous avez une ravissante jeune fille, hein ? Elle a la carrure d'une pilleuse de tombes. Je ne pense pas que quelqu'un osera jamais l'embobiner.

— Personne ne l'embobine, répéta Jack, froidement.

L'homme dévisagea Jack puis fit un geste de dédain.

— Bien sûr, nous le savons bien. Elle a un garde du corps, votre Ben-Gurion, n'est-ce pas ? On aurait pu s'en débarrasser, mais nous sommes tous amis, n'est-ce pas ? Vous êtes dans les antiquités, Jack Howard, et moi aussi. Nous pouvons nous entraider. C'est ainsi à Jérusalem depuis plus de mille ans, depuis que mes ancêtres ont commencé à vendre des morceaux de la Sainte Croix aux croisés...

— Tu m'as fait suivre ?! s'offusqua Rebecca en se tournant vers son père.

— Précisément pour ça, répondit Jack, sans lâcher l'homme des yeux.

Le garçon revint avec des verres de thé sur un plateau et les distribua. Jack accepta le sien et y ajouta du sucre. Il le reposa ensuite sur le plateau.

— Donc je dois comprendre que vous vendez des antiquités ?

L'homme ouvrit grand les bras.

— Je suis Abdullah al-Harasi. Mon magasin est un des plus réputés sur Via Dolorosa. Il est agréé par le bureau des antiquités et tout ce que j'y vends a reçu un visa d'exportation. Tous les jours, je vends aux touristes des pièces d'or et d'argent, des lampes, de la poterie, des objets sacrés qui les rapprochent du Prophète qu'ils vénèrent, *inch'Allah*. Mes affaires ont plus de succès, bien sûr, quand une nouvelle guerre ne se profile pas. Ces derniers mois, je n'ai pas vendu grand-chose.

— Et ceci est votre entrepôt ?

Abdullah ouvrit de nouveau les bras.

— C'est ici que je garde mes objets les plus précieux, pour les clients de valeur...

Jack comprit que c'était là sa définition des objets acquis de façon illégale et vendus à ceux qui pouvaient sortir des antiquités du pays sans permis. Il espérait que Rebecca n'était pas allée trop loin avec lui. Les novices pouvaient facilement se laisser séduire autour d'une tasse de thé, et si une sorte de contrat avait été signé, il ne serait pas facile de s'y soustraire sans que les choses se compliquent passablement. Le marché noir des antiquités était aux mains d'une pègre, avec qui seuls les initiés pouvaient négocier sans se retrouver en danger. Même l'équipe de surveillance de David ne pourrait pas empêcher ce qui risquait de se produire entre ces quatre murs. L'espace d'un instant, Jack se sentit coupable et surtout responsable. Sa décision de permettre à Rebecca de venir à Jérusalem en cette période résultait de ses soucis au Soudan et en Égypte. Il avait manqué de disponibilité et de discernement.

Rebecca termina son thé et posa sa tasse.

— Abdullah m'a amenée ici après que je me suis renseignée auprès de plusieurs antiquaires pour savoir s'ils possédaient des objets égyptiens trouvés à Jérusalem.

Abdullah se pencha sous la table à côté de lui et s'empara d'un objet grand comme la moitié de sa main.

— Par chance, j'avais exactement ce qu'elle voulait...

Il leva la main pour que Jack et Jeremy voient ce qu'il tenait. Comme une icône miniature, un ancien cadre en bois entouré d'une plaque d'or usée de dix centimètres de diamètre. Abdullah le plaça sous l'ampoule nue qui éclairait la pièce. À son grand étonnement, Jack vit le symbole d'Aton dans le coin en haut à gauche, les rayons avec les mains tendues et tournées vers le haut.

— Akhenaton, murmura-t-il, en s'approchant pour mieux voir. Ce ne peut être qu'Akhenaton.

— Regarde le cartouche en dessous, fit remarquer Rebecca. Tu verras des groupes de hiéroglyphes sur le côté gauche qui montrent que cette plaque a été prise dans une plus grande feuille d'or, une couverture décorative pour une surface incurvée.

L'esprit de Jack allait à toute allure. Il avait déjà vu un tel objet, quelques jours plus tôt seulement. Et les hiéroglyphes dans le cartouche complet étaient identiques à ceux que Hiebermeyer avait trouvés dans la nécropole des momies, sur la fresque murale retraçant ses exploits : un épi de maïs, deux demi-cercles, deux oiseaux.

— C'est le mot égyptien pour les Israélites ! s'exclama-t-il. C'est incroyable...

— Tourne-le, Abdullah, demanda Rebecca.

L'homme s'exécuta et sur le dos Jack vit une inscription à l'encre noire, comme la marque d'acquisition d'un musée. Il sentit un frisson le parcourir. Si c'était une antiquité volée à un musée, l'affaire était plus grave encore qu'il ne l'avait cru. Il lut à haute voix :

— « Jérusalem, 27 avril 1864, CRW, RE. »

— Cela appartenait autrefois au général Gordon de Khartoum, expliqua Abdullah.

Jack le scruta, incrédule.

— Gordon de Khartoum ? Comment le savez-vous ?

— Parce que mon arrière-grand-père l'a reçu de lui.

Jack examina de nouveau les lettres, se triturant les méninges.

Bien sûr...

— CRW, c'est Charles Richard Wilson, bien évidemment. Et RE, les Royal Engineers. Wilson avait contribué à l'étude menée sur la Palestine dans les années 1860. Il a surtout travaillé à Jérusalem et se passionnait pour l'archéologie...

— Plus tard sir Charles Wilson, ajouta Rebecca. Un général. Je me suis renseignée sur lui. C'était le chef des services secrets pendant la campagne pour secourir Gordon à Khartoum en 1884 et un ami proche de Gordon...

— Oui, oui, oui, confirma Abdullah, levant la main pour énumérer les noms : Wilson, Warren, Gordon, Kitchener. Tous des officiers britanniques venus en Palestine dans le but de cartographier le territoire pour la reine Victoria, mais qui sont devenus obsédés par les antiquités et l'histoire de la région. Des hommes auxquels vous ressemblez beaucoup, Jack Howard.

Il tourna l'objet dans ses mains, observant Jack du coin de l'œil.

— Vous voulez l'acheter ? Pour votre musée ? Ma famille l'a acquis pour une belle somme. Mais je suis prêt à négocier avec vous.

— Pas cette fois, refusa Jack en levant les mains au ciel.

Abdullah se tut un moment puis lui tendit le cadre.

— Alors, acceptez cela comme un cadeau. Dans l'espoir de futures collaborations, *inch'Allah*. Si jamais vous vous mettez à vendre les pièces que vous remontez de vos plongées sous-marines, je veux bien être votre agent. Je compte parmi mes clients de riches oligarques russes, de ceux qui ont des origines juives et des intérêts en Israël, et peuvent transporter des antiquités discrètement vers leur pays natal. Vous pourriez devenir riche, Jack Howard. Vous pourriez rebâtir la fortune de la famille Howard. Pensez à l'éducation de votre fille, à son avenir...

Fermement, Jack replaça l'objet dans la main d'Abdullah.

— Je vous suis reconnaissant pour cette offre et pour votre hospitalité, mais vous connaissez ma position.

— Ah, oui, l'archéologie contre les chasses aux trésors. Les objets sortis de terre pour être placés dans les réserves d'un musée, ou les mêmes mis à la disposition du plus offrant pour être possédés et apporter du plaisir... Mais il existe un pont entre les deux, mon ami, et nous pourrions nous retrouver au milieu.

— Vous savez que je ne peux me retrouver en possession d'un vestige d'une provenance inconnue offert par un antiquaire. Tout ce que nous exposons dans nos musées est le résultat de nos recherches.

— On pourrait le prendre en photo... proposa Jeremy.

Abdullah agita la main, tout de suite moins aimable.

— Pas de photo !

Jack se tourna vers Rebecca.

— Autre chose que tu voulais que je voie ?

Elle plissa les yeux.

— Peut-être. Mais tu risques de penser que je me mets en danger, sans garde du corps...

Abdullah poussa un rire.

— Les pères et leurs filles, hein ? J'en ai quatre. Deux sont docteurs, une est policière et la quatrième travaille avec moi. Un jour, les femmes dirigeront Jérusalem. Les hommes ont tout ravagé ici pendant deux mille ans. Les Romains, les djihadistes, les croisés, les Britanniques, les sionistes, les fondamentalistes. Regardez la mosquée al-Aqsa. Les autorités empêchent les juifs de venir se recueillir sur leur lieu le plus saint, l'esplanade du Temple. Les juifs doivent se serrer sur les côtés, priant sur le mur occidental, creusant des tunnels dans la pierre pour se rapprocher autant qu'ils le peuvent, mais pas plus. Si c'étaient les femmes qui s'en occupaient, elles seraient plus souples. Aussi souples que vous et moi pouvons l'être dans nos affaires, Jack. Réfléchissez à ma proposition. Vous savez comment me contacter. *Inch'Allah.*

— Merci d'avoir aidé ma famille.

Abdullah fit un signe de la main.

— Partez, maintenant. Suivez votre fille, elle a un bon flair pour les trésors. Mon fils va vous raccompagner.

Dix minutes plus tard, ils se pressaient de nouveau dans les dédales de la vieille ville, le long de ruelles et d'allées qui menaient, comme Jack s'en aperçut vite, vers le mur occidental et le site du projet du mont du Temple. Rebecca ralentit et lui adressa un regard perçant.

— Je n'arrive toujours pas à croire que tu m'aies fait suivre !

— L'équipe de David Ben-Gurion est la meilleure du pays, tous des anciens membres des forces spéciales de surveillance, pour la plupart des Arabes palestiniens qui savent comment passer inaperçus.

— Pas si bien que ça, si Abdullah l'a découvert.

— David a sûrement fait en sorte qu'il le voie. Abdullah peut se pavaner comme un calife, mais il sait très bien qu'au moindre problème David peut s'arranger pour fermer sa caverne d'Ali Baba. On ne l'autorise à continuer ses petites affaires que parce qu'un équilibre ténu doit être conservé, et parce qu'elles font partie de la culture de cet endroit depuis des centaines d'années. Et ce qu'Abdullah ne sait pas, c'est que trois des Arabes assis dans la rue devant chez lui sont des hommes de David. Ben-Gurion, d'après ses récentes filatures, avait compris où tu m'emmenais et m'a confié un téléphone avec un signal d'urgence. Si je l'avais activé, ils seraient intervenus sur-le-champ.

— J'aurais préféré que tu me le dises, déclara Rebecca en détournant les yeux.

— Ç'aurait été un peu à l'encontre du but recherché, tu ne crois pas ? Tu aurais essayé de le semer. C'est sans doute ce que j'aurais fait, à ton âge.

— La différence, c'est que ma mère vient d'une des plus vieilles familles de la Camorra à Naples. Je sais comment me débrouiller avec ce genre d'individus. Rappelle-toi comment elle est morte. Ils pensaient qu'elle allait les livrer à la police, et elle est soudain devenue un membre de trop dans la famille. Je connais les limites et ce qui arrive quand on les dépasse.

Jeremy toussota.

— C'est dommage que nous n'ayons pas de photo du vestige.

Rebecca laissa échapper un soupir, fouilla dans la poche de son pantalon et sortit son téléphone, qu'elle brandit devant eux. Elle fit se succéder des images qui montraient la feuille d'or sous plusieurs angles, en gros plan.

— Tu ne pensais pas que j'allais partir sans, quand même ? Comme vous l'a dit Abdullah, il a quatre filles, et je sais comment l'amadouer. Au cours de la dernière visite, je lui ai dit que je ne me sentais pas bien et que j'avais besoin d'un verre d'eau. Son fils n'était pas là pour le seconder, il était à l'école, et Abdullah m'a laissée seule dans l'entrepôt pendant quelques minutes...

— Bien joué, Rebecca, la félicita Jeremy.

Elle tendit le téléphone à Jack.

— Alors ? Qu'est-ce que tu en penses vraiment ?

Jack ruminait leur rencontre avec l'antiquaire depuis qu'ils l'avaient quitté.

— La dernière fois que j'ai vu un tel objet, c'était au fond de la mer Rouge avec Costas, il a cinq jours.

— Tu es sûr qu'il est authentique ? demanda Jeremy.

Jack hocha la tête.

— Absolument. Et je suis persuadé que Maurice nous confirmera que c'est une plaque d'or arrachée à un char égyptien. Après notre découverte dans la mer Rouge, j'ai passé beaucoup de temps, avec Maurice, à étudier les fragments des chars et les descriptions qui en ont été faites.

— Des théories ?

— Sur comment un morceau d'un char d'Akhenaton mentionnant les Israélites a pu échouer à Jérusalem ?

Jack se poussa sous un auvent pour laisser passer une patrouille militaire, et ses deux compagnons s'arrêtèrent à côté de lui.

— Eh bien, le plus probable, c'est que ça a été apporté ici à l'époque du règne d'Akhenaton, ou peu de temps après. Maurice m'a dit que le cartouche d'un pharaon et les autres caractéristiques susceptibles de l'identifier étaient souvent retirés des armures et des autres décorations militaires après sa mort, pour être remplacés par ceux de son successeur. Cet objet n'a pu survivre que s'il s'est trouvé sur un champ de bataille, après une défaite égyptienne, au moment où les vainqueurs ramassent leur butin. Akhenaton n'était pas un pharaon expansionniste et en fait, nous ne connaissons qu'une grande campagne, une défaite flagrante, peut-être le pire désastre que l'armée égyptienne ait jamais subi...

— La perte des chars dans la mer Rouge, explicita Jeremy.

— C'est le seul scénario plausible.

— Mais si les Israélites avaient déjà fui leur campement sur la falaise, comment tu expliques qu'on ait retrouvé cet objet ?

— Certains ont pu rester en arrière pour regarder, suggéra Jack. Moïse voulait sûrement une preuve, pour être sûr que son peuple puisse continuer son périple vers la Terre sainte sans être inquiété par l'armée égyptienne. Nous savons qu'il a dû se trouver des témoins israélites, à cause du récit de la destruction des chars dans l'Exode, qui se fonde sur des faits, comme nous le savons désormais. Les recherches de Lanowski sur les images satellites montrent qu'il a pu exister un ancien sentier menant à la plage, que Costas et moi avons explorée entre deux plongées, juste sous l'endroit où les chars se sont jetés dans la mer depuis la falaise en entraînant un éboulement. Imaginez quelques Israélites postés là pour espionner. Après le carnage, ils sont allés inspecter les lieux et ont retrouvé l'épave d'un char décoré, peut-être celui d'un général, reconnaissant un hiéroglyphe qui faisait référence à eux. Ils l'ont arraché pour le rapporter à Moïse en guise de preuve, un objet qui a très bien pu, plus tard, être conservé précieusement comme un des rares objets rapportés d'Égypte en Terre sainte.

— Où il a été secrètement préservé... jusqu'à ce que Wilson mette la main dessus, ajouta Jeremy.

— Est-ce qu'il t'a confié autre chose sur sa source ? demanda Jack en se tournant vers Rebecca.

Rebecca secoua la tête.

— Un des oncles de maman m'a expliqué que, dans le monde du trafic illégal d'antiquités, poser des questions sur les pièces est formellement interdit. Si on est trop curieux, on finit comme elle, avec une balle dans la tête. Mais je crois l'histoire d'Abdullah. J'ai étudié les *Reflections in Palestine* de Gordon. Il a passé près d'une année ici, en 1883, entreprenant des fouilles poussées dans Jérusalem, mais aussi à l'extérieur de la ville. Il a également eu une sorte d'illumination religieuse. Il a démissionné de son poste de gouverneur au Soudan dans un état de désarroi face au manque de soutien gouvernemental envers ses tentatives pour venir en aide à la population, et jamais il n'aurait imaginé qu'on l'inviterait à revenir l'année suivante, ni qu'il finirait là où l'histoire l'a immortalisé. Il était très lié à Wilson, à Warren et au jeune Kitchener, ainsi qu'aux autres ingénieurs britanniques qui ont travaillé sur l'étude. Et je crois vraiment que cet objet est un de ceux, nombreux, qu'il leur a pris et a emportés à Jérusalem dans le but de résoudre les mystères de cet endroit, un projet auquel il a pu se consacrer après son échec apparent au Soudan. Je dirais qu'après son brusque rappel au Soudan il les a confiés à quelqu'un ici, et quand il est mort, personne ne les ayant réclamés, les objets ont dû être dispersés et vendus. L'arrière-grand-père d'Abdullah, antiquaire aussi, a dû acquérir celui-ci.

— Alors, comment expliques-tu qu'il l'ait toujours en sa possession ? demanda Jeremy. Un négociant ne reste pas aussi longtemps avec une pièce d'une telle valeur...

— Si, ça arrive, contredit Rebecca. À Naples, les antiquités sont parfois cachées pendant des années, parfois des décennies, dans l'attente du moment propice pour les vendre, de la bonne personne, d'une reprise du marché...

— Abdullah devait attendre autre chose encore, intervint Jack, songeur, en regardant Rebecca. Il devait attendre de le faire miroiter à quelqu'un qui pourrait être tenté d'aller où lui était incapable de se rendre, de trouver l'endroit où Wilson avait découvert cet objet. Il patientait pour savoir ce qui s'y cachait encore.

Rebecca sembla soudain distraite. Elle regarda vers l'allée.

— On est encore suivis ? demanda-t-elle.

— Par les hommes de David et sans doute aussi par ceux d'Abdullah. Tout le monde surveille tout le monde, ici. On ne peut pas disparaître dans cette ville, à moins de vraiment savoir où l'on va.

— Sous la terre, en l'occurrence, commenta Rebecca. C'est là que vous devriez aller. Tout se passe sous la surface, ici : la guerre, la réalité derrière la religion, celle de l'histoire. Jérusalem est truffé de grottes naturelles et de tunnels creusés par l'homme, une ruche court sous vos pieds, partout où vous marchez. Certains archéologues à qui j'ai parlé m'ont dit qu'il n'y avait plus rien à trouver ici, que les plus petites fissures ont été nettoyées depuis longtemps par les chasseurs de trésors. D'autres pensent que l'interdiction par les autorités de la mosquée d'explorer sous le mont du Temple a permis de tenir dissimulées des merveilles inconnues, les reliques sacrées du Temple, pour commencer.

— Ce sur quoi Abdullah veut vraiment mettre la main, remarqua Jeremy.

— Abdullah n'a pas été honnête, quand il s'est plaint de l'interdiction. Pour lui, la possibilité de trésors enfouis augmente la mystique du lieu et pousse ses clients à revenir, encore et encore. Achetez une pièce d'or ou une lampe à huile de Jérusalem et vous entrez dans le rêve. L'interdiction d'excavation sous le mont du Temple est peut-être bien réelle, mais ceux qui le fournissent en antiquités opèrent en dehors des lois et parviendront toujours à s'en sortir. Une fois qu'ils se frayent un chemin, ça devient la foire d'empoigne, mais avec Abdullah posté en première ligne pour tirer son épingle du jeu...

— Et il est suffisamment futé pour savoir que quelqu'un comme toi peut aller dans des endroits interdits au public et que tu peux ouvrir des caveaux qui le rendraient plus riche que dans ses rêves les plus fous. C'est ce que ces oligarques russes veulent vraiment, le vrai trésor, pas des vases et des pièces de monnaie. Ils sont même prêts à se dévorer entre eux pour les obtenir. Abdullah deviendrait vraiment le nouveau calife de la Jérusalem souterraine, avec toi comme pion involontaire, conclut Jack en fixant Rebecca.

— Mais c'est moi qui me suis servie de lui, pas le contraire… Bon, allons-y, nous n'avons que quelques heures avant que tu repartes.

Ils arrivèrent devant le mur occidental, aveuglés, après l'obscurité des allées, par le soleil du milieu de journée qui se reflétait sur la surface blanche de la pierre. Jack plissa les yeux et, d'une main, les protégea de la lumière. Deux F-16 de l'armée israélienne hurlèrent au-dessus de leur tête, fonçant en direction de la frontière avec Gaza et l'Égypte. La présence de l'armée et de la police était plus marquée que jamais, et les fidèles étaient limités à un petit groupe de hassidiques portant chapeau noir et papillotes, qui se balançaient en priant devant le mur. Jack se prit à espérer que Juda Halevi, le poète du douzième siècle dont ils avaient retrouvé la lettre dans la Gueniza, avait pu venir ici. Qu'il avait réussi à aller à l'encontre de l'interdiction pour les juifs d'entrer dans la ville et qu'il avait touché le mur avant de mourir, trouvant la révélation spirituelle qui lui avait manqué au cours de sa vie en Espagne. Ledit mur semblait imperméable, comme si sa maçonnerie n'était qu'une extension de la roche, et Jack dut faire l'effort de se rappeler qu'à l'instar de la mosquée au-dessus le mur était une accrétion sur un territoire que l'homme arpentait bien avant la naissance des deux religions qui le revendiquaient à grands cris.

Rebecca tourna vers la gauche, repartant dans la ville et la structure médiévale qui la soutenait. Jack la rattrapa.

— L'excavation du mont du Temple est à droite, non ? Sur le site de la ville de David ?

Rebecca l'arrêta d'un geste de la main et lui adressa un sourire.

— Déjà vu, déjà fait. J'ai un nouveau projet, maintenant.

Jack fixa du regard le mur devant lui. Il se rappelait ce que Rebecca avait dit : « sous la terre ». Il appréhendait ce qu'elle lui réservait, mais ne pouvait réprimer une certaine exaltation. Il avait deviné où elle les emmenait. La tempête politique qu'il avait pu provoquer en transgressant les territoires interdits en Égypte ou au Soudan n'était rien comparée aux risques que leur faisait désormais courir la jeune femme.

Ils s'arrêtèrent devant un porche voûté en pierre et Jeremy arriva à leur hauteur.

— Tu nous mets sur la voie, Rebecca ? On a besoin d'un équipement en particulier ?

Elle retira son sac de son dos et regarda avec détermination la fente de la taille d'un homme dans le mur devant eux.

— Tout ce que je peux dire, c'est que vous n'avez jamais rien vu de pareil. Suivez-moi.

17

Jack se faufila dans la fente et parvint dans un passage qui longeait l'intérieur du mur, sur au moins vingt mètres dans chaque direction. Ils se trouvaient dans un espace fermé caverneux entre le mur médiéval extérieur qu'ils venaient de franchir et la continuation du mur occidental du mont du Temple. Jack voyait ses immenses blocs, à dix mètres devant lui. Vers la gauche, ils disparaissaient sous les accrétions de structures plus récentes. Sur le terrain devant le mur, la roche à l'extrémité du mont du Temple était exposée, une zone précédemment couverte des pavés des Romains, désormais empilés autour des bords. Des poches de sol rocailleux apparaissaient par endroits. Des archéologues coiffés de casques travaillaient là où des dolomites avaient été taillées durant la préhistoire pour former des tombes et des habitations souterraines. Rebecca invita Jack et Jeremy à avancer vers une table couverte de dossiers et de caméras. Un barbu y analysait un crâne et pianotait sur son ordinateur. Il sourit en voyant Rebecca et bondit soudain sur ses pieds en apercevant Jack derrière elle. Rebecca lui fit la bise et lui prit la main.

— *Shalom*, Danny. Mon ami, le docteur Jeremy Haverstock, et mon père.

Danny leur serra la main et s'adressa tout bas à Jack :

— C'est un honneur de vous rencontrer. Dites-moi ce que je peux faire pour vous, tout ce que vous voudrez.

Il les aida à choisir des casques et des torches, puis Rebecca les conduisit vers le bout du passage.

— Danny est le directeur adjoint responsable du site aujourd'hui, expliqua-t-elle en se tournant vers son père. Je lui ai demandé de m'accorder un peu de temps seule avec toi sur mon excavation et il a promis de ne pas signaler ta présence. C'est bien que le directeur ne soit pas là aujourd'hui, parce qu'il t'aurait accaparé, le reste de l'équipe t'aurait sauté dessus, et on ne serait arrivés à rien.

Le passage se terminait là où commençaient à converger le mur extérieur et le mur occidental, et la zone de roche exposée se réduisit en largeur, jusqu'à atteindre moins de cinq mètres. Ils se trouvaient à vingt mètres de l'archéologue le plus proche et très loin de l'éclairage provisoire mis en place dans le périmètre principal. Rebecca les emmena loin des regards, derrière un monticule rocheux, et leur fit descendre un escalier ancien de quinze marches, taillé dans la pierre, qui s'enfonçait dans les ténèbres. Ils passèrent à côté de plusieurs niches funéraires, des renfoncements rectangulaires dans la roche, tournèrent à un angle dans le passage et s'arrêtèrent devant un trou dans la partie basse du mur, à peine plus large que le corps de Jack. Rebecca s'assit pour y passer les jambes, avant d'allumer la torche sur son casque.

— Voilà ! lança-t-elle. C'est parti !

Elle disparut dans le trou, aussitôt suivie par Jeremy. Jack passa en dernier, s'agrippant au rocher avec ses doigts et tendant les jambes pour atteindre la terre ferme.

— Encore quinze centimètres, papa, indiqua Rebecca, sa voix résonnant dans la grotte.

Jack se laissa glisser à l'intérieur, se cambrant pour éviter d'égratigner son dos, et atterrit dans un bruit sourd. Il regarda autour de lui, le faisceau de sa lampe rencontrant ceux de ses deux compagnons. Il comprit immédiatement qu'ils se trouvaient dans une ancienne tombe creusée dans la roche. Malgré les marques d'érosion dues à une infiltration d'eau, elle était dans un excellent état. Un des murs était partiellement recouvert d'un drap et pourtant de grandes sections de son revêtement en plâtre étaient intactes. Une chaise pliante était posée devant, une collection d'instruments de nettoyage et de brosses attendait à côté, ainsi qu'un seau rempli de débris. Le mur face au tunnel, dans la direction du mur occidental, n'était pas taillé dans la pierre mais plutôt fait à partir d'un ramassis de décombres peu engageant. On aurait dit un éboulis, plutôt qu'une construction délibérée.

— D'accord, explique-nous, fit Jack en s'adressant à Rebecca.

Elle hocha la tête et s'agenouilla à côté du mur de gravats.

— Quand j'ai vu ces initiales sur l'objet dans l'entrepôt d'Abdullah et que j'ai compris qu'il s'agissait de celles de Wilson, j'ai tout de suite pensé à l'arche de Wilson, l'élément d'architecture qui soutient le mur occidental au-dessus de nous. L'arche a été ainsi nommée parce que c'est lui qui l'a découverte, en 1867, et comme il avait travaillé là, je me suis dit que c'était un bon point de départ pour mes recherches du souterrain où il aurait pu trouver cet objet, un endroit datant de la fin du douzième siècle avant Jésus-Christ. Par chance, les Israéliens mènent des fouilles approfondies aussi loin qu'ils le peuvent sur la longueur du Temple, par conséquent je me suis intégrée à leur équipe d'excavation...

— Attends une seconde, l'interrompit Jack. Il ne faut pas un diplôme en archéologie pour cela ? Un master, même, je dirais. Ainsi que des années d'expérience et d'excellentes références, sans parler de longs mois à se faire une place en nettoyant des tessons et en poussant des chariots...

— Pas si tu es la fille de Jack Howard. Pas si tu apparais sur les vidéos de nos excavations à Troie et Herculanum. Deux jours après avoir été acceptée dans l'équipe, j'ai travaillé sur mon propre trou dans le sol, un trou que j'ai choisi moi-même.

— Et comment tu as réussi cette prouesse ?

— Maurice m'a expliqué que le meilleur moyen de s'attaquer à une excavation, c'est de s'y rendre seul, la nuit, quand personne ne s'y trouve. Et donc, j'ai convaincu mon ami Doron, le veilleur de nuit, de me laisser y rester seule un soir, et j'ai passé la nuit entière à fouiller toutes les grottes et les tunnels que je pouvais trouver. Je cherchais un endroit à côté de l'arche qui pouvait laisser supposer qu'il avait été exploré plus avant, sous le mur occidental. J'ai fini par me frayer un chemin dans cette tombe. Le mur du fond en gravats a été rebouché, mais le plâtre me semblait relativement récent, pas plus de deux cents ans. Il avait pu être construit par un archéologue au dix-neuvième siècle, pour camoufler une découverte. Cela m'a suffi pour approfondir la question, mais il fallait d'autres preuves qu'il s'agissait bien du trou de Wilson. Alors j'ai bien inspecté les alentours, et voyez ce que j'ai trouvé...

Elle tendit la main vers une corniche et brandit une pipe noircie par le tabac. Elle la passa à Jack, qui l'examina de près.

— Intéressant, commenta-t-il. Probablement de l'époque victorienne. De l'ébène d'excellente qualité. Exactement ce qu'aurait pu fumer un officier britannique.

— Regarde les initiales sur le fourneau.

Jack tourna la pipe, dégageant la saleté.

— Incroyable ! s'exclama-t-il. CJW. Elle appartenait à Charles John Wilson !

— Je suis arrivée à la même conclusion, lâcha Rebecca. Je l'imagine assis ici, après avoir rebouché ce trou, se réjouissant de l'objet en or qu'il venait de trouver et de son exploration sous le mont du Temple. Fumer la pipe est exactement ce qu'un officier britannique aurait fait en de telles circonstances. Après, il se rend compte qu'il l'a oubliée à l'intérieur dans une alcôve, mais il a déjà condamné l'entrée de la tombe et il décide de ne pas tenter de la rouvrir. Il agissait sûrement en secret lui aussi, craignant les hommes comme l'arrière-grand-père d'Abdullah, les pilleurs de tombes, et les personnes louches qui creusaient sous le mont du Temple à cette époque. Il a trouvé quelque chose qu'il a voulu cacher et il a réussi.

Ce que j'ai découvert n'avait pas été dérangé depuis qu'il l'y avait laissé.

— Et donc, comment as-tu fait pour te réapproprier cette tombe ? demanda Jeremy.

— Je l'ai redécouverte, pour ainsi dire, le lendemain, après que j'ai demandé à explorer ce coin du site, une zone à laquelle personne n'avait encore touché. Et la nuit dernière, j'ai également découvert ceci...

Elle se pencha et doucement souleva le drap qui pendait, révélant les vestiges d'un ancien mur en plâtre avec des fragments d'une fresque rouge encore collés dessus.

— C'était autrefois une tombe peinte, probablement vers la fin de l'époque préhistorique. J'ai joué sur le fait que les peintures murales étaient ma spécialité. Le directeur des fouilles m'a vue à la télé en train d'aider le professeur Dillen à mettre au jour la peinture du joueur de lyre à Troie. J'ai insisté pour travailler seule sur ce mur et sans que quiconque s'avise de me déranger, à cause de la fragilité des fresques. Il a accepté. J'ai même demandé qu'il n'y ait aucune extension électrique ici, la lumière artificielle pouvant endommager la peinture. Résultat, j'ai pu casser le plâtre et les gravats de Wilson sans être vue, pour trouver ce qui se cachait derrière et reboucher ensuite.

— Tu vas nous y emmener maintenant ? fit Jeremy.

Elle se tourna vers le mur de décombres, posa la main sur un rocher saillant et les regarda.

— Écartez-vous.

Ils reculèrent vers le fond de la tombe, et Rebecca tira sur la pierre. Rien ne se produisit, alors elle réessaya, mais cette fois avec plus de force. Soudain, toute la paroi trembla et s'écroula dans un grondement, manquant ensevelir Rebecca, qui avait fait un rapide pas en arrière dans un nuage de poussière. Ils se cachèrent la bouche et le nez avec leur chemise jusqu'à ce que le voile opaque retombe. Ensuite, ils fixèrent du regard le trou où s'était trouvé le mur. Rebecca prit un air désolé.

— Oups !

Une voix résonna de l'extérieur.

— Rebecca, tout va bien ?

— Oui, pas de problème, Danny, rassura Rebecca. J'ai renversé mon seau.

Puis, en direction de Jack, elle chuchota :

— C'était pas supposé faire ça. Je pensais avoir agencé les pierres de sorte qu'elles tombent vers l'intérieur...

Elle escalada les décombres, toussant dans la poussière, jeta un coup d'œil à travers le trou.

— OK, tout m'a l'air stable de l'autre côté. Réglez vos lampes frontales au maximum.

Jack reposa la pipe de Wilson dans l'alcôve et emboîta le pas à Jeremy, se penchant pour éviter la roche protubérante au-dessus de leurs têtes. Son malaise dans les endroits confinés avait été éclipsé par l'appréhension que Rebecca ne les entraîne dans une aventure périlleuse, mais il était engagé désormais, et cela ne servirait certainement à rien d'essayer de l'arrêter maintenant, sauf si cela menaçait de se révéler réellement trop dangereux. Il ressortit à l'entrée d'un tunnel dans lequel Rebecca et Jeremy étaient accroupis.

— On ne garde pas l'entrée ? demanda-t-il à Rebecca. On pourrait être suivis...

— Le directeur du site est absent jusqu'à demain et personne dans l'équipe ne descendrait ici sans y avoir été invité. Cela prendrait trop de temps et ça ferait trop de bruit de reconstruire cette barrière. Danny veillera à ce qu'on ne soit pas dérangés. Et on n'a pas besoin de rester plus de quelques minutes.

Jeremy dirigea sa torche vers le haut, révélant un immense bloc de maçonnerie au-dessus de leurs têtes.

— Est-ce qu'on est là où je pense qu'on est ?

Rebecca hocha la tête, les yeux pétillants.

— Directement sous le mur occidental du mont du Temple.

Elle indiqua le chemin qu'ils venaient de prendre.

— Par ici, c'est la Jérusalem moderne. Et par là, nous nous engageons dans un passé vieux de trois mille ans.

— Par ici, nous restons dans le cadre de la légalité, ajouta Jack. Et par là, nous transgressons les lois religieuses les plus strictes.

— Je ne savais pas que Jack Howard se laissait arrêter par des lois, quelles qu'elles soient...

Il dévisagea sa fille pendant un long moment, puis hocha la tête.

— D'accord, mais cette fois seulement. On parlera de limites plus tard. On te suit.

Cinq minutes plus tard, ils sortaient du tunnel pour aboutir dans une grotte d'au moins cinq mètres de côté, les faisceaux de leurs torches dansant sur les murs. Jack avait constaté que le passage était marqué de coups de pioche. Ici, en revanche, les murs de la grotte étaient irréguliers, des fentes et des fissures s'élevant trop haut pour qu'on les suive, et il ne voyait aucune trace évidente du passage de l'homme.

— C'est une grotte naturelle, indiqua Rebecca, lisant dans ses pensées. La pierre sous Jérusalem en est truffée, là où l'eau a érodé des couches de roche plus souples dans la dolomite. J'ai fait des recherches sur la géologie et l'archéologie des sous-sols de la ville, durant les semaines qui ont précédé mon départ. Mais celle-ci est particulièrement grande et bien proportionnée, le genre d'endroit qui aurait pu servir de refuge pour une douzaine d'hommes, ou même d'entrepôt. Ce qui m'a interpellée dès le début, c'est à quel point l'affleurement de la dolomite est lisse au centre, comme l'omphalos que tu m'as montré à l'intérieur de l'antre du Dikté en Crète. Il est clair qu'il a été usé par le contact de nombreuses mains, et il abrite suffisamment de surfaces planes pour y placer des objets.

— Ça devait être un autel, commenta Jeremy.

Rebecca hocha la tête.

— C'est ce que j'ai pensé. Et, si vous regardez autour de vous, vous trouverez des ouvertures et des fissures dans les murs qui pouvaient servir de niches pour exposer des objets sacrés. Mais ce qui m'a vraiment bouleversée, c'est de voir une partie du mur plâtrée, avec une matière d'une couleur et d'une composition identiques à ce qu'a utilisé Wilson pour boucher le mur de gravats qu'il a construit dans la tombe après avoir quitté cet endroit pour la dernière fois.

— Tu peux affirmer avec certitude qu'il était ici ? demanda Jeremy.

— C'est ici qu'il a trouvé la décoration en or du char égyptien ! répondit Rebecca, véhémente. J'en suis absolument certaine. Je crois qu'il a creusé ce tunnel et qu'il n'a trouvé que cela, caché dans une des alcôves. Mais je ne pense pas me tromper en affirmant que, trois mille ans plus tôt, il y en avait plus, bien plus, des objets de la même époque et de la même origine, tous ayant une signification sacrée pour les gens qui les ont conservés. C'était leur saint des saints.

— Et le plâtre ? demanda Jack. Qu'est-ce qu'il cache ?

Elle les guida vers le fond de la grotte, éclairant une portion polie du mur, d'un mètre de large et la moitié en hauteur, recouverte de plusieurs dizaines de lignes d'inscriptions si petites qu'elles étaient quasiment impossibles à déchiffrer.

— Fantastique ! s'exclama Jack. J'ai déjà vu quelque chose qui ressemblait à ça, dans le musée archéologique d'Istanbul, découvert à Jérusalem au moment du règne ottoman en Palestine... L'inscription avait été trouvée dans le tunnel d'Ézéchias, près de la source de Gihon...

— Approche-toi, papa. Regarde de plus près.

Jack longea la pierre de l'autel et son regard fut attiré par de fines lignes et des symboles qui semblaient souligner l'inscription. Il les examina, abasourdi.

— Mon Dieu, Rebecca, je comprends maintenant !

— C'est le symbole d'Aton, les rayons du soleil ! s'écria Jeremy en se postant à côté de Jack.

— Et les symboles tout en bas, ce sont des cartouches, ajouta Rebecca. On peut à peine les distinguer, mais je suis sûre qu'ils sont pareils que ceux que m'a montrés Aïcha, un pour Akhenaton et les autres pour les Israélites...

— Bien sûr, murmura Jack en regardant autour de lui. *Bien sûr !*

Jeremy examina attentivement les mots de l'inscription.

— C'est du paléo-hébreu, dit-il au bout de quelques secondes. Ce qui place ce texte avant la période babylonienne, avant que Nabuchodonosor ait conquis Jérusalem et détruit le premier Temple, au début du septième siècle avant Jésus-Christ. Je pense arriver à reconnaître certains mots, mais je n'ai plus pratiqué mon hébreu ancien depuis que j'étais étudiant. J'ai besoin de temps et de matériel de référence...

— Ne t'en fais pas, Jeremy. J'ai pris un peu d'avance, dit Rebecca en se tournant vers son père. J'en ai parlé à Danny. Quand j'ai trouvé cette inscription, tout ce que j'ai reconnu avec certitude, c'était le symbole et les hiéroglyphes, et je savais que j'aurais besoin de quelqu'un pour traduire. Danny a eu un doctorat à Chicago en archéologie du Moyen-Orient et c'est aussi un capitaine réserviste des services secrets de l'armée israélienne. C'est grâce à lui que je savais que personne ne nous suivrait ici, et il veillera à ce que l'entrée de la tombe soit complètement rebouchée après notre départ.

— Continue, la pressa Jack.

Elle sortit son portable, ouvrit un paragraphe du texte.

— Tout d'abord, la date. Vous l'avez sans doute deviné, l'inscription est bien plus ancienne que la période babylonienne. L'inscription de Siloam est estimée au huitième siècle avant Jésus-Christ, mais Danny pense que notre texte est encore antérieur, du neuvième ou dixième siècle, dès le début de l'âge de fer et de l'écriture hébraïque. Le symbole et les hiéroglyphes font partie d'une inscription plus ancienne encore. Danny a étudié l'usure et la patine des lignes et en a déduit qu'ils devaient avoir deux à trois siècles de plus que le texte en paléo-hébreu, ce qui les rapproche de l'époque d'Akhenaton et de l'Exode.

— C'est comme un palimpseste, commenta Jack. Comme la lettre de Halevi que Maria et moi avons trouvée dans la Gueniza, écrite sur un morceau de vélin réutilisé qui a conservé l'ombre du texte original. Seulement, ici, on n'a pas essayé d'effacer l'inscription plus ancienne.

— L'inscription de Siloam a été faite pour commémorer la jonction entre deux tunnels, à l'intérieur d'un complexe creusé pour améliorer l'accès à la source. Comme vous le verrez, ce texte avait le même but. Le passage par lequel nous sommes arrivés ici a été taillé plus tard et continue vers l'est, où il rejoint une fissure naturelle qui devait être l'entrée originale, à l'époque où cet endroit était un lieu saint. Le contremaître des travaux a peut-être choisi cette paroi simplement parce qu'il n'a pas trouvé d'autre surface plate qui convenait à l'intérieur de la grotte pour une inscription. Il n'a sans doute pas compris le symbole et les hiéroglyphes, même si, comme vous allez le voir, le souvenir de la signification de cette grotte est évoqué.

Jeremy examina l'inscription.

— Je comprends un peu mieux, maintenant. Il y a des nombres, des coudées, et je vois le mot pour « eau ».

— Je vous lis la traduction de Danny.

Rebecca prit son téléphone portable.

— « Voici comment ce tunnel a été rejoint. Alors que les hommes maniaient leurs pioches, les uns vers les autres, et alors qu'il restait encore trois coudées vers la brèche, le contremaître a aperçu une ouverture vers la grotte, devant, et, derrière, un autre tunnel. Le jour où ils ont atteint la brèche, les hommes ont frappé de toutes leurs forces, pic après pic, et ont réussi à pénétrer. Sous le niveau de l'eau qui coulait de la source vers la mare, à une distance de mille coudées. Dans la grotte, la roche était haute de cent cinquante coudées au-dessus des hommes. Avec mes hommes, moi, Yeshuahamin, contremaître, ai creusé ce tunnel. Sous le règne d'Abdi-Heba, le Prophète occupait cet endroit, quand il est venu d'Égypte. »

Un silence de stupéfaction suivit la lecture.

— Incroyable ! lâcha enfin Jack. On parle vraiment de Moïse ?

— Danny pense que le mot qu'il a traduit par « Prophète » avait ce sens pour les gens de l'époque.

— Abdi-Heba, murmura Jeremy. Est-ce que ce n'était pas le roi de Jérusalem au temps des lettres d'Amarna ?

— Précisément, confirma Rebecca, les yeux pétillants de ferveur. Les lettres d'Amarna étaient des tablettes cunéiformes trouvées dans la capitale d'Akhenaton et comportant les archives de correspondances avec des dirigeants étrangers qui avaient prêté serment d'allégeance au pharaon. Six d'entre eux au moins venaient de Jérusalem. Écoutez celle-ci...

Elle se pencha à nouveau sur son écran.

— « Au pharaon, mon seigneur : moi, Abdi-Heba, ton serviteur. Aux deux pieds de mon seigneur, le pharaon, sept fois et sept fois encore je tombe. Voyez, le pharaon a établi son nom sur Mât Urusalim, la terre de Jérusalem, pour toujours. »

Rebecca leva les yeux.

— C'est la lettre d'Amarna numéro 287, lignes 60 à 64. Les autres sont de la même veine, obséquieuses, presque serviles, comme si le pharaon l'avait menacé. Mais pourquoi le pharaon aurait-il fait une chose pareille, au point qu'Abdi-Heba se sente obligé de prêter serment d'allégeance, encore et encore ?

— La terre de Canaan était un champ de bataille pour les Égyptiens, les Assyriens et les Hittites. Des citadelles comme Jérusalem servaient de pions pour un côté ou l'autre. Les alliances avec les grandes puissances étaient le mot d'ordre pour des rois comme Abdi-Heba.

— Cela devait être vrai pour toute la période du Nouvel Empire en général, répliqua Rebecca, songeuse. Mais j'ai écouté tout ce que vous disiez à propos d'Akhenaton au cours des deux derniers mois. Il allait à contre-courant. Ce n'était pas un pharaon belliqueux. Il tentait à contrecœur de mater une rébellion tribale dans le sud du désert et tendait la main en direction de l'Assyrie. La seule bataille que nous lui connaissions est sa désastreuse charge contre le campement des Israélites sur la mer Rouge. Il n'avait rien en commun avec Ramsès le Grand. Alors pourquoi choisir une implantation relativement insignifiante dans la vallée du Jourdain et demander à ce que son dirigeant prête allégeance, encore et encore ?

— Parce qu'il voulait assurer à Moïse et à son peuple un abri sûr, répondit Jack, calmement.

— Exactement ! fit Rebecca en rangeant son téléphone. Et ils sont arrivés ici, dans cette grotte naturelle à l'extérieur des murs de la Jérusalem de l'âge du bronze, un endroit où ils ont pu établir leur premier autel primitif et conserver leurs objets sacrés. Un endroit qui a été rapidement remplacé, une fois que leur nouvelle religion s'est répandue dans la population de Jérusalem et qu'elle a bâti le premier Temple au-dessus de ce site, à des coudées de nos têtes, le souvenir de la grotte perdurant assez longtemps pour que le contremaître de l'équipe d'archéologues, deux cents ans plus tard, connaisse sa signification, mais qui a été refermée et oubliée de l'histoire jusqu'à ce que cet officier britannique y pénètre, près de deux mille cinq cents ans plus tard...

Jack scruta les lieux, respirant le poids des siècles, savourant toute l'histoire qui l'entourait. *Moïse s'est trouvé là.* Il posa une main sur l'épaule de Rebecca.

— Félicitations. C'est une découverte extraordinaire, qui a des implications considérables ! Et tu y as engagé toute ton âme et tout ton cœur.

Elle le regarda, la passion animant ses yeux.

— Ce n'est pas une question de preuve, papa. Tu as déjà tous les éléments qu'il te faut, à ce stade de ta quête. C'est la question de pourquoi tout cela. Quand j'ai trouvé cette grotte, que je me suis assise ici à côté de l'autel, j'ai compris ce qui poussait des gens comme Wilson et Gordon à venir et revenir à Jérusalem, et à chercher Akhenaton dans le désert. J'ai repensé à ton incroyable découverte, il y a deux ans, du berceau des dieux, à côté de la mer Noire, des premières pierres dressées à l'aube de la civilisation. Le chamanisme et la superstition des chasseurs-cueilleurs ont alors été abandonnés et les gens se sont mis à la recherche de nouvelles spiritualités. Mais leur optimisme a été voilé par le pouvoir des prêtres et des rois-prêtres, et alors un pharaon a eu le courage de tout rejeter pour recommencer de zéro. Je ne pense pas que la révélation du dieu unique ait frappé Akhenaton tout d'un coup, je pense qu'il aspirait à cela. Cela lui a permis d'être de nouveau humain, de se débarrasser de l'imposture des rois et des prêtres déifiés. Cet endroit, la vision qu'il représente, la présence du Prophète qui perpétue leur vision commune, devait être pour lui une révolution dans son monde. Et maintenant, trois mille ans plus tard, nous sommes de nouveau à un tournant. C'est pour cela que je voulais que tu voies cette grotte, papa. Tout comme ces soldats victoriens qui combattaient le Mahdi, tu es sur le point de t'enfoncer dans un puits d'obscurité où la religion est de nouveau mise en avant pour justifier la bestialité et la guerre. Je t'ai amené ici pour te rappeler que l'espoir existe encore, qu'un réveil spirituel est possible, un nouveau coup de balai. Et je pense que c'est ce que Wilson et Gordon et les autres, embourbés dans leur guerre, ont également ressenti, et c'est ce qu'ils tentaient désespérément de trouver.

Les larmes aux yeux, elle détourna le regard. Jack sentit une vague d'émotion monter en lui. Hiebermeyer n'était pas le seul à se laisser déstabiliser par les événements des dernières semaines, et Jack sentit qu'il était à fleur de peau depuis trop longtemps maintenant, que son corps et son esprit réclamaient une réponse qui, il le savait, allait s'offrir à lui, d'une façon ou d'une autre, dans les jours à venir. Il pensa à la mère de Rebecca, à la passion de ses convictions qui l'avait attiré vers elle, et l'espace d'un instant il crut voir Elizabeth devant lui, dans l'ombre de Rebecca, la même ardeur dans les yeux, lui montrant l'exemple. L'image se dissipa aussi vite qu'elle était apparue, et Jack ressentit un vide béant qu'il ne s'était jamais autorisé à éprouver après sa mort. Il se retint d'en parler à Rebecca, il trouverait un meilleur moment pour cela. Il consulta sa montre rapidement, reposa la main sur l'épaule de sa fille.

— Il faut que j'y aille.

Jeremy dirigea sa torche au-delà de l'inscription, vers l'entrée condamnée où le tunnel continuait sous le mont du Temple.

— Tu as une idée de ce qui se trouve par là ?

Rebecca s'essuya les yeux et regarda dans la direction où il orientait son faisceau.

— Avec Danny, on pense que c'est bloqué. Je veux dire *complètement*, pas juste des gravats et du plâtre, mais un vrai travail de maçonnerie, de grosses pierres barrant le chemin. Pour passer, il faudrait des marteaux-piqueurs et des explosifs et cela ébranlerait les fondations de la mosquée. Donc, c'est hors de question !

— Ce qui se cache derrière doit avoir une importance remarquable pour qu'on ait pris la peine de l'ensevelir ainsi.

— D'après les calculs de Danny, le tunnel mène directement sous la partie centrale du site du Temple.

— Où on pourrait s'attendre à trouver un entrepôt, affirma Jack.

— Une salle du trésor, ajouta Jeremy.

— À toi de la découvrir ! lança Jack à sa fille. Pour l'avenir.

— Je ne suis pas sûre de vouloir devenir archéologue. Trop de poussière et de vieux machins, déclara Rebecca, ironique.

— Très bien, ponctua Jack en adressant un sourire à Jeremy.

Rebecca prit alors un air sérieux.

— Aïcha m'a envoyé un texto hier au sujet d'une étudiante égyptienne, Sahirah. Jeremy et moi lui avons servi de guides touristiques, l'année dernière, quand elle est venue étudier avec Maria.

Elle sortit de nouveau son portable et montra à Jack une photo prise devant les lions de Trafalgar Square, avec Rebecca sur la gauche et, à côté d'elle, une jolie jeune fille élégante, l'anse d'un sac d'ordinateur sur l'épaule. Jack n'avait jamais rencontré Sahirah, et c'était la première fois qu'il la voyait en photo. Il se pencha sur ses yeux noirs et ses traits typiquement égyptiens, les gravant dans sa mémoire. Il avait l'impression de contempler les portraits remarquablement réalistes peints dans les cercueils des momies des périodes hellénistique et romaine que Hiebermeyer lui avait montrés, des images qui donnaient une soudaine humanité, une réalité presque tangible, à ce passé éloigné. Le visage de Sahirah était comme un phare dans l'obscurité qui enveloppait l'Égypte, une obscurité qui annonçait une ère de feu et de sang.

— Tu vas la faire sortir, n'est-ce pas ?

Jack la regarda, silencieux. Il pensa aux parents de Sahirah, à l'angoisse qu'ils devaient ressentir en sachant leur fille prisonnière d'une vague de l'histoire qu'ils devaient penser impossible à arrêter.

— C'est pour cela aussi que je retourne en Égypte. Et Aïcha fait tout ce qu'elle peut.

Il l'enlaça puis serra rapidement la main de Jeremy.

— Je vous conseille de photographier chaque centimètre de cet endroit et de partir au plus vite. Si je ne vois pas Danny en repartant, transmettez-lui mes amitiés et une invitation à l'IMU pour parler de l'avenir de tes découvertes. Il doit savoir que, si on laisse filer le moindre mot de ce que tu as trouvé sous la mosquée, les extrémistes des deux côtés s'entre-tueront. Il devrait t'aider à finir ici. Les hommes de David t'attendront devant le mur occidental pour te conduire à l'abri et, après, ils te mettront dans un avion de Tel-Aviv à Londres. Sous aucun prétexte tu ne dois prendre contact avec Abdullah, l'antiquaire ou ses employés qui te guettent pour te ramener dans son repaire. Ils pensent sûrement que tu as simplement visité une excavation israélienne, et ce n'est pas la peine qu'ils s'imaginent autre chose.

— Ne t'en fais pas, papa, je gère.

Rebecca sortit son appareil photo reflex numérique et commença à mitrailler, tandis que Jeremy se mettait à recopier l'inscription. Jack s'engagea dans le tunnel, mais se ravisa et revint en arrière.

— Et, Rebecca...

Elle se tourna vers lui, s'interrompant un instant.

— Oui ?

— Prends soin de Jeremy.

Il lui adressa un sourire et repartit dans le tunnel. Quelques minutes plus tard, il était hors de la tombe et dépassait le site de l'excavation vers les rayons de soleil qui traversaient le mur occidental. Il aperçut Danny sur un portique au-dessus des fouilles et lui fit un rapide signe de la main. Son esprit se concentrait déjà sur sa future mission, son voyage des côtes israéliennes vers le *Sea Venture* et ensuite vers Alexandrie, de retour vers la tempête qui grondait. Et il espérait malgré tout qu'elle n'avait pas éclaté, qu'il leur serait accordé un peu plus de temps, à Costas et à lui, pour achever leur quête.

Il sortit dans la lumière aveuglante de l'après-midi et vit immédiatement David et deux de ses hommes à côté d'une voiture, tout au bout de la place.

Les dés sont jetés.

QUATRIÈME PARTIE

18

Alexandrie, Égypte

Jack sortit sur l'héliport à côté de Qaitbay, un peu plus de six heures après avoir quitté Rebecca à Jérusalem. Le parachutage depuis l'Hercule par l'armée de l'air israélienne s'était passé sans encombre, et quelques minutes après avoir été repêché dans la Méditerranée par un Zodiac du *Sea Venture*, il montait dans un hélicoptère Lynx pour un vol de cent trente kilomètres vers le sud et Alexandrie. La ville se trouvait toujours aux mains de son administration élue, mais désormais l'anarchie n'était plus très loin d'y régner. Ils avaient décidé de se poser de nuit discrètement pour minimiser les risques d'intervention de la police égyptienne ou des gardes-côtes qui pouvaient être encore en fonction. Alors que Jack se dépêchait de passer sous les pales, il vit un petit tas de caisses au bout de l'héliport. Le pilote lui avait expliqué qu'ils contenaient le dernier lot de matériel de l'institut. Le prochain hélicoptère qui partirait de là serait le dernier, transportant Hiebermeyer, Aïcha et leurs précieuses archives d'Égypte, pour les mettre en sécurité.

De l'autre côté du port, les premières lueurs de l'aube éclairaient le disque de la Bibliotheca Alexandrina, et les stries rouge pâle illuminaient l'eau. Des rangées de bateaux de pêche flottaient, amarrées dans le bassin. C'était une scène atemporelle, et pourtant Jack savait que ce n'était qu'une illusion. Il franchit le seuil du fort vers la cour et aperçut Costas, qui l'avait précédé de plusieurs heures sur le *Sea Venture* et était désormais penché sur plusieurs grands paquetages. Il fit signe à Jack de s'approcher.

— Tout est prêt. Deux combinaisons, deux réservoirs d'oxygène à deux cylindres avec recycleurs, ce qui nous donne environ cinq heures d'autonomie. Et aussi les deux premiers prototypes de mon nouveau dispositif à propulsion sous-marine UPD-4, capables d'aller sous l'eau ou de flotter à la surface. C'est notre seul moyen pour parcourir les trois kilomètres sous la terre depuis la rivière et jusqu'au plateau de la pyramide, en supposant qu'on arrive à passer l'entrée du tunnel.

— Est-ce que Lanowski nous a calculé quelques coordonnées ?

— Il est à l'intérieur, il t'attend pour nous les donner.

— Et les paquetages ?

Costas fit un signe de tête vers le port.

— Mohammed, l'oncle d'Aïcha, a une felouque motorisée. Avec son fils, ils doivent arriver d'une minute à l'autre pour prendre les sacs et les emporter clandestinement. Il va nous emmener sur le Nil, jusqu'à notre point de plongée, après Le Caire. On voyagera dans la journée, ce qui veut dire qu'on se mêlera aux autres bateaux sur la rivière, et on se fera moins remarquer qu'en pleine nuit. On pourra ainsi se reposer un peu, pour se préparer à ce qui nous attend.

— Nous partons à quelle heure ?

— Il veut partir à huit heures du matin, dans deux heures. Le Lynx doit décoller plus tard dans la matinée pour donner à Maurice et Aïcha l'occasion de fermer correctement le bâtiment, mais le départ pourrait être avancé si les choses se corsent.

— C'est possible ?

— On entend des fusillades et des explosions depuis des heures. Pour la plupart, ce sont des milices d'habitants du coin qui suivent l'exemple des djihadistes envoyés ici et qui se font remarquer depuis quelques jours. Mais les autres forces mahdistes sont prêtes à intervenir en cas de coup d'État. Je viens de parler par téléphone satellite avec Ben, et selon les derniers renseignements, il y a un camp avancé juste à l'intérieur de la frontière libyenne qui compte plusieurs centaines de personnes avec des camions Toyota, qui attendent certainement l'ordre de prendre Alexandrie. Ils seront rejoints par des forces plus importantes encore qui partent du Soudan vers Le Caire. L'armée égyptienne a été si régulièrement infiltrée par des sympathisants des djihadistes qu'elle ne peut plus jouer un rôle efficace de défense pour le gouvernement. Une fois que les mahdistes seront là, toute résistance s'écroulera et cet endroit basculera dans le côté obscur. Ça peut arriver à n'importe quel moment.

— Est-ce que Ben en savait plus, à propos de la jeune fille emprisonnée au Caire ?

— Il n'a pas réussi à parler au directeur des antiquités, ni à son contact des services secrets du Caire. La dernière limite pour obtenir une réponse est midi et demi, heure égyptienne. Ça ne semble pas très bien parti, Jack, mais il faut qu'on continue à s'accrocher jusque-là. Je sais qu'Aïcha a une autre option.

— D'accord, allons écouter ce que Lanowski a à nous dire.

Costas prit un colis emmailloté d'un des paquetages et le tendit à Jack.

— Trois chargeurs que je t'ai spécialement préparés, et le Beretta, nettoyé et huilé. J'ai aussi un Glock et quelques autres petites merveilles du *Sea Venture*. Si on est pris, on ne pourra pas se rendre à ces gens-là, Jack. Après le coup d'État, ils ne feront pas de prisonniers.

Jack enfila son holster, prit le Beretta, éjecta et replaça le chargeur, tira le chien en arrière et le libéra pour introduire des munitions, puis rangea l'arme dans le holster.

— Allons-y ! lança-t-il.

Quinze minutes plus tard, ils se tenaient en compagnie d'Aïcha et Hiebermeyer derrière Lanowski, qui pianotait sur le dernier ordinateur de la salle des opérations. Tout le reste avait été vidé. Les livres, les dossiers, les affiches, tout était parti, et à côté de l'ordinateur attendaient encore sur le bureau une mallette ouverte et un téléphone satellite. Jack se pencha pour examiner le symbole d'Aton rayonnant sur la plaque que Lanowski venait d'afficher sur son écran. L'autre fragment prolongeait une ligne vers un endroit sur le Nil.

— La felouque ne sera pas prête avant une heure, les informa-t-il. Il me faut tout ce que vous savez au sujet de ces coordonnées sur le Nil, mais avant cela j'ai besoin d'un compte rendu complet sur l'opération, et que vous me fassiez part de tout ce que vous savez de l'archéologie sous le plateau. C'est notre dernière chance.

Hiebermeyer déroula une carte du plateau de Gizeh, du Nil et de la banlieue sud du Caire entre les deux.

— Très bien, Jack. Durant les années 1980, une compagnie internationale s'est vu confier la construction de nouveaux égouts sous la banlieue de Gizeh, vers le sud du vieux Caire attenant au plateau de la pyramide. Ça a été une opportunité en or pour l'archéologie, pour accomplir le type de fouilles approfondies qu'on a vues à Athènes au moment des travaux menés pour préparer les jeux Olympiques ou à Istanbul, avec le nouveau terminal du tunnel du Bosphore. L'installation du système des eaux usées devenait vraiment indispensable, malheureusement le budget n'a pas suivi. Par conséquent nous avons eu un splendide aperçu de ce qui se cachait sous la terre, mais rien de plus. J'étais étudiant à cette époque et j'ai réussi à me joindre à l'équipe d'archéologues qui dirigeaient les opérations...

— Officieusement, si mes souvenirs sont bons, intervint Jack. Ton directeur de recherche voulait que tu termines ton doctorat, mais toi, tu ne voulais rien rater de ce qui se passait en Égypte. Le directeur des antiquités t'avait très clairement refusé un permis. Il s'inquiétait pour toi...

— Je ne le voyais pas comme ça, reprit Hiebermeyer en secouant la tête de frustration. Si j'avais eu encore quelques heures sur le site, nous serions aujourd'hui bien plus proches de notre objectif que nous ne le sommes actuellement. J'étais sidéré de voir à quelle vitesse ils ont fermé le chantier dès la fin des travaux. Le trou a été tout de suite rebouché. À présent, tout est enterré. Mais le gardien de nuit sur le site le plus intéressant était un ami et il m'a laissé entrer, la dernière nuit. Ce que j'ai découvert était fascinant, mais je n'ai pu en parler à personne, puisque j'étais là illégalement. À cette époque, j'avais plus important sur ma liste de priorités, ou du moins c'était ce que je pensais, et j'ai rangé cela dans un coin de mon esprit. Mais je comprends maintenant son importance, et elle est immense. Jacob ?

Lanowski pressa une touche et une photo aérienne du plateau de Gizeh s'afficha. On y voyait les trois pyramides et le Sphinx, la masse des strates inférieures et les fondations des fouilles devant la grande pyramide, et au premier plan les immeubles de la banlieue moderne. Lanowski appuya de nouveau sur le clavier et la scène se transforma en une image de synthèse isométrique avec la reconstruction des structures de l'Antiquité. La banlieue moderne avait disparu, remplacée par des champs cultivés, et soudain le bric-à-brac de ruines devant la pyramide prit tout son sens, agencements de bâtiments rectilignes, de cours et de chaussées. L'ajout le plus surprenant sur les bords de la plaine d'inondation devant les pyramides consistait en un large bassin artificiel et un complexe de canaux, l'un d'eux menant vers une voie navigable irrégulière, à un kilomètre à l'est du plateau, clairement un embranchement du Nil.

— Fais-nous un petit résumé, Maurice, le pria Costas.

— D'accord. Vous avez les trois pyramides, Khéops, Khéphren et Mykérinos, de la plus petite à la plus grande, du nord vers le sud. Elles sont au bord d'un plateau appelé la formation Mokattam, une crête calcaire qui s'élève en ce point à environ cinquante mètres au-dessus de la banlieue moderne. À l'est du plateau se trouve l'ancien lit majeur du Nil, et à l'ouest le désert ouvert. Le calcaire est facile à extraire et à creuser. Le plateau à l'est de la pyramide de Mykérinos est complètement dépourvu d'anciennes structures, le laissant nu sur un kilomètre à la ronde jusqu'à ce qu'il descende vers la plaine d'inondation...

— Tu veux dire là où nous étions quand nous avons fait notre plongée sous la pyramide, orientés vers l'est, intervint Costas. Quand nous faisions face au tunnel bouché.

Hiebermeyer hocha la tête.

— Tout d'abord, jetons un coup d'œil à ce que nous voyons en surface. Cette image montre le plateau à l'époque du Nouvel Empire et d'Akhenaton, plus de mille ans après la construction des pyramides. À l'origine, un temple mortuaire était érigé en face de chaque pyramide, et ensuite un autre temple encore, en fait une sorte de portique d'entrée, sur la plaine d'inondation en dessous, les deux reliés par une chaussée. Au cours du Nouvel Empire, les complexes mortuaires devant les pyramides de Mykérinos et Khéphren avaient été retirés, et tout se concentrait sur les structures liées à la grande pyramide. À cette époque, bien sûr, l'utilisation des structures telles que les temples mortuaires pour préparer les corps des pharaons à la vie après la mort était de l'histoire ancienne. Et j'insiste sur *histoire ancienne.* On a tendance à voir l'Égypte des pharaons comme une entité figée, alors qu'en fait on parle d'un laps de temps, entre la construction des pyramides et l'époque d'Akhenaton, qui est comparable, disons, à l'intervalle entre la fin de l'Empire romain et nos jours. Sur une période tellement immense, ce n'est pas étonnant de voir des monuments changer de signification et de fonction...

— Donc, ce qui a commencé comme une communauté de prêtres perpétuant le souvenir de trois pharaons, Khéops, Khéphren et Mykérinos, devient un culte unifié des anciens pharaons, se centrant sur le complexe associé à la grande pyramide, explicita Jack. Les autres devenaient redondants.

— Et plus que cela encore, tout le culte aurait pu devenir redondant ! ajouta Hiebermeyer, enthousiaste. Qu'est-ce qui nous fascine le plus avec les pyramides ? demanda-t-il après une courte pause. Ce n'est pas tant les pharaons morts, mais les prouesses techniques et la géométrie des alignements, la relation en particulier avec le soleil. Les Égyptiens du Nouvel Empire devaient être aussi époustouflés par les pyramides que nous le sommes aujourd'hui et être bien conscients des alignements célestes. Ils devaient même assurément les célébrer. J'ai la conviction que le culte des pharaons était largement intégré dans un culte du soleil, de Ra et des autres dieux-soleil, une transition qui avait déjà dû être amorcée au début du Nouvel Empire...

— Et cela nous ramène à Akhenaton, murmura Costas. Et à comment des plaques montrant le symbole d'Aton ont pu être placées à l'intérieur de la chambre funéraire de Mykérinos, quelque chose qui aurait été impossible à l'époque où son culte perdurait encore...

Hiebermeyer confirma d'un hochement de tête et pointa le doigt vers l'écran.

— Examinons tout d'abord ces structures devant la grande pyramide. C'est ce qui a été révélé durant la construction des égouts. *Officiellement,* bien sûr. Un, des bâtiments en briques de terre crue qui faisaient indubitablement partie de la ville érigée pour abriter les ouvriers et ensuite les prêtres qui entretenaient le culte. Deux, les restes d'un grand mur en briques de terre crue, le prétendu palais. Trois, l'immense revêtement en basalte du port adjacent à la vallée du temple, relié au Nil par des canaux assez larges pour que puissent y naviguer des barges transportant des blocs de pierre vers le port, et plus tard pour le cérémonial du dernier voyage du pharaon mort vers le temple mortuaire.

Costas montra du doigt un canal sinueux vers l'est du port.

— Tu veux dire ici ?

— Ça, c'est le Bahr el-Libeini, un lac intermittent du Nil sous le Nouvel Empire. Depuis, il a été ensablé et le canal principal de la rivière a progressivement migré vers l'est, excepté à quelques endroits, où il est plus ou moins resté dans sa position originale. Les canaux construits par les hommes ont été perdus, mais ils devaient constituer des exploits techniques à leur époque...

— Donc, tout cela montre que la construction d'un passage entre le Nil et le plateau de Gizeh était parfaitement réalisable, intervint Jack. Notre idée du souterrain que pourraient représenter ces rayons sur le symbole d'Aton est plausible.

— Plus que cela, Jack. C'est une certitude.

— Continue.

Hiebermeyer inspira profondément pour retrouver son calme.

— Je vous ai fait la liste des découvertes... *officielles.* Voyons maintenant ce qu'il en est des autres...

Il se baissa sous le bureau, tâtonna un moment, puis sortit un gros bloc de granit poli, des hiéroglyphes profondément gravés sur sa surface. Il le posa méticuleusement sur la table à côté de lui et passa une main dessus.

— C'est mon petit secret depuis toutes ces années. J'ai attendu le bon moment pour le révéler, et ce moment est arrivé, apparemment.

Costas se pencha sur l'objet.

— Il y a l'oiseau, la buse égyptienne. Et la bouche, le visage et le demi-soleil. Le reste, je ne le reconnais pas.

La voix de Hiebermeyer était teintée d'excitation, et sa main tremblait pendant qu'il suivait les lignes des hiéroglyphes.

— Je l'ai trouvé cette nuit-là dans la tranchée à côté du grand mur de briques en terre crue. C'est pour cela que j'ai parlé d'un « prétendu » palais, parce que ce n'était pas un palais du tout. On peut y déchiffrer trois mots avec certitude. « Secrets », « écrits » et « entrepôt », ou « dépôt ». La seule personne à qui je l'ai montré, c'est Aïcha, qui se trouve être la meilleure experte en hiéroglyphes. Elle affirme sans l'ombre d'un doute que cela signifie « entrepôt de secrets écrits ».

— Mon Dieu ! s'écria Jack après un silence abasourdi. *Une bibliothèque !*

Le visage de Hiebermeyer s'empourprait.

— J'ai toujours contesté le mot « palais ». Une approximation plus fidèle serait « monastère », un endroit où les prêtres vivaient et travaillaient. Et tout comme les monastères médiévaux, les universités ecclésiastiques de l'Égypte antique constituaient des entrepôts de connaissances. Vous vous souvenez du temple de Saïs dans le delta du Nil, où Solon a appris l'histoire d'Atlantis ? À ce stade, cinq cents ans après Akhenaton, l'ancien savoir avait été fragmenté, partagé entre plusieurs temples, jalousement gardé par les prêtres et transmis seulement oralement. Le premier roi macédonien d'Égypte, Ptolémée Ier, a essayé de corriger cela en établissant la grande bibliothèque d'Alexandrie, même si à cette époque la plus grande partie du savoir ancestral s'était perdue après la fermeture des temples anciens. Mais je pense qu'il était inspiré par le souvenir d'un grand entrepôt central, une vraie bibliothèque qui existait à la période de gloire des pharaons, dans le Nouvel Empire au temps d'Akhenaton et de son fils Toutânkhamon…

— Et il n'aurait pas pu trouver mieux que Gizeh pour cela, murmura Jack. Le prestigieux centre du culte du dieu-soleil durant le Nouvel Empire, et avant cela, celui des premiers pharaons. Le lieu d'une occupation régulière de la part d'une caste de prêtres pendant plus de deux mille ans, des prêtres qui avaient pu protéger un entrepôt de connaissances au cours des siècles...

— Et si c'était une bibliothèque, c'était sûrement la première de cette taille dans le monde entier. Le mur de terre crue date du Nouvel Empire, peu de temps après la construction de la grande pyramide, environ deux mille cinq cents ans avant Jésus-Christ. Plus de mille ans avant l'apogée du Nouvel Empire, avant Akhenaton. Imaginez ce qu'un tel entrepôt avait pu contenir : tout le savoir transmis depuis la préhistoire égyptienne, à l'époque des premiers hiéroglyphes du millénaire précédent, ainsi que les écrits de la Mésopotamie. Et on ne parle pas que de textes funéraires, de mantras sacrés, de livres des morts et de tracts religieux, mais d'un matériel qui précède et transcende tout cela : les histoires et les sagas les plus anciennes, des récits d'exploration et de découvertes, les connaissances médicales perdues... La bibliothèque de Ptolémée à Alexandrie ne devait en être qu'une pâle réplique.

— Mais, comme la bibliothèque de Ptolémée, elle devait servir d'aimant pour les autres collections, déclenchant un effet d'accumulation... souffla Jack, son esprit en ébullition. Je pense à autre chose, Maurice, à la reine minoenne d'Égypte, au quinzième siècle avant Jésus-Christ, et à ta théorie de sa place dans la lignée d'Akhenaton et des autres pharaons du Nouvel Empire. Peut-être que le legs minoen en Égypte ne peut pas se limiter à une dynastie et à une armée de mercenaires amazoniennes. Peut-être que c'était bien plus profond que cela, l'héritage d'un savoir préservé qui est passé en Égypte après que le volcan de Théra a détruit la civilisation minoenne et que les prêtres ont fui vers la mer, au sud de leurs palais en ruine...

Hiebermeyer hocha la tête.

— Des palais sans être des palais. On s'est interrogé sur la fonction des palais minoens depuis qu'on les a découverts, sur les complexes des entrepôts, sur le labyrinthe…

Jack ferma un instant les yeux.

— Imaginez ce qu'ils pouvaient contenir…

— Mais tout cela a été perdu, rappela Costas.

Hiebermeyer tapota l'écran à l'endroit du plateau calcaire vide devant la pyramide de Mykérinos.

— Peut-être. Ou peut-être que c'est encore là. Peut-être que le contenu est là. Caché sous la terre.

Jack réfléchissait.

Bien sûr !

— La ville de lumière d'Akhenaton ! s'exclama-t-il. C'est exactement ce qu'Akhenaton aurait fait. C'est un pharaon qui a créé une toute nouvelle religion, qui s'est bâti une nouvelle capitale à Amarna, qui a fait construire d'immenses temples à Louxor, à Héliopolis. Remettre sur pied la bibliothèque à Gizeh, dans un endroit plus sûr que ce vieux complexe en briques d'argile, la placer sous l'égide de ce nouveau centre culturel dédié à Aton et le dissimuler dans les sous-sols, ce serait parfaitement cohérent avec sa vision… Jacob, est-ce qu'on peut revoir ton plan ?

Lanowski pressa une touche, pour que s'affiche le symbole d'Aton sur la plaque avec les pyramides derrière, transposé en topographie du plateau.

— Ça colle tout à fait, affirma Jack. Le symbole central du soleil tombe droit sur le plateau devant la pyramide de Mykérinos, l'endroit d'où proviennent les rayons. Ce ne peut être que ça, poursuivit-il en jetant un coup d'œil vers Costas. C'est sûrement ce qu'on voit dans le tunnel sous la pyramide…

— Éclairé par le soleil qui pénètre par les ouvertures de la pyramide et se réfléchit sur les miroirs en basalte poli qui le grossissent quelque part en profondeur sous le plateau, renchérit Costas.

— D'accord, maintenant le point de sortie de ce tunnel sous le Nil...

Lanowski fit apparaître une liste de coordonnées.

— Ça délimite la zone à vingt mètres. J'ai simplement superposé l'image de la plaque sur une carte moderne, conservant l'alignement exact des pyramides.

Costas consulta la carte consciencieusement.

— Tu penses vraiment que ça pourrait être aussi précis ?

Hiebermeyer et Lanowski se tournèrent tous les deux pour le dévisager. Jack posa une main sur son épaule en souriant.

— Surveille tes paroles. Tu es entouré d'égyptologues, ici.

— Je pense que si les Égyptiens de l'Antiquité étaient capables d'aligner une pyramide avec cette précision géométrique, alors s'ils voulaient vraiment que ce soit une carte, on peut leur faire confiance, déclara Lanowski.

— C'était juste pour être sûr, désolé, s'excusa Costas en levant les mains au ciel.

Lanowski pianota à nouveau et une image satellite de la Basse-Égypte apparut, le delta du Nil et Le Caire clairement visibles au-dessus de la ceinture verte qui marquait le cours de la rivière dans le désert. Il manœuvra rapidement, se rapprochant d'un point sur le Nil au sud du Caire.

— Google Maps n'existe pas encore en Égypte, mais j'ai gardé ouverte la connexion avec le Landsat que mon ami de Langley m'a établie quand je faisais des recherches sur le site des chars dans la mer Rouge. Regardez ceci : mes coordonnées correspondent quasi exactement avec la structure à moitié effondrée dans le Nil. Aïcha ?

— Mon étude montre qu'il s'agit d'un bâtiment du début du dix-neuvième siècle, construit par les forces napoléoniennes au moment où elles ont conquis l'Égypte, annonça-t-elle. Il devait être en ruine quand le caporal Jones, Chaillé-Long et le plongeur français ont entrepris leur exploration, en 1893. On ne trouve rien de tel sur cette étendue de la rive ouest du Nil, et il ne fait aucun doute que c'est le fort qu'ils ont vu et que Howard Carter mentionne dans son journal. L'entrée du tunnel d'Akhenaton doit se situer très près de cet endroit.

— Bingo ! lança Lanowski à voix basse.

Jack posa une main sur son épaule, son exaltation croissant encore un peu plus.

— Bon travail, Jacob. Procédons à un peu de géomorphologie. Il faut qu'on pense au niveau de l'eau.

— J'y travaille déjà, répliqua Lanowski, les yeux pétillants. Bien sûr, il faut tenir compte des changements dans le cours du Nil depuis trois mille ans. Mais c'est un de ces endroits où la position de la berge n'a pratiquement pas bougé, comme nous pouvons le conclure d'après la découverte de l'entrée du tunnel apparemment sous la rive moderne...

— Ce n'est peut-être pas un hasard, intervint Costas. Les ingénieurs d'Akhenaton devaient connaître leur rivière sur le bout des doigts. S'ils voulaient construire l'entrée d'un tunnel, ils auraient choisi un endroit stable.

Il lança un regard à Jacob.

— Après tout, ce sont les gars qui ont construit les pyramides, c'est toi-même qui l'as dit.

Lanowski se tourna vers Costas, le visage rayonnant de plaisir.

— *Excellent*, Costas. Tu apprends vite...

— On peut revenir au niveau de l'eau ? intervint Jack.

— Bien sûr... Les dernières études en sédimentologie suggèrent que la plaine d'inondation du Nouvel Empire était plus basse qu'on ne le pense généralement, même si bien sûr nous devons prendre en compte les crues annuelles et l'abaissement du Nil, qui est désormais contrôlé par le barrage d'Assouan. Mes calculs indiquent qu'un canal construit dans les soubassements pouvait être à sec une bonne partie de l'année, et inondé le reste du temps, pendant lequel il pouvait être navigable...

— Tu parles d'un canal souterrain, là ! intervint Jack. Un chemin qui aurait permis aux péniches d'atteindre le plateau des pyramides...

— Exactement. Nous avons déjà vu un précédent avec les canaux et ports artificiels creusés pour chacune des pyramides au moment de leur construction, seulement ils étaient au-dessus du sol.

— Mais notre tunnel ne mène pas à un temple mortuaire, ajouta Hiebermeyer.

— Et le niveau actuel de l'eau ? demanda Jack.

— Mon modèle suggère que le tunnel serait complètement submergé, même s'il peut sortir de l'eau quand il arrive au plateau et se relier à des couloirs et des salles qui ont toujours été au-dessus du niveau de l'eau et restent au sec aujourd'hui encore. Des radars à pénétration de sol n'ont rien révélé de tel sous le plateau devant la pyramide de Mykérinos, mais cela pourrait simplement refléter les limites de la technologie. Il est possible que les toits des salles se trouvent à plusieurs mètres de profondeur, au-delà de la portée des radars, mais que les salles soient quand même au-dessus des nappes phréatiques. Le fait qu'elles existent ne présente aucun doute. Costas et toi les avez aperçues quand vous étiez sous la pyramide.

— J'espère juste que vous pourrez trouver un passage dans le Nil, dit Lanowski. Quand le plongeur a essayé d'exploser l'entrée, il y a cent ans, il a pu causer un glissement de terrain...

— On ne pourra en être sûrs qu'une fois sur place, rétorqua Jack en adressant un clin d'œil à Costas. Et mon collègue nous réserve toujours des surprises.

— C5, déclara Costas. Le meilleur ami du plongeur. J'ai libéré un peu de matériel du magasin d'armements du *Sea Venture*.

Hiebermeyer fixait toujours l'écran du regard.

— Tu penses vraiment que tu peux y arriver ? Je veux dire, plus de trois kilomètres de tunnel, complètement sous l'eau ?

— Physiquement, oui, répondit Costas. Du moment que le tunnel est dégagé derrière l'entrée, que nos scooters fonctionnent et que nos recycleurs ne nous lâchent pas...

— Mais ?

— Je ne peux pas m'empêcher de penser à ceux qui nous ont précédés. Les seuls dont nous ayons entendu parler sont le calife Al-Hakim et le caporal Jones, le premier apparemment mort quelque part dans le sous-sol et l'autre sérieusement bouleversé par son expérience. Et notre première incursion sous la pyramide ne laissait rien présager de bon. Nous avons vu la lumière une fois, mais peut-être que le pharaon ne nous permettra pas d'aller plus loin que ça.

Lanowski le regarda, surpris.

— Tu te trompes de film, Costas. On n'est pas dans celui avec les malédictions, les scarabées mangeurs d'hommes et les momies zombies... Akhenaton s'est débarrassé de l'ancienne religion, rappelle-toi, il était au-dessus de ça.

Costas lui adressa un sourire complice façon grimace.

— Oui, on est dans celui avec les fanatiques extrémistes, les exécutions publiques, celui où la fin du monde est imminente... Je crois que je préfère encore les essaims de sauterelles et les momies vivantes...

Le téléphone d'Aïcha vibra et elle le sortit de sa poche.

— On a de nouveau du réseau. Ça ne va pas durer, alors j'en profite pour vérifier ce qui arrive là...

Elle tapota sur le clavier, parcourut rapidement l'écran de haut en bas.

— Il faut que vous voyiez ça ! C'est aux infos en ce moment même. On risque d'avoir moins de temps que prévu.

19

Aïcha brandit son portable pour qu'ils puissent tous voir l'écran, et Hiebermeyer se redressa, agrippant les accoudoirs de son fauteuil, ses phalanges blanchies par la tension.

— C'est diffusé en ce moment sur Al Jazeera, expliqua Aïcha.

Jack se pencha pour regarder. Au-dessus de la bande défilante avec les dernières nouvelles, se déroulait une scène typique des suites d'un attentat terroriste, le premier plan illuminé par les lumières des véhicules d'urgence postés devant un périmètre bouclé. Le gros titre indiquait « en direct de Gizeh ». La caméra zooma à l'intérieur du cordon de sécurité sur les trois pyramides. Soudain un flash blanc éclaira la plus petite des pyramides.

— Ça doit être du phosphore, sans doute des grenades, murmura-t-il. Le phosphore ne va rien détruire, mais sur les pyramides il va noircir la pierre et on va les croire en feu.

— Ça augure des événements à venir, grommela Hiebermeyer. La prochaine fois, ils bourreront les chambres funéraires d'explosifs...

— N'est-ce pas notre pyramide ? intervint Costas. La pyramide de Mykérinos ?

— Celle que le fils de Saladin a essayé de réduire en miettes en 1196. Ils reprennent le travail là où il l'avait arrêté. Regarde ce que rapportent les journalistes. Ils chantaient « Saladin, Saladin ». Ils menacent peut-être la plus petite pyramide maintenant, mais la prochaine fois, c'est à la plus grande qu'ils s'en prendront.

Aïcha monta le volume et écouta, très concentrée, la retransmission en arabe.

— Apparemment, c'est le même ecclésiaste qui promet ce traitement depuis que les talibans ont pulvérisé les bouddhas de Bâmiyân en Afghanistan en 2001, expliqua-t-elle en coupant le son. Ces ordures ont réussi à passer le périmètre de sécurité il y a une heure dans un convoi de Toyota et sont maintenant face à la police à l'entrée du plateau. La police n'a aucun intérêt à ouvrir le feu et de toute façon leurs officiers en chef ont été infiltrés par les extrémistes, tout comme l'armée. Et pour ce qui est de notre cher directeur des antiquités, Al Jazeera a réussi à le surprendre chez lui en train de faire ses bagages. J'imagine qu'il regrette amèrement d'avoir accepté ce poste. Il a été contraint de retourner au ministère, au Caire, où il ne restera plus très longtemps.

— J'ai lu le Coran du début à la fin, commenta Lanowski, en secouant la tête. Rien ne justifie la destruction de monuments ou de statues au prétexte qu'ils datent d'avant Mahomet.

— La gloire d'Allah brille à travers toutes les créations réalisées jusqu'à nos jours, ce qui comprend aussi les merveilles de l'Égypte antique, confirma Aïcha, à voix basse. Affirmer que ça ne vaut pas pour l'histoire avant Mahomet, cela revient à diminuer Allah. Ces gens sont les ennemis des vrais musulmans.

La caméra filmait désormais les silhouettes devant les Toyota garées en ligne juste à l'entrée du plateau de Gizeh.

— Regardez-moi ces énergumènes ! s'indigna Costas. Ils portent tous des bandeaux noirs !

— Ils se font appeler Al-Hazim 'al-Mahdi, « les nouveaux disciples du Mahdi », expliqua Aïcha. Al Jazeera raconte qu'ils s'entraînent dans des camps secrets au Soudan et en Somalie depuis des mois. Beaucoup d'entre eux sont des vétérans d'Irak ou d'Afghanistan, et ont des liens forts avec les extrémistes qui opèrent désormais depuis la Syrie contre Israël. Pour la première fois depuis l'avènement des talibans en Afghanistan, depuis le Yémen et la Somalie, nous sommes sur le point d'assister à un coup d'État. Ils préparent cela depuis plus d'un siècle, depuis que lord Kitchener a profané la tombe du Mahdi devant Khartoum après avoir vaincu les derviches dans la bataille d'Omdurman. Les agents du renseignement de l'époque savaient qu'Omdurman était une victoire dérisoire, et maintenant elle revient nous hanter.

— Et ils se servent de l'archéologie comme poudrière, ponctua Jack.

— Pas seulement une poudrière, intervint Hiebermeyer. Regarde ce qui se passe : l'Occident s'est montré incapable d'empêcher la destruction des bouddhas de Bâmiyân, et maintenant les plus grandes antiquités égyptiennes sont en passe de subir le même sort... Les forces derrière ces actes odieux vont en tirer une publicité exceptionnelle. Quelle meilleure façon de prouver la faiblesse de l'Occident ? L'archéologie, la fascination de l'Ouest pour l'Égypte antique, va devenir une arme aux mains des extrémistes. Ils nous expriment clairement leur mépris. Et pas seulement à nous, mais aussi aux habitants de ce pays, qui ont fait de l'archéologie leur gagne-pain et la base de leur identité. Un peu plus de deux cents ans après l'arrivée de Napoléon avec son équipe de cartographes et d'érudits, l'égyptologie est sur le point de disparaître !

Lanowski posa une main sur l'épaule de Hiebermeyer.

— Non, pas pour toi. Et pour aucun de nous non plus. Pas pour les millions de personnes dans le monde entier qui suivent tes travaux. Tu as tout le reste de ta vie pour reconstituer les pièces du puzzle que tu as récoltées en Égypte. Tu en tireras des livres, des films, toute l'histoire incroyable d'Akhenaton pour commencer, quand nous l'aurons élucidée. Moi, je reste avec toi !

Aïcha posa un doigt sur ses lèvres et s'approcha de Hiebermeyer, qui s'était détourné d'eux. Elle se pencha, murmura à son oreille et déposa un baiser sur son front en lui caressant la joue. Pendant qu'elle consolait son mari, l'image sur son portable fut remplacée par un autre gros titre, « Le musée du Caire menacé ». Les caméras montraient désormais le musée derrière une rangée de grands feux, et, devant, un groupe d'hommes portant des bandeaux noirs occupés à chanter et prier. Hiebermeyer se tourna, prit une profonde inspiration et regarda l'écran.

— *Mein Gott !* lâcha-t-il. Ça commence pour de bon.

Son visage était décomposé. Jack posa à son tour une main sur son épaule.

— Jacob avait raison. Tu vas peut-être devoir mettre de côté ta truelle, mais maintenant, c'est le moment de réfléchir. Après tout, il y quelques jours, après que tu as découvert ces gravures dans la nécropole de la momie, tu m'as offert la meilleure preuve que le Nouvel Empire égyptien s'est largement inspiré de la Crète minoenne…

— J'ai fait *quoi* ? s'étonna Hiebermeyer. Je n'ai rien dit de tel ! Un groupe d'amazones minoennes aux seins nus qui cavalent sur des chars dans le désert ne saurait être considéré comme ayant une quelconque influence culturelle !

— Prouve-le. Et prouve que les Égyptiens ont voyagé plus loin que les Grecs, dans la Méditerranée, en Afrique et même de l'autre côté de l'Atlantique. Vas-y, sors, va trouver les sites. S'ils existent, bien sûr.

— Mais oui, ils existent, affirma Hiebermeyer en le fixant du regard. Tu sais qu'ils existent, et je vais te le prouver. Attends un peu et tu verras !

Jack agrippa son épaule.

— Voilà le Maurice que je connais.

Lanowski leva la main en toussotant.

— Oui, Jacob ? demanda Costas prudemment.

— Je demande la permission de rejoindre l'équipe.

— Tu fais déjà partie de l'équipe, affirma Jack. Un membre de valeur, tu l'as encore montré aujourd'hui...

— Non, je parle de la vraie équipe. L'expédition. Costas et toi.

— Eh bien...

— Vous allez avoir besoin de quelqu'un, au-dessus. Mohammed et son fils auront déjà fort à faire avec la navigation de la felouque. Je suis sorti en mer avec eux et j'ai vu de quoi ça avait l'air. Il vous faudra quelqu'un d'autre pour contrôler les positions sur le GPS et pour vous aider avec l'équipement. Et l'anglais de Mohammed n'est pas au top. Je parle plutôt bien arabe.

— Tu parles arabe, répéta Costas dans un murmure. *Bien sûr* que tu parles arabe, j'aurais dû m'en douter...

— Le facteur risque est immense, tu le sais ? demanda Jack.

Lanowski leva les bras au ciel, exaspéré.

— Le dernier gros risque que j'ai pris dans ma vie, c'est quand j'ai refusé un poste de professeur au MIT pour ce qui correspond à un boulot d'ingénieur à l'IMU... Mes amis se sont tous dit que j'avais pété un câble, tout espoir de prix Nobel s'envolait, apparemment. Ce qui m'a attiré à l'IMU, c'était l'occasion de combiner mon génie, en toute modestie, avec ma passion pour l'archéologie. J'en rêvais depuis mon enfance, quand j'ai commencé à me passionner pour l'égyptologie. Je fais partie de cette mission depuis le début. Montre-moi un projet de Jack Howard qui soit complètement exempt de risque. De *vrai* risque.

Jack glissa un regard en direction de Costas, dont le visage se fendait d'un sourire.

— Je pense qu'un génie à bord ne sera pas de trop.

— D'accord... Tu seras notre homme sur la felouque. Les excursions sur la rive sont strictement interdites, tu me suis ?

Lanowski donna un coup dans l'air.

— Merci, Jack, tu ne vas pas le regretter.

— Une question ! lança Costas en levant la main pour prendre la parole. Au sujet de notre excursion à nous. En supposant qu'on en réchappe, comment on se fait repêcher ?

Lanowski sortit de sa poche un objet noir, de la taille d'une petite alarme.

— Bien évidemment vous serez seuls sous la terre, et le réseau autour du Caire sera sûrement complètement mort. Vous aurez un téléphone satellite, mais le dispositif le plus fiable sera ce petit appareil.

— Un beacon ? fit Costas.

— Exact. Allume-le n'importe où et tes coordonnées GPS seront transmises instantanément par satellite jusqu'au *Sea Venture.*

Costas parut perplexe.

— Ils ne vont pas prendre le risque de venir nous chercher des poux en hélicoptère. Une des choses que les extrémistes ont bien comprises, après l'Irak et l'Afghanistan, c'est la facilité avec laquelle on peut abattre un hélicoptère. Les Toyota sont équipées de lance-roquettes SAM, selon Al Jazeera, certains ressemblant fort à des Stinger…

— Notre plan est que vous ressortiez par où vous êtes entrés, intervint Aïcha. Mohammed et son fils, et maintenant Jacob aussi, attendront sur le Nil dans la felouque. Où que vous sortiez, votre objectif doit être de rejoindre la rive et d'utiliser le beacon. Le *Sea Venture* indiquera par satellite vos coordonnées à Jacob. Une fois qu'elle vous aura repêchés, la felouque partira vers le nord du delta du Nil, assez loin pour que le Lynx vous sorte de là sans danger.

— Il faudra peut-être qu'on traverse Le Caire pour retrouver la rivière, objecta Costas.

— Oui, malheureusement. Il restera encore des Occidentaux sur place : des journalistes, quelques diplomates, les vautours habituels, qui sortent leur nez au moment d'un coup d'État dans le but de passer des contrats avantageux avec le nouveau régime. Mais les premières cibles pour les mahdistes pourraient être leurs frères musulmans, les membres du gouvernement existant. Ceux-là sont plutôt contents que les médias étrangers relaient les événements. C'est plus tard, quand des bandes assoiffées de sang vont commencer à grouiller dans les rues, que vous serez en réel danger. Il faut juste espérer qu'ils seront toujours occupés avec leur purge au moment où vous arriverez. Vous ne pourrez jamais passer inaperçus, alors vous devrez avoir l'air sûrs de vous, convaincus. Vous n'aurez plus vos combinaisons, vous serez habillés comme maintenant. Et je serai sur place pour aider.

— Sur place ? s'étonna Jack.

— Pour Sahirah, l'étudiante égyptienne. L'ultimatum posé par Ben expire dans quelques heures. On vient de voir qu'il est plus occupé pour l'instant à sauver sa propre peau. Mais il s'est passé autre chose, Jack. Un des imams extrémistes, celui qui dirige à présent le judiciaire, a vu que Sahirah a été arrêtée après une visite à la synagogue. Il a fait changer les charges qui pèsent sur elle, qui sont passées d'accusation de moindre importance qu'est le vol d'antiquités au pire des crimes selon eux, l'apostasie. On ne lui donnera pas la possibilité de nier. Et même si le directeur des antiquités intervenait, elle ne bénéficierait très probablement d'aucune clémence.

— Les salopards… Je suppose que tu as un plan B, fit Jack, grimaçant.

— Tu te souviens du mendiant devant la synagogue, quand tu es allé voir Maria ? Je t'ai dit que c'était en fait mon cousin Ahmed, un ancien soldat égyptien des forces spéciales. Ce que tu ne sais pas, c'est qu'il est aussi le petit ami de Sahirah. Avec plusieurs de ses amis de l'armée, il pense pouvoir profiter de la confusion du coup d'État pour entrer dans le bâtiment du ministère. Je pars au Caire pour les retrouver…

— Mais c'est du suicide !

— Ils n'ont pas d'autre choix.

— Des innocents, des gens bien, vont se faire tuer...
— Ce sera de toute façon un bain de sang, Jack. Tout ce qu'on peut faire, c'est essayer de sauver quelques vies.
— Quel est notre point de rendez-vous au Caire ?
— La synagogue. Si vous devez sortir au Caire et que vous ne pouvez pas atteindre la rivière en toute sécurité, allez à la synagogue et activez le beacon. Je serai en contact satellite avec le *Sea Venture*, moi aussi, je vous guiderai.
Jack se tourna vers Lanowski.
— Garde-le précieusement, ce beacon.
— J'en ai deux. Un pour moi, l'autre pour vous.
Costas l'examina de près.
— Pourquoi tu ne m'en as pas parlé, Jacob ? Je te raconte tous mes chantiers, moi !
— Eh bien, je voulais te l'offrir en guise de cadeau d'anniversaire. Aujourd'hui. C'est Rebecca qui me l'a dit.
— Aujourd'hui ? s'étonna Jack. C'est ton anniversaire, Costas ?
Une explosion à côté du port fit trembler le bâtiment, aussitôt suivie par une fusillade. Costas tourna la tête vers la porte, le visage crispé.
— Ce n'est pas le jour pour fêter quoi que ce soit.
Jack montra le fragment de maçonnerie antique, à côté de l'ordinateur, que Hiebermeyer avait découvert, des années plus tôt.
— N'oublie pas ça, Maurice. Si Costas et moi n'aboutissons nulle part ce soir, ces hiéroglyphes pourraient être la seule preuve de ce qui se cache sous le plateau.
— Maurice et moi avons tout ce qu'il nous faut, assura Aïcha. Le journal de l'officier de la Première Guerre mondiale dans les archives du musée, la lettre de la Gueniza d'al-Akra, toutes les images et les données de la nécropole de la momie, tout.
Jack serra la main de Maurice.

— Tu te souviens de notre ancienne devise à l'école ? « Je te quitte comme un homme, sois fort... » Avant on en plaisantait, mais là...

— Tout est là, déclara Hiebermeyer en se tapotant le front. J'emporte l'Égypte avec moi, je ne la laisserai pas s'échapper.

Le téléphone vibra, Aïcha lut le texto qu'elle venait de recevoir.

— C'est ma sœur, à côté de Tanta, à quatre-vingts kilomètres au sud d'Alexandrie... Elle dit qu'elle a vu un convoi de camions avec des hommes armés qui fonçait sur l'autoroute. Si Le Caire tombe, Alexandrie ne sera pas loin derrière.

— Bon, il est temps de partir, déclara Jack en consultant sa montre.

— Mohammed a pris de quoi manger et des sacs de couchage sur la felouque, informa Aïcha. Tout ce qu'il vous reste à faire, c'est un stage aux toilettes et une prière.

— On peut faire plus ? demanda Jack.

— Tout est déjà sur le *Sea Venture*, mis à part ce que vous voyez encore ici et dans les cartons devant l'héliport.

— Le personnel de l'institut ?

— Tous ceux qui ont voulu partir ont été transportés par les airs avec leur famille. Ils ont reçu le statut de réfugiés politiques au Royaume-Uni.

Jack se tourna vers Costas, faisant un geste de tourbillon avec une main.

— Il faut qu'on fasse démarrer le Lynx.

Costas retira la radio VHF de sa ceinture et se dirigea vers la porte.

— Je m'en charge.

— On va vous aider à porter ce qui reste ici vers l'héliport ! lança Jack à l'intention de Hiebermeyer. Il est déjà sept heures trente, Mohammed doit avoir fini de tout charger sur la felouque et il va nous attendre. On peut partir tôt et lui donner un peu de marge.

Il s'adressa ensuite à Lanowski, qui avait passé les bretelles de son sac à dos sur les épaules et s'emparait d'un carton de livres :

— Jacob ? Toujours partant ?

Lanowski lui décocha un regard inquiet mais déterminé.

— Bien reçu, Jack. Je suis prêt.

Quarante minutes plus tard, Jack se tassait derrière les barreaux de la felouque, assistant impuissant à la scène qui se déroulait devant ses yeux. L'explosion qu'ils avaient entendue quand ils se trouvaient dans la salle des opérations avait marqué le début d'une longue série d'attentats à la voiture piégée, presque toutes les minutes, autour du port. Après la troisième, Hiebermeyer avait décidé d'accélérer le timing et d'évacuer au plus vite l'institut. Aïcha était vite partie pour Le Caire avec leur chauffeur, abandonnant tout ce qui pouvait la relier à un institut étranger, le visage dissimulé derrière une burqa. Mohammed et son fils avaient fini de charger. Ils quittaient le quai, Jack et Lanowski assis sur la proue, Costas aidant le garçon à démarrer le moteur diesel. Alors qu'il s'animait, son grondement fut étouffé par le Lynx, que son pilote maintenait au-dessus du sol dans un nuage de poussière. Jack avait regardé Hiebermeyer sortir du fort en courant avec sa mallette et son sac à dos, se baisser sous les pales pendant que les membres de l'équipage portaient à bord les derniers cartons. Ensuite Hiebermeyer avait lui aussi sauté à l'intérieur de l'hélicoptère. Il avait jeté un dernier regard à l'Égypte par le hublot, tandis qu'il s'élevait dans le ciel et s'élançait vers la Méditerranée, disparaissant vers le nord.

Pour Jack, cela aurait dû être une scène insoutenable : voir son ami en short et bottes, encore crottés de la terre de sa dernière excavation, quitter son cher pays peut-être pour la dernière fois. Mais son émotion naissante fut balayée par la cacophonie des tirs et des moteurs de véhicules qui arrivaient de l'ouest sur l'autoroute, la première des Toyota déboulant en crissant sur le quai quelques minutes seulement après le décollage du Lynx. L'un des camions libéra une douzaine d'hommes armés qui se précipitèrent vers le fort, déchargeant leurs kalachnikovs vers le ciel, l'un d'eux agitant le drapeau noir des mahdistes. En un temps record, ils furent à l'intérieur du fort, et le drapeau flotta bientôt dans le vent sur les remparts. Qaitbay venait de se transformer en bastion de l'islam médiéval, toute indication de son rôle d'institut archéologique effacée.

Deux autres Toyota roulaient vers le fort à toute allure, et cette fois ce furent des prisonnières menottées qui en sortirent : des Égyptiennes habillées à l'occidentale, poussées à coups de crosse dans la cour. Quelques secondes plus tard, une fusillade assourdissante résonna et les tireurs ressortirent, laissant un garde à l'entrée, et repartirent dans les Toyota. Jack se détourna, complètement sonné, le cœur au bord des lèvres, soulagé toutefois à la pensée que Maurice et Aïcha n'avaient pas assisté à cette boucherie. Alors que la felouque partait vers la mer, il se blinda pour ce qui l'attendait encore, les yeux rivés sur le garde devant le fort. Soudain, une autre explosion déchira le silence, plus forte encore que les autres, suivie d'un fracas de verre brisé.

— Mon Dieu ! s'exclama Costas. Ils ont fait sauter la bibliothèque…

Jack se pencha pour regarder tout au bout du port. Un camion-citerne garé près du foyer de la bibliothèque venait d'exploser. Sa carcasse gisait désormais sur son toit. L'immense disque de la Bibliotheca Alexandrina était auréolé de flammes, tel un soleil incandescent se levant une dernière fois sur l'horizon. Jack avait du mal à respirer, conscient de la catastrophe qui se jouait. Il avait l'impression d'être transporté mille cinq cents ans plus tôt, vers un événement fossilisé dans l'histoire, trop affreux pour sembler vrai. Mais tout cela se passait bien devant ses yeux. Pour la deuxième fois en deux mille ans, la grande bibliothèque d'Alexandrie avait été détruite par des religieux fanatiques, par ceux qui croyaient que la connaissance représentait une attaque contre leur dieu. Les hurlements des innocents qui s'enfuyaient du bâtiment leur parvinrent, ainsi que les tirs des Toyota qui les attendaient à côté de l'épave du camion-citerne, leurs mitraillettes dirigées vers les marches. Les extrémistes n'exècrent pas seulement les livres, mais aussi ceux qui les lisent. À cet instant, la fragilité de la civilisation prit Jack à la gorge. Dans certains pays, faire siens les fondements de la sagesse et de la morale vous rendait aussi vulnérable que les femmes qui, quelques minutes plus tôt, avaient payé de leur vie leur libre arbitre.

Une autre rafale de mitraillette retentit depuis le fort, et Jack sursauta. Un tireur sur le toit d'une Toyota visait la felouque, à cent mètres d'eux à peine. Il s'arrêta net, sortit de son véhicule pour s'en prendre à un pêcheur qui rassemblait ses affaires sur le quai, le menaçant de sa kalachnikov. L'homme recula d'un pas, les mains levées, montrant de la tête sa famille dans la petite voiture à côté d'eux. Le tireur l'abattit à bout portant d'une balle dans la tête, regarda son corps s'effondrer en arrière, puis repartit avec les autres. Mohammed faisait des signes frénétiques vers Jack et Costas pour qu'ils se baissent. Ils se jetèrent au fond de l'embarcation pour rejoindre Lanowski, déjà caché sous le pont, occupé à vérifier la batterie d'un des beacons. Jack aperçut Mohammed qui dressait un drapeau noir sur la poupe, puis doucement manœuvrait la barre pour les sortir au plus tôt du bassin. Avec un peu de chance, les mahdistes trouveraient d'autres cibles plus intéressantes et plus faciles qu'une felouque sortant en mer, surtout si elle arborait leur drapeau.

Jack avança dans l'espace confiné de la felouque, s'allongea sur un des paquetages et installa un sac de couchage sous sa tête pour s'en servir d'oreiller. Il sentit la bosse du Beretta dans son holster sur sa poitrine, se tourna légèrement pour s'assurer que la crosse serait accessible en cas de besoin. Il distinguait les silhouettes de Costas et Lanowski allongées dans la pénombre à côté de lui, leurs visages marqués par la réalité de ce qu'ils venaient de vivre. Ils étaient tous conscients qu'ils ne pourraient plus faire marche arrière, désormais. Même s'ils décidaient de renoncer, Jack ne pourrait pas faire appel au Lynx dans un endroit grouillant de tireurs sanguinaires qui devaient certainement avoir des lance-roquettes dans les coffres de leurs véhicules. La seule issue était celle qu'ils avaient tracée, d'un brasier à un autre, mais avec au moins la perspective d'une voie de sortie. Ils s'en tiendraient donc à leur plan.

Il bougea de nouveau, essayant de trouver une position confortable, et ferma les yeux. Il tenta d'oublier ce qu'il venait de voir pour penser plutôt à ceux qui avaient avant lui exploré le Nil en quête de découvertes fabuleuses, les aventuriers du passé, ceux qui avaient respiré le sable du désert et senti la caresse du vent soufflant depuis les pyramides. Il réfléchit à ce qui se cachait encore dans les sous-sols, les salles remplies de trésors, les rangées de poteries contenant des papyrus susceptibles de révéler la sagesse perdue de l'ancien monde.

Le grondement du moteur augmenta et il sentit la proue se soulever. Il ouvrit les yeux, fixa du regard une fissure dans les planches, vit le bout du quai et entendit les gifles des vagues sur les flancs du bateau. Soudain, la turbine se mit à tousser de façon inquiétante et la felouque s'agita dangereusement. Une puanteur de poisson envahit la pièce et la fumée du diesel les enveloppa. La grande voile triangulaire ne serait pas dépliée avant qu'ils aient traversé la côte et tourné au sud vers le Nil, où un vent favorable leur permettrait de couper le moteur.

Il se tourna sur le côté et regarda Costas. Son ami était étendu sur les paquetages, la bouche ouverte et ronflant à pleins poumons, insouciant de ce qui se passait autour de lui, bercé par le tangage.

Jack déglutit avec peine. Il commençait à regretter d'avoir dévoré le repas qu'on leur avait offert sur le quai. Il fixa du regard les planches au-dessus de lui, désolé de ne pas être à l'extérieur, pour pouvoir se concentrer sur l'horizon. Il consulta sa montre. Encore dix heures avant de passer Le Caire.

La journée s'annonçait longue.

20

Il faisait déjà noir quand la felouque traversa les banlieues nord du Caire, la chaleur suffocante de la journée atténuée par la pluie diluvienne qui avait laissé un nuage de brume sur les rives du fleuve. Plus tôt, ils avaient utilisé la grande voile latine triangulaire pour avancer à contre-courant, mais avec la ville qui se profilait à l'horizon, Mohammed et son fils l'avaient repliée et avaient baissé le mât pour se faire plus discrets. Ils avaient allumé à la place le vieux moteur diesel. En passant à côté d'embarcations qui se dirigeaient vers le nord, Mohammed avait échangé quelques mots avec leurs capitaines et appris que tous ceux qui le pouvaient quittaient Le Caire, par tous les moyens possibles, en bateau, en voiture ou à pied, y compris au sein de groupes déterminés à partir se cacher dans le désert.

La tension avait été à son maximum pendant la demi-heure où ils avaient traversé le centre-ville et les fortifications de Fostat, la vieille ville du Caire, à côté de la synagogue Ben Ezra, où Jack et Maria avaient exploré la Gueniza, quatre jours plus tôt seulement. Jack avait essayé de distinguer les murs médiévaux dans la pénombre et la brume, se rappelant que c'était leur lieu de rencontre avec Aïcha avant l'aube, et là où ils étaient supposés retrouver la felouque pour leur voyage vers la mer. À ce moment-là, ils devraient avoir réussi à répondre à la question qui rongeait Jack depuis des mois, depuis qu'ils étaient rentrés de leurs explorations au Soudan, depuis qu'avec Costas il avait vu le rai de lumière sous la pyramide de Mykérinos. Il jeta un regard à Costas, allongé sous le pont avant du bateau, puis examina l'endroit où il venait de passer quelques heures parmi les plus inconfortables de sa vie. Au moins l'un d'eux parvenait à se reposer.

Ils avaient commencé à voir flotter à la surface du fleuve des formes qui évoquaient des cadavres, mais pour l'heure la ville était plongée dans un silence menaçant, troublé seulement par quelques tirs épars et des hurlements lointains. Alors qu'ils atteignaient Fostat, l'appel à la prière avait résonné, les muezzins, depuis les minarets, se rejoignant dans une cadence familière qui semblait onduler à travers la ville, montant crescendo pour s'arrêter brusquement. Ce signal routinier sonna comme un déclic pour les mahdistes. Quelques secondes plus tard, le silence qui venait de s'installer fut déchiré par une cacophonie de fusillades et de cris de terreur, s'élevant de toutes les directions. Une longue rafale de mitrailleuse s'abattit sur eux depuis la rive est, le canon étincelant tel un lance-flammes dans la nuit, la plupart des balles passant au-dessus d'eux, mais quelques-unes venant tout de même s'enfoncer dans le flanc du voilier. Mohamed garda son sang-froid, maintenant son cap au milieu du fleuve, et le tireur détourna vite son attention vers une autre proie, visant des personnes qui couraient et trébuchaient le long de la berge.

Jack se doutait que désormais les victimes se comptaient par dizaines, par centaines, et qu'avant la fin de la nuit le Nil serait rouge de sang. Alors que les tirs illuminaient le ciel, il repensa aux descriptions de Khartoum au Soudan, cent trente ans plus tôt, la première ville sur le Nil à tomber aux mains des mahdistes. Ceux qui, depuis la rive, avaient assisté au massacre, avaient dû être témoins du même genre de scènes. Malgré tous les progrès technologiques en armes et en communication, quand il s'agit de détruire une ville et d'exterminer ses habitants, l'histoire se répète invariablement, réduite aux mêmes actes de sauvagerie et d'horreur, comme au temps des premiers djihadistes qui avaient fait régner la terreur en Afrique, près de mille cinq cents ans plus tôt.

Jack se baissa de nouveau sous le pont, regardant la rivière à travers une fissure entre les planches, et bientôt le halo de lumière qui s'élevait du Caire disparut dans l'obscurité et les salves se perdirent dans la nuit. Il savait qu'ils approchaient de leur destination, le fort napoléonien en ruine. Jack parvenait à voir Lanowski dans la lumière de l'écran de son ordinateur, confiné dans l'espace qui lui avait été alloué pour le voyage. Quelques instants plus tard, il en sortit avec son GPS, ses cheveux longs ressortant de son bonnet, à la Jacques Cousteau, son visage barbouillé de noir. Jack ne put réprimer un sourire amusé, malgré les images d'horreur des dernières heures qui s'étaient imprimées dans son cerveau. Lanowski s'était porté volontaire pour cette mission et, à l'évidence, il ne le regrettait pas. Il se glissa jusqu'à Mohammed, échangea avec lui quelques mots en arabe, puis retourna vers Jack, toujours accroupi, pour lui montrer les coordonnées du GPS et leur convergence avec la position programmée pour le fort.

— Nous sommes à moins d'un kilomètre, expliqua-t-il calmement. On doit réveiller Costas.

— Il faut qu'on prépare notre équipement, acquiesça Jack. On ne pourra pas se permettre de traîner, une fois sur place.

— Bien reçu. Mohammed s'inquiète pour le voyage de retour à travers la ville. Il dit que les tireurs ne vont pas tarder à trouver les chaloupes de la police fluviale et que la fête commencera alors pour de bon. Il veut que l'on soit au point de rendez-vous au nord du Caire avant que ça se produise.

Costas se redressa, encore étourdi, se cogna la tête contre le pont au-dessus de lui et retomba en arrière. Il essaya de se dégager, sortit de son espace réservé les pieds en avant. Il se tourna et tira à lui les deux sacs qui lui avaient servi de lit. Il siffla alors d'une traite une pleine bouteille d'eau.

— État de la situation ? demanda-t-il, grincheux.

— Il nous reste encore vingt minutes avant d'arriver, répondit Lanowski. En selle !

— En selle ? s'étonna Costas en se frottant les yeux. Depuis quand on est des cow-boys ?

— C'est ce que tu dis dans ce film, tu sais... Le documentaire du *National Geographic* sur Atlantis. Je l'ai regardé plusieurs fois, pour intégrer le jargon.

— Ah, d'accord, ça me va. On est des cow-boys, accepta Costas en souriant. J'ai besoin d'un café.

Comme s'il n'attendait que cela, le fils de Mohammed apparut avec des verres de thé fort sur un plateau, et chacun se servit. Costas sortit de son sac des sandwichs et en distribua autour de lui, mordant dans l'un d'eux à pleines dents.

— Toujours tes sandwichs, remarqua Lanowski. Toujours les friandises de New York. C'était dans le film, aussi...

— Oui, la vie imite l'art, plaisanta Costas en fixant Lanowski du regard. C'est quoi, cette peinture de commando ?

— Franchement, regardez vos visages. N'importe qui sur la rive les repérera dans la seconde.

Costas grommela, en avalant sa dernière bouchée. Il s'essuya les mains et s'accroupit pour retirer sa combinaison de son sac.

— Aide Jack avec la sienne et après tu viendras fermer la mienne. J'ai encore quelques fermetures à remonter.

— Dommage que tu aies perdu l'ancienne dans le volcan.

— Oui, acquiesça Costas, en prenant un air attristé. Elle a fondu. J'ai conservé les lambeaux dans ma cabine, sur le *Seaquest*. Elle était idéale. Je n'ai rien trouvé de mieux depuis pour y glisser mes outils.

Lanowski se pencha et retira de son sac un paquet qu'il tendit à Costas.

— J'espère que tu ne m'en voudras pas, j'ai jeté un coup d'œil à celle que tu as suspendue dans ta cabine pour me faire une idée de la taille...

Costas déchira le plastique pour en sortir une combinaison bleue immaculée couverte de poches.

— Eh ! Jacob, tu es incroyable !

Il admira le cadeau qu'il venait de recevoir.

— C'est exactement le même modèle, datant de la marine américaine de 1954. Où est-ce que tu as réussi à le dénicher ?

Lanowski haussa les épaules.

— Sur eBay, bien sûr. Tu trouves tout ce que tu veux. Je me suis dit que tu risquais d'abîmer celle-là aujourd'hui, alors j'en ai commandé deux. J'en ai accroché une autre sur la porte de ta cabine.

Costas se tourna vers Jack, montrant Lanowski avec son pouce.

— Ce type est bon. *Vraiment* bon. On devrait l'emmener sur toutes nos plongées !

Lanowski consulta le GPS.

— Allez, en selle. Vraiment !

Costas esquissa un large sourire et donna une tape dans le dos de Lanowski.

— Bien reçu !

Vingt minutes plus tard, Jack flottait dans son scaphandre à côté de Costas, à tribord de la felouque, sa tête et ses épaules hors de l'eau. Ils avaient pris avec eux les engins propulseurs qui devaient les aider à étendre leur exploration sous l'eau, des scooters de deux chevaux et demi, avec une autonomie de trois heures. Leurs scaphandres tout-terrain étaient en Kevlar renforcé, développés à l'IMU et améliorés au fil de ces dix dernières années, offrant un intérieur avec contrôle de la température, et permettant au plongeur une totale liberté de mouvement. Indispensable à son efficacité, la console profilée fournissait à l'arrière un détendeur de choix, en l'occurrence un recycleur en circuit semi-fermé idéal pour maximiser la durée de plongée en eaux peu profondes. La partie supérieure de la console contenait un ordinateur qui régulait la sortie d'oxygène et surveillait la physiologie du plongeur, et une radio, l'ensemble étant connecté au casque du scaphandre, muni d'une visière pivotante. Retravaillé depuis sa conception, le casque était plus proche de la tête, avec un tour de cou flexible dans la même matière que la combinaison, permettant au plongeur de bouger sans contrainte. Jack aimait cette tenue, pour la liberté qu'elle lui donnait, et parce qu'elle s'adaptait à tous les environnements, de l'Arctique jusqu'aux eaux brûlantes au-dessus d'un volcan, en passant par la mission qui les attendait maintenant dans ces eaux troubles.

La tête de Lanowski réapparut par-dessus le plat-bord. Il avait préparé une check-list complète de l'équipement sur son ordinateur, ce que Jack et Costas négligeaient en général de faire, et venait de finir de la parcourir avec eux. Jack pouvait sentir sous sa combinaison la bosse du Beretta dans son holster et éprouvait une impression de gêne due à sa chemise, sa veste et de son pantalon, qu'il avait gardés sous son scaphandre pour pouvoir circuler dans les rues du Caire une fois leur plongée terminée. Ils avaient envisagé consciencieusement toute une série de scénarios, afin d'élaborer le meilleur plan d'action possible. Tout dépendrait de leur capacité à atteindre le tunnel, à y entrer et à trouver un point de sortie. S'il n'existait pas de tunnel sous le Nil, ils mettraient directement fin à leur exploration, et s'ils ne trouvaient pas de sortie, ils devraient retourner à l'endroit où ils avaient plongé, se débarrasser de leurs combinaisons et scaphandres dans les ruines du fort et repartir le long de la rive vers le nord. Tandis que Jack flottait ainsi, à côté du voilier, sans rien voir de ce qui les attendait sous l'eau, tout lui semblait tenir à un fil. L'incertitude criante éclipsait toutes les heures et les jours de spéculation, les innombrables scénarios et possibilités qui avaient occupé son esprit depuis cet instant.

Lanowski jeta un regard à Costas.

— Vérification des beacons.

— Bien reçu. Le premier activé quand on sort, le deuxième quand on arrive au Nil.

— Et le parachute de palier ?

Costas tapota la poche de devant de la combinaison offerte par Lanowski et qu'il avait enfilée au-dessus de son scaphandre.

— Je l'ai. On l'envoie dès qu'on entre dans le tunnel.

— Ton GPS est allumé ?

— Affirmatif. L'écran dans le casque nous conduira au point précis que tu as calculé.

— Mohammed veut partir dès que possible vers le milieu du fleuve. C'est le gars le plus calme du monde, comme nous l'a démontré le sang-froid dont il a fait preuve en traversant Le Caire, mais là, il devient un peu nerveux… Son fils m'a dit que cette partie du Nil n'a pas très bonne réputation auprès des capitaines de felouque. Ils la pensent hantée. Apparemment, il y aurait des tourbillons que certains croient provoqués par des monstres marins. Vous n'avez sans doute rien à craindre, juste des carpes géantes transformées en monstres antédiluviens par la rumeur…

— Elles sont méchantes, grommela Costas. Il paraît qu'elles entraînent les pêcheurs avec elles…

— Ou ça pourrait être des crocodiles…

— Des *quoi* ?!

— Des crocodiles, répéta Lanowski, distrait, en consultant sa liste. Ils arriveraient jusque-là, à ce qu'on dit. Seulement des petits, de nos jours, mais on retrouve aussi des grosses carcasses. Enfin, pas toujours des carcasses, parfois ils sont vivants…

— Génial ! ronchonna Costas. Je croyais que c'était du passé, qu'on avait tout laissé au temple du crocodile au Soudan. Pourquoi personne me l'a dit ?

— Tu aurais quand même accepté de venir, siffla Jack. Tu ne m'aurais jamais laissé y aller tout seul.

Mohammed se posta à côté de Lanowski, un voile d'inquiétude sur le visage.

— C'est maintenant, les gars ! lança Lanowski. Faut que vous y alliez. On se retrouve à bord dans quelques heures, *inch'Allah* !

— Merci, Jacob. Fais attention à toi. Pas d'expédition sur la berge, OK ?

Jack se tourna vers Costas.

— Tu es prêt ?

Costas fit le signe des plongeurs, indiquant son feu vert.

— Prêt.

Ils refermèrent tous les deux leurs visières, et Jack sentit la légère augmentation de pression alors que le casque se vissait et que le recycleur se remplissait. Une seconde plus tard, l'écran à l'intérieur du casque s'alluma sur la gauche et la droite de son champ de vision, affichant des mesures qui pouvaient donner jusqu'à trente variables, depuis le niveau de dioxyde de carbone jusqu'aux pulsations cardiaques. Il pianota sur le système de contrôle de son ordinateur dans l'index de son gant gauche et diminua l'affichage au minimum, laissant en évidence la profondeur en mètres, l'orientation de la boussole et la température de l'eau. Il leva son bras droit pour indiquer à Lanowski et Mohammed que tout était en ordre. Ensuite, il se tourna vers Costas et lui fit signe de descendre. Ils plongèrent de deux mètres, libérant manuellement de l'air de leurs scaphandres et attendant que le système de flottabilité automatique compense. Jack tira le propulseur à lui et patienta le temps que l'ordinateur modifie les données dans les ballasts de chaque côté de l'unité, un processus automatisé qui s'ajustait seul en fonction de la profondeur pour assurer que le scooter se maintiendrait à flottabilité neutre.

Il alluma la torche de son casque, fut ébloui par le reflet sur les particules dans l'eau, qui réduisait sa visibilité à quasiment rien. Il l'éteignit et se retrouva de nouveau plongé dans l'obscurité, la nuit sans lune n'offrant aucune source de lumière sous la surface. Alors qu'il plissait les yeux pour essayer de s'adapter à la pénombre, il se souvint des lignes que Jeremy avait lues dans le journal de Howard Carter. Le récit par Carter de l'expédition faite par le caporal Jones, le colonel Chaillé-Long et le plongeur français, une nuit de 1893. Il imaginait bien l'appréhension du plongeur partant vers l'inconnu dans sa combinaison artisanale, et en même temps son excitation en voyant que la valve et le cylindre fonctionnaient et à l'idée de ce qu'il allait découvrir. Ce qui leur était arrivé restait mystérieux. Tout ce que Jack savait avec certitude, c'était que dans ces eaux flottaient les restes de la dépouille du plongeur, ainsi que l'épave du bateau avalé par un vortex qui avait emporté Jones vers un monde souterrain, le précipitant encore davantage dans la folie...

Costas lui tapota l'épaule, et Jack aperçut la lueur de l'écran dans son casque, à quelques centimètres de lui.

— Test radio, Jack. Terminé.

— Réduis le niveau d'air de vingt pour cent.

— Comme ça ?

— Très bien. La visibilité n'aurait pas pu être pire. Il va falloir se fier à la carte virtuelle.

— Déjà allumé la mienne. C'est une merveille, Jack.

Jack pressa un bouton avec son doigt et un treillis isométrique vert apparut devant sa visière, se remplissant petit à petit de détails en même temps que le sonar multifaisceaux de son casque traçait le lit de la rivière devant eux. L'affichage fournissait une image virtuelle qui s'ajustait continuellement, avec un délai de quelques secondes quand il intégrait de nouvelles données. Jack était toujours impressionné par la clarté des images produites. Ils étaient comme suspendus dans les airs au-dessus d'un éboulis à pic de vingt mètres de hauteur. Vers la gauche, la pente était couverte de débris datant du fort du dix-neuvième siècle, le bâtiment qui leur avait servi de point de repère et que le caporal Jones avait décrit à Howard Carter. Vers la droite, ils virent une forme plus régulière, à une dizaine de mètres sous la surface, une saillie de cinq mètres de diamètre, avec un autre bric-à-brac de matériaux dessous, plus larges et réguliers pour la plupart. Les lignes rouges de ses coordonnées GPS convergeaient sur son écran directement à l'endroit de la saillie. Le cœur de Jack se mit à battre la chamade.

C'est peut-être là.

Costas descendit plus profondément, son propulseur devant lui.

— J'active la caméra de mon casque pour enregistrer. Tout ce que nous verrons sera consigné.

— Bien reçu. Je fais pareil.

Jack sentit quelque chose toucher ses palmes et vit une forme onduler sur sa carte, emplissant toute la partie inférieure de l'écran et se balançant d'un côté à l'autre, représentée sur l'image par une série de photos.

— Tu as vu ça ? s'écria-t-il. J'aurais juré sentir quelque chose nager à côté de moi. Sur toute ma longueur.

— Nooon, j'ai rien vu, rétorqua Costas d'une voix tremblante. J'ai vraiment rien vu. C'était juste un problème de réception, je pense...

— En tout cas, ce n'est plus là, le rassura Jack. Ça devait être un serpent qui est parti rejoindre l'enfer du Caire.

— Il n'y avait rien du tout, Jack. Tu as juste été contaminé par la fièvre de Mohammed.

Jack tenait son scooter par les poignées. De ses pouces, il libéra la sécurité et pressa la détente. Il sentit un torrent d'eau déferler sur son corps. Le propulseur était équipé d'un déflecteur, de sorte que même en pleine accélération le plongeur n'était pas handicapé par les flots. Costas arriva à sa hauteur et ils continuèrent à avancer, parvenant rapidement à l'emplacement indiqué par les coordonnées GPS. Ils coupèrent alors le moteur des scooters. Jack examina la carte qui s'affichait sur l'écran, étudiant chaque détail. C'était étonnamment clair, comme s'il regardait à l'œil nu un mur sur la terre ferme. Il se rappela le modèle de Lanowski, qui montrait comment les effets de l'érosion du Nil à cet endroit avaient empêché les dépôts de sédiments sur les rives, un phénomène également dû aux tourbillons et au vortex qui faisaient tant peur à Mohammed et aux autres capitaines. À présent, le doute n'était plus permis, la saillie qu'il avait distinguée de loin était fixée à la berge, constituant une partie d'une structure plus grande et non pas un élément isolé. Il s'agissait d'un linteau, un immense bloc qui devait peser plus de dix tonnes. Dessous, de chaque côté, il parvenait à distinguer d'énormes dalles dressées et, entre elles, un tas constitué de pierres qui avaient dû tomber des bords.

Jack n'en revenait pas. Il en fit le tour plusieurs fois, pour qu'une image claire apparaisse à l'écran, et de nouveau les mêmes traits s'affichèrent. Il était absolument convaincu, désormais. Il se trouvait devant une entrée, un ancien portail sous le Nil. Sa position correspondait parfaitement avec les calculs de Lanowski du niveau du Nil en période de décrue au deuxième millénaire avant Jésus-Christ, permettant à un canal partiellement inondé de servir de voie sous le désert, suffisamment large pour y faire passer des barges.

Il pressa le bouton de sa lampe frontale et, comme il s'approchait à quelques centimètres du linteau, il commença à apercevoir la pierre derrière le nuage de particules dans l'eau. Il s'agissait à coup sûr du granit rouge affectionné par les pharaons du Nouvel Empire et considéré comme un matériau prestigieux. Il avança encore. Il se rendit compte que ce n'était pas juste une surface lisse qui s'étalait sous ses yeux. Il se trouvait devant des hiéroglyphes. Il éteignit sa torche pour revenir à la carte, et soudain il le vit, le cartouche qui était gravé dans son esprit depuis ces derniers mois, celui du temple du crocodile au Soudan, de la plaque qu'ils avaient trouvée dans le sarcophage de l'épave, de la grotte de Rebecca à Jérusalem. Il tendit le bras et d'un doigt traça les contours de l'oiseau au début et de la botte de céréales à la fin. Il resta encore un instant à observer, articulant le mot en silence. *Akhenaton.*

La voix de Costas résonna dans son casque.

— Jack, on a un problème...

— Je viens de trouver les hiéroglyphes. Nous sommes exactement là où il faut.

— Je veux dire sous le linteau, précisa Costas. Je pense savoir ce qui s'est passé en 1893.

Jack descendit de quelques mètres sous le bloc suspendu pour rejoindre Costas, là où la carte lui indiquait qu'il se trouvait. Devant lui, des dalles bloquaient l'entrée, traversées de fissures profondes.

— Je pense que le plongeur a explosé les portes en pierre qui autrefois fermaient cette entrée et il a provoqué un éboulis qui nous en interdit l'accès. Mais j'ai repéré une ouverture par laquelle on pourrait passer, directement devant nous maintenant. Ma carte indique une pierre qui pourrait être déplacée. Avec un peu d'aide.

— Les explosifs ?

— C5. Toujours prêts.

— Je me demandais aussi ce qu'était cette bosse dans ta combinaison...

— C'est notre seule option. Il faut qu'on essaye.

— Souviens-toi de ce que ça a donné en 1893, lui rappela Jack. On n'a pas très envie de causer un vortex qui avalerait notre felouque.

— C'était dû à l'étanchéité de la porte en pierre, je pense, et à l'air dans le tunnel derrière. Quand la porte a été soufflée, l'eau s'y est engouffrée, ce qui a entraîné un tourbillon. Je suppose que le plongeur a utilisé une sorte de dynamite résistante à l'eau et ne savait pas vraiment ce qu'il faisait. Il en aura trop mis, créant une ouverture trop grande dans la pierre. Le C5 est un explosif bien plus efficace et plus facile à utiliser. Une petite quantité suffit. Je pense en avoir exactement assez.

— Facteurs de risque ?

— Une onde de choc sous-marine, mais elle devrait être atténuée par la résistance de nos combinaisons.

— D'accord. Allons-y.

Costas retira un paquet de sa tenue, nagea vers la fissure et le déposa dedans, et se mit ensuite à travailler dessus pendant quelques instants. Puis il s'éloigna rapidement.

— OK, j'ai séparé la totalité en trois charges, chacune avec son propre détonateur. Ils sont manuels, et je les ai programmés pour qu'ils s'enclenchent dans deux minutes. Ça te va ?

— Bien reçu. Continue.

Costas retourna vers l'ouverture dans la pierre, puis revint jusqu'à Jack.

— C'est parti. Nage droit devant toi.

Jack le suivit vers la berge, s'arrêtant derrière un rocher qui, il l'espérait, le protégerait.

— OK ! lança Costas. Maintenant !

Trois détonations quasi simultanées agitèrent les eaux et firent trembler légèrement la roche. Jack sentit une onde de choc le traverser. Costas repartit aussitôt vers la structure et Jack le suivit. Sur son écran, il vit des pierres s'effondrer vers la base de la pente, et devant eux un trou d'un mètre et demi de diamètre, qui s'était ouvert là où la charge avait été placée. Costas y passa la tête et la retira rapidement. Il s'empara de son parachute de palier.

— La voie est dégagée. Tu es prêt à entrer ?

Jack regarda à son tour, mais ne vit que les ténèbres derrière le trou. Lâcher le parachute était le signal qu'attendait Mohammed pour partir. Ils risquaient encore de devoir ressortir par cette ouverture si le tunnel était bloqué. Idéalement, ils auraient dû faire d'abord un repérage des lieux. Mais il savait que Mohammed brûlait d'impatience de repartir avant que la rivière ne devienne une zone interdite. Il se tourna vers Costas.

— Vas-y.

Costas lâcha le parachute, et quelques secondes plus tard, ils entendirent le moteur du bateau gronder. Mohammed avait à l'évidence gardé la main sur le démarreur depuis le début. Costas passa sans tarder dans la fente et Jack l'imita, tous les deux positionnant leurs propulseurs devant eux. Alors qu'ils traversaient le nuage de vase créé par l'explosion, la température de l'eau chuta de dix degrés et la visibilité augmenta soudain, les sédiments de la rivière ne voilant plus leur vue. Ils balayèrent les alentours de leurs lampes frontales, et un paysage extraordinaire s'offrit à eux. Ils avaient passé une entrée majestueuse, et devant eux s'ouvrait un tunnel formé de murs lisses et large de cinq mètres environ. Sous eux, la cascade de pierres causée par l'explosion de 1893 s'entassait sur la coque d'un bateau en bois, tellement ravagé qu'il était à peine reconnaissable. Chaillé-Long avait survécu au naufrage, évitant de se faire avaler par le vortex et parvenant à atteindre la rive, mais le capitaine de l'embarcation et les membres de l'équipage avaient dû mourir sur-le-champ. Que Jones ait survécu tenait du miracle. Cet incident avait dû contribuer au regard hanté que Howard Carter lui avait trouvé, quand il l'avait rencontré, occupé à mendier dans les rues du vieux Caire.

Jack ajusta le rayon de sa torche et repéra un élément métallique coincé sous l'épave.

— Mon Dieu ! s'écria-t-il, le cœur tambourinant dans son torse.

Le plongeur.

Avec une certaine appréhension, il s'approcha en agitant ses palmes, retira la vase de la visière du mort. Le verre était rouillé et opaque, mais à l'intérieur il vit les restes amorphes et gonflés d'un visage humain, les orbites des yeux remplies de matière blanche. Le corps entier de l'homme devait être dans le même état, maintenu en place par son scaphandre et les sangles de son équipement. Il inclina légèrement la tête du cadavre pour examiner la valve et l'appareil de respiration.

— Il faut que tu viennes voir ça ! lança-t-il en direction de Costas.

— Quoi ? demanda ce dernier, occupé sur son propulseur.

— Je viens de rencontrer notre plongeur français.

— Qu'est-ce que tu racontes ?

— Il a été conservé intact. Je parle de son équipement. Et ce qu'il y a à l'intérieur semble assez bien préservé également, le tissu adipeux en tout cas.

— Pas envie de voir, Jack, vraiment. C'est à ça qu'on va ressembler dans cent ans, si on se magne pas.

— Incroyable, sa combinaison... Un détendeur complet, cinquante ans avant l'invention de Cousteau-Gagnan...

— 1893, répliqua Costas, toujours aussi inquiet. La France était à l'avant-garde de la plongée sous-marine. Rouquayrol avait développé des bouteilles de gaz à air comprimé et Denayrouze une soupape à bouton poussoir. Ça m'a toujours étonné qu'il leur ait fallu tellement de temps pour s'associer.

— Imagine les applications militaires, dans la course aux armements d'avant la Première Guerre mondiale...

— C'est sans doute pour cela que cet équipement n'a jamais vu le jour. Il devait le garder secret. C'était une époque où la compétition était rude.

— Il faut que tu viennes voir, quand même.

— Je regarderai tes photos. Après quelques verres. Pour l'instant, il y a plus urgent, mon propulseur ne répond plus...

L'eau scintilla subitement, et d'instinct Jack avança dans le tunnel. Ils entendirent un grondement sourd et Jack fut frappé par une brusque montée du courant, qui le renversa sur le dos.

Il se redressa vite, vérifiant son écran pour s'assurer que son équipement n'avait pas été endommagé, et regarda derrière lui. Il avait deviné ce qui s'était produit, et ses craintes furent aussitôt confirmées : le corps avait disparu sous une chute de pierres et de débris. À travers le remous des sédiments devant lui, il arrivait à distinguer l'entrée, désormais complètement bloquée. Il vit que Costas se remettait aussi du choc et nageait vers lui, balayant l'éboulement de sa caméra.

— Houston, on a un problème, annonça Costas. Et maintenant mon propulseur est le dernier de mes soucis.

Jack regarda dans la direction du cadavre.

— Une autre mauvaise nouvelle... commença-t-il. Mon propulseur est enfoui sous les pierres. Écrabouillé.

— On peut tous les deux utiliser le mien, même si ça va user la batterie deux fois plus vite. Enfin, s'il daigne démarrer. Je pense que l'onde de choc de notre explosion l'a déréglé. J'essaye de le rebooter.

Jack ferma les yeux un instant, puis examina le voile de vase qui se posait à l'endroit par lequel ils étaient passés.

— Plus de C5, se désola-t-il. Je me trompe ?

— Plus de C5, confirma Costas. De toute façon, maintenant, c'est un missile qu'il te faudrait, pour ouvrir cette entrée...

— Combien il nous reste de temps d'oxygène ?

— Deux heures cinquante-cinq, si on calcule par rapport à ma respiration actuelle.

Jack se tourna vers l'autre côté du tunnel. Deux heures cinquante-cinq et au moins cinq kilomètres jusqu'au début du plateau de Gizeh, et éventuellement le retour à la terre ferme. Ils ne pourraient jamais parcourir cette distance sans leurs scooters. Le passage dans le tunnel avait constitué leur plus gros pari, et désormais leurs chances diminuaient de façon drastique. Si le propulseur de Costas ne démarrait pas ou qu'il rendait l'âme au milieu du trajet, un compte à rebours morbide s'enclencherait pour eux. Ils ne pourraient plus que nager droit devant eux jusqu'à ce que l'épuisement les gagne ou que leur réserve d'oxygène se tarisse. Jack examina les murs du tunnel qui se resserraient à présent, puis le trou noir en face de lui. Pour la première fois, il se sentait oppressé, effrayé. Ils n'allaient peut-être pas s'en sortir, ce coup-là.

Il avança vers Costas, attrapa la poignée droite de son propulseur, regarda l'index de Costas appuyer sur la détente de la poignée gauche. Tout dépendait de ce qui allait se passer dans les prochaines secondes. Pendant un instant, ils restèrent immobiles, côte à côte, le scooter devant eux, placé en direction d'un tunnel qui semblait désormais plus menaçant qu'aucun de ceux qu'ils avaient empruntés par le passé. Ils n'avaient aucune garantie de retrouver l'apocalypse qui se jouait en ce moment même au-dessus de la surface de l'eau.

Costas appuya sur la détente. Rien. Encore une fois. Toujours rien. Jack ne respirait plus. Costas déclencha le démarrage d'urgence et appuya encore sur le démarreur. Soudain, le propulseur s'anima, Costas insistant encore à plusieurs reprises. Il le mit enfin en position neutre, le maintint devant lui.

— Tu es prêt ? demanda-t-il à Jack. Ça va être la course de ta vie !

Jack prit une profonde inspiration.

— C'est parti !

21

Quarante minutes plus tard, Costas relâcha l'accélérateur de son propulseur et ils ralentirent petit à petit, ce qui permit à Jack de se concentrer sur le tunnel autour d'eux. Ce qu'ils avaient vu de plus intéressant, jusque-là, avait été une ligne d'empreintes de la taille d'un pied gravées sur les murs à un intervalle d'un mètre à peu près, qui se poursuivaient sur toute la longueur du passage depuis l'entrée. Jack avait déjà vu des marques similaires, mais pas dans des excavations de sites antiques. Il avait remarqué le même type de traces dans le Black Country, en Angleterre, où il avait autrefois exploré un canal souterrain du temps de la révolution industrielle. Il avait repéré les endroits où les mariniers se reposaient et tiraient leurs bateaux sur les murs du canal. C'est le même phénomène qui s'était produit ici, trois mille ans plus tôt, seulement les Égyptiens, avec leurs qualités d'ingénieurs, avaient fourni aux mariniers une prise solide pour poser les pieds, tout le long de ce canal-ci. Jack avait la confirmation qu'il s'agissait véritablement d'un passage pour les bateaux entre le Nil et le plateau de Gizeh, pendant la décrue, quand l'eau arrivait juste en dessous du niveau des pieds. Le tunnel devait convenir pour des navires ayant jusqu'à trois mètres de largeur au maître-bau et un demi-mètre de tirant d'eau, ce qui correspondait aux barges naviguant sur le Nil à l'époque de la construction des pyramides, tirées par des bœufs et des esclaves. Ils avançaient laborieusement sur le chemin de halage, tout comme les bateaux anglais du dix-neuvième siècle.

Costas réduisit encore la vitesse et Jack sentit une poussée en avant, ses jambes tombant sous l'effet du ralentissement.

Il ne voyait rien de plus que la pénombre du tunnel devant lui et fut envahi d'un léger malaise.

— Un problème ? demanda-t-il.

— J'essaye de réduire la consommation de la batterie. La situation n'est pas encore critique, mais le voyant orange s'est allumé.

— Quelle est notre position ?

— On n'a aucune réception GPS, ici, je ne peux que faire des suppositions. Le tunnel a continué tout droit pratiquement plein ouest, se dirigeant vers l'extrémité sud du complexe de Gizeh devant la pyramide de Mykérinos, exactement comme Lanowski l'avait dessiné. Et l'ordinateur du propulseur a calculé une distance parcourue de quatre kilomètres trois cents. Ce qui nous place à un kilomètre environ de l'endroit où Lanowski prévoit que le tunnel débouche au-dessus du niveau de l'eau.

— Si le canal relie le complexe que nous avons vu sous la pyramide, alors il doit en effet sortir de l'eau. L'intensité de la lumière que nous avons vue reflétée à travers le conduit de la pyramide ne pouvait provenir que de miroirs placés dans des endroits secs, la réfraction dans l'eau n'aurait pas pu produire une lueur aussi vive...

— Il faut espérer que les autres rayons sur cette carte représentent également des tunnels émergés. Sinon, on sera obligés de trouver une sortie depuis le complexe principal, et si ça veut dire par ce conduit qu'on a vu sous la pyramide, ça ne nous mènera nulle part. Il a été bouché par des éboulis, et l'ouverture pour laisser entrer la lumière ne devait pas faire plus d'un demi-mètre de haut. On pourra jamais sortir par là.

— Pendant que tu étais dans les bras de Morphée sur la felouque, aujourd'hui, Lanowski et moi avons essayé d'améliorer les images de synthèse de la portion de tunnel qui nous reste à explorer. La plaque de l'épave, celle où le symbole d'Aton se superpose au plateau de Gizeh et au désert, montrait un total de huit rayons allant du sud-est au nord-est vers le Nil, tous aboutissant au symbole qui, selon nous, représente le complexe central sous le plateau. Notre tunnel est le deuxième bras à partir du bas, celui qui s'étend plein est. Lanowski et moi, on s'est dit que les deux autres devaient également représenter des canaux ou des tunnels, et n'étaient pas simplement là pour la déco… L'un d'eux doit être le passage émergé durant les mois de crue du Nil, quand le tunnel dans lequel nous nous trouvons devait être complètement noyé et impraticable. Nous pensons que le tunnel sur la terre ferme devait être celui qui existait déjà à l'époque de la construction des pyramides, adapté et peut-être consolidé par les ingénieurs d'Akhenaton.

— Tu parles du canal du Nil vers le port artificiel creusé devant la pyramide, à côté du temple mortuaire…

— Exact, confirma Jack. Toutes les pyramides, au départ, en avaient un. Toute trace du canal émergé de la pyramide de Mykérinos a été perdue sous les banlieues sud du Caire. Mais nous pensons qu'il s'agit probablement du rayon d'Aton au nord de l'endroit où nous nous trouvons, à trente degrés de notre tunnel. Il doit atteindre le Nil à deux kilomètres au nord de notre entrée. Mais c'est la ligne au-dessus qui nous intéresse le plus. Quand Lanowski a superposé le dessin de la plaque sur une carte moderne, conservant l'alignement exact des pyramides, non seulement la ligne de notre tunnel a abouti précisément au fort napoléonien, mais l'autre, celle dont je te parle, était adjacente au fleuve, directement en face de Fostat, le vieux Caire…

— Qui n'existait pas dans l'Antiquité, rappela Costas.

— Pas comme nous le connaissons maintenant, mais la dalle avec le cartouche d'Akhenaton retrouvé en 1892 par les officiers des Royal Engineers à côté de la synagogue confirme ce que Maurice avait soupçonné depuis longtemps, que les autres dalles de la même période découvertes dans les murs médiévaux de Fostat n'étaient pas toutes recyclées du grand temple d'Akhenaton à Héliopolis, au nord-est de Fostat, mais avaient été incluses dans la structure qui constitue les frontières mêmes du Fostat médiéval. Si on prolonge la ligne à travers la rivière, elle pointe précisément vers la synagogue...

— Donc, tu penses que toutes ces composantes du programme de construction d'Akhenaton étaient liées : le temple de Héliopolis, la structure sous la synagogue et ce complexe devant les pyramides...

— Les Égyptiens savaient y faire en matière d'alignement, hein ? C'est le genre de chose qu'on peut faire dans le désert sur de longues distances, en ligne de mire. Maurice pense que c'est intimement lié au culte du soleil, et que le symbole d'Aton avec ses rayons très précis suggère une fascination particulière de la part d'Akhenaton. Peut-être que la passion de la géométrie qu'on remarque dans la carte de sa capitale d'Amarna devrait nous inciter à chercher le même style de création grandiose ici. Avec des surfaces polies, on peut étendre les rayons du soleil jusqu'à des endroits éloignés, et c'est ce que nous avons vu illustré par les miroirs qui dirigent la lumière sous le plateau. Mais nous sommes arrivés à la conclusion que la ligne qui mène à Fostat doit représenter un autre vrai tunnel, qui doit être au-dessus du niveau du Nil et qui peut par conséquent être utilisé toute l'année. Le tunnel dans lequel nous nous trouvons maintenant et le canal émergé étaient principalement utilisés pour apporter en barge des matériaux de construction et autres marchandises, en temps de crue et de décrue respectivement. Le tunnel qui part de Fostat devait être un passage processionnel pour les prêtes et les pharaons...

— Là ! s'exclama Costas en éteignant le propulseur, avant de montrer quelque chose sur le mur de son côté.

Quelques marches taillées dans la pierre conduisaient vers une ouverture dans le plafond.

— C'est exactement à ça que je m'attendais. Tout à l'heure, pendant qu'on avançait à toute allure, j'ai remarqué plusieurs ouvertures sombres dans le plafond qui devaient être des aérations, depuis longtemps bloquées par du sable et des éboulis. Celle-ci ressemble davantage à une entrée de service, ce qui serait tout à fait plausible, dans un tunnel de cette longueur.

Costas lâcha la poignée du propulseur et grimpa jusqu'au plafond, pour passer la tête par le trou.

— Pas bon. C'est complètement bouché avec des pierres.

— Tu en es sûr ?

— Je préfère même pas essayer. Retirer une des pierres provoquerait un éboulement instantané, lequel aurait très probablement pour conséquence de nous enterrer vivants...

Jack fixa du regard les marches.

— Je pense à notre calife du onzième siècle, Al-Hakim... Il a disparu quelque part à cet endroit du désert, et huit cents ans plus tard le caporal Jones réapparaît après sa propre petite aventure ici, portant au doigt la bague que Howard Carter a reconnue comme étant le sceau du calife. Peut-être qu'Al-Hakim est passé par ce tunnel, peut-être qu'il est tombé dessus au sens propre. Je l'imagine y revenir, encore et encore, nuit après nuit, explorant le passage de plus en plus loin, le Nil devant être en période de décrue. Et soudain, un soir, il trouve à l'intérieur une révélation qui le pousse à se dire que sa prochaine visite sera la dernière et à vouloir quitter son monde pour toujours. Donc, il laisse ses vêtements ensanglantés dans le désert pour faire croire qu'il a été attaqué et assassiné, précisément le sort qu'on peut imaginer pour un calife pas vraiment populaire qui part toutes les nuits dans le désert, et il revient ici et réussit à s'enfermer à l'intérieur en provoquant un éboulement...

— S'il a fait ça, alors il nous a créé un autre problème que je viens d'entrevoir...

— Tu parles de quoi ?

— Regarde devant toi.

Jack se détourna des marches et balaya des yeux le tunnel. Il avança en agitant ses palmes et dans l'obscurité le faisceau de sa torche commença à se réfléchir sur de la roche irrégulière, révélant rapidement une chute de pierres qui bloquait le tunnel. Cela avait constitué leur crainte principale depuis le début. Costas passa devant, laissant Jack avec le propulseur, et s'arrêta en haut de la pile, où une fissure était clairement visible entre les rochers. Jack remarqua alors pour la première fois une entaille dans la console au-dessus du recycleur de Costas, d'où s'échappaient des bulles. Costas tendit les bras et tira sur une pierre pour la déloger, la faisant glisser sous lui.

— Attention ! s'exclama-t-il.

La dalle glissa sur le sol et fut suivie par plusieurs autres alors qu'il creusait de plus en plus loin pour se frayer un passage. Après quelques minutes, il introduisit tout son corps et disparut. Soudain le faisceau de sa torche réapparut, éclairant Jack, l'aveuglant un instant.

— OK ! lança-t-il. Si j'arrive à passer, tu ne devrais pas avoir de problème. Mais je ne peux plus rien déplacer. Toutes ces pierres sont bien trop grosses pour que je les bouge.

Jack s'approcha, positionnant le propulseur de manière à pouvoir le récupérer une fois de l'autre côté. Costas était bien plus large, mais étonnamment agile. Beaucoup plus grand en taille, Jack eut du mal à traverser la dernière partie de l'ouverture que Costas avait créée. Finalement il y parvint et sans plus attendre se retourna pour aller reprendre le propulseur, se réinsérant dans le trou pour le récupérer. Il s'en empara par une des poignées et le tira aussi loin qu'il le put, mais le scooter resta coincé. Il se tourna vers Costas.

— Je n'arrive pas à faire passer le propulseur. Il est bloqué. C'est son armature.

Costas entra dans le trou pour vérifier. Il jura, pesta, en essayant de tirer sous tous les angles, mais en sortit finalement, essoufflé.

— Il n'avait pratiquement plus de batterie, de toute façon. Il aurait pas tenu plus de cinq cents mètres.

— Il y a autre chose. Je ne l'ai remarqué qu'après qu'on a ralenti, ton réservoir est entaillé et des bulles sortent du collecteur.

— J'ai une fuite ?

— Sans doute à cause de la chute de pierres qui nous a enfermés dans le tunnel. Il faut que je retire le couvercle pour vérifier.

— Surtout pas, ça ne ferait qu'empirer les choses. Mon écran me l'a signalé au moment où c'est arrivé, mais je ne voyais pas comment réparer ça, alors je n'en ai pas parlé. Avec la vitesse du propulseur, je me suis dit que j'avais de l'oxygène jusqu'à la fin du tunnel.

— Et maintenant ?

— Il me reste vingt-cinq minutes d'oxygène. Environ un kilomètre de tunnel. On va devoir partager les réserves...

Jack pensa à leur entraînement. Un des dispositifs de sécurité du recycleur de l'IMU consistait en une arrivée sur le collecteur qui permettait d'ajouter un tuyau sur un autre recycleur pour permettre à deux plongeurs de respirer dans la même bouteille. Il examina le collecteur pour trouver la sortie. Il sentit comme un coup de poing dans le ventre. Il n'y en avait pas. Il ne pouvait pas attacher son tuyau à celui de Costas, ils ne pourraient pas partager leur oxygène. Il descendit au niveau de son ami.

— On ne pourra pas. Il n'y a pas de sortie. Elle a dû être abîmée dans l'éboulement...

— J'ai ma bouteille d'urgence et je peux utiliser la tienne, affirma Costas. Ça fait dix minutes chacune.

— Ce qui veut dire retirer ton casque. Préviens-moi avant que ce soit trop tard. Je ne pourrai pas t'aider si tu perds connaissance.

— Bien reçu. On avance.

Costas prit les devants, suivi par une traînée de bulles. Jack se mit en route à son tour, regardant sa propre consommation d'oxygène augmenter comme il s'activait pour la première fois depuis leur entrée dans le tunnel et agitait rapidement ses palmes. Tout ce dont ils venaient de parler, la perspective de ce qui les attendait, s'effaça de son esprit. Il ne pouvait plus penser qu'aux prochaines minutes. Il avait l'impression de vivre le compte à rebours d'un condamné à mort. Il se rappela, quatre jours plus tôt, Costas à demi inconscient dans le submersible, quand il avait plongé en apnée, et son soulagement après avoir ouvert la valve, lorsqu'il avait vu son ami revenir à la vie devant le hublot du sas. Cette fois, il n'y aurait pas de miracle. Une fois qu'ils auraient fini leurs réserves d'oxygène, Jack ne pourrait rien faire d'autre que regarder Costas étouffer. Si cela arrivait, il ne lui resterait plus aucune chance à lui non plus. Chaque seconde comptait, désormais.

Après un quart d'heure, Costas ralentit, à bout de souffle.

— OK, Jack, encore dix minutes d'oxygène pour moi.

— Bien reçu. Plus que cinq cents mètres à parcourir, maintenant.

Alors qu'ils continuaient à nager, le tunnel devant eux semblait entouré d'une lueur dorée, une auréole jaune brillante qui s'ouvrait en son centre alors que Costas et Jack s'en approchaient. Un grand torque d'or scintillait dans la lueur de leurs torches, chaque bras se terminant en un fleuron de la forme d'une tête de serpent. De chaque côté, le tunnel se séparait en deux canaux parallèles, divisés par une rangée de colonnes taillées dans la pierre, qui s'étendaient à perte de vue depuis l'anneau en or.

— C'est ce que nous cherchions, déclara Jack, espérant très fort avoir raison. C'est le début d'un quai où venaient s'amarrer les bateaux d'un côté, tandis que d'autres partaient de l'autre, en direction du Nil. Le débarcadère ne doit pas être loin...

— Des serpents, Jack. On dirait qu'ils me poursuivent. Tu te souviens, dans la mer Rouge ?

— Je me rappelle surtout les photos que tu as envoyées au fils de Maurice, il était ravi.

— Le sonar voit plus loin que nos yeux, mais toujours aucune indication de notre but, affirma Costas en traversant l'anneau.

Jack en frôla les rebords. S'il s'agissait d'or massif, ce torque constituait la plus grande quantité jamais découverte en Égypte, un incroyable témoignage de la fortune et de la vision du pharaon qui avait fait construire cet endroit. Il suivit Costas dans le passage de gauche, ne voyant toujours rien devant eux qui suggérerait la surface de l'eau. Quelques minutes plus tard, Costas arrêta de battre ses palmes et descendit doucement vers le fond du tunnel.

— Niveau critique, Jack. Je commence à me sentir comme dans le submersible... Un peu de vertige, plus de souffle. Il faut que tu me retires mon casque maintenant.

Jack descendit à sa hauteur, vit les lèvres bleues de Costas derrière la visière, ses yeux ternes. Il détacha l'appareil de secours de la poche du haut sur la cuisse droite de son ami, une bouteille miniature de quinze centimètres de long avec un embout au milieu. Il dévissa la valve, pressa sur la purge pour la tester, vit un filet de bulles en sortir. Il la donna à Costas et plaça les mains des deux côtés de son casque.

— L'eau est à douze degrés. Tu es prêt ?

La voix de Costas semblait distante.

— Tu sais, Jack, je me mangerais bien un sandwich, là. Promets-moi d'en prendre un pour toi, si je ne remonte pas. Je supporte pas d'imaginer qu'ils puissent se perdre.

— On les mangera ensemble. Un pique-nique sur la plage. Tu es prêt ?

— Je voulais te dire, Jack. Sur tout. Tu sais.

— Je sais. Moi aussi. Reste concentré.

— Caméra. Garde ma caméra. Et ma torche.

Jack accrocha les deux autour de son poignet.

— C'est fait.

— Maintenant, Jack. *Maintenant.*

Jack ouvrit rapidement les attaches, dévissa le casque et le retira, le repoussant derrière le dos de son ami. Costas avait fermé les yeux pour se préparer au choc provoqué par le contact avec l'eau. Il approcha immédiatement la bouteille miniature de sa bouche et prit une bouffée d'air. Il se pencha pour sortir son masque de son autre poche sur la cuisse, le pressa contre son visage, tira la courroie et la passa au-dessus de sa tête. Il l'essuya et en même temps fit à Jack le signe des plongeurs que tout allait bien. Jack se rappela qu'ils ne pouvaient plus parler, qu'il faudrait lui indiquer par gestes la surface si elle apparaissait sur l'écran. Il défit les lanières de la bouteille d'oxygène de Costas pour l'alléger, le libérant également du casque et de tout ce qui pouvait l'encombrer. Ensuite, il prit sa propre bouteille de secours et ouvrit la valve, de sorte qu'elle soit directement prête pour Costas quand la première serait vide. Il n'avait aucune idée de ce qu'il ferait alors, quand il ne resterait rien, quand Costas commencerait à respirer de l'eau et serait pris de convulsions. Il en savait assez pour ne pas ignorer que la noyade n'était pas la mort la plus facile. Une souffrance affreuse, comme la pendaison, la victime consciente pendant de longues minutes de douleurs terribles. Il se tira de ses pensées, avançant vers Costas. Il ne restait que l'espoir.

Au bout d'un peu plus de cinq minutes, Costas, agitant toujours très fort ses palmes, leva la main droite et Jack y déposa la deuxième bouteille. Son ami avala les dernières bouffées d'air de la sienne et l'échangea pour celle de Jack, prenant une grande respiration avant de repartir de plus belle. À ce rythme, il n'en avait plus que pour six, voire sept minutes d'oxygène. Et rien n'apparaissait sur la carte.

Jack osa à peine regarder le minuteur à l'intérieur de son casque. Il s'était écoulé encore cinq minutes. Costas ne pourrait sans doute pas tenir plus de deux minutes. Son cœur se mit à battre à toute vitesse, sa bouche à s'assécher. *Un pur cauchemar.*

Et soudain, il le vit. À cinquante, peut-être soixante mètres devant eux, le tunnel semblait monter. Quelques instants plus tard, il en fut absolument certain. Il battit des jambes aussi vite qu'il le pouvait, nageant sur la même ligne que Costas et se tournant vers lui pour lui indiquer la pente d'une main, ouvrant l'autre pour montrer la distance. Il se rendit compte alors qu'il ne voyait plus de bulles s'échapper de la bouteille. Costas était désormais en apnée. Il cracha l'embout, baissa la tête et avança aussi vite que possible. Ils étaient si proches désormais, que Jack sentit qu'il pourrait tirer Costas derrière lui s'il perdait connaissance, avec l'espoir de ressortir à l'air libre.

Il aperçut alors le chatoiement reconnaissable de la surface de l'eau dans le faisceau de sa torche. Quelques secondes plus tard, ils la déchirèrent, Costas haletant et toussant. Puis il se mit sur le dos, flottant sans faire le moindre geste, se contentant de respirer à pleins poumons. Jack balaya de sa torche les alentours, repérant une pente qui menait à une entrée et, à côté d'eux, un embarcadère qui cernait l'extrémité du tunnel, à l'évidence l'ancien dock. Il vérifia le détecteur extérieur pour contrôler la qualité de l'air, puis retira à son tour son casque, savourant l'air frais sur son visage et prenant quelques profondes inspirations.

— Ça va ? demanda-t-il à son ami.

Costas était toujours sur le dos, bras et jambes tendus.

— Oui, ça baigne, répondit-il, sa respiration se calmant peu à peu. Mais je meurs de faim. Sans blague.

— Ça sent bon, remarqua Jack en reniflant.

Costas se redressa et remonta un peu sur la pente.

— Le parfum de l'Égypte antique, pour toi, mon ami. Et c'est vrai que ça sent vraiment *très* bon.

— Intéressant, ponctua Jack en jetant un nouveau coup d'œil dans son casque. Mon écran indique un seuil d'oxygène légèrement inférieur à la normale.

— Nous ne connaissons qu'une seule aération, rétorqua Costas. Le conduit sous la pyramide dans lequel entre la lumière. Et nous ne savons pas encore s'il est relié au tunnel.

— Je sens du jasmin, du thym et de l'acacia. Une touche d'encens et aussi des relents de décomposition organique.

— Il doit s'agir de quelque chose de récent, affirma Costas en retirant ses palmes. Des rats, peut-être. C'est un endroit idéal, pour les rats.

— Pour les rats et les petits poissons dans le canal. C'est de cela que s'est nourri Jones et il a survécu. Quand il ne mangeait pas de la momie.

— Quoi ?! Mais qu'est-ce que tu racontes ?

— C'est ce que Howard Carter a écrit dans son journal. Après des semaines passées ici, Jones était désespéré et il a commencé à ouvrir des cercueils. Ça doit être plus ou moins comme manger des nids de guêpes desséchés. Avec des yeux et des dents, quand même...

— Arrête, Jack. Juste quand je me disais que j'allais déjeuner...

— Il est minuit et on n'a pas apporté de pique-nique.

Costas tapota la bosse à l'intérieur de sa combinaison.

— Tu me prends pour qui ?

— Tu n'as pas emporté tes sandwichs, quand même !

— Qu'est-ce que tu penses que je faisais, en attendant que tu rentres de Jérusalem ? J'ai squatté les cuisines du *Sea Venture*. J'avais pris mes propres ingrédients, envoyés par les airs par mon restau préféré à Manhattan. Celui où je promets toujours de t'emmener. Gino's, comme tu le sais, où tu peux te faire couper les cheveux et la barbe pendant que tu patientes. Tu te croirais au paradis...

— D'accord, acquiesça Jack en souriant et en aidant son ami à se relever. On va manger. Mais trouvons d'abord la sortie. Sinon, quand on aura fini tes sandwichs, on devra se rabattre sur de la nourriture alternative... Tu vois de quoi je parle ?

Un petit poisson sauta hors de l'eau et vint clapoter à la surface, une petite créature fine avec de gros yeux, le seul être vivant qu'ils aient vu depuis leur départ du Nil. Costas le regarda un instant, dégoûté.

— Ça me plaît pas du tout ! affirma-t-il. *Pas du tout.*

— Tu veux te reposer ?

Costas secoua la tête, vérifiant la ceinture de sa combinaison, ouvrant un peu son encolure.

— On trouve d'abord la sortie.

— Je n'aurais pas dit mieux, déclara Jack en commençant l'ascension.

22

Jack retira son sac à dos et le posa sur le sol, après avoir pris sa torche et avoir rendu la sienne à Costas. Il restait encore deux heures d'oxygène dans sa bouteille, mais comme celle de Costas était vide et qu'ils ne pouvaient pas partager, il n'allait pas continuer seul s'ils arrivaient à un autre tunnel immergé. Soit ils sortaient de là tous les deux, soit pas du tout. Ils défirent les lanières de leurs torches pour les fixer sur la tête, vérifiant que la caméra miniature fonctionnait toujours. Comme ils avaient ôté le système de climatisation présent dans leur sac à dos, la combinaison pouvait devenir vite trop chaude, mais à cet instant cela valait mieux que de grelotter, et le Kevlar offrirait une protection contre les coups et les égratignures sur le chemin. Jack était conscient que ce qui les attendait désormais, quoi que ce fût, ne serait toujours pas une partie de plaisir, et se retrouver dans un environnement où ils pouvaient respirer librement ne signifiait pas qu'il existait une sortie vers Le Caire.

Costas détacha le tuyau de son sac à eau sur le côté gauche de sa combinaison et prit une grande gorgée, tapotant sur sa tenue pour s'assurer que tout était encore en place. Il fit une pause, plongea la main dans la poche de devant. Il en sortit un sac étanche, l'ouvrit et mordit à pleines dents dans son sandwich, mâchant bruyamment. Il le replaça aussitôt.

— Ça a bien failli accompagner ma dernière pensée avant de mourir, et finalement, c'est mon baiser de vie. Merci, Gino !

Il reprit une gorgée d'eau puis referma le tube, dirigeant le rayon de sa torche vers le haut de la rampe.

— Tu penses que c'est par là ?

— Pas le choix, de toute façon, répondit Jack. Il y a la même rampe au bout du canal parallèle au nôtre, juste visible à travers les colonnes, mais il rejoint le passage unique devant nous. Je suppose qu'il va d'abord nous mener à une sorte de bassin d'amarrage, sans doute relié au pont artificiel qui était associé au temple mortuaire du Vieil Empire. L'endroit que nous avons vu éclairé sous la pyramide il y a trois mois se trouve quelque part entre le bord de la pyramide et le port, et il nous faut espérer y trouver une entrée.

Costas hocha la tête en se redressant.

— Si on était pendant la journée, on aurait pu apercevoir de la lumière. Ce qu'on a vu sous la pyramide, mais dans l'autre direction. Je suppose que c'est ce qui a permis au calife Al-Hakim et au caporal Jones de se repérer, ici. Mais là, c'est une nuit sans lune.

— « Présages de feu dans le vent des chars, Piliers de feu dans le tonnerre et la tempête », récita Jack en regardant devant lui.

— Tu peux répéter ?

— Ça m'est revenu quand je t'ai parlé de notre découverte des chars dans la mer Rouge. Quand j'en ai parlé à Maria, elle m'a cité ces lignes d'un autre poète de la Gueniza, Yannai. Ses images viennent de l'Exode.

— Le buisson ardent, la montagne de feu... J'ai appris toutes ces histoires quand j'étais enfant. Je me disais que l'Égypte antique, c'était l'enfer.

— Ce n'est plus juste l'Égypte antique. Imagine Le Caire d'après le peu que nous en avons vu, quand nous l'avons traversé, ce soir sur la felouque...

— Tu penses aux pyramides, là ? Le reportage qu'on a vu sur CNN quand on était à Alexandrie ?

Jack se pinça les lèvres et hocha la tête.

— Tu as raison, on ne verra pas la lumière du jour ici. Mais on pourrait voir un autre type de lumière réfléchie par les miroirs. La ville de lumière d'Akhenaton ne sera pas illuminée par les rayons d'Aton, mais elle pourrait l'être par quelque chose qu'il devait penser impossible, par des feux dignes des récits bibliques de l'enfer. Le reflet d'une pyramide qu'on détruit est une balise qu'aucun archéologue n'aimerait suivre, mais ça risque d'être notre seul moyen de sortir d'ici... Avançons.

La rampe montait à environ trente degrés, jusqu'à un plateau situé cinq mètres au-dessus du niveau de l'eau. De là, elle devenait un tunnel rectiligne de quatre mètres de large et trois de haut, assez grand pour qu'ils puissent marcher côte à côte. Jack s'interrompit pour ajuster l'angle de sa caméra, tandis que Costas continuait à progresser, le faisceau de sa torche se reflétant sur le vernis du granit qui recouvrait la partie inférieure des murs. Dix mètres plus loin, il s'arrêta et inspecta le côté du tunnel, puis pressa ses mains sur le mur.

— Jack, c'est intéressant. Ça a été plâtré. C'est comme...

Un mugissement résonna, puis le grondement de pierres qui s'effondrent... et Costas disparut. Jack resta un instant sidéré avant d'accourir. Là où s'était tenu Costas s'ouvrait un trou irrégulier de la taille d'une petite porte. Il s'en approcha et se pencha vers la salle qui venait d'être ainsi révélée. L'air à l'intérieur était sec, aromatique, et piquait les yeux. Jack se les frotta, toussa et soudain vit le faisceau de la torche de Costas sous lui. Son ami ne bougeait pas, son corps était dans une position improbable. Jack prit peur. Ils avaient un peu de matériel de premiers secours dans leurs combinaisons, mais rien d'autre, en fait, que des pommades et des pansements. Si Costas était sérieusement blessé, il ne pourrait pas le soigner, et il n'aurait bien entendu aucun moyen d'appeler au secours.

Il passa prudemment par le trou et regarda où il mettait les pieds, son cœur s'emballant dans sa poitrine.

— Costas, ça va ? Parle-moi !

Aucune réponse. Jack retint sa respiration. Le rayon de la torche sous lui bougea légèrement. Il entendit grommeler et jurer.

— Fascinant, lâcha enfin Costas.

Sa voix semblait à des kilomètres, comme provenant de l'intérieur d'un gouffre.

— Qu'est-ce qui est fascinant ? Tout va bien ?

— Jamais rien vu de pareil. De la menuiserie cousue, et chaque pièce de bois façonnée individuellement. C'est incroyable !

Jack regarda ce que Costas lui indiquait et en eut le souffle coupé. Une grande caverne creusée dans la roche, d'au moins dix mètres de diamètre, de la taille d'une citerne d'eau géante. Au fond, il vit un immense tas de bois soigneusement rangé. Le faisceau de Costas venait de sous une section de planches empilées dans un coin de la grotte, et Jack l'observa tandis qu'il s'en dégageait. Il leva les yeux, se protégeant du rayon de Jack qui l'aveuglait, le visage tout blanc de poussière de plâtre.

— Qu'est-ce que tu en dis, Jack ? Le rêve d'un archéologue sous-marin, non ?

— C'est fantastique ! s'écria Jack. La grotte devait être hermétique avant que tu y pénètres, c'est ce qui a préservé tout ce bois. Il existe une autre fosse à bateaux toujours fermée devant la grande pyramide, connue parce que des archéologues ont fait passer une caméra à fibre optique à l'intérieur. Sauf erreur de ma part, tu viens de tomber dans la barque funéraire du pharaon Mykérinos, le bateau qui a emporté son corps le long du canal depuis le port et le temple funéraire. Et tu as raison, la menuiserie consiste en planches cousues. C'est une technique d'une solidité incroyable, qui peut produire une coque assez robuste pour prendre la mer, même si ce cérémonial ne se faisait que sur les rivières. Tu remarqueras la poupe ratissée en bois, les avirons, le travail précis sur le pont... Étonnant.

Costas avait traversé la grotte pendant que Jack parlait, évitant soigneusement d'abîmer le bois. Il se dirigeait vers une autre ouverture dans le mur et se pencha pour y entrer. Très vite, il avait passé tout son corps à l'exception de ses pieds. Jack entendit un autre bruit d'effondrement, suivi d'un nuage de poussière. Puis plus rien. Et soudain une violente quinte de toux. Quelques instants plus tard, son visage réapparut.

— Jack, faut que tu voies ça !

Jack le rejoignit et passa la tête à travers le trou. La grotte dans laquelle se trouvait Costas ne devait pas avoir plus de trois mètres au sol et il ne voulait pas prendre le risque de se casser un membre.

— Ça en vaut *vraiment* la peine ?

— Vraiment, Jack. Je te laisserai pas partir avant que tu voies ça, crois-moi !

— D'accord, j'arrive.

Il s'accrocha à un rebord en pierre et se laissa glisser dans l'ouverture jusqu'à toucher le sol. Il tomba dans la poussière, évitant de peu une pile de planches. Il se releva, s'étira et enjamba le bois vers Costas, qui s'était écarté pour lui faire de la place.

— Encore une grotte. Au moins deux fois plus grande que celle-là. Prépare-toi à un sacré spectacle.

Jack se recroquevilla pour entrer, essayant de ne pas se râper le dos contre le haut du trou. Sa torche éclaira du bois, à l'évidence encore des éléments de bateaux. Il se dépêcha d'entrer et se poussa pour laisser entrer Costas. Il orienta ensuite le faisceau de sa lampe pour avoir une meilleure vue.

Ce qu'il aperçut le laissa sans voix. À la place de planches démontées, c'était un navire intact qui se dressait devant lui. Il tendit la main pour le toucher et un frisson d'excitation le parcourut. Le bois était recouvert de goudron et, en avançant, Jack donna sans le vouloir un coup dans un pot sur le sol qui contenait une substance noire, sûrement le revêtement en question. Il partit vers la gauche, vit une nouvelle pile de planches et une herminette en bronze à côté d'une partie de la coque qui était à l'évidence en réparation, les coutures apparentes en corde, ainsi que des tenons et des mortaises. Jack se redressa prudemment, se soulevant jusqu'à ce que sa tête arrive au-dessus du plat-bord. Il balaya l'ensemble du navire de sa torche.

— Alors, qu'est-ce que je t'avais dit ? demanda Costas en se postant à côté de lui. On dirait que le vieux Mykérinos a emporté toute une flotte avec lui pour son voyage vers l'au-delà.

— Pas Mykérinos. Ce navire est caractéristique de la fin de l'âge du bronze, plus de mille ans plus tard. Et ce n'est pas une barge. C'est un vaisseau prêt à naviguer dans la mer.

— Sans blague ! s'exclama Costas en montant sur une dalle en pierre à côté de Jack. Mon Dieu, je vois ce que tu veux dire. Le rouf à l'arrière plutôt qu'au centre, poutre large, bordée de pont. Et il y a aussi le mât et des rames sur la poupe. Un navire de charge ?

— Tu te souviens, quand on a vu le bois de l'épave minoenne sur la côte nord de la Crète, il y a dix ans, là où nous faisions des fouilles quand Maurice a trouvé les papyrus d'Atlantis ? Ce bateau est incroyablement similaire, au détail près. C'est un navire égyptien. Un vaisseau minoen, ou du moins construit selon les normes de la mer Égée ou par un architecte minoen.

— Comment tu sais la date ?

— Regarde la rangée de jarres vides dans la cale.

— Ah, les premières amphores. Comme sur notre épave minoenne.

— Des jarres cananéennes. Deuxième moitié du deuxième millénaire avant Jésus-Christ, quinzième, peut-être quatorzième siècle avant Jésus-Christ. Et cette flasque de pèlerin à côté du rouf est typique de la poterie égéenne. Du genre des récipients d'huile qu'on peut voir sur les fresques murales égyptiennes qui représentent les marchands de la mer Égée.

Costas descendit de la dalle et contourna Jack pour se rendre à l'avant du navire.

— Viens voir par ici. Quel regard assassin !

Jack rejoignit son ami à côté de la proue, puis recula vers le mur pour avoir une meilleure vue.

— Incroyable ! Voilà la confirmation. Fantastique !

— Raconte.

— Approche-toi. Ce n'est pas un œil, c'est le symbole d'Aton. Si tu regardes de près, tu verras même les rayons gravés dans les planches.

— Akhenaton ?

— Possible. C'est la première preuve concrète que nous avons de lui depuis le cartouche à l'entrée du tunnel sur le Nil.

— Et le rapport avec la civilisation égéenne, alors ?

— Tu te souviens que Maurice nous a montré les mercenaires égéennes qu'il a identifiées sur la peinture de la tombe dans la nécropole de la momie ?

— Comment les oublier ? Les amazones aux seins nus...

— Eh bien, je pense qu'au quinzième siècle avant Jésus-Christ le mariage dynastique avec une reine minoenne a apporté aux Égyptiens plus qu'une simple armée de mercenaires. Une des technologies qui leur manquaient, c'était la construction de bateaux, à l'exception des embarcations utilisées sur la mer Rouge, qui ressemblaient plus à des barques renforcées.

— Tu crois qu'on est dans un port de guerre ? suggéra Costas. Une base navale secrète ?

— Je ne pense pas. Pas exactement. Ce ne sont pas des navires de guerre, des galères. Et pas non plus des navires de commerce. Non, ils devaient plutôt transporter des passagers, sûrement en haute mer, avec de la place pour beaucoup de provisions.

— Des bateaux d'exploration ? hasarda Costas.

Possible.

— Ce bateau a l'air d'avoir été abandonné à la hâte en pleine réparation, avec les outils encore sortis tout autour...

Costas avait fait le tour de la proue.

— Viens voir, Jack. J'ai trouvé une couchette vide et, devant, une rampe dans la direction où on pense que le pont artificiel se trouvait, attenant à cette partie du plateau, la sortie désormais complètement scellée.

Jack le suivit et se pencha sur le gabarit en bois qui semblait avoir été mis de côté à la hâte. Il secoua la tête, étonné.

— Un pharaon meurt, un autre prend sa place.

— Qu'est-ce que tu dis ?

— Juste une autre hypothèse. Un scénario qui conviendrait mieux. Nous savons que Mykérinos était mort quand il est entré ici, probablement embaumé, prêt pour le rituel du temple mortuaire et son insertion dans le sarcophage à l'intérieur de la pyramide. Ce que nous ignorons en revanche, c'est comment cet endroit s'inscrit dans le parcours d'Akhenaton, plus de mille ans plus tard. Personne n'a identifié avec certitude sa tombe ou sa momie. Une des possibilités, c'est qu'il soit enterré ici, et que ce soit à cela que servait cette construction souterraine, mais mon instinct me souffle que non. Je vois ce complexe, construit sous le plateau, cette ville de lumière, comme quelque chose qu'il a voulu mener à terme et définitivement fermer avant de partir.

— Peut-être qu'il feignait de construire un temple funéraire, chose courante pour les pharaons, alors qu'en fait il préparait son départ, renchérit Costas pour aller dans le sens de Jack. Il voulait se retirer pour de bon. Se faire passer pour mort en entrant ici sur la barque funéraire des pharaons de l'ancien temps, mais au lieu de se rendre vers l'au-delà, il est parti d'ici bien vivant, sur un vaisseau équipé pour un long voyage...

— Tout à fait possible. Le navire qui est resté ici a été abandonné en pleine réparation, comme si lui aussi devait prendre la mer mais qu'il ne restait plus de temps pour préparer les deux. Akhenaton devait savoir que sa vie était menacée, un homme qui, comme le calife Al-Hakim, avait apporté une vraie contribution à son peuple, et peut-être fondé une sorte de bibliothèque à cet endroit, mais qui comptait des ennemis mortels parmi l'ancienne prêtrise, pour avoir désacralisé leurs temples et interdit leurs rituels. Peut-être que s'enfuir était sa seule option, une fois qu'il avait atteint son objectif en permettant aux Israélites de retourner en sécurité à Canaan.

— Tu as parlé de cette hypothèse à Maurice ?

— Il a dit que, s'agissant d'un homme qui avait fondé une nouvelle religion, créé une nouvelle capitale et mis en scène la destruction de toute son armée de chars pour permettre aux Israélites de s'enfuir, tout est possible. Akhenaton, c'est le joker de l'Égypte antique.

— Du moment qu'il a emmené Néfertiti avec lui...

Jack examina de nouveau le bateau, s'assurant que sa caméra filmait le plus de détails possible. Ils avaient l'impression d'avoir pénétré dans un chantier naval de l'Égypte antique, pendant la pause-déjeuner des ouvriers. Il se tourna vers Costas.

— C'est sûr. Bon, on va où nous, maintenant ?

Costas fit un signe de la tête vers l'endroit d'où ils venaient.

— Le passage depuis le quai continuait après ces grottes. Il devait exister des entrées depuis ces hangars vers le complexe sous le plateau, mais elles ont dû être fermées. On pourrait passer des heures à taper sur les murs sans trouver l'ouverture. Tous les accès semblent avoir été condamnés, comme si cet endroit avait été entièrement gelé. Ça colle avec ta théorie.

Jack suivit Costas vers les autres grottes où s'entassaient les planches de bois, montant sur les épaules de son ami pour se hisser dans les trous et le tirant par les bras pour l'aider à son tour. Il se sentit soudain épuisé et vaseux, comme si sa tension artérielle avait subitement chuté, et il s'appuya contre le mur pour avaler une gorgée d'eau. Il prit conscience qu'il n'avait rien bu depuis qu'ils avaient traversé Le Caire, et pourtant il s'était promis de rester hydraté. Il continua à avancer, une fois son malaise passé. Devant lui, après la limite ouest des grottes, il vit le faisceau de la torche de Costas s'agiter avant de s'immobiliser. En s'approchant, il constata que le passage se terminait. Il n'offrait plus qu'une ouverture à la hauteur de la tête, d'un mètre de large sur un mètre de haut, qui donnait sur un autre tunnel à perte de vue. Comme trois mois plus tôt sous la pyramide, dans la position opposée. Entre les deux se situait l'espace éclairé si intensément par la lumière qui traversait la pyramide. Il refusait de croire que c'était la fin de leur voyage, qu'ils n'avaient vu qu'un reflet d'autres tunnels et de conduits de ventilation. Ce qu'ils avaient trouvé était déjà sensationnel, mais ça ne pouvait pas être tout. Il devait encore exister une partie centrale aux passages indiqués sur la plaque et elle devait se trouver juste devant eux, sous le plateau.

— Tu penses ce que je pense ? demanda Costas.

— Je pense que, s'il y a une autre salle devant nous, elle devait être accessible depuis ce tunnel par les ouvriers et pour qu'on puisse y apporter du matériel de construction. Mais peut-être qu'une fois le travail terminé le tunnel a été bouché, hormis cette ouverture, avec l'entrée de la grotte devenue la route de la procession hypothétique que nous pensons représentée par l'autre bras d'Aton désignant la direction de Fostat.

— Tu veux dire notre issue de secours providentielle, corrigea Costas en s'accroupissant au bout du tunnel pour regarder par la fente. Tu as raison, Jack. Sous le vernis, je vois les bords de blocs de granit. Les Égyptiens excellaient en la matière, non ? Ils construisaient des chambres mortuaires et les condamnaient pour éviter qu'elles ne soient visitées par des pilleurs de tombes. Rappelle-toi ces obstructions que le colonel a dû exploser pour atteindre le sarcophage dans la pyramide de Mykérinos... Quelqu'un a réalisé le même type de travail ici.

— Seulement je ne pense pas que ce qui se trouve derrière ces murs soit une chambre funéraire.

— Peut-être pas. Mais j'ai le sentiment désagréable qu'il y en a une ici même.

— Comment ça ?

— Derrière cette paroi, Jack. Là où je suis, il y a une puanteur terrible...

Jack suivit le regard de Costas et s'agenouilla devant un trou irrégulier qui semblait avoir été ouvert dans du plâtre entre deux blocs de granit. Il vit un objet dont il s'empara et le plaça sous le faisceau de sa torche. Une main humaine, très vieille, momifiée et pratiquement squelettique. Il la tendit à Costas.

— T'as jamais eu envie de serrer la main à une momie ?

— Je le savais ! On n'allait pas se balader dans les sous-sols de l'Égypte sans tomber sur une momie... Impossible !

— Je dirais qu'on a trouvé le garde-manger du caporal Jones.

Jack replaça doucement la main, respira profondément et passa la tête dans le trou, dirigeant sa torche dans toutes les directions et découvrant une annexe taillée dans la pierre, de la taille d'une petite chambre à coucher. C'était un charnier, rempli de momies désarticulées et de membres épars, allongés dans une grande quantité de matière duveteuse qui ressemblait à un mélange de bandes et de peau humaine. Il aperçut un fragment de cercueil en bois, ses contours rongés, mais sa peinture et ses hiéroglyphes encore apparents. Il sortit la tête du trou et s'adossa contre le mur du tunnel, à bout de souffle, les yeux rouges de la poussière qui y était entrée.

— Alors ? demanda Costas. Tu as vu un passage ?

Jack secoua la tête en toussant.

— Là-dedans, ce n'est qu'un grand nid à rats...

— C'est pas le garde-manger du caporal Jones, alors ?

— Aussi, répondit Jack en toussant encore. J'en suis sûr. Je suppose que ce sont les rats qui lui indiquaient le chemin. Ils ont dû se tailler une petite entrée, et Jones, désespéré de ne pas trouver quelque chose à manger, l'aura agrandie. Les rats n'ont pas pu causer tous les dégâts que j'ai vus à l'intérieur. À l'origine, cette pièce devait abriter des momies entières, mais elles ne datent pas de l'époque d'Akhenaton. Le fragment de décoration sur le cercueil remonte au Vieil Empire, certainement à l'époque de Mykérinos. Je pense qu'il s'agit d'une deuxième chambre funéraire, pour les vizirs et les dirigeants de moindre importance qui se sont occupés de la construction de la pyramide et qui ont été sortis de leurs tombes par les ouvriers d'Akhenaton afin de faire de la place. Il aurait été logique que les tombes se soient au départ trouvées sous le plateau devant la pyramide, et si elles ont été déplacées pour construire une salle plus vaste, ça nous permet de garder espoir...

— Si on arrive à passer, nuança Costas en se levant et en jetant un regard dégoûté au trou d'où ressortait la main squelettique.

Jack le suivit et ils allèrent regarder ensemble par la fente au bout du tunnel.

— On devrait y arriver, assura Jack après un instant. Al-Hakim et Jones ont dû passer par ici, parce que nous n'avons vu aucune autre ouverture.

— Je sais ce qui a pu les guider, affirma Costas. Une lumière comme celle que nous avons vue sous la pyramide. Même une nuit de pleine lune, ils auraient pu apercevoir une lueur et décider de tenter leur chance. Après tout, piégés ici, ils n'avaient plus rien à perdre.

Il jeta un dernier regard à la main.

— Si ce n'est, pour Jones, s'éloigner de son garde-manger.

— On prend le risque ? demanda Jack. Ou on cherche d'autres sorties ailleurs ?

— On pourrait partir en reconnaissance.

— Comment ça ?

Un gazouillement s'éleva de la ceinture de Costas. Jack fit un bond en arrière, puis se détendit en comprenant ce qui se passait.

— Tu as amené un petit compagnon, n'est-ce pas ?

Costas ouvrit le haut de sa combinaison et un petit œil mécanique monté sur une tige en sortit, suivi par deux mains miniatures de robot qui se levèrent doucement pour attraper les bords du vêtement.

— Je ne pouvais tout de même pas partir sans *Little Joey*, déclara Costas en caressant tendrement le cou derrière l'œil. Pas après que *Big Joey* s'est si bien amusé avec l'épave.

— Tu m'inquiètes, parfois. Aïcha pense que tu ferais un super papa, pour des êtres humains vivants et doués de sensations.

Little Joey sembla se hérisser et orienta son œil vers Jack.

— Fais attention à ce que tu dis, prévint Costas. Il est très sensible.

Il sortit le robot et le plaça sur le rebord de l'ouverture. Ensuite il fixa sur le petit automate une radio et des lunettes virtuelles.

— Il est programmé pour bien réagir à cet environnement. Et, étant donné ce qu'on a à faire, je l'ai familiarisé avec les tunnels et le type d'éléments archéologiques sur lesquels nous avons pu tomber par le passé. C'est un robot pilleur de tombes. Je vais l'envoyer dans ce tunnel maintenant, et il en reviendra avec un rapport détaillé sur tout ce qu'il aura trouvé d'inhabituel.

— Comment fait-il ?

— Il nous le dira. Tu verras.

Costas appuya sur un bouton sous la queue de son robot. Comme le modèle au-dessus, *Little Joey* avait la forme d'un scorpion, avec quatre pattes de chaque côté, un œil unique sur une tige et deux bras flexibles, mais il n'était pas plus grand qu'un gros rat. Costas l'orienta vers le tunnel, mais il se retourna vers Costas, le regarda, puis pivota de nouveau pour se mettre en route.

— Il est très indépendant, affirma Costas. Il veut pas qu'on lui dise ce qu'il a à faire. Il décide tout seul.

— Comme les enfants, commenta Jack. C'est ce que tu découvrirais si tu en avais. Comme une certaine adolescente qu'on connaît bien, toi et moi.

Little Joey descendit alors dans l'ouverture, ses lumières éclairant l'obscurité, et s'arrêta au bout de dix mètres.

— Cul-de-sac ? demanda Jack.

Costas se pencha sur la radio.

— Non, il a vu quelque chose, mais nous ne saurons pas quoi avant que je démarre le système et qu'il puisse réagir. Une fois que ce sera fait, je pourrai allumer les lunettes et voir ce qu'il voit. Ça prendra quelques minutes.

Costas recula, prit une profonde inspiration et s'essuya le front du dos de la main en clignant des yeux.

— Ça va ? s'enquit Jack.

— Tu sais, Jack, ces djihadistes devant la pyramide qui pulvérisaient une sorte de combustible, tu te souviens ? Nous avons vu les camions-citernes sur CNN. C'était une opération planifiée de longue date.

— Où veux-tu en venir ?

— Pulvériser un combustible et y mettre le feu, ça te permet de donner l'impression qu'un bâtiment en pierre subit un incendie. On pense que le buisson ardent de la Bible est un phénomène similaire : dans certaines conditions, le gaz qui s'échappe de quelques espèces du désert peut être allumé pour donner l'apparence d'un buisson auréolé de flammes, alors qu'en fait il ne brûle pas. Sans doute que le combustible s'est également infiltré dans la pyramide par les conduits qui servaient à apporter la lumière au complexe souterrain. Le combustible se consumera bien avant qu'il ne nous atteigne, mais ce n'est pas le problème. Le problème, c'est ce que j'ai vécu dans mon destroyer pendant l'attentat terroriste dans le golfe, quand j'étais piégé par le feu sous le pont dans la salle des machines, avant que je ne parvienne à m'enfuir et à participer au sauvetage...

— Le feu consomme l'oxygène, murmura Jack. Je crois que je comprends où tu veux en venir.

— Tu te souviens du niveau bas d'oxygène que tu as vu sur l'écran quand on est sortis à la surface ? Depuis, chaque fois que je fais un effort, j'ai des vertiges. Au début, j'ai pensé que c'était dû aux effets résiduels du dioxyde de carbone pendant les dernières minutes de plongée sans bouteille, mais je pense que je tiens là une meilleure explication.

Jack hocha la tête.

— C'est rassurant. J'ai senti la même chose, il y a quelques minutes, j'ai failli perdre connaissance.

— Rassurant, pas vraiment. Ils vont sans doute continuer à jeter du combustible sur la pyramide pour maintenir l'impression d'incendie, ce qui veut dire qu'il en pénétrera davantage par les conduits. Avec la surface extérieure de la pyramide auréolée de feu, le seul moyen pour le combustible d'alimenter ses flammes, c'est d'aspirer l'oxygène de l'intérieur de la pyramide, dans les conduits, la chambre funéraire, le puits par lequel on est passés il y a trois mois, et finalement dans toutes les parties du complexe. Petit à petit, on sera privés d'oxygène. Complètement.

— Et... combien de temps tu penses que ça prendra ?

— Quelques heures. Deux ou trois. Peut-être moins.

— On n'avait pas l'intention de s'attarder, de toute façon. Si nous restons ici plus longtemps que cela, nous n'aurons plus aucune chance d'honorer notre rendez-vous avec la felouque à l'aube.

— Le bon côté de tout ça : si on reste bloqués ici, on n'aura pas à manger des momies.

Jack adressa un regard triste à Costas.

— Note bien que je n'ai aucunement l'intention de mourir étouffé parce qu'un malade d'imam pense que son dieu n'approuve pas les pyramides et parce que ses disciples sanguinaires aiment les feux de joie...

— Amen. Espérons que *Little Joey* nous trouvera une sortie...

Ils furent interrompus par un gazouillis dans l'ouverture. Jack orienta sa torche vers le tunnel. Le robot agitait et secouait les bras, l'œil regardant tour à tour les deux hommes et le mur en face de lui.

— Quelque chose ne tourne pas rond, affirma Jack. Un problème de réglage.

Costas parut offusqué.

— Problème de réglage ?! *Little Joey* ? Impossible. Il est juste excité. Ça veut dire qu'il a trouvé quelque chose, ça montre que le système démarre...

Il prit le masque, l'essaya et le retira.

— Encore une minute et après je deviendrai littéralement *Little Joey* en temps réel. Lanowski appelle ça la fusion mentale.

Jack continuait à observer le robot complètement excité.

— Il est vraiment agité, tu sais... Tu es sûr qu'il ne nous couve pas quelque chose ? Je veux dire, tu l'as vraiment programmé comme *ça* ?

— C'est comme une alarme incendie. Il est programmé pour réagir quand il trouve ce que tu lui as demandé de chercher. Mais il se comporte vraiment comme un adolescent obstiné, ces derniers temps. Et tu crois que Rebecca te mène la vie dure ! J'ai laissé Lanowski seul avec lui dans le labo pendant une demi-heure, il y a deux semaines, et depuis il n'est plus pareil...

— Regarde, il a arrêté, déclara Jack.

Costas enfila le masque.

— *Eurêka*, murmura-t-il en manipulant les manettes. Je vois par son œil, Jack. Le conduit continue vers la droite et ensuite on voit une lueur rouge intense...

Le cœur de Jack se mit à tambouriner dans sa poitrine.

— Tu peux l'atteindre ?

— Je suis en train. À un mètre environ. OK, je suis dans une grande pièce circulaire, de peut-être vingt mètres de diamètre. Des alcôves un peu partout, remplies de jarres. Sapristi. *Sapristi !*

Jack pouvait à peine se retenir. Il aurait payé cher pour prendre la place de Costas. Des jarres, exactement ce que Jones avait décrit à Howard Carter...

— Quoi ? Qu'est-ce que tu vois ?

Costas semblait paralysé, les doigts figés sur le levier, la bouche grande ouverte. Il retira lentement la main de la manette et baissa son masque, les yeux perdus dans le vague. Puis il se tourna vers Jack.

— Tu te souviens des toutes premières images de la tombe de Toutânkhamon ? Tu ne vas pas en revenir.

23

Jack entra dans le conduit les pieds en avant, en se servant de ses coudes et de ses mains pour se tirer à l'intérieur, et s'approcha du rayon halogène de *Little Joey*, à cinq mètres de l'endroit où le tunnel tournait vers la droite. L'image vue sur la caméra le préparait sans l'ombre d'un doute à ce qui se trouvait dans la grotte, mais Jack refusait d'y croire avant de l'avoir constaté de ses propres yeux. Derrière lui résonnaient les jurons et les grognements de Costas, qui l'avait suivi, sa carrure s'accommodant mal de l'étroitesse du lieu. Ils savaient qu'ils suivaient vraisemblablement les pas du caporal Jones, et ceux du calife Al-Hakim avant lui, empruntant le dernier passage accessible après que le hangar à bateaux et l'entrée du tunnel avaient été bloqués pendant l'Antiquité, rampant dans un boyau qui faisait partie d'un extraordinaire réseau taillé dans la pierre pour réfléchir la lumière du soleil dans ce complexe souterrain.

Jack s'arrêta, à bout de souffle, se rappelant que le niveau d'oxygène diminuait régulièrement et qu'il n'était pas en train de faire une crise de panique. Le virage n'était plus qu'à quelques mètres et il vit *Little Joey* utiliser un propulseur d'air miniature pour souffler la poussière d'un bloc de basalte noir dressé à quarante-cinq degrés dans le coin du conduit, dont la surface polie et luisante était destinée à servir de miroir. Jack ferma les yeux jusqu'à ce que le rideau de poussière retombe et put enfin contempler l'extraordinaire scène qu'il avait entrevue à travers les lunettes de *Little Joey*, quelques minutes plus tôt : une lueur rouge, comme s'il regardait par la fente d'un fourneau. Son cœur se mit à battre la chamade d'excitation. Il avait rêvé de cet instant depuis des mois, et maintenant la récompense était à portée de main alors que quelques jours plus tôt elle paraissait totalement inatteignable.

Il arriva au coin du tunnel, devant l'ouverture qui dominait la salle. *Little Joey* avança et se percha sur le rebord, encore agité par l'enthousiasme. Le conduit s'était élargi suffisamment pour permettre à Costas de se glisser à côté de Jack, sa combinaison disparaissant sous des couches de crasse. En éclairant la grotte, ils furent témoins d'un spectacle extraordinaire. Ils se tenaient au bord d'un immense espace circulaire de vingt mètres de diamètre environ et huit mètres de haut qui s'élevait vers un point culminant. Sur le sol, en dessous de ce point, se dressait une estrade surmontée d'un autel rectangulaire ou d'un sarcophage, son couvercle au-dessus de leur ligne de vision. Depuis l'estrade s'étendaient des crêtes sur le sol qui se terminaient par des mains gravées, le symbole immanquable d'Aton, le dieu-soleil d'Akhenaton. Un des bras pointait directement vers le conduit d'où ils venaient, et l'autre vers un passage sur la gauche, menant à la pyramide. Costas fit un signe dans cette direction.

— Ce conduit doit être celui par lequel on a vu la lumière, il y a trois mois, sous la pyramide. Tu peux apercevoir le feu qui se reflète sur les miroirs en basalte tout autour de la salle. Avec la lumière du jour, les reflets doivent être aveuglants, exactement comme on les a vus.

— La lumière d'Aton, concentrée à cet endroit. Quelle précision hallucinante, la technologie de l'Égypte antique à son apogée… Maurice adorerait.

Costas montra ensuite le mur en face d'eux.

— C'est là qu'on veut aller, Jack. Un des bras, le plus long, pointe vers un tunnel ouvert. L'autre vers le mur à notre droite qui doit conduire vers le hangar à bateaux. Tu vois, là, une zone plâtrée clairement différente du vernis poli de la roche, et je suis prêt à parier que c'est là que se trouve l'entrée, condamnée. L'accès au tunnel ouvert a l'air d'avoir été également fermé autrefois, mais forcé récemment.

— Le caporal Jones ? suggéra Jack.

— C'était un sapeur, non ? Il devait avoir l'œil pour les détails de construction. Il devait chercher une issue, tout comme nous. Enfin, quand il était pas en plein délire, à chercher de quoi agrémenter son ragoût de momie... Cet endroit devait être vraiment lugubre, la nuit, avec la lune pour seul éclairage, complètement déstabilisant pour un homme déjà déséquilibré et affamé...

— Tu penses que ce tunnel ouvert part dans quelle direction ?

— Vers Le Caire. C'est la ligne qui mène à Fostat. Et il est clairement au-dessus du niveau de l'eau, un canal à sec. Ça pourrait être notre porte de salut.

— S'il n'est pas bloqué par des rochers.

— Il y a un seul moyen de le découvrir.

— J'ai besoin de rester un moment ici, Costas. Il faut filmer le plus possible.

— Trente minutes, maximum. Je sens que l'air est aspiré par les flammes sur la pyramide, à travers le conduit. Si on s'attarde plus que ça, on n'aura plus l'énergie d'avancer dans le tunnel, et le compte à rebours recommencera.

Little Joey sautilla et soupira. Il avait laissé échapper une sorte de plainte électronique, et son œil se posa tristement sur son maître.

— Je sais, lança Costas en caressant son cou. Brave petit, brave petit.

Il appuya sur un bouton sous la carapace et *Little Joey* fit un bond avant de se poser en ronronnant.

— Je ne peux pas lui donner un biscuit, mais une petite friandise électronique lui fait toujours du bien. Il va s'endormir heureux. Il faut qu'il tienne le coup encore un moment.

Jack se tourna jusqu'à ce que ses pieds pendent dans l'air et il se baissa lentement vers le sol.

— OK, trente minutes. Moteur, ça tourne !

— Bien reçu.

En touchant le sol, Jack vérifia que la caméra sur sa tête était orientée de sorte qu'elle filme tout ce qu'il voyait. Il savait exactement ce qu'il cherchait. C'était ce qui lui avait envoyé des décharges d'adrénaline dans les veines quand il avait lu le récit de Howard Carter au sujet de ce que le caporal Jones avait vu, et quelques minutes plus tôt, lorsqu'il avait regardé les images retransmises par *Little Joey*. Ce qui se trouvait dans le bureau de Hiebermeyer depuis tant d'années, depuis qu'il l'avait découvert sur le site à côté du plateau, les hiéroglyphes qui esquissaient la vérité derrière la cité de lumière d'Akhenaton. Jack balaya du regard la salle. Le trésor d'Akhenaton ne serait en rien comparable à celui de la tombe de Toutânkhamon, ce ne serait pas une autre réserve d'or, de bijoux et d'objets précieux. Ce serait le plus grand de tous les trésors. Un trésor de mots.

Costas atterrit à côté de son ami et ils avancèrent lentement le long du mur. À intervalles d'environ cinq mètres, la roche avait été creusée en alcôves, similaires aux niches funéraires que Jack avait vues à Jérusalem avec Rebecca, mais ici elles n'étaient pas destinées à accueillir des cadavres. Chaque niche était remplie de douzaines de grandes jarres en terre de plus d'un mètre, pratiquement toutes scellées d'une substance résineuse noire. Celles qui n'étaient pas fermées avaient été forcées, leur contenu renversé par terre, devant trois des douze alcôves que Jack avait comptées autour de la salle. Il se pencha vers la première poterie cassée et ramassa une poignée de matériel éparpillé dans les tessons, des fragments de papyrus qui partaient en poussière dès qu'il les touchait. Costas enfonça la main tout au fond d'une des jarres forcées, qui était encore posée dans sa niche, et n'en sortit rien de plus.

— Tu veux savoir ce que je pense ? demanda-t-il en laissant le sable glisser entre ses doigts. Le caporal Jones cherchait de la nourriture. Il a renoncé au bout de trois alcôves, quand il a compris qu'il n'en trouverait pas ici.

— Ce qui se cachait dans ces jarres, c'étaient des rouleaux de papyrus. Nous sommes dans une bibliothèque.

Jack se redressa et procéda à un calcul rapide.

— Si ces douze niches contiennent trente jarres chacune et que chaque jarre contient quatre ou cinq parchemins, on doit dépasser les deux mille papyrus. Bien plus qu'on ne pourrait s'attendre à en trouver, dans une collection de textes religieux et de livres des morts...

— Regarde les pots, ils sont tous marqués d'un symbole peint en noir. Tous ont le même, mais chacun est surmonté d'une indication supplémentaire et unique. D'après mes souvenirs de ce que Lanowski a essayé de m'enseigner sur les hiéroglyphes, il s'agit de numéros. Une sorte de système de catalogage...

Jack retira le voile de poussière qui recouvrait une des jarres, puis fit de même dans l'alcôve suivante.

— Tu as raison. Sur chaque alcôve est gravé un hiéroglyphe individuel : un épi de maïs dans la première, un oiseau assis dans celle-ci et une demi-lune dans la suivante. Je pense que, tout comme nos lettres de l'alphabet, ils permettent d'indexer les textes.

— Un épi de maïs signifie la religion, l'oiseau assis, c'est la science, une demi-lune, la médecine ? Quelque chose comme ça, non ?

Jack hocha la tête, soudain dépassé par l'ampleur de ce qu'ils avaient devant eux.

— Imagine tout le matériel contenu dans ces poteries...

— Tu sais qu'on ne peut pas courir le risque de les ouvrir, Jack. On n'a aucun moyen de transporter les papyrus, et de toute façon s'ils entrent en contact avec l'air, ils risquent de s'émietter. Tout ce qu'il nous reste à faire désormais, c'est veiller à ce que cet endroit reste secret jusqu'à ce qu'on puisse revenir avec l'équipe de Maria et Jeremy. Mais, pour l'instant, l'heure tourne. Je vais inspecter l'estrade.

Jack, lui, retourna aux jarres, s'efforçant de contenir son émotion. Costas avait évidemment raison. Ce serait totalement irresponsable d'essayer de les ouvrir maintenant. S'ils cachaient des secrets scientifiques ou médicaux, des remèdes à certaines maladies, ils pourraient être perdus en un instant. Il valait bien mieux les laisser là, en gardant l'espoir de revenir plus tard. Mais cela allait à l'encontre de sa nature d'archéologue, de ne pas au moins tenter de lire quelques écrits, de les filmer avec la caméra. Ne pas le faire, partir les mains vides, serait une trop grande frustration pour lui, comme si ses efforts n'avaient pas été récompensés.

La voix de Costas résonna depuis l'estrade :

— Tu t'es peut-être trompé, quand tu as dit qu'Akhenaton avait quitté cet endroit vivant... Je dirais qu'on vient de résoudre l'énigme de sa tombe.

Jack fit volte-face, monta les quelques marches... et s'arrêta net, bouleversé par le spectacle qui s'offrait à lui. Au centre de la salle, parmi les crêtes sur le sol, s'étendait un sarcophage en or, plus grand encore que celui qui avait hébergé la momie de Toutânkhamon. À l'intérieur, la tête était celle d'un homme au nez légèrement relevé et aux yeux en amande, qui rappelaient ceux de Toutânkhamon. Sa barbe taillée et sa coiffure étaient décorées de bandes de faïence et ses yeux entourés de niellures pour représenter les lignes du khôl. Ce visage semblait à la fois familier et inconnu, le père du pharaon qui était par accident devenu le plus célèbre de toute l'histoire, et dont les actions étaient pourtant dérisoires en comparaison, la mort l'ayant fauché avant même qu'il atteigne l'âge adulte. Jack comprit de qui il s'agissait avant même d'avoir vu son torse, ses bras croisés couverts de bijoux et de l'ankh, et la représentation circulaire d'Aton avec ses rayons, qui attestait de son identité sans l'ombre d'un doute.

Akhenaton.

Costas examinait de près le bord du sarcophage au niveau des pieds.

— Fascinant ! lança-t-il. Le couvercle avait été scellé avec une feuille d'or, mais quelqu'un l'a écorché. Il a été légèrement déplacé.

— Encore le caporal Jones ? demanda Jack en s'agenouillant à côté de son ami.

— Peut-être la faim, hasarda Costas. Avant qu'il trouve les autres momies.

Jack souleva le couvercle, ressentant un soudain malaise. Le rythme de son cœur s'était accéléré, il éprouvait une pression dans le torse. Il savait qu'il ne leur restait guère plus d'un quart d'heure avant que le niveau d'oxygène devienne critique. Il poussa encore, juste assez pour ménager une fente lui permettant de faire passer le faisceau de sa torche. Il l'orienta de tous les côtés.

— Jones aurait été déçu. Il n'y a rien, là-dedans.

— À cause de pilleurs de tombes, tu penses ?

Jack secoua la tête.

— Je ne vois aucune trace de leur passage. Le sarcophage ne semble pas avoir été touché en plus de deux mille ans. Les pilleurs de tombes de l'Antiquité laissaient toujours derrière eux des débris sans valeur, des bandes de momie, des os, et ils ne seraient jamais partis sans dérober ces fragments du sarcophage qui semblent être en or massif : la main, les oreilles, la barbe. Non, il était vide dès le début.

— Si Akhenaton a su berner tout son peuple avec la perte de ses chars dans la mer Rouge, alors je suppose qu'il a pu simuler sa propre mort...

Jack examina l'image sur le sarcophage. C'était Akhenaton comme personne ne l'avait vu, pas le pharaon étiré et difforme avec un masque pour visage, mais un homme, digne mari de Néfertiti, dont les traits avaient subjugué Jack, une semaine plus tôt au musée du Caire. Akhenaton tel qu'il aurait aimé qu'on le voie, dans le temple qui abritait son plus grand legs, veillant non pas en tant que pharaon mais en tant qu'homme sur un trésor bien plus grand que toutes les richesses qui remplissaient les tombeaux de ses ancêtres.

— Jack, regarde ce que je viens de trouver… Ça, c'est pas de l'ancien, c'est sûr.

Costas avait suivi une des crêtes jusqu'au bout de la salle entre deux alcôves remplies de jarres. Jack vint le rejoindre. Sur un rebord, devant le mur, se trouvaient deux médailles, leurs rubans sales et délavés soigneusement étalés. Jack les reconnut sur-le-champ comme étant des décorations victoriennes. L'une était en argent, avec le Sphinx surmonté du mot *Egypt*, et en dessous *1882*. Son ruban montrait trois bandes bleues et deux bandes blanches. L'autre médaille était une étoile à cinq branches avec le Sphinx et les trois pyramides au centre, et également *Egyp* et *1882*, mais aussi l'année dans le calendrier musulman, accompagnée d'une étoile et d'un croissant. Jack souleva prudemment la médaille en argent, essuyant ses contours et l'inspectant de près.

— Incroyable, fit-il doucement. C'est notre ami, 3453, caporal R. Jones, des Royal Engineers. Nous le rencontrons enfin.

Costas s'empara de l'étoile.

— Comment aurait-il pu obtenir ces honneurs s'il a déserté ?

— Regarde la date, 1882, répondit Jack. Après que Jeremy a trouvé le journal de Howard Carter, il a cherché les états de service de Jones dans les archives nationales. Il a été porté disparu après la bataille de Kirbekan en février 1885 et présumé tué au combat. Mais il est également indiqué qu'il est arrivé en Égypte depuis l'Inde en 1882, dans un contingent des forces spéciales qui devait soutenir le khédive contre un soulèvement de l'armée, mais qui s'est vite retrouvé mêlé à la guerre contre le Mahdi. Donc Jones avait déjà dû recevoir ces décorations, la médaille d'Égypte et l'étoile du khédive.

Costas étudia l'étoile, suivant du doigt le croissant sur la boucle.

— Ironique que les soldats britanniques aient porté pendant des années sur leur torse le symbole de l'islam et du califat, après avoir mené une guerre que beaucoup verront plus tard comme la dernière croisade contre le djihad.

Jack reposa l'autre médaille, replaçant le ruban dans sa position initiale.

— C'est ça aussi, l'histoire. Jamais vraiment ce qu'elle semble être. Officiellement les Britanniques se battaient pour le khédive d'Égypte et l'Empire ottoman, le plus grand État islamique que le monde ait jamais connu. Et parmi les officiers, certains étaient des amis de l'islam, en particulier ceux qui avaient passé des années dans les pays arabes. Gordon et le Mahdi auraient pu partager des avis intéressants, des opinions philosophiques pas si différentes...

— En tout cas, c'est pas difficile d'imaginer d'où venait Jones, déclara Costas en montrant quelque chose, à droite de l'étagère où se trouvaient les décorations. Jette un coup d'œil par ici.

Jack se tourna dans la direction que lui indiquait son ami. Sur la partie inférieure du mur, une inscription révélait une écriture d'une finesse et d'une précision dignes d'un écolier victorien. Jack lut lentement.

— « Quand je marche dans la vallée de l'ombre de la mort, Je ne crains aucun mal, car Tu es avec moi : ta houlette et ton bâton me rassurent... »

— « Et j'habiterai dans la maison de l'Éternel jusqu'à la fin de mes jours », ajouta Costas. Psaume 23. Il a dû être abasourdi par l'apparence du pharaon, par la houlette et le bâton croisés sur le sarcophage. Ses propres médailles, avec leurs images du Sphinx et des pyramides, devaient lui être apparues comme de possibles offrandes, réservées à cet endroit.

Jack avança de quelques pas dans le tunnel ouvert qui menait vers Le Caire, foulant des morceaux de plâtre que Jones avait dû arracher du mur. Sous le plâtre, il découvrit un nouveau squelette. Il fit signe à Costas d'approcher.

— Je pense qu'on vient d'élucider un nouveau mystère...

Costas s'exécuta avant de s'arrêter brusquement.

— Des os ? Le dernier festin de Jones, c'est ça ?

— C'est le squelette de quelqu'un qui s'est couché ici pour mourir, ou qui a été placé dans cette position. Regarde ce qu'il tient. Une petite dague arabe, avec une lame merveilleusement gravée et embellie d'or. Je pense que c'est ici que Jones a obtenu son petit souvenir. Sa bague.

— Le calife Al-Hakim bi-Amr Allah, murmura Costas. On savait qu'il devait être ici quelque part. Tu penses qu'il essayait de s'enfuir, lui aussi ? Jones a trouvé son corps et ensuite l'a disposé comme cela ?

Jack observa le squelette.

— Selon le récit du Moyen Âge, il est parti seul la nuit dans le désert à plusieurs reprises avant de disparaître pour de bon, simulant son propre assassinat. Je pense qu'après avoir trouvé l'entrée que nous avons traversée dans le tunnel, le conduit de ventilation en partie effondré, il a fini par découvrir le passage de lumière par lequel nous sommes arrivés et a atteint cette salle. Peut-être que c'est la découverte du sarcophage qui l'a décidé à ne plus revenir à la surface.

Costas balaya le sable sur les os.

— Peut-être qu'il a eu des rêves de grandeur. Et si c'était lui qui avait essayé d'ouvrir le sarcophage, pas Jones ? Regarde, lui aussi est allongé les bras croisés. Il aura voulu entrer dans le sarcophage, devenir Akhenaton...

— Calife, ce n'est pas très différent de pharaon. Et Akhenaton n'est pas le seul gouvernant du monde à avoir voulu tout abandonner.

Costas se pencha encore davantage.

— Viens voir, Jack. Il a quelque chose dans les mains.

Jack s'accroupit. Un petit cadre en bois avec un morceau de papyrus couvert d'un texte en hiéroglyphes. Jack esquissa un immense sourire.

J'ai trouvé mon texte.

— Je ne sais pas ce que c'est, affirma-t-il. Mais ça devait avoir une importance particulière, pour avoir été ainsi encadré. Il faut qu'on filme ça en détail.

Costas suivit l'exemple de Jack et se pencha sur les hiéroglyphes, dirigeant doucement sa caméra sur le papyrus.

— Voilà, c'est fait.

Jack indiqua du doigt le tunnel devant eux.

— Il est temps de filer.

Costas hocha la tête.

— Il ne nous reste plus qu'une chose à faire. *Little Joey.*

— Tu ne peux pas l'emporter avec nous...

— Non, mais je peux l'éteindre. Je ne veux pas qu'il devienne fou ici, comme Jones.

Il retourna vers le boyau, et Jack se dirigea vers l'alcôve la plus proche, posant sa main sur l'une des jarres fermées. Costas revint et se planta à côté de lui.

— Tu dois te voir comme un gardien du savoir, Jack, tout comme ces prêtres mandatés par Akhenaton pour sceller cet endroit et partir. Ils le protégeaient des ennemis du pharaon, les disciples de l'ancienne religion qui aurait pu le détruire, et maintenant nous le protégeons contre les forces du mal qui font régner la terreur dehors. Akhenaton a sûrement ordonné qu'on condamne cet endroit dans l'espoir qu'il serait découvert et révélé dans un avenir éloigné, quand le moment serait venu. Il a semé les indices dans ces plaques qui ont nécessité toutes nos intelligences combinées et même une pointe de génie pour qu'on les comprenne. C'est presque comme s'il avait anticipé une époque comme celle-ci, où ce type d'exploration serait possible, où les gens seraient poussés à découvrir la vérité du passé. Mais ce n'est pas encore le bon moment, Jack. Akhenaton n'aurait pas voulu que son legs soit consumé par les feux qui font rage dehors. Peut-être que cette époque arrivera de notre vivant, ou peut-être que nous devrons passer le relais à Rebecca et à sa génération. Pour l'heure, il nous faut nous occuper du présent. Il y a une jeune fille au Caire qui a besoin qu'on lui porte secours. Et beaucoup de personnes dépendent de nous. Il faut qu'on parte.

Jack déplaça légèrement la jarre, jeta un dernier regard autour de lui et posa la main sur l'épaule de Costas.

— Bien reçu. Allons-y.

Près d'une demi-heure plus tard, Costas s'arrêta de courir et se pencha en avant, les mains sur les genoux, complètement essoufflé.

— On doit approcher d'une sortie, Jack, dit-il, le visage dégoulinant de transpiration. Il fait de plus en plus chaud.

Jack s'arrêta à côté de lui, essuyant la sueur sur son front, et prit une profonde inspiration. Il se sentait plus fort, revigoré. Costas avait raison : ils devaient approcher d'une source d'air frais. Et l'odeur ne laissait aucun doute, des relents écœurants de brûlé, rappelant amèrement ce à quoi ils devaient s'attendre à l'extérieur. Ils se trouvaient sans doute à quelque trois kilomètres du plateau de Gizeh, mais l'incendie autour des pyramides diffusait la chaleur et la puanteur du combustible incandescent dans le désert, une odeur qui désormais devait se mêler à celle du Caire, une ville à feu et à sang.

Ils se remirent à courir et, après quelques minutes, aboutirent à une chute de pierres qui bloquait complètement le tunnel. Costas grimpa sur l'éboulis, jusqu'au sommet. Une cascade de sable déferla, et un nouveau type de lumière éclaira les lieux, non pas la lueur rouge du tunnel, mais un éclat écarlate scintillant qui irradiait le visage de Costas. Il disparut un instant avant de revenir en glissant sur les gravats pour retrouver Jack.

— OK, on va retirer nos combinaisons ici. Garde ta gourde et donne-moi la puce de ta caméra. Nous sommes dans le désert, à un kilomètre de la banlieue sud, et vers l'ouest je peux voir une route avec des véhicules apparemment abandonnés. On pourrait avoir de la chance et en trouver un qui a encore de l'essence.

Jack ouvrit la fermeture de sa combinaison et la retira en la faisant passer par les pieds. Il lissa sa veste et son pantalon, puis ôta son casque et démonta sa caméra. Costas, de son côté, prit un des beacons, l'activa et le leva dans l'air.

— Il va falloir qu'on bloque cette entrée.

— Pas de problème. On tire sur une pierre là-haut et tout s'écroulera, avec en prime dix tonnes de sable. Personne ne pourra deviner ce qu'il en était.

— Ça ressemble à quoi, en haut ?

Costas retira sa tenue, sortit le Glock de son holster, le vérifia avant de jeter un regard éloquent à Jack.

— Tu sais, ces images médiévales de l'enfer ?... Ça se passe toujours en sous-sol. Eh bien, tu peux les oublier. Prépare-toi à voir bien pire...

24

Jack fixait, horrifié, l'horizon à l'ouest. La pyramide de Mykérinos était entourée de flammes, illuminant le plateau de Gizeh à la façon d'une vision de l'enfer. Ceux qui lançaient des menaces de haine l'avaient emporté, reprenant là où le fils de Saladin s'était arrêté, au douzième siècle, mais avec un pouvoir de destruction qu'aucun calife n'aurait pu imaginer. Jack sentit la colère monter en lui, une rage sans limites contre ceux qui avaient orchestré cela. Ils prétendaient agir au nom d'un dieu unique, en réalité ils ne représentaient aucun dieu. Il tourna la tête vers l'entrée du tunnel que Costas et lui venaient de reboucher. Les deux hommes avaient vécu là leur plus extraordinaire plongée, découvert leur plus important trésor. Il jeta un nouveau regard vers les flammes, cette fois avec une détermination froide. Il ne laisserait pas les forces des ténèbres détruire la vérité du passé. Il retira son casque de plongée, aida Costas à se relever.

— Ce pays est sur le point d'imploser. Si nous ne parvenons pas à le quitter, personne ne saura jamais ce que nous venons de découvrir. Dépêchons-nous.

Un peu plus d'une heure plus tard, ils s'agenouillaient au pied d'une des murailles qui entouraient Fostat, la vieille ville du Caire, à quelques pas de la synagogue Ben Ezra. Après avoir quitté le tunnel, ils avaient suivi au pas de course un sentier poussiéreux jusqu'aux lumières du Caire, tous les deux vite trempés de sueur, dans l'humidité de la nuit. L'odeur du brûlé les entourait, omniprésente, de plus en plus forte à mesure qu'ils approchaient de la ville. Les émanations les ralentissaient en les faisant suffoquer. À mi-chemin de leur destination, ils avaient trouvé une voiture abandonnée, la clé encore sur le contact. Ils avaient alors foncé sur l'autoroute vers le Nil, trouvé ensuite un bateau à moteur et traversé le fleuve jusqu'à la berge est à côté de Fostat. Sur la route, ils n'avaient pratiquement croisé aucune autre voiture et n'avaient vu que très peu de monde, les gens se retranchant dans leurs maisons, ou piégés dans le calvaire que subissait le centre-ville. Alors qu'ils approchaient, le vacarme s'intensifiait, des chants et des plaintes, des hurlements, des fusillades et, tel un bruit de fond lancinant, un appel continu à la prière depuis les minarets autour de la ville, émis en boucle par la junte extrémiste, qui avait dû désormais écraser les derniers éléments du gouvernement légitime en Égypte.

Jack tenta de faire abstraction de cette cacophonie, tandis qu'il se concentrait sur l'allée menant à l'entrée de Fostat, surveillant les hommes armés et essayant d'évaluer le meilleur moment pour s'élancer. Il sortit son Beretta de son holster sous sa veste, l'inspecta une dernière fois et le remit en place. Avec ses deux autres recharges, il disposait de quarante-cinq balles, pas vraiment suffisant contre une armée de djihadistes, mais de quoi se défendre un moment, si nécessaire. Il regarda Costas vérifier son Glock puis sortir le deuxième beacon pour le mettre sur le mur, où il passerait inaperçu mais pourrait recevoir le signal satellite.

— C'est bon, chuchota-t-il. Il est activé. Ce qui veut dire que le *Sea Venture* connaît notre position.

— Mohammed ne pourra pas conduire sa felouque si loin vers le sud, affirma Jack. La rivière devant nous regorge de bateaux en feu, et j'imagine que les djihadistes ont déjà pris le contrôle de la police fluviale et qu'ils tirent sur tout ce qui bouge. On dépend désormais d'Aïcha. Il va falloir qu'elle nous fasse traverser la ville jusqu'au point de rendez-vous, plus loin vers le nord.

— On va devoir traverser les flammes de l'enfer, en quelque sorte.

— On n'a pas le choix, de toute façon, déclara Jack en consultant sa montre. Il est trois heures et quart du matin. Il reste environ deux heures de nuit. Il vaut mieux qu'on le fasse dans l'obscurité plutôt que d'attendre que le jour se lève. Allez, on file à la synagogue !

Ils se levèrent et se précipitèrent vers l'entrée de la muraille, pliés en deux, pour atteindre le plus discrètement possible la synagogue. Des gens couraient dans les rues, se regroupant en tremblant dans des embrasures de porte ou dans des allées sombres, et les tirs étaient si proches qu'ils résonnaient dans les oreilles comme des coups de marteau. Pourtant ils ne virent encore aucun djihadiste armé. Jack jeta un coup d'œil vers la synagogue en se pinçant les lèvres.

— Aïcha a sûrement reçu notre premier signal émis par le beacon, mais elle n'a pas l'air d'être dans le coin... C'était un pari, de toute façon, et on a probablement manqué de chance. Tout ce que j'aperçois, c'est ce soufi assis devant le mur...

Une Toyota remplie de djihadistes goguenards surgit soudain dans la rue pavée, passa en grondant à côté d'eux et continua vers une allée sombre. Jack s'était collé contre le mur et il sentait son cœur qui battait la chamade. Les hommes dans le pick-up les avaient certainement vus, mais les avaient ignorés.

— Ils ont d'autres chats à fouetter, apparemment. Le bruit vient principalement de là où ils se rendent. L'allée débouche sur une grande mosquée...

— Sans blague, lâcha Costas, les yeux rivés sur la synagogue. Le soufi. C'est Lanowski... Il est déguisé en Jones déguisé en soufi fou... Un génie ou un malade mental, ce Lanowski !

— Je lui avais dit de rester dans la felouque, grommela Jack. Il a dû arriver quelque chose.

Il se tourna vers Costas en lissant sa chemise et en se repeignant rapidement.

— Il faut qu'on marche à découvert, maintenant. On n'a pas d'autre choix et on doit prendre un air assuré. Il reste sûrement encore des reporters et des expatriés suicidaires, alors il faut qu'on se fasse passer pour ce genre de personnes, inconscientes et sûres d'elles...

Jack sentit qu'il recommençait à transpirer dans l'air tiède. Il prit sa gourde et proposa de l'eau à Costas, qui refusa d'un signe de tête.

— J'ai la mienne à finir.

Ils vidèrent leurs réserves et les abandonnèrent sur place. Jack jeta un regard à Costas.

— Tu as toujours les puces des caméras ?

— Elles sont à l'abri dans ma poche.

Jack baissa les yeux, se forçant à accepter la réalité.

— Si nécessaire, tu dois me promettre que tu les détruiras, d'accord ? Si les vidéos tombent entre les mains des djihadistes et qu'ils découvrent où nous les avons filmées, le monde ne saura jamais ce que nous avons trouvé. Maurice avait raison. L'Égypte va devenir le théâtre de scènes de destruction insoutenables. Ils ne vont pas se contenter de ce que nous avons déjà vu à Gizeh, ils vont continuer avec Louxor, la Vallée des Rois... Le saccage des bouddhas de Bâmiyân ne sera qu'une pâle répétition, en comparaison. Le monde doit se préparer à un grand deuil...

— Allons-y, trancha Costas en lissant sa veste.

Ils avancèrent dans la rue en direction du soufi, s'arrêtant assez près de lui pour qu'il les entende.

— Jacob, chuchota Costas. On t'a reconnu.

— Continuez dans l'allée où est partie la Toyota tout à l'heure, répliqua Lanowski, sans bouger ni lever les yeux vers eux. Je vous suis de loin. Il fallait que je vienne ici pour vous avertir qu'Aïcha a pris du retard, mais qu'elle nous rejoindra si nous avançons lentement vers l'ouest. Elle pourra te repérer Jack, grâce à ta taille.

— Sois prudent, Jacob, lâcha Jack. On va entrer dans la zone des combats.

— J'ai vu, Jack. J'ai dû la traverser quand Mohammed m'a laissé au Caire. Attendez-vous au pire. Allez, ne perdez pas de temps. Avec un peu de chance, on se retrouvera à la felouque dans une heure et on pourra filer d'ici.

Jack regarda autour de lui, puis s'élança dans la direction indiquée par Lanowski, précédant Costas dans une allée pavée obscure de deux cents mètres de long qui débouchait sur une petite place. Elle grouillait de monde, d'importants groupes réunis par des hommes armés aux turbans noirs qui se baladaient parmi eux, levant de temps en temps leurs kalachnikovs dans les airs pour tirer une salve assourdissante. Jack retint Costas, ne sachant que faire. Devant eux, des femmes en burqa se rassemblaient sur le trottoir. Elles se balançaient en ululant, leurs têtes entièrement couvertes, à l'exception d'une petite fente au niveau des yeux. Une des femmes retirait frénétiquement son collant de sous sa burqa, les autres l'entourant pour la cacher. Un djihadiste la repéra et s'élança vers elle, l'arrachant aux autres. Elle pleurait et suppliait, mais il la jeta vers trois autres femmes vêtues à l'occidentale, vautrées dans la poussière et entourées de combattants munis de kalachnikovs. À côté d'eux, un acacia au centre d'un petit jardin avait été abattu à coups de hache. Il n'en restait qu'un tronc de la taille d'un homme et, à quelques pas de là, des garçons avec des brouettes balançaient des débris d'une structure qui venait d'être démolie un peu plus loin. L'un d'eux jeta son fusil pour s'emparer d'une brique qu'il envoya rageusement et de toutes ses forces sur la souche. Il fit un geste vers les femmes à terre, et deux hommes entraînèrent la femme en burqa vers l'acacia et l'y ligotèrent. Ils lui retirèrent son voile, révélant le visage terrorisé d'une jeune femme. Un des djihadistes la gifla, un autre lui cracha sur la joue. Le groupe des femmes qui ululaient fut poussé par d'autres extrémistes vers la pile de pierres. Jack regarda la scène avec horreur.

— Mon Dieu, lâcha-t-il d'une voix rauque. Ils vont les forcer à la lapider.

— Charia oblige, ponctua Costas. Simplement parce qu'elle a montré ses jambes.

— Ça n'a rien à voir avec la loi ou avec l'islam, rectifia Jack, froidement. C'est de la violence gratuite contre les femmes.

Une autre femme en burqa les aborda à cet instant.

— Ne faites rien, je vous en conjure. Si vous intervenez, vous serez abattus et je serai la prochaine attachée sur ce tronc.

— *Aïcha !*

Elle ne dit rien, mais les entraîna vers une autre allée sombre, scrutant rapidement les alentours.

— Suivez-moi, pressa-t-elle. Nous n'avons pas beaucoup de temps.

— Que se passe-t-il ? demanda Jack en courant derrière elle.

— Vous avez eu une chance incroyable. Il y a une heure, une fatwa a été prononcée contre tous les Occidentaux, à l'exception des journalistes accrédités. Apparemment, la nouvelle n'est pas encore arrivée aux oreilles des tireurs que vous avez croisés jusque-là. Et pour les djihadistes, il importe encore que le monde voie ce qu'ils font, même si cela ne durera pas. Prenez ceci.

Elle leur tendit à tous les deux un sachet à fermeture éclair en les guidant dans le passage.

— Passeports, documents de presse… Sortez les cartes et mettez-les autour de votre cou. Vous êtes des journalistes de CNN. Le chef du bureau au Caire est un vieil ami, il a imprimé des faux pour aider des connaissances à moi. C'était les deux dernières cartes en sa possession.

— Ils vont vite démasquer la supercherie, si Le Caire fourmille de journalistes de CNN...

— Avec un peu de chance, nous serons déjà partis. Quand je suis arrivée au Caire, il y a deux jours, j'ai dû abandonner le Land Rover de l'institut dans la banlieue nord, parce que cela devenait trop dangereux qu'on me voie dedans. La route vers Alexandrie est engorgée de gens qui fuient la ville. Je vous accompagne jusqu'au fleuve, à un point de rendez-vous convenu avec mon oncle, à un kilomètre environ, vers le nord.

— Le réseau fonctionne ? Le Wi-Fi ?

— Non, rien. Le seul contact avec le monde extérieur peut se faire par communications satellites, et je n'ai pas envie de courir le risque d'être arrêtée avec un téléphone sur moi. Ils fouillent tout le monde. J'ai déjà eu de la chance d'arriver jusqu'ici avec ces documents...

— Et pour Sahirah ?

— Elle est toujours retenue au ministère de la Culture, répondit Aïcha d'un air sinistre. Hier, ils se sont débarrassés de tout le personnel qui s'y trouvait encore. Les procès et les condamnations de membres du gouvernement se sont enchaînés. Beaucoup de bons amis, Jack. Une fois qu'ils en auront fini avec eux, ils s'occuperont de Sahirah et de tous les autres prisonniers encore en vie dans les salles d'interrogatoire.

— Ton cousin Ahmed, l'ancien officier des forces spéciales, et son équipe, ils en sont où ?

— Ce n'est plus de notre ressort désormais, Jack. S'ils peuvent la libérer, ils le feront, en tout cas, ils ne renonceront pas, même au péril de leur vie.

— Et Lanowski ? demanda Costas, tournant la tête vers le soufi qui traînait les pieds derrière eux, à une certaine distance.

— Il s'est porté volontaire pour être votre contact à la synagogue après que j'ai eu vent de la fatwa en cours, et je savais que me procurer ces documents me mettrait en retard. Je n'ai réussi à obtenir que deux passeports. Mais je ne suis pas inquiète pour lui, il se fond parfaitement dans la masse.

— Tu n'imagineras jamais ce qu'on a trouvé... commença Costas.

— Ne dis rien. Je ne veux rien entendre, juste au cas où je me ferais interroger.

Ils arrivèrent au bout de l'allée, aperçurent une autre grande place où l'agitation était aussi à son paroxysme. Une structure à colonnes était entourée de foyers d'incendie, dans un fracas de démolition et de rafales de tirs. Des lignes de mahdistes armés de kalachnikovs encerclaient le périmètre.

— C'est la mosquée d'Amr ibn al-As, expliqua Aïcha. La plus vieille mosquée du Caire, fondée en 642 après Jésus-Christ, durant le premier djihad. Les mahdistes l'ont récupérée comme lieu de culte. À l'origine, il y avait là un chapiteau en troncs et feuilles de palmier, et ils envisagent de le recréer. La mosquée actuelle est faite d'antiques colonnes prises dans les sites d'excavation qu'ils considèrent comme non islamiques.

— C'est pour ça qu'on voit des grues au bout de la place ? demanda Costas. Elles pointent leurs têtes, là, derrière la mosquée...

— Non, ça, c'est une autre partie de leur programme. Ils ont fait venir ces grues il y a une heure environ. Vous avez déjà vu comment le régime iranien à Téhéran effectue ses mises à mort ?

— Mon Dieu ! lâcha Jack, horrifié. C'est pour les pendaisons ?

— Les mahdistes pensent que c'est ce qu'Allah leur demande, affirma Aïcha, ne maîtrisant plus sa colère. Transformer le lieu saint le plus sacré du Caire en un terrain d'exécutions. Et ces grues ne sont qu'une petite partie de leur grand projet. Vous avez déjà vu les potences pour lapider les femmes. À côté des grues, des bourreaux saoudiens ont élu domicile, trop contents de rendre service. Les combattants leur ont déjà amené des membres du Parlement, à commencer par le ministre de la Culture. Le régime qu'ils viennent de renverser était islamiste, mais pas comme ils l'entendent. C'est à eux qu'ils ont réservé leur venin le plus mortel.

— Voilà un calcul glacial, déclara Jack. Ils se sont servis du régime modéré comme tremplin au cours de ces derniers mois, faisant la cour à des hommes tels que notre cher directeur des antiquités, leur promettant monts et merveilles. Mais, maintenant que le coup d'État a commencé, c'est une tout autre histoire. Ils veulent que les musulmans modérés comprennent que seul un régime islamiste strict est possible et que ceux qui refuseront d'y adhérer le paieront de leur vie.

Aïcha scruta la place.

— Vous allez voir des atrocités, mais il va falloir que vous gardiez votre sang-froid. N'essayez surtout pas d'intervenir.

— Tu veux dire qu'on va vraiment traverser *ça* ? interrogea Costas, effaré.

— Vous êtes des reporters, non ? Les reporters ne se tapissent pas dans des allées sombres, ils vont où est l'action. Vous allez marcher droit vers ces grues et dans la direction de la rue Salah Salem, derrière. Je pars de mon côté et on se retrouve là-bas.

— Tu ne serais pas plus en sécurité avec nous ? demanda Costas.

Elle secoua la tête, avant de replacer son voile correctement sur l'ensemble de son visage.

— À partir de maintenant, tout Égyptien qui aidera un reporter sera sévèrement condamné, surtout une femme. Ils vont penser que je me sers de vous pour m'enfuir.

Un hurlement assourdissant résonna dans la nuit, suivi par des gémissements de femmes. Et un nouveau cri, brusquement interrompu par une fusillade.

— Apparemment, ils n'ont pas eu la patience pour une lapidation en bonne et due forme, remarqua Costas, la voix teintée par l'émotion. Au moins, ça a été plus rapide.

Jack se souvint du visage de la jeune fille. Puis il repensa à un prédicateur de haine qu'il avait entendu dans une rue de Londres. Il espérait que cette jeune fille et les milliers d'autres à venir ne payaient pas le prix de l'excès de tolérance de l'Occident, d'une liberté d'expression qui permettait aux djihadistes de recruter à l'Ouest en renforçant leur mépris de ce qu'ils voyaient comme les faiblesses de l'Europe et de l'Amérique. Cette fille avait une mère et un père quelque part. Elle aurait pu être Rebecca, ou n'importe quelle autre adolescente. Aïcha le vit, comme paralysé, et lui toucha le bras.

— Allah ne parle pas de la bouche de ces gens. Ils ne connaissent pas Allah. Je prie Allah de combattre ce mal et de rétablir la paix en Égypte. Dans mon pays, l'islam, le vrai islam, gagnera.

— Amen, ponctua Costas.

Un appel à la prière déchira soudain l'air, résonnant depuis des haut-parleurs installés sur une Toyota qui faisait lentement le tour de la place.

— OK, chuchota Aïcha. Allez-y maintenant et ne jetez aucun regard vers moi.

Elle était partie et sans même réfléchir Jack obéit et Costas le suivit de près. Lanowski n'était plus dans les parages, mais Jack ne pouvait pas prendre le risque de le chercher. Tout le monde sur la place était agenouillé vers l'est et priait, respectant les instructions données depuis le véhicule. Deux des hommes armés les repérèrent et firent un bond vers eux, mais ne s'approchèrent pas davantage quand Jack eut brandi sa carte de journaliste, sans ralentir son pas. Brusquement la prière cessa, le camion partit en trombe et tout le monde se redressa. Jack marchait de plus en plus vite, s'écartant pour éviter un groupe et fuyant les regards des djihadistes qui tournaient leurs têtes vers eux. Il arriva au coin nord-ouest de la muraille autour de la mosquée, à mi-chemin environ vers la rue que leur avait indiquée Aïcha. Il prit une profonde inspiration, Costas à ses côtés, et ils tournèrent dans la direction des grues.

Les accueillit alors une scène d'horreur totale. Deux corps étaient pendus, l'un d'eux se débattant, agité de secousses, agonisant. L'autre avait la langue et les yeux gonflés, une flaque noire sous ses pieds. Jack s'était blindé pour de telles images, mais ce qu'il voyait dépassait tout ce qu'il aurait pu imaginer en matière d'atrocités. Ils avaient avancé dans un espace ouvert de cinq mètres de diamètre, entouré sur trois côtés par une foule compacte d'hommes et sur le quatrième par le mur de la mosquée. Ils n'étaient pas passés inaperçus, mais ne constituaient pas le centre de l'attention. Une douzaine d'hommes se tenaient à genoux, tête baissée, poings liés dans le dos. Du sang tachait le sol, et derrière les condamnés étaient éparpillés des sortes de ballons qui luisaient du même liquide écarlate et poisseux. Au moment où Jack comprenait de quoi il s'agissait, il entraperçut l'éclat d'une épée sur la gauche de la ligne et vit le bourreau en robe blanche trancher une tête et enchaîner aussitôt par une autre. Ce fut terminé si rapidement que le sang de la première victime giclait encore de son cou. La foule hurla et les fanatiques qui les retenaient se mirent à chanter *Allahu Akbar, Allahu Akbar.* Une tête roula pratiquement jusqu'aux pieds de Jack, une traînée rouge derrière elle. Il ne pouvait plus respirer, mais il continua à marcher, s'appliquant à ne pas glisser sur les flaques gluantes autour des corps.

Il se rappela les images des pyramides en feu. Il s'était dit qu'on avait atteint le pire, mais maintenant il comprenait que ça n'avait été qu'un sinistre préambule. On poussait déjà une nouvelle rangée d'hommes, à coups de crosse, et le bourreau retourna à son point de départ, sa lame dégoulinante. Jack arriva au niveau des spectateurs et força le passage, Costas sur les talons. Comme il était particulièrement grand, il voyait, par-dessus la foule, un autre groupe être entraîné vers la place, fournissant au bourreau un flot continu de victimes, les femmes séparées et emmenées vers les potences pour y être lapidées. Pour la plupart, elles étaient élégamment habillées, mais déjà en loques et blessées. Certaines avaient commencé à supplier et implorer dès qu'elles avaient compris ce qui les attendait.

Jack se souvint soudain de ce qu'Aïcha lui avait dit : le ministère de la Culture. *Voilà qui sont ces gens.* Un frisson glacé le parcourut. Le ministère de la Culture comptait parmi ses services le bureau des antiquités. Il tourna la tête pour les dévisager. Il était sûr d'en reconnaître quelques-uns. Les inspecteurs et les archéologues de terrain qui constituaient depuis des années la force de travail de l'archéologie égyptienne. Des amis, des collègues qui avaient œuvré aux côtés de Hiebermeyer dans la nécropole de la momie, ou sur le site d'excavation du port romain sur la mer Rouge et dans le temple du crocodile sur le Nil, au Soudan. Jack prit soudain conscience de sa propre vulnérabilité, espéra que personne ne l'interpellerait. Il avait l'impression de les trahir, mais se savait totalement impuissant. Si on le reconnaissait maintenant, c'était la mort assurée pour lui et pour Costas. Il se força à réfléchir à ce qu'ils avaient accompli, cherchant à emporter avec lui le souvenir de l'égyptologie et des travaux de ces hommes et de ces femmes, le legs de l'Égypte, à l'exact opposé de ces scènes d'horreur moyenâgeuses.

Ils avaient pratiquement réussi à atteindre leur but, mais le mouvement de la foule les repoussait vers la ligne des prisonniers. Jack joua des coudes pour passer, mais en vain. De nouveaux éclats de voix retentirent, suivis par le chant des djihadistes, et une nouvelle ligne de prisonniers s'avança.

On sentait l'odeur du sang dans l'air, comme s'ils s'étaient trouvés dans un abattoir. Jack essayait de baisser la tête, de se concentrer sur la rue devant lui, d'avancer vers les djihadistes qui formaient un cordon autour du périmètre des spectateurs, sa carte de journaliste brandie devant lui.

Une fraction de seconde, il croisa le regard d'un des captifs. C'était un homme corpulent, dégarni et ébouriffé. Il avait les mains liées dans le dos, un djihadiste de chaque côté de lui. Jack se figea. Il ne l'avait rencontré qu'une seule fois, une audience de quelques minutes à peine après que Hiebermeyer et lui avaient dû patienter pendant des heures. *Le directeur des antiquités*. Jack continua à avancer avec toujours autant de détermination, mais le souffle court. Il ne leur restait plus que quelques mètres avant de sortir de la cohue et d'atteindre la rue. Peut-être qu'il ne l'avait pas reconnu. Il se pressa, attirant Costas derrière lui.

Soudain, il entendit qu'on s'agitait dans la ligne derrière lui et un cri s'en échappa, la voix suraiguë qu'il se rappelait avoir entendue lors de la rencontre au ministère. Jack connaissait assez l'arabe pour comprendre ce qu'il disait :

— *C'est Jack Howard !* L'archéologue Jack Howard ! C'est un blasphémateur, le destructeur des travaux du Prophète... *Arrêtez-le !*

Jack jeta un regard par-dessus son épaule et vit l'homme qui se débattait en criant, ses yeux grands ouverts et injectés de sang. Il reçut un coup de crosse en plein visage, sa tête partant violemment en arrière, alors que le reste de la ligne continuait d'avancer. Jack attrapa Costas et tous les deux se baissèrent pour passer sous le cordon.

— On fonce !

Ils s'élancèrent à toute vitesse, croisant des groupes de personnes qui se dirigeaient vers la place, puis empruntèrent une allée vers la gauche. Jack ne savait pas où ils allaient, il voulait juste sauver leurs vies. Quelques secondes plus tard, des bruits de bottes retentirent derrière eux. Deux hommes armés de kalachnikovs surgirent de nulle part devant eux et ils leur foncèrent dessus, les bousculant violemment. Jack arracha le fusil d'un des deux et poussa Costas en avant.

— Cours ! hurla-t-il. Allez, fonce !

Il se tourna et tira une salve dans les airs au-dessus de ses poursuivants, sa main secouée par la violence des tirs. Des morceaux de briques et de verre tombèrent de l'endroit touché par les balles, mais les hommes continuaient à affluer. L'un d'eux riposta, atteignant le mur de l'allée et soulevant un nuage de poussière. Jack baissa son arme, maintenant fermement la crosse en bois pour limiter l'effet de recul, et dirigea une longue rafale sur ses adversaires. Plusieurs tombèrent. D'autres hommes arrivaient encore. Il appuya de nouveau sur la détente, mais le chargeur était vide. Il se débarrassa de cette arme désormais inutile et sortit son Beretta, avant de tourner les talons pour se mettre à courir, voyant Costas dans le nuage opaque devant lui. Une salve éclata derrière lui, l'air se remplit de hurlements. Soudain, il fut frappé au côté et s'écroula à terre. On le souleva sur les genoux pour le pousser vers le mur de l'allée. On lui mit sauvagement les bras en arrière et on lui ligota les poignets. Quelqu'un le tira par les cheveux et le traîna dans la poussière, le projetant contre le mur. La douleur sur son crâne lui fit monter les larmes aux yeux, mais il était trop sonné pour s'en soucier. Il vit Costas à côté de lui, qui crachait du sang, et prit conscience qu'un groupe d'hommes armés les entouraient, leurs kalachnikovs levées.

Le leader du groupe parlait trop vite pour que Jack le comprenne, mais il imaginait bien que leurs vies ne tenaient qu'à un fil. Il fixa du regard le motif compliqué dans le granit du mur devant lui, s'efforçant de se concentrer dessus et de respirer par le nez profondément. Il sentait l'odeur de la terre et de la pierre. Il croisa le regard de Costas, mais ils savaient qu'ils ne devaient pas parler. Chacun des deux imaginait bien ce que l'autre pensait : après l'avoir plus d'une fois échappé belle lors de si nombreuses plongées, après tous les dangers qu'ils avaient acceptés comme faisant partie du jeu, c'était vraiment sordide de mourir ainsi, exécutés sommairement dans une allée ensanglantée du Caire. Jack se sentait vide, toute émotion l'ayant déserté durant leur traversée de la place. L'homme s'arrêta de parler et un silence pesant s'installa, brusquement interrompu par une fusillade assourdissante. Des éclats volèrent au-dessus de leurs têtes. Jack fut projeté contre le mur et une violente douleur irradia son bras droit. Il avait la sensation de s'enfoncer dans le sol, comme s'il retournait d'où Costas et lui venaient de sortir, dans les ténèbres. Et puis plus rien.

25

Jack recouvra ses esprits quelques instants plus tard, sentit la présence de Costas à côté de lui. Ils furent tous les deux relevés de force. Costas avait déjà les mains attachées dans le dos, et un homme tira brutalement sur les bras de Jack, provoquant une vive douleur dans son épaule droite, apparemment blessée par une balle. Le sang dégoulinait et instinctivement il tenta de lever le bras, se penchant en avant et hurlant tandis qu'on essayait de le lui faire baisser. Quelqu'un cria en arabe, et les hommes autour de Jack finirent par lui ligoter les mains devant plutôt que derrière. Au bout de l'allée, on les fit monter dans un pick-up, on les allongea face contre le plancher et on leur enfila des cagoules sur la tête. Jack essaya de se cramponner et d'éviter que sa tête ne heurte le fond du pick-up à chaque cahot.

Il se força à évaluer la situation. Son bras droit fonctionnait encore, mais sa main était baignée de sang et il commençait à s'engourdir. Il était conscient qu'on leur avait accordé un sursis, que quelqu'un ou quelque chose avait retardé leur exécution. Cela signifiait qu'il restait une pointe d'espoir. Ce n'était pas le genre des mahdistes de simuler une mise à mort, alors peut-être que quelqu'un parmi eux avait vu leurs cartes de reporters de CNN et ordonné qu'on tire en l'air. Il n'avait aucune idée d'où on les emmenait désormais, peut-être vers la place pour les achever, peut-être ailleurs, pour être jugés par des instances supérieures et subir une mort atroce, ou pour y rejoindre les gens qui, comme Sahirah, avaient été arrêtés par les sympathisants extrémistes avant même le coup d'État, et fourniraient une nouvelle vague de victimes quand les djihadistes en auraient fini avec cette première série de meurtres et en demanderaient davantage. Jack était soulagé qu'Aïcha et Lanowski ne se soient pas trouvés avec eux dans l'allée. Il priait le ciel qu'ils n'aient pas décidé de les suivre et qu'ils aient réussi à rejoindre la felouque pour quitter enfin le pays.

La Toyota s'arrêta dans un crissement de pneus et ils furent descendus et traînés sur quelques marches vers un endroit spacieux qui résonnait de cris et d'ordres en arabe, puis dans un escalier, le long d'un couloir, jusque dans une pièce plus petite, où ils furent jetés sans ménagement. On arracha violemment la cagoule de la tête de Jack et il cligna plusieurs fois des yeux en regardant autour de lui. Il se tenait à côté de Costas dans un bureau, sûrement d'un fonctionnaire de moindre importance, à en croire la simplicité des lieux : une petite table de travail, un classeur et une vitre qui donnait sur le couloir. Deux hommes armés, barbe fine et bandeaux noirs, se tenaient devant la porte, et deux autres fixaient du regard Jack et Costas, à l'intérieur de la pièce. L'un d'eux, qui laissait son fusil pendre en écharpe, sortit quelques feuilles de son sac et se mit à les mâcher. L'autre lui en demanda dans un anglais teinté d'un fort accent du Yorkshire. Jack les dévisagea avec mépris. Il savait que les mahdistes comptaient dans leurs rangs des extrémistes radicaux occidentaux, tout comme les autres groupes djihadistes. Ben et d'autres vétérans du front lui avaient raconté qu'ils étaient en général les plus lents et incompétents de tous les combattants, ramollis par le style de vie de l'Ouest, qu'ils s'étaient laissé convaincre de détester. Jack jeta un coup d'œil vers les énergumènes dans le couloir, puis vers ceux qui se tenaient devant eux, en train de mâchonner. Ils ne seraient pas trop difficiles à éliminer… si l'occasion s'en présentait.

Un autre homme entra dans le bureau, petit et élégant avec sa grosse barbe et sa robe blanche sous son gilet d'assaut. Il tenait dans ses mains le Beretta de Jack avec ses chargeurs de rechange, ainsi que le Glock de Costas. Il posa le tout sur la table, fit un signe en direction des deux combattants, qui vinrent se placer derrière Jack et Costas pour les fouiller. Leur haleine empestait le qat et le tabac froid. Ils ne trouvèrent rien, et Jack vit que le sachet dans lequel Costas avait mis les puces des caméras était vide. Il avait dû les jeter dans l'allée avant que les djihadistes le prennent. Jack n'était plus en état d'y penser, de toute façon. Son bras le faisait atrocement souffrir et il était au bord de l'évanouissement. Le petit bonhomme se percha sur le bord de la table, s'empara du Beretta, le tourna, le reposa. Puis il fit un signe de la main vers la carte de presse toujours autour du cou de Jack.

— Ce ne sont pas les premières qu'on voit, affirma-t-il avec un accent prononcé mais dans un anglais de bon niveau. Si ce sont des Égyptiens qui les portent, on les abat sur-le-champ. Vous êtes les premiers imposteurs occidentaux.

— Nous ne sommes pas des imposteurs, se défendit Costas. Nous sommes journalistes.

— Si vous portez ces fausses cartes, c'est que vous avez quelque chose à cacher. Vous êtes des espions.

— Nous sommes journalistes. Lisez nos accréditations...

— Vous êtes des espions ! insista l'homme, plus fermement. Des espions sionistes !

Jack réfléchit rapidement. La vérité était peut-être la seule solution.

— D'accord. Un ami nous a fourni ces cartes. Nous sommes archéologues et nous tentons de retourner à Alexandrie...

— Vous mentez ! Vous êtes des porcs sionistes !

— Je suis Jack Howard, et voici Costas Kazanzakis. Le directeur des antiquités a crié mon nom, sur la place. L'IMU, l'International Maritime University. Regardez sur Internet.

— Nous n'avons que faire d'Internet.

— Sauf pour y diffuser des vidéos d'exécution, grommela Costas. Et de pyramides en feu.

L'homme adressa un regard haineux à Costas, puis se tourna vers Jack.

— Vous êtes anglais, n'est-ce pas ? Vous avez un accent britannique. Eh bien, je vais vous dire pourquoi les forces du djihad sont au Caire.

Il montra une affiche sur la vitre, une affiche que Jack avait déjà vue placardée sur les murs de la ville. C'était une photo en noir et blanc d'une sorte de tombeau lavé à la chaux, le croissant islamique dessus, avec des mots en arabe, parmi lesquels Jack reconnut *Allahu Akbar*, Dieu est grand.

— Il y a cent vingt ans, votre général Kitchener a promis qu'il vengerait la mort du général Gordon à Khartoum en tuant un Arabe pour chaque cheveu de la tête de Gordon. Il a obtenu sa vengeance à la bataille d'Omdurman, mais il est allé trop loin. Il a profané la tombe du Mahdi, en a sorti les reliques du soufi et a brandi sa tête devant ses hommes. Quand c'est arrivé, nous avons juré que nous nous vengerions à notre tour, et c'est ce que nous faisons. L'histoire revient pour vous hanter, pour hanter tous ceux qui se mettent sur la route du djihad sacré.

Il prit le Glock et l'agita devant Costas.

— À genoux, infidèle !

Costas ne bougeant pas, l'homme fit de nouveau un signe à ses hommes. Un des brouteurs de qat s'approcha de Costas et lui expédia un coup de pied dans le tibia. Costas tomba lourdement, se redressa difficilement et s'agenouilla. Le djihadiste mit son fusil de côté et s'empara d'une caméra. Le petit homme se pencha et attrapa Costas par le menton.

— Vous aimez regarder nos exécutions sur Internet, hein ? Eh bien, cela fera un petit cadeau pour votre famille et vos amis...

Jack hurla :

— Il est grec ! Comment voulez-vous qu'il soit un espion israélien ?

— Alors montrez-moi ses papiers... Pas de passeport ? Alors, c'est un espion. Vous allez le regarder mourir, et ensuite ce sera votre tour. *Allahu Akbar.*

Il pointa le Glock vers le front de Costas, vérifia que son acolyte filmait et appuya sur la gâchette. Jack n'avait pas bougé, s'étant souvenu que le Glock était équipé d'une sécurité très spéciale : il ne reconnaissait que l'empreinte du doigt de Costas. L'homme à la robe blanche essaya, une, deux, trois fois, en vain. Il finit par jeter l'arme, excédé, s'empara du Beretta, réfléchit et le reposa sur la table. Il se pencha sur son bureau, ouvrit un tiroir et fit apparaître un immense poignard à lame crantée.

— Vous avez dû voir ça sur nos vidéos, je pense. Cette épée a été spécialement conçue à Peshawar, au Pakistan, pour les décapitations.

Il claqua des doigts et le deuxième djihadiste cessa de mâcher pour le regarder, l'air intrigué.

— C'est notre nouvelle recrue, un compatriote à vous, qui va l'exécuter. Il va ainsi prouver son allégeance à Allah.

— Je suis citoyen américain, déclara Costas, entre ses dents serrées. Je n'ai rien en commun avec cet homme. Allah n'a que mépris envers lui.

Le petit homme grimaça.

— Américain, Britannique, quelle différence ? Et qu'est-ce que vous savez d'Allah ?

— Plus que vous, apparemment.

Le combattant désigné avait pâli et semblait désormais mal à l'aise, un adolescent rachitique embobiné par un imam extrémiste et désormais confronté à ses responsabilités. Il recracha le qat, s'essuya la bouche, prit une profonde respiration et posa sa kalachnikov contre le mur. Jack vit l'ouverture. Avec celui qui filmait, aucun des trois hommes présents dans la pièce n'était armé. Un hurlement retentit soudain dans le couloir, suivi d'une fusillade, et les deux hommes qui s'étaient tenus devant la porte disparurent. Jack s'élança en avant, attrapa le Beretta sur le bureau et se retourna en vidant son chargeur sur les trois hommes. Celui qui était assis sur la table fut projeté contre la vitre, du sang coulant du trou que Jack venait de faire dans son cou, et les deux autres s'effondrèrent, touchés à la poitrine et à la tête. Jack se releva, éjecta le chargeur vide et en remit un autre avant de tirer une nouvelle balle dans la tête du petit homme. Il posa son pistolet, prit le couteau au milieu de la mare de sang par terre et se dépêcha de couper les liens des poignets de Costas, qui fit ensuite de même pour lui. Ils récupérèrent leurs armes et leurs munitions et foncèrent vers la porte. Les deux djihadistes qui avaient gardé la porte gisaient sans vie dans le couloir. Un violent échange de tirs faisait rage vers l'entrée, au rez-de-chaussée.

— Je sais où nous sommes, affirma Jack. Au ministère de la Culture. C'était écrit sur le bureau. C'est ici qu'ils retiennent Sahirah, et où le cousin d'Aïcha, Ahmed, voulait venir la secourir. Ça explique sûrement ce combat. C'est un ancien officier égyptien des forces spéciales, formé par les SAS. Il sait ce qu'il fait. À sa place, j'aurais choisi exactement le même moment pour intervenir, maintenant que les djihadistes sont pour la plupart concentrés sur les exécutions...

Ils entendirent des bruits de bottes dans le couloir, des portes claquer, puis des tirs. Quelques secondes plus tard, deux hommes habillés en civil avec des carabines M4 déboulèrent dans le couloir et pointèrent aussitôt leurs armes sur Costas et Jack. Aucun des deux ne portait le bandeau noir des djihadistes et ils étaient, à l'évidence, égyptiens. Jack avait levé les mains et brandissait sa carte de presse.

— CNN ! cria-t-il. Nous sommes journalistes !

Un autre homme apparut alors, ordonnant aux deux autres de baisser leurs carabines.

— Docteur Howard ! lança-t-il. Vous vous souvenez de moi ? Je suis le cousin d'Aïcha, Ahmed. Nous sommes ici pour retrouver Sahirah.

— Où est Aïcha ? demanda Jack en allant vers lui.

— Je l'ai envoyée sur la felouque. Elle est partie avec votre ami, le soufi.

Jack ferma les yeux.

Merci, mon Dieu.

— Je peux vous aider, dit-il. Je suis déjà venu ici, avec le mari d'Aïcha pour rencontrer le directeur des antiquités. Il nous avait fait poireauter des heures et j'étais descendu aux laboratoires d'archéologie. Aïcha m'a dit que c'est là qu'ils retenaient les prisonniers. Je vous y conduis.

— D'accord. Nous avons dégagé le couloir au rez-de-chaussée. Il doit encore rester des hommes armés au sous-sol. Nous n'avons plus beaucoup de temps. Ils ont sûrement averti leurs chefs de notre présence ici. Ils ont déjà dû envoyer quelques camions remplis de leurs hommes. Je ne suis venu qu'avec cinq gars et l'un d'eux a été touché...

— Et s'il y a d'autres prisonniers encore en vie ? demanda Costas. Sahirah n'est sûrement pas la seule à avoir été arrêtée...

Ahmed secoua la tête.

— On s'occupe d'elle en premier. Les autres à l'intérieur attendent jusqu'à ce qu'on se soit assuré que l'immeuble est dégagé. Si on libère tout le monde, ce sera le chaos et le massacre.

— D'accord. Tu es prêt ? lança-t-il en direction de Costas.

— Après toi.

Jack hocha la tête. Il se tourna et se dirigea vers l'escalier pour descendre jusqu'au foyer. Des corps s'étalaient partout, et Jack vit deux des hommes d'Ahmed qui gardaient l'entrée vers la rue. Il parvint à s'orienter et prit un couloir au rez-de-chaussée, franchit une porte battante et descendit plusieurs marches vers les sous-sols. Les laboratoires se situaient derrière deux autres portes. Il fit signe aux autres d'être parfaitement silencieux et ouvrit prudemment chaque porte l'une après l'autre jusqu'au couloir principal. Des affiches d'archéologie décoraient encore les murs, l'une d'elles présentant des objets de l'exposition de Toutânkhamon, semblable à celle que Hiebermeyer avait à l'institut à Alexandrie, une autre annonçant une conférence sur la Gueniza du Caire, avec en dessous un extrait du Coran en arabe.

Jack se tourna vers la première salle, s'approchant doucement pour regarder à travers la vitre qui séparait la pièce du couloir. À l'intérieur, la scène qui l'attendait semblait tout droit tirée d'un film gore. Les lumières étaient éteintes, mais il aperçut un corps attaché à une chaise, marbré et bouffi, avec des câbles électriques reliés aux mains. Un autre pendait à un crochet autrefois utilisé pour suspendre de lourds objets remontés des fouilles. Une puanteur insupportable d'excréments et de putréfaction s'échappait de la fente sous la porte. Aucun des deux cadavres n'était celui d'une femme et il se tourna vers Ahmed, qui s'accroupit à côté de lui en secouant la tête.

Il avança vers la pièce suivante, rampa jusqu'à la porte et lentement se redressa en tendant la main en arrière pour que les deux autres s'arrêtent. Il s'attendait au pire, mais là, c'était différent. Les lumières étaient allumées, des néons fluorescents utilisés pour les travaux d'archéologie, et il vit que la pièce était remplie de gens allongés contre le sol, les mains attachées derrière la tête. Contre le mur du fond s'appuyaient deux hommes armés, avec le bandeau noir des djihadistes. Ils mâchaient du qat, le doigt sur la gâchette de leurs kalachnikovs. À l'évidence, ils gardaient ces gens en attendant que leurs chefs aient décidé ce qu'ils allaient faire d'eux.

Lentement, Jack se pencha et se tourna vers la porte. Il était impossible de distinguer des visages, mais si Sahirah était vivante et dans le bâtiment, alors c'était le seul endroit où elle pouvait se trouver. C'était la dernière salle. Il vérifia son Beretta, les doigts collés à la crosse par son propre sang coagulé. Il tira doucement sur la culasse pour s'assurer qu'une balle était engagée, jeta un regard vers Ahmed, Costas et leurs deux autres compagnons, posant ses doigts sur ses yeux et indiquant la porte. Il leva deux doigts et tendit la main pour leur signifier de rester à leur place. Si l'un d'eux essayait de le rejoindre, les djihadistes à l'intérieur risquaient de l'entendre et ils ouvriraient alors le feu sur leurs captifs. Jack recula d'un mètre environ, toujours baissé pour ne pas être vu et tenant son Beretta avec les deux mains. Il faudrait qu'il ignore la douleur dans son épaule en forçant la porte. Il ferma les yeux et compta.

Trois. Deux. Un.

Il bondit et se jeta sur la porte, la poussant de toutes ses forces contre les gens allongés à l'intérieur. Il tira deux coups rapides vers la gauche, touchant les deux hommes à la tête. Du sang et de la matière grise giclèrent contre le mur en gros bouillons. L'explosion du Beretta l'avait assourdi et l'espace d'un moment il ne sentit que l'odeur de la fumée qui montait du canon. Les gens commencèrent à lever les yeux vers lui, leurs visages tordus par la peur, assombris par des barbes de quelques jours pour les hommes, tous recouverts d'une épaisse couche de saleté et de sang mélangés. Une silhouette se détacha du groupe et avança vers lui. Une jeune femme lui tomba dans les bras. Il se rendit compte qu'elle tremblait de tout son corps. Il ne lui avait jamais parlé avant cela, ne l'avait vue que sur la photo de Rebecca, mais à cet instant plus rien n'avait d'importance pour lui que cette jeune femme. L'audition lui revint d'un coup, dans un sifflement, suivi de cris et de coups de feu. Il se pencha sur elle.

— Nous sommes venus pour vous libérer… Tenez-vous tout près de moi. Les autres, vous restez ici jusqu'à ce que le bâtiment soit dégagé. Dites-leur, vite, lui enjoignit-il.

Sahirah s'adressa aux prisonniers en arabe. Elle parlait vite, d'une voix rauque et tremblante, quand des hommes apparurent au bout du couloir. Jack lui prit le poignet de la main droite, son Beretta toujours dans la gauche. Deux djihadistes furent arrêtés dans leur course par Ahmed et ses hommes, les balles fracassant les vitres et ricochant sur les tuyaux au-dessus de leurs têtes. Jack s'était accroupi, la jeune femme toujours derrière lui. Une voix hurla son nom, et Ahmed apparut, sa carabine prête à riposter. Jack poussa Sahirah vers lui et tira en direction des hommes enturbannés dissimulés à l'entrée du couloir. Il rechargea son arme avec ses dernières munitions, suivit Ahmed et Sahirah. Costas courait devant eux et, derrière, les hommes d'Ahmed les couvraient. Quelques secondes plus tard, ils étaient dehors et s'élançaient dans une allée, en direction de la rue. Comme ils arrivaient à l'angle des deux voies, deux Toyota les croisèrent, mais sans s'arrêter, se dirigeant vers le terrain d'exécution de Fostat.

Ahmed poussa Sahirah sous une arche et les autres arrivèrent vite à leur hauteur. Un des hommes s'adressa en arabe à Ahmed, qui pencha la tête brièvement et posa une main sur son épaule avant de se tourner vers Jack.

— Nous ne sommes plus que trois. Nous avons perdu un autre de nos compagnons dans le hall d'entrée. Mais il existe d'autres groupes comme le nôtre, des petites poches de résistance. Tous les Égyptiens ont fait leur service militaire et savent se servir d'une arme. Beaucoup se mettront de notre côté. Ce bain de sang à Fostat va se retourner contre les djihadistes. C'est un signe de faiblesse, pas de force. Pendant qu'ils sont occupés avec leurs exécutions, nous allons retourner au ministère, abattre ceux qui restent sur place et emporter leurs armes et leurs munitions. Ensuite, nous libérerons les autres prisonniers. L'heure est arrivée d'organiser la résistance, sans attendre que les extrémistes commencent à établir l'ordre.

— Tu ne viens pas avec nous, alors ?

Ahmed lui adressa un regard morne.

— Que feriez-vous, à ma place ? Même en cas d'intervention de l'Occident, il sera trop tard pour sauver ma famille et mes amis. C'est mon pays, et je n'ai vu aucun Égyptien parmi les djihadistes. Je reste pour me battre.

Ahmed s'approcha de Sahirah et la serra dans ses bras. Il se dégagea ensuite pour scruter la rue.

— Il vous reste environ trois cents mètres jusqu'au fleuve. Nous allons vous couvrir jusqu'à ce que vous montiez sur la felouque. Ensuite, je retourne à l'intérieur pour aider mes hommes à libérer les détenus. Marchez vite, mais surtout ne courez pas.

Costas se tourna vers Ahmed et lui prit les mains.

— Qu'Allah soit avec vous.

Ahmed serra les mains de Costas.

— Et avec vous aussi, mes amis. Allez-y, maintenant.

L'aube pointait quand la felouque s'éloigna des dernières maisons détruites du nord du Caire, la route désormais dégagée vers la mer. L'heure qui venait de s'écouler depuis qu'ils étaient montés à bord du voilier avait été tendue. Des djihadistes postés sur les berges tiraient dans les airs, mais Ahmed avait raison : toute l'attention se concentrait sur les massacres du centre-ville. Lanowski était resté en contact satellite avec le *Sea Venture* et l'équipe de sécurité de l'IMU, qui avait modifié le plan de sauvetage à la lumière des événements des dernières vingt-quatre heures. Comme l'armée de l'air égyptienne se trouvait plantée au sol et que les forces du Mahdi ne disposaient d'aucun avion, les Israéliens avaient la haute main sur le nord de l'Égypte et le Sinaï. Ben avait établi la liaison avec leurs contacts au sein de Tsahal et organisé une protection par les airs pour un départ en hélicoptère, à quelques kilomètres seulement devant eux, sur la rive est du Nil.

Jack savait qu'il devait tout cela à David Ben-Gurion, dont le rang d'officier de réserve dans l'armée israélienne lui avait permis de mettre en place un plan qui n'aurait pu être officiellement autorisé. Israël maintiendrait certainement sa présence dans le ciel égyptien pour sécuriser une zone tampon, mais le pays avait surtout besoin de ses troupes au sol au nord-est, où la menace d'invasion était la plus grande, par des forces bien organisées et lourdement armées, et pas seulement par quelques Toyota djihadistes éparses. La moindre impression d'une intervention d'Israël ne ferait qu'envenimer la crise, entraînant une guerre ouverte et d'ignobles actes de terrorisme non seulement contre Israël, mais contre toutes les puissances occidentales perçues comme ses alliées.

Mohamed ralentit et tourna vers la berge, son fils préparant l'amarrage. Jack changea de position et inspecta son bras droit. La balle avait ricoché sur l'os, laissant une blessure béante, mais aucun signe de dégât majeur. Aïcha avait fait de son mieux pour le bander, nettoyant d'abord la plaie avant d'appliquer un pansement d'urgence. Mais elle n'avait aucun analgésique assez puissant dans son kit de premiers soins et il faudrait qu'il attende d'arriver sur le *Sea Venture* pour se faire soigner par l'équipe médicale déjà avertie et prête à l'examiner, lui, ainsi que Sahirah et tous les autres réfugiés égyptiens qui auraient besoin d'assistance.

Aïcha s'approcha de lui, laissant Sahirah contempler le Nil.

— Comment va-t-elle ? demanda Jack dans un murmure.

— Physiquement, elle n'a que des hématomes. Elle est légèrement déshydratée et vraiment épuisée. Mais, mentalement, elle est profondément traumatisée et elle se fait énormément de souci pour Ahmed. Elle pense que ses chances sont maigres.

— Elle n'a pas à s'inquiéter pour son propre avenir. On y veillera.

— Comment va Costas ?

Jack fit un signe de tête vers l'endroit sous la proue où ils s'étaient cachés la veille, lors du voyage vers Le Caire.

— Il a commencé par avaler les quelques sandwichs qui traînaient encore dans son sac. Une réserve, apparemment. Et depuis, avec Lanowski, ils travaillent sur l'ordinateur. Ils essayent de résoudre un problème technique, je pense. Costas est un roc. Des gars comme lui ne se laissent pas entamer si facilement.

— C'est pour cela que tu l'aimes, n'est-ce pas ?

Jack ne répondit pas tout de suite, les émotions des dernières vingt-quatre heures affluant d'un seul coup. Il déglutit avec peine, évitant le regard de la jeune femme.

— Ce n'est pas le mot que j'emploierais.

— Non, bien sûr. Mais tu sais ce que je veux dire.

Elle posa la main sur son bras.

— Et toi, Jack ? Tu en as vu, des horreurs. Tu as tué des gens, aussi. Ne me dis pas que ça te laisse indifférent...

— Non, en effet. Mais ce n'est pas la première fois. Ça va aller.

La felouque arriva tout près de la berge et une planche fut installée, attachée au plat-bord. Jack observa Mohammed.

— Que va faire ton oncle ?

— Il va retourner à Alexandrie. Il n'est pas comme Sahirah, ou comme moi. Il ne peut pas si facilement refaire sa vie en dehors de son pays. Mohammed est un pêcheur du Nil et un capitaine de felouque. Toute son existence est ici. Si des gens comme Mohammed se voyaient contraints de quitter l'Égypte, alors ce serait le désastre total pour le pays. Ils sont son passé et son avenir.

— Si l'Égypte peut encore prétendre en avoir un.

— Il en aura un. *Inch'Allah.*

— Et toi, Aïcha ?

Son visage se ferma.

— Si je n'avais pas eu Maurice et mon fils, je serais partie au combat contre les djihadistes avec Ahmed. Mais jamais je ne tournerai le dos à mon pays. Un jour, notre drapeau flottera de nouveau au-dessus de notre institut à Alexandrie, tu verras.

Le garçon sauta sur la rive pour fixer la planche. Aïcha se leva et aida Sahirah à descendre à terre. Jack les suivit, s'arrêtant pour serrer la main à Mohammed et à son fils. Costas et Lanowski emportèrent les sacs vides et l'ordinateur portable, et s'assurèrent qu'ils ne laissaient aucune trace de leur présence. Jack s'accroupit, ramassa une poignée de sable qu'il laissa filer entre ses doigts.

— Si proche et pourtant si loin…

— Pardon ? demanda Costas.

Jack leva les yeux vers lui.

— Toi et moi, nous savons ce que nous avons vu, mais le reste du monde ne pourra que nous croire sur parole. Combien de temps va passer avant qu'on puisse y retourner ?

Costas se figea et leva un doigt.

— Oups, j'ai failli oublier…

— Quoi ?

Il fouilla dans sa poche et en sortit un petit paquet enveloppé dans un mouchoir, avec les deux puces de leurs caméras.

Jack n'en revenait pas.

— Mais où les avais-tu cachées ?

— Vaut mieux pas que tu saches. Je l'ai fait dans l'allée, juste avant qu'on se fasse capturer. Je sais pas comment j'y suis arrivé. S'il y a eu un spectateur, il a dû trouver ça plutôt bizarre. En tout cas, il n'a pas porté le pet… si je puis dire. Mais j'allais certainement pas balancer ces puces, après tout ce qu'on a traversé ! Jamais de la vie.

Jack se releva, se sentant soudain au comble de l'euphorie.

— Costas, tu sais, parfois, vraiment, je… je t'apprécie. Oui, voilà, c'est ça le mot. Apprécier. Incroyable. Tu viens de mettre un beau ruban rouge autour de ce projet.

Costas rangea les puces dans sa poche et la ferma.

— Content d'avoir pu rendre service, dit-il avant de montrer le ciel. On dirait qu'on a de la compagnie.

Deux F-16 de l'armée de l'air israélienne fendaient l'air et au loin Jack aperçut le Lynx qui volait bas, le claquement de ses pales se réverbérant sur les eaux du Nil. Il secoua le reste de sable sur ses mains.

— Quelle nuit !

— Et maintenant, une nouvelle journée pointe le bout de son nez.

Jack se tourna vers Aïcha et Sahirah, qui avançaient lentement vers le lieu de l'atterrissage, Lanowski sur leurs talons.

— Tu connais cette sensation après un gros projet comme celui-ci, dit-il à Costas. Un projet vraiment important, qui continue encore et encore parce que tu as envie de faire du bon travail. Quand finalement tu y parviens, tu as l'impression qu'on te retire un poids énorme des épaules...

— Ça rend tout ce qui nous attend plus excitant. Les petits détails. Des vacances au bord de la mer, des gin tonics, des sandwichs...

— Et l'essentiel : l'épave phénicienne au large des côtes des Cornouailles, qui étaient vraiment les premiers Européens à atteindre l'Amérique, qu'est-ce qui est *vraiment* arrivé à Akhenaton...

— Un peu de détente avec Maria ? Des vacances avec ta fille ?

— Ça aussi.

Lanowski vint les rejoindre. Il avait retiré sa robe et sa fausse barbe, mais son visage était encore noir de cirage.

— Alors, les gars, on a réussi ou quoi ? demanda-t-il en levant la paume de sa main.

Costas la tapa et Jack posa une main sur son épaule.

— Bienvenu dans l'équipe, Jacob. Beau travail.

— Je voulais vous demander… commença Jacob en regardant l'hélicoptère amorcer sa descente. C'est toujours comme ça ? Je veux dire, toutes ces horreurs ?

— Pas toujours. Parfois l'aventure n'est que dans le passé.

— Je pense… ne vous méprenez pas, je ne me plains pas… mais je pense que le passé me conviendrait plus, fit Lanowski, un doigt sur les lèvres et les sourcils froncés.

Jack prit soudain conscience de sa profonde fatigue et de la douleur qui lancinait dans son épaule. Il acquiesça d'un hochement de tête.

— On est bien d'accord.

Ils se baissèrent sous les pales, attendant que le Lynx se soit stabilisé, et se dépêchèrent de monter à bord, Lanowski aidant les deux femmes à se hisser dans la cabine. Costas mit une main sur son chapeau pour éviter qu'il ne s'envole.

— J'ai réfléchi longuement au sujet de *Little Joey*, sur le bateau ! cria-t-il pour couvrir le bruit du moteur. En fait, c'est surtout Lanowski qui a réfléchi. À propos des microprocesseurs pour la partie robotique, et aussi au sujet de sa façon de nager. Si tu veux un automate à la pointe de la technologie pour explorer l'épave phénicienne, je pourrai très bientôt te présenter *Little Joey 3*…

Jack esquissa un franc sourire.

— L'essentiel, je te disais !

— Exactement. Allez, Jack, il est temps de quitter l'Égypte !

Épilogue

Cinq jours plus tard, installé sous un auvent sur le pont du *Seaquest*, Jack essayait doucement de dégager son bras de son écharpe pour boire un peu d'eau. Il avait toujours mal, alors il le baissa rapidement et se radossa. De son autre main, il s'empara de son portable pour regarder la photo que Rebecca venait de lui envoyer de Grèce. Maria escaladait une échelle de corde vers un des monastères du mont Athos. Jack se souvint alors d'une promesse qu'il avait faite. *Maria.* Il l'appellerait une fois rentré. Il remonta ses lunettes sur son nez, descendit la visière de sa casquette et contempla la Méditerranée d'un air abattu, regrettant de ne pouvoir plonger dans ses eaux limpides.

La trappe claqua derrière lui et Costas vint le rejoindre, pieds nus, vêtu d'une chemise hawaïenne tape-à-l'œil et d'un short. Il se laissa tomber de tout son poids sur la chaise à côté de Jack, ouvrit une des cannettes de soda posées sur la table et mit ses lunettes, repoussant une carte du monde que Jack avait parcourue.

— Comment va le pire patient de la planète ?

— À ton avis ? grommela Jack. Trois semaines sans plongée. *Trois semaines*. Une semaine, je veux bien, mais pas plus. Ce n'était même pas une fracture ouverte…

— Des petits inconvénients d'une blessure par balle...

Jack jeta un regard méprisant à son bras en écharpe.

— C'est vraiment rien. Ça ne fait même plus mal.

— Si tu le dis...

— Est-ce que Macalister a précisé quand nous partons ?

— Il termine les formalités avec les autorités espagnoles. On devrait démarrer d'ici une demi-heure. Il va procéder à un contrôle complet du mât de charge et du treuil avant de reprendre la mer. Il ne veut plus jamais revivre un accident comme celui qu'on a subi.

Costas se pencha et donna une tape à la base du mât, son câble désormais accroché sur le pont, pour le voyage à travers l'Atlantique.

— Difficile de croire que notre plongée dans le submersible ne remonte qu'à dix jours. D'ailleurs, je suis pas sûr de l'avoir déjà dit, mais...

— Pas la peine de revenir là-dessus, le stoppa Jack. Pas la peine de parler de plongée en général, d'ailleurs. Maintenant, ça fait vraiment mal.

— Au fait, quelques-uns de tes amis sont venus pour te remonter le moral...

La trappe s'était de nouveau ouverte et Hiebermeyer, Aïcha et Lanowski apparurent. Hiebermeyer semblait particulièrement mal à l'aise dans son costume-cravate et Lanowski avait enfilé une sorte de veste de safari, tentative malheureuse d'élégance. Ils s'installèrent tous autour de la table et Aïcha ouvrit son ordinateur portable pour montrer une photo à Jack.

— C'est Maurice, là, qui coupe le ruban, en présence du maire de Valence et du ministre espagnol de la Culture. Plus d'une centaine de caméras immortalisaient l'instant derrière moi, pendant que je prenais la photo, figure-toi.

Hiebermeyer desserra le nœud de sa cravate, la sueur coulant sur son visage.

— Pas ce que je préfère pour passer l'après-midi, mais une belle consécration tout de même.

— Est-ce qu'ils ont toujours l'intention de garder le sarcophage sur le front de mer ?

— Ils vont construire un musée tout autour, financé par l'UNESCO et l'IMU. Ils ont adopté ton idée de présenter le sarcophage à l'intérieur d'une image virtuelle de la salle de la pyramide, ainsi que dans l'épave. Les visiteurs pourront aller de l'une à l'autre. Les données du sonar multifaisceaux permettent de projeter un modèle de l'épave réduit à la moitié de sa taille, et ils envisagent d'installer une caméra permanente sur les fonds marins pour diffuser des images en direct. C'était une idée brillante, Jack. Pour couronner le tout, le *Seaquest* devrait y retourner la saison prochaine pour remonter deux canons en bronze, l'un d'eux étant celui que tu as repéré avec la marque de fabrique de la compagnie East India.

— J'espère qu'un jour le sarcophage pourra être rendu à l'Égypte.

— On l'espère tous, affirma Aïcha. Mais ça ne paraît pas très réaliste, pour le moment. Vous avez vu les nouvelles ?

— Je viens de regarder Al Jazeera. C'est l'apocalypse.

— Notre seul espoir désormais est une intervention militaire. Ça ne peut pas déstabiliser la région plus qu'elle ne l'est déjà. Israël vient de mener une attaque aérienne préventive puissante sur les positions djihadistes en Syrie. La sixième flotte des États-Unis s'est approchée des côtes du Caire pour pouvoir bombarder la ville si nécessaire. Le président va faire un discours d'une minute à l'autre à la Maison-Blanche. On espère juste qu'en cas d'intervention elle sera assez massive pour éradiquer les forces mahdistes et ne débouchera pas sur une guerre d'insurrection sans fin.

— Tu as réussi à prendre contact avec les parents de Sahirah ?

— Ils savent qu'elle est en sécurité en Angleterre.

— Je regrette qu'on n'ait pas pu les sortir eux aussi du pays.

— Je regrette qu'on n'ait pas pu sortir *tout le monde* du pays. Mais il faut connaître ses limites. Ils vous sont très reconnaissants, à Costas, à Jacob et à toi.

Jack revit comme dans un flash les derniers instants de leur fuite du Caire. Ses oreilles résonnaient encore des coups de feu, mais il ne ressentait aucun remords vis-à-vis de ceux qu'il avait tués, des hommes dont l'humanité s'était depuis longtemps éteinte. Il n'éprouvait que la satisfaction d'avoir sauvé la vie d'une jeune fille. Ils avaient réussi à tous repartir vivants, et c'était l'essentiel. Il adressa à Aïcha un regard perçant.

— Nous nous sommes arrangés pour qu'elle aille directement à Oxford, où elle a obtenu un poste à l'institut fondé par l'IMU pour travailler sur la Gueniza. Jeremy pense qu'elle a toutes les potentialités pour s'inscrire en doctorat...

— Ah ! En parlant de Jeremy... lança Aïcha en tapotant sur son ordinateur. Pendant que nous assistions à la cérémonie, il m'a envoyé une image améliorée du papyrus que Costas a trouvé sur le squelette du calife. Avec Sahirah, ils ont travaillé dessus jour et nuit depuis leur retour à Oxford. Maurice et moi, nous nous sommes penchés sur la traduction dans le Zodiac en rentrant de Valence, cet après-midi, et nous l'avons achevée. D'après la forme des hiéroglyphes, il ne fait aucun doute qu'ils datent du Nouvel Empire, de l'époque d'Akhenaton.

Jack en oublia son bras.

— Vas-y, je t'écoute...

Elle ouvrit un fichier et se mit à le lire :

— « Toute la sagesse vient d'Aton et il est avec moi pour toujours. Qui peut compter les grains de sable dans la mer et les gouttes de pluie, les jours de l'existence ? Qui peut découvrir les dimensions des cieux, et la largeur de la terre, et la profondeur de la mer, et l'immensité de la sagesse ? Je viens à toi comme un courant dans la rivière, comme un sillon dans un champ. J'ai dit, j'arroserai mon verger et j'irriguerai mon jardin ; et regardez, mon ruisseau est devenu une rivière, et ma rivière une mer. Je ferai briller la sagesse comme l'aube, et la laisserai pour les futures générations »...

Ils restèrent silencieux un moment.

— C'est le manifeste d'Akhenaton, sa foi en la cité de la lumière, déclara enfin Jack. Il nous explique que sa bibliothèque est inspirée d'Aton et qu'il nous la livre. Ces mots pourraient être inscrits au-dessus de toutes les grandes bibliothèques ou universités aujourd'hui, mais là, il s'agit d'archives créées il y a plus de trois mille ans sous le sable du désert, sur le plateau de Gizeh...

— C'est même plus incroyable que cela, intervint Lanowski, d'une voix rauque d'émotion. J'ai déjà entendu ces mots-là, prononcés plusieurs fois dans ma yeshiva quand j'étais enfant, et que j'étudiais le Talmud et les écritures sacrées. Remplacez « Aton » par « Seigneur », et vous retrouverez exactement le même discours dans le Livre de la Sagesse de Ben Sira...

— Attends ! s'écria Costas. Tu veux dire qu'un livre sacré juif a repris un texte égyptien écrit en hiéroglyphes ?!

— Certains des plus anciens fragments de Ben Sira viennent de la Gueniza du Caire, et on pense que son texte a d'abord été écrit en hébreu en Égypte, au Caire ou à Alexandrie, durant la période hellénistique, expliqua Aïcha. Mais cela montre que sa composition date d'au moins un siècle plus tôt. C'est exactement le même texte. La révélation d'un dieu unique est apparue en même temps à Akhenaton et à Moïse, et leurs écrits sacrés ont jailli de la même source.

— Nous avons une autre Gueniza entre nos mains, là, affirma Jack, tout bas. Des milliers de parchemins. Il va falloir mobiliser une armée d'universitaires qui devront y consacrer toute leur vie, pour ne serait-ce que commencer à débroussailler tout ce matériel.

— Nous sommes prêts, affirma Hiebermeyer, lui adressant un regard déterminé. Aïcha et son équipe sont les meilleurs pour déchiffrer les hiéroglyphes et ils formeront plus de traducteurs encore. Dès que les frontières de l'Égypte se rouvriront, nous serons sur place.

— Et n'oublie pas, la bibliothèque est bien protégée, assura Costas, ému. *Little Joey* est en mode veille, mais il a des capteurs qui peuvent le mettre en mouvement pour effrayer tout intrus. Avec lui, la malédiction de la tombe de Toutânkhamon est une grosse blague pour nourrissons...

— Et pour l'instant, nous gardons le secret, répéta Aïcha. Personne en dehors de notre groupe ne doit en être informé.

Hiebermeyer hocha la tête, l'air grave.

— Un lapsus, un moment d'inattention sur Internet, et l'annonce d'une telle découverte se répandrait sur les réseaux sociaux comme une traînée de poudre, et avant même qu'on le sache, les mahdistes trouveront l'endroit et le réduiront en miettes...

— Une question : le calife Al-Hakim n'aurait pas pu lire ces hiéroglyphes, n'est-ce pas ? demanda Costas. Parmi les milliers de papyrus de la salle, comment a-t-il fait pour en choisir un qui avait tant d'importance ?

Aïcha hocha la tête en direction de Hiebermeyer, qui entreprit de sélectionner plusieurs photos.

— La réponse se trouve dans les puces que tu as si soigneusement cachées dans... sur ta personne, répondit Aïcha.

— Excellent. Ma caverne aux merveilles. Je savais qu'elle serait utile un jour.

— Ces images sont les plus incroyables qu'il m'ait été donné de voir, dépassant même celles que Howard Carter avait prises dans la tombe de Toutânkhamon, affirma Hiebermeyer. Sans ces vidéos et le papyrus, nous n'aurions rien eu de tangible. Je vous dois un grand gin tonic.

— Là, la voici, l'arrêta Aïcha en montrant l'écran.

La photo montrait le grand sarcophage doré, le couvercle légèrement ouvert que Jack avait essayé de toutes ses forces de pousser. Hiebermeyer grossit la partie centrale sous les bras croisés qui tenaient le spectre et l'ankh. Une décoration étrange en acacia, comme un cadre, était accrochée sous le couvercle, ses bords dentelés comme ceux d'un carreau cassé.

— Je comprends ! s'exclama Costas. Al-Hakim a trouvé ce papyrus à l'intérieur du cadre...

— On voit exactement où il l'a déchiré, acquiesça Aïcha. Il n'a pas pu le déchiffrer, mais il savait qu'il s'agissait d'un texte sacré. Il le tenait tout contre lui quand il est mort.

— Et il faut que tu voies autre chose encore, Jack. Quelque chose qui va clore cette histoire.

— Je suis impatient... !

Hiebermeyer pianota sur le clavier et l'image d'une dalle de pierre couverte de hiéroglyphes s'afficha.

— La stèle d'Israël, érigée à Thèbes au treizième siècle avant Jésus-Christ pour commémorer les conquêtes du pharaon Mérenptah... Elle est célèbre pour être la seule référence à Israël dans une inscription égyptienne antique. Désormais, elle n'arrive qu'en deuxième position, après la découverte par Rebecca du cartouche israélien sous le mont du Temple à Jérusalem, qui date d'au moins un siècle plus tôt, à l'époque d'Akhenaton ou un peu après. Regarde les deux cartouches, côte à côte. On peut voir qu'ils contiennent des hiéroglyphes identiques.

— Raconte-leur la théorie de Rebecca, pria Aïcha.

Hiebermeyer s'adossa sur sa chaise, examinant l'image, songeur.

— Quand Rebecca m'a envoyé la photo de sa découverte à Jérusalem, elle a soulevé une idée fascinante. Les autres ennemis conquis cités sur la stèle de Thèbes – Canaan, Ashkelon, Gezer, Yénoam et la Syrie – sont tous des villes ou des confédérations, alors que le hiéroglyphe déterminant inscrit devant le mot Israël montre que celui-ci désigne un peuple et non une ville. Et pourtant à cette date, il semble très improbable qu'un peuple nomade ou un groupe en maraude ait pu constituer une force suffisante pour combattre l'armée égyptienne, et pour lui valoir de figurer sur une liste pareille. Liste dans laquelle Rebecca a relevé l'absence d'une ville en particulier...

— Mât Urusalim ! lança Jack. Jérusalem.

— Exactement ! Jérusalem était une cité importante, du même niveau que les villes côtières, et un passage pour une armée égyptienne déterminée à continuer ses conquêtes vers le nord. Soit l'alliance révélée dans les lettres d'Amarna avec Akhenaton existait toujours, soit, et plus probablement, Mât Urusalim est présente dans la liste, mais sous un autre nom...

— Israël, murmura Jack.

Hiebermeyer hocha la tête, enthousiaste.

— Voici un scénario possible : dans le siècle entre leur arrivée comme réfugiés d'Égypte et la campagne de Mérenptah, les Israélites s'étaient emparés de Jérusalem et l'avaient transformé, consolidant la ville avec leur connaissance de l'architecture égyptienne et convertissant la population à leur nouvelle religion. Rebecca pense qu'on doit trouver là les origines de l'État juif, et pas des siècles plus tard avec l'arrivée du roi David, comme le suggère l'Ancien Testament.

— Mais alors qui étaient les Israélites, exactement ? demanda Costas.

— Je pense qu'à l'origine ce devait être une peuplade robuste des collines de Canaan, un groupe assez consistant de prisonniers capturés par les Égyptiens dans les premières guerres de conquête pour que le nom ait tenu. Mais la sortie d'Égypte contée dans l'Exode incluait probablement des peuples de différentes origines. Imaginez la composition d'une révolte d'esclaves romains, en comparaison. À certaines périodes, elle serait dominée par les prisonniers des guerres en cours, les Gaulois, les Espagnols, ou les Macédoniens, par exemple, mais il y en aurait aussi d'autres, des différentes régions de l'Ancien Monde, certaines très exotiques. De la même façon, vous pouvez imaginer les disciples de Moïse qui, en majorité, se réclament d'origine cananéenne, mais avec bien d'autres encore, que les Égyptiens ont pris comme esclaves, des marins capturés sur la mer Rouge et l'océan Indien aux nomades nubiens et sahariens. Cette diversité ethnique a certainement contribué à la force de l'État et de la religion juifs.

Lanowski montra les premiers hiéroglyphes dans le cartouche, un boomerang, un homme assis et une femme.

— C'est ce qui me touche. Israël était un peuple, pas une terre. Un peuple est toujours animé, toujours dans le mouvement, à la recherche d'une Terre promise hors de portée. Les réfugiés d'Égypte se sont peut-être installés à Jérusalem, mais cette aspiration a toujours été dans leurs veines. On peut le voir dans l'histoire de la diaspora, dans cette tension entre l'appât de la Terre promise et la force spirituelle et créatrice qui naît de cette quête perpétuelle. On peut le voir dans la vie d'un homme comme Juda Halevi. Est-ce qu'il aurait été un si grand poète s'il avait réussi plus jeune à atteindre la Terre promise ?

Il s'adressa à Jack :

— Est-ce que tu serais un si grand archéologue, un si bon conteur d'histoires, si ton Saint-Graal ne se trouvait pas, la plupart du temps, à l'horizon, juste hors de ta portée ?

— En parlant d'horizon, je me demande ce qui est réellement arrivé à Akhenaton, dit Aïcha.

— Le soleil se lève à l'est et se couche à l'ouest, murmura Costas.

— Pourquoi tu dis ça ? demanda Jack, surpris.

— Eh bien, parce que si tu veux vénérer le soleil, tu regardes vers l'est ou vers l'ouest. C'est trop lumineux, au centre.

— Moïse et les Israélites sont partis vers l'est, remarqua Lanowski.

— Alors dans quelle direction est allé Akhenaton ? interrogea Jack en tapotant la table de son crayon.

Il s'empara de la carte sur la table, pour que sa ligne de vision l'emporte loin de l'Égypte en lui faisant traverser l'Afrique plein ouest.

— Oh, oh ! lança Costas. Encore ce regard…

— Vous connaissez les théories au sujet de l'origine des pyramides méso-américaines ? Il faut que nous cherchions toutes les traces, absolument toutes les traces de l'exploration des Égyptiens vers l'ouest. Si Akhenaton cherchait sa Terre promise, cela ne pouvait être qu'à l'ouest de la Libye…

— Je suis partant, déclara Lanowski, glissant l'ordinateur devant lui, balayant sa frange sur le côté et poussant ses lunettes rondes en haut de son nez. Je commence avec les bordures. Je suis plutôt bon pour repérer quelles théories sont fondées et lesquelles n'ont rien à voir avec la réalité. Je ne suis pas le seul, d'ailleurs.

— Maurice ? demanda Jack.

Hiebermeyer jeta un coup d'œil vers le plan et hocha la tête doucement.

— Une fois l'excavation de la nécropole de la momie terminée, je pensais m'orienter vers des fouilles près de Marsa Matruh, une ville de commerce sur la côte égyptienne, près de la frontière avec la Libye. Aïcha et son équipe ont déjà commencé à étudier les preuves de l'exploration égyptienne vers l'ouest. Un des rapports les plus intéressants vient d'un avant-poste phénicien à Mogador, sur la côte mauritanienne de l'Atlantique, où on a découvert, entre autres, des fragments de poterie du Nouvel Empire.

— Le quatorzième siècle avant Jésus-Christ ?

— Possible.

— Nous avons une invitation permanente pour faire des recherches là-bas, affirma Aïcha.

Jack adressa un franc sourire à Costas.

— Et toi, mon ami, tu pourras t'en donner à cœur joie avec tes submersibles. J'ai toujours rêvé de visiter une épave égyptienne au large de la Sicile, qui mériterait ton expertise. Ça pourrait nous fournir le point de départ pour confirmer cette théorie.

Les yeux de Costas s'allumèrent.

— C'est encore mieux que des vacances à la plage, Jack. *Bien* mieux. Avec le gin tonic de Maurice, bien sûr. Et tu seras étonné de voir ce que mes gars ont élaboré pendant qu'on était occupés à ramper dans des tunnels vaseux sous le désert. J'ai hâte de te montrer.

Ils prirent congé les uns des autres, et Jack se radossa à son siège, épuisé. L'horizon venait de s'ouvrir pour lui, une nouvelle fois, et les possibilités semblaient sans fin. Il fixa la carte du regard, plissant légèrement les yeux. Il éprouvait de nouveau cette sensation, l'impression dévorante qu'il allait vers une découverte gigantesque, aussi merveilleuse que toutes les quêtes qu'il avait poursuivies jusque-là. Le moteur du navire commença à gronder, et il contempla la mer, programmant déjà les jours à venir.

Le jeu continue.

Note de l'auteur

Car à quoi servent une sagesse cachée et un trésor inconnu ?

Ben Sira (Ecclésiastique, le Livre de la Sagesse)
IIe siècle av. J.-C., la Gueniza du Caire

L'idée que le plateau de Gizeh en Égypte pourrait cacher des passages souterrains et des salles enfouies fascine depuis longtemps les archéologues, surtout après la découverte dans les années 1950 de deux fosses à côté de la pyramide de Khéops qui abritaient les bateaux funéraires du pharaon. L'existence des temples mortuaires, des ports et des canaux construits par l'homme sur le Nil est bien connue et a été confirmée quand les travaux d'un nouveau système de traitement des eaux usées sous la banlieue du Caire dans les années 1980 ont révélé la preuve d'autres structures. L'une d'elles, un grand mur en briques de terre crue, est même considérée par certains comme une partie d'un palais ou d'un complexe sacerdotal. La prouesse technique nécessaire pour creuser ces voies navigables est comparable à l'exploit d'ériger les pyramides. Même si c'est un des sites les plus étudiés dans le monde, le plateau de Gizeh reste encore ouvert aux hypothèses, parmi lesquelles la possibilité d'une infrastructure souterraine qui serait inaccessible à l'exploration et se trouverait en dessous du niveau de pénétration des radars.

Que cette infrastructure puisse contenir une révélation extraordinaire, un secret caché par un pharaon hérétique, est la base de ce roman. À l'époque du Nouvel Empire, plus de mille ans après que les pyramides ont été terminées, il paraît probable que les cultes des trois pharaons des pyramides de Gizeh se sont amalgamés en un seul, et que ce culte unifié a été associé à l'adoration du dieu-soleil, Ra. Quand Amenhotep IV, le futur Akhenaton, a rejeté l'ancienne religion en faveur de son nouveau roi-soleil, Aton, et qu'il a changé son nom en conséquence, il est possible qu'il ait recherché un nouveau lieu de culte, loin du traditionnel centre des prêtres à Thèbes, et qu'il ait choisi un endroit qui est resté l'expression du pouvoir souverain, le plus ancien et le plus puissant en Égypte et qui avait déjà un lien fort avec la vénération du soleil. Akhenaton était un des plus grands bâtisseurs parmi tous les pharaons, avec de nouveaux temples à Héliopolis, pas loin de Gizeh, et à Louxor, sans parler de la splendide capitale d'Amarna. L'idée qu'il aurait pu focaliser son énergie sur un nouveau complexe à Gizeh – utilisant l'expérience de la taille de la pierre et de la construction de canaux évidente dans les structures du Vieil Empire – est irréfutable, et tout à fait plausible en termes de capacités et d'ambitions architecturales.

L'inspiration d'un pharaon plus ancien qui réinventerait le site de Gizeh est venue en partie de la pyramide de Mykérinos, où les preuves archéologiques suggèrent une vaste entreprise de restauration, de réutilisation, et même une nouvelle inhumation du pharaon, quelque deux mille ans plus tard, au cours de la vingt-sixième dynastie, dans un cercueil en bois qu'on peut voir aujourd'hui au British Museum – ce cercueil est le seul objet sorti de la pyramide par le colonel britannique Richard Vyse, dans les années 1830, qui n'ait pas sombré en mer avec le sarcophage dans l'épave du *Beatrice*, ses fragments ayant été transportés dans un autre navire qui, lui, est arrivé sans encombre à Londres.

En plus d'être un bâtisseur, Akhenaton était un penseur. S'agissant de la plupart des autres pharaons, nous ne pouvons pas dire grand-chose de leur vie spirituelle, restreints qu'ils étaient par les rituels sacerdotaux et ce contrôle par les prêtres que le jeune Amenhotep IV méprisait clairement, et sa conversion fait de lui le pharaon le plus intéressant d'un point de vue intellectuel. J'ai émis la supposition que, plutôt que du mysticisme, sa révélation a stimulé une clairvoyance qui l'a conduit à rassembler toutes les connaissances et la sagesse ancestrales en tant qu'expression de son culte. C'est cette même volonté que nous pouvons identifier, mille ans plus tard, avec la fondation de la Grande Bibliothèque d'Alexandrie, en mémoire au centre du savoir perdu dans le désert du plateau de Gizeh après la mort d'Akhenaton. En suivant cette hypothèse, cette confidentialité – des archives enterrées et connues de quelques prêtres seulement – refléterait la certitude d'Akhenaton que son nouveau culte ne lui survivrait pas, et aurait garanti que l'existence de cet endroit serait rapidement oubliée, ce qui lui permettrait de perdurer intact à travers les siècles, jusqu'à aujourd'hui.

L'association possible entre Akhenaton et Moïse, le Prophète de l'Ancien Testament, a été une autre source de fascination constante. Dans son livre *Moïse et le Monothéisme*, Sigmund Freud émet l'hypothèse que Moïse était en fait un Égyptien d'ascendance royale et va pratiquement jusqu'à combiner les deux. Il est frappant en effet que le monothéisme du culte d'Aton et les révélations qu'aurait reçues Moïse dans le désert puissent avoir été contemporains, et que dans le récit biblique Moïse et le pharaon soient présentés en étroite connexion. S'il a vraiment existé dans le désert une révélation partagée par un prince égyptien et un esclave israélite, alors c'est dans la tradition judéo-chrétienne et plus tard dans l'islam que le monothéisme qui a en a découlé a survécu. La religion égyptienne, elle, est retournée au polythéisme traditionnel après la mort d'Akhenaton.

J'ai imaginé qu'Akhenaton avait prévu cette issue. Qu'il avait orchestré la fuite des Israélites vers un endroit où leur religion pourrait s'épanouir – en leur trouvant un refuge dans la ville de Jérusalem, une cité dont l'allégeance à Akhenaton est révélée dans les tablettes en argile d'Amarna. Et dans le même temps, il se serait arrangé pour détruire sa propre armée de chars en la lançant à la poursuite des Israélites. Je me suis appuyé sur les célèbres récits de l'Exode et du Coran cités au début de ce roman, et je m'en suis également servi pour la découverte fictionnelle que Jack et Costas font dans la mer Rouge.

À Fostat, la vieille ville du Caire, des blocs de brique retrouvés dans les murailles médiévales viendraient du temple d'Akhenaton à côté de Héliopolis. Cette découverte archéologique m'a servi de base dans ce roman pour la découverte fictionnelle d'une dalle à côté de la synagogue Ben Ezra, contenant un cartouche du pharaon. Aujourd'hui encore, on peut entendre que le couffin de Moïse a été retrouvé dans les roseaux, sur un affluent du Nil qui passait derrière la synagogue, un mythe fondateur fascinant raconté par un peuple qui a été chassé de Jérusalem par les Babyloniens et les Romains et qui est retourné en Égypte, sa religion devenue assez forte pour survivre aux persécutions et aux vicissitudes de l'histoire.

Je ne connais pas d'images plus fortes que la photo prise en 1912 représentant Solomon Schechter, professeur à Cambridge, entouré de cartons et de fragments de la Gueniza du Caire, peu de temps après que la collection avait été transportée de la synagogue Ben Ezra à la Cambridge University Library. Cette image d'un homme plongé dans un projet qui occuperait plus d'une vie est poignante parce que toute la poussière qu'il a respirée quand il a commencé à trier les morceaux de papyrus dans la synagogue a sévèrement dégradé sa santé et entraînera sa mort. La découverte des documents de la Gueniza est l'une des plus impressionnantes dans l'histoire de la recherche et s'inscrit dans la lignée de celle de la tombe de Toutânkhamon, dans les annales de l'archéologie égyptienne.

Dans ce roman, pour ajouter aux centaines de milliers de fragments retrouvés quand la Gueniza a été vidée à la fin du dix-neuvième siècle, j'ai imaginé une nouvelle exploration de la salle vide qui révélerait un trou dans le mur, contenant de nouveaux fragments oubliés dans la restauration de la synagogue. Le papyrus découvert par Jack et Maria avec les textes superposés incarne des palimpsestes réels de la collection, sur lesquels un texte plus récent sur du vélin a été effacé pour permettre que la page soit réutilisée, mais où les écrits d'origine sont encore lisibles. Certains des plus anciens textes étaient des parties du Livre de la Sagesse de Ben Sira (Ecclésiastique), qui aurait été écrit au deuxième siècle avant Jésus-Christ. Le récit rédigé par-dessus, la lettre fictionnelle de Juda Halevi, tire son inspiration d'autres textes attribués à ce poète prolifique espagnol, un des personnages les plus intéressants du début de la période médiévale, et qui a refait surface à travers ces archives. Certaines phrases de cette lettre apparaissent dans ses vrais écrits, dont certains peuvent être lus sur le site du Taylor-Schechter Project de l'université de Cambridge, et sur beaucoup d'autres sites de chercheurs du monde entier qui continuent à travailler sur la Gueniza du Caire.

En 1196, Malik Abd al-Aziz Othman ben Yusuf, fils du calife Saladin, a passé huit mois à retirer des pierres de la façade nord de la pyramide de Mykérinos, provoquant des dégâts comparables à ceux causés par le colonel Vyse lorsqu'il utilisa des explosifs pour pénétrer dans la chambre funéraire, dans les années 1830. Pour Malik, la pyramide constituait juste une carrière de pierres pour la construction, une des causes principales de dégradation des pyramides à cette époque, même si les extrémistes de maintenant y voient une motivation religieuse et menacent de mener à terme ce qu'ils considèrent comme un travail inachevé, se basant sur les mêmes principes qui les ont poussés à détruire les bouddhas de Bâmiyân, en Afghanistan en 2001.

Un autre calife qui apparaît dans ce roman est le fantasque Al-Hakim bi-Amr Allah (985-1021), fondateur d'une bibliothèque publique au Caire et mécène des sciences, mais aussi persécuteur des juifs et des chrétiens – il a ordonné la destruction du Saint-Sépulcre à Jérusalem, ainsi que de la synagogue Ben Ezra – et dont le comportement nocturne et la disparition dans le désert ont ajouté à son aura de mysticisme. Qu'il ait cherché ou non une sorte de rédemption spirituelle ou qu'il ait simplement eu besoin d'un peu de solitude, cela reste incertain. Tout ce que l'on sait avec suffisamment de certitude, c'est qu'il avait pris l'habitude d'errer seul, la nuit, dans le désert au sud du Caire, et après sa disparition on n'a retrouvé que son âne blessé et ses vêtements tachés de sang.

J'ai imaginé qu'il avait découvert le même endroit que mon personnage de fiction, le caporal Jones, également présent dans *Pharaon* et *Tigres de guerre*. Des deux hommes qui accompagnent Jones, cette nuit de 1893, le plongeur français est inventé, même si son équipement s'appuie sur les systèmes de bouteille à air comprimé et de détendeur conçus par les inventeurs français Rouquayrol et Denayrouze. Il est fascinant d'imaginer l'impact militaire et civil qu'aurait eu un tel appareillage s'il avait réellement été développé en secret à cette date et non, comme dans mon histoire, perdu dans le Nil. Le deuxième personnage, Charles Chaillé-Long, est l'un des aventuriers les plus hauts en couleur présents sur la scène égyptienne à cette époque. Américain d'origine huguenote – d'où son nom de famille –, il a combattu pendant la guerre de Sécession, servi sous les ordres de Gordon au Soudan, exploré le lac Victoria et exercé la profession d'avocat international à Alexandrie. Plus tard, il s'est fait un nom en Amérique en embellissant légèrement ses aventures africaines. Chaillé-Long est l'un des soixante vétérans de la guerre de Sécession, tous camps confondus, à avoir accepté de rejoindre l'armée du khédive en Égypte, un épisode peu connu mais passionnant, même s'il n'a jamais été officiel, qui marque la première vraie intervention de l'Amérique dans les affaires du Moyen-Orient, en collaborant avec un régime islamique qui a fini par vaincre le mouvement djihadiste grandissant des hommes du Mahdi au Soudan.

Fostat et la synagogue Ben Ezra sont intimement liés à un autre personnage historique de cette époque, Howard Carter, l'homme qui allait découvrir la tombe de Toutânkhamon. Avant d'être envoyé comme dessinateur sur les fouilles d'Amarna, la capitale d'Akhenaton, il en avait appris beaucoup sur les habitants et les habitudes du vieux Caire, connaissance qui lui servirait après sa démission du service des antiquités en 1905, lorsqu'il deviendrait négociant en objets anciens. Le passage de son journal cité dans ce livre est fictionnel, mais il reflète une constante curiosité et sa quête perpétuelle de nouvelles découvertes, qui finiront par le conduire vers la Vallée des Rois et la célébrité. Durant ses années au Caire après sa démission, il a certainement rencontré des hommes comme le caporal Jones, d'anciens soldats britanniques restés pour une raison ou une autre en Égypte, où ils avaient connu la misère, pour certains des vétérans de la guerre au Soudan, traumatisés par leur expérience et rapportant des histoires de tombes et de momies qui pouvaient bien contenir une part de vérité.

La tombe du général de char dans la nécropole de la momie à Fayoum est fictionnelle, même si la nécropole elle-même se base sur des faits réels et qu'on a découvert dans la région les tombeaux de dirigeants du Nouvel Empire. La nécropole apparaît dans mon roman *Atlantis*, où un papyrus sert de bandes à une momie. Malgré mes affirmations et plusieurs canulars, aucun élément n'a jamais été apporté pour expliquer la destruction des chars décrite dans l'Exode et le Coran. Mais les scientifiques s'accordent sur l'influence minoenne dans le Nouvel Empire égyptien, en particulier le surnom de la reine Ahhotep, « maîtresse des rives de Hau-nebut », trouvé sur la stèle érigée par son mari Ahmôsis à Ipet-isout dans le temple d'Amon, et les indices de liens minoens dans sa tombe. Si « Hau-nebut » fait en effet référence à la Crète, et si elle était par conséquent minoenne, il est passionnant d'imaginer comment sa lignée a influencé le caractère des pharaons des dynasties suivantes. Que cela corresponde aux goûts d'Akhenaton, ou que cela reflète son ouverture pour des idées extérieures, les peintures murales dans son palais à Amarna sont incroyablement similaires au naturalisme et aux couleurs de celles de la Crète minoenne.

La référence la plus ancienne à Israël, et la seule que l'on connaisse dans une inscription égyptienne du deuxième millénaire avant Jésus-Christ, se trouve sur la « stèle d'Israël » trouvée à Thèbes. Les deux autres occurrences en hiéroglyphes dans ce roman sont fictionnelles. La stèle d'Israël, au musée du Caire (JE31408), est une dalle de granit gris de plus de trois mètres de haut, érigée par le pharaon Mérenptah, de la dix-neuvième dynastie, dans son temple funéraire à Thèbes, et elle commémore ses conquêtes sur les terres de Syrie-Palestine vers la fin du treizième siècle. « Leurs rois se prosternent et implorent la paix. Canaan est dévasté, Ashkelon est vaincu,

Gezer a été pris, Yénoam est détruit, la terre de Shasou est rasée jusqu'à sa semence. La Syrie est devenue une veuve pour l'Égypte, et toutes les contrées ont été pacifiées. » Dans le mot désignant Israël en hiéroglyphes, le déterminant – le premier hiéroglyphe du groupe – signifie un peuple et non un lieu, une indication fascinante que le sentiment d'identité en tant que peuple faisait partie de l'histoire juive bien avant la diaspora.

Le développement de Jérusalem au deuxième millénaire avant Jésus-Christ reste assez peu connu. Certains rapports récents utilisent l'Ancien Testament comme cadre, mais très peu de preuves existent avant la fondation de la ville de David, au début du premier millénaire avant Jésus-Christ. Il semble toutefois évident que Jérusalem était une colonie importante à l'époque du Nouvel Empire égyptien dans l'âge du bronze. Parmi les plus impressionnantes lettres d'Amarna, on trouve celles du gouvernant de Jérusalem qui confirme la loyauté de Mât Urusalim – la terre de Jérusalem – au pharaon, certainement Akhenaton, et de cette époque datent les plus anciens écrits de Jérusalem sur des tablettes cunéiformes.

Que les Israélites de l'Exode aient atteint ou non la Ville sainte est sujet à spéculations, mais c'est le genre d'interrogation qui a taraudé les nombreux archéologues descendus dans la Palestine ottomane au dix-neuvième siècle, bible en main. Un groupe remarquable d'officiers britanniques des Royal Engineers a dessiné les premiers plans détaillés de la ville et de ses environs, travaillant pour leur pays aussi bien que de leur propre initiative. Parmi eux plusieurs se sont illustrés dans la guerre contre le Mahdi au Soudan, et ils apparaissent largement dans mon précédent roman, *Pharaon* : Charles Wilson, le chef des services du renseignement en 1884 pour l'expédition de secours du général Gordon ; le général Gordon, lui-même, défenseur condamné de Khartoum ; Horatio Herbert Kitchener, qui avec la profanation de la tombe du Mahdi à Omdurman en 1898 a tenu sa promesse de venger Gordon, mais a du même coup attisé la colère des mouvements mahdistes jusqu'à nos jours.

Deux des livres écrits par ces hommes, les *Reflections in Palestine, 1883*, de Gordon, et *Underground Jerusalem : An Account of Some of the Principal Difficulties Encountered in Its Exploration and the Results Obtained*, de Charles Warren, nous renseignent sur l'exploration sous Jérusalem, le deuxième détaillant les recherches poussées qui ont abouti à la découverte d'un trou vertical, encore connu sous le nom de « puits de Warren ». La plupart des travaux effectués sous Jérusalem ont servi à assurer l'alimentation en eau potable, des puits verticaux ayant été creusés pour atteindre le niveau des sources, et des canaux horizontaux pour acheminer l'eau à des endroits pratiques sous la ville. Une des découvertes les plus intéressantes de ce type de travaux est détaillée dans le musée archéologique d'Istanbul sur une dalle en pierre, legs du dirigeant ottoman de Jérusalem, retrouvée dans le tunnel de Siloam avec une inscription en paléo-hébreu du début du premier millénaire avant Jésus-Christ, ce qui m'a servi d'inspiration pour l'inscription fictionnelle découverte par Rebecca au chapitre 17 de ce roman.

Que des espaces créés par l'homme existent vraiment sous le mont du Temple, avec peut-être des tombes et des salles funéraires, on ne pourra le savoir que quand les autorités de la mosquée permettront les fouilles, même si un passage souterrain est déjà connu à l'est de l'arche de Wilson, à côté du mur occidental qui mène vers le site du Temple. Entre-temps, dans le domaine entourant le Temple, plusieurs excavations récentes ont été entamées, similaires à celles présentées dans le roman, et suggèrent les révélations qui attendent ceux qui un jour pourront reprendre les explorations de Warren et de ses collègues et pénétrer plus loin encore sous le mont du Temple, dont l'accès est pour le moment interdit.

Le récit de l'incroyable découverte de l'épave du *Beatrice* est raconté dans mon précédent roman, *Pharaon*. Le vrai site du naufrage de 1837 n'a jamais été retrouvé, même si les côtes sud-est de l'Espagne et le scénario présenté dans le roman correspondent aux preuves disponibles, y compris les données météorologiques l'année durant laquelle le bateau a quitté Alexandrie pour se rendre en Angleterre en passant par Malte et probablement Livourne. Depuis que j'ai mené mes premières recherches, j'ai récupéré des informations supplémentaires dans le *Lloyd Register*, ainsi que dans d'autres sources, concernant les changements de la structure du bateau après sa restauration, y compris l'ajout de râbles en fer, et son armement. L'idée que ces bateaux étaient équipés de canons à l'origine destinés à la Compagnie britannique des Indes orientales est inspirée par la découverte, en 2014, d'armes de la compagnie sur l'épave d'un navire marchand dans la Manche, et par le fait que ces armements réquisitionnés par la Couronne au cours des guerres napoléoniennes avant d'être transportés en Inde devaient comporter de l'artillerie qui a ensuite été vendue lorsqu'ils ne servaient plus ni à la compagnie, ni à la reine.

Les hiéroglyphes qui apparaissent en en-tête dans ce roman proviennent de la stèle d'Israël mentionnée plus haut et montrent l'ancien terme égyptien pour Israël. Les mots de l'inscription fictionnelle trouvée sous Jérusalem dans le chapitre 17 s'appuient étroitement sur l'inscription du tunnel de Siloam, dans le musée archéologique d'Istanbul, et la lettre d'Amarna lue par Rebecca dans le même chapitre est la 287 : 60-64. Le texte du papyrus fictionnel que montre Aïcha dans l'épilogue s'inspire d'une traduction de passages de Ben Sira (Ecclésiastique, le Livre de la Sagesse) par Adina Hoffman et Peter Cole dans *Sacred Trash : the Lost and Found World of the Cairo Geniza* (2011, p. 53-54), également la source de la brève citation au début de ces notes.

Peu après avoir terminé *Pharaon*, j'ai découvert une jolie aquarelle contemporaine représentant le *Beatrice* quelques années avant son naufrage, et on peut la voir, ainsi qu'un croquis d'Edward Andrews, dessinateur du colonel Vyse, du sarcophage de Mykérinos dans la pyramide avant qu'il l'en retire, la photo de Solomon Schechter avec les archives de la Gueniza, les médailles du caporal Jones et plusieurs images liées au roman et aux faits derrière la fiction, sur mon site, www.davidgibbins.com, et sur www.facebook.com/DavidGibbinsAuthor.

Remerciements

Je voudrais exprimer toute ma gratitude à mon agent, Luigi Bonomi, et à mes éditeurs, Marion Donaldson et Sherise Hobbs, à Headline à Londres, et Tracy Devine, à Bantam Dell à New York. Mais également à mes anciens éditeurs, Martin Fletcher et Caitlin Alexander, à Jane Selley, pour son travail de coédition, et à Christina Demosthenous et Sarah Murphy, pour avoir permis à ce livre d'être publié. Je remercie du fond du cœur toute l'équipe de Headline et Bantam Dell, Darragh Deering, Jo Liddiard, Jane Morpeth, Tom Noble et Ben Willis, et aux représentants de Hachette dans le monde entier, parmi lesquels Donna Nopper ; à Alison Bonomi, Amanda Preston et Ajda Vucicevic, de Luigi Bonomi Associates ; à Nicky Kennedy, Sam Edenborough, Mary Esdaile, Julia Mannfolk, Jenny Robson et Katherine West, de l'Intercontinental Literary Agency, et à Gaia Banks et Virginia Ascione, de Sheil Land Associates ; ainsi qu'à mes nombreux éditeurs et traducteurs.

Je dois une reconnaissance infinie à Ann Verrinder Gibbins, pour sa lecture critique de tous mes écrits et pour son soutien. La période de formation sur le terrain et les voyages qu'a nécessités ce roman ont été financés par le Winston Churchill Memorial Trust, la British School of Archaeology à Jérusalem, le Palestine Exploration Fund et le Corpus Christi College à Cambridge. Je remercie le personnel de la Cambridge University Library, qui m'a permis d'étudier les documents originaux de la Gueniza du Caire lorsque j'étais étudiant. Je n'oublie pas le Royal Engineers Museum et la bibliothèque de Chatham, pour leur aide dans mes recherches sur les officiers qui apparaissent dans ce roman, et je remercie particulièrement Peter Nield de m'avoir fait découvrir la vie du calife Al-Hakim. Enfin, je tiens à témoigner ma gratitude à ma fille, pour avoir organisé un voyage au Black Country Museum en Angleterre, où j'ai pu tirer une barque à pied dans les canaux souterrains exactement comme j'avais imaginé que cela se passait, en Égypte, il y a plus de plus de trois mille ans.

Les Escales

Jeffrey Archer
Seul l'avenir le dira
Les Fautes de nos pères
Des secrets bien gardés

Jami Attenberg
La Famille Middlestein

Fatima Bhutto
Les Lunes de Mir Ali

Daria Bignardi
Accords parfaits

Jenna Blum
Les Chasseurs de tornades

Chris Carter
Le Prix de la peur

Justin Gakuto Go
Passent les heures

Olga Grjasnowa
Le Russe aime les bouleaux

Titania Hardie
La Maison du vent

Cecile Harel
En attendant que les beaux jours reviennent

Casey Hill
Tabou

Victoria Hislop
L'Île des oubliés
Le Fil des souvenirs
Une dernière danse

Yves Hughes
Éclats de voix

Peter de Jonge
Meurtre sur l'Avenue B

Gregorio Leon
L'Ultime Secret de Frida K.

Amanda Lind
Le Testament de Francy

Owen Matthews
Moscou Babylone

Sarah McCoy
Un goût de cannelle et d'espoir

David Messager
Article 122-1

Derek B. Miller
Dans la peau de Sheldon Horowitz

Fernando Monacelli
Naufragés

Juan Jacinto Munoz Rengel
Le Tueur hypocondriaque

Chibundu Onuzo
La Fille du roi araignée

Ismet Prcić
California Dream

Paola Predicatori
Mon hiver à Zéroland

Paolo Roversi
La Ville rouge

Eugen Ruge
Quand la lumière décline

Amy Sackville
Là est la danse

William Shaw
Du sang sur Abbey Road

Anna Shevchenko
L'Ultime Partie

Liad Shoham
Tel-Aviv Suspects
Terminus Tel-Aviv

Priscille Sibley
Poussières d'étoiles

Marina Stepnova
Les Femmes de Lazare

A.J. Waines
Les Noyées de la Tamise

RÉALISATION : NORD COMPO À VILLENEUVE-D'ASCQ

CET OUVRAGE
A ÉTÉ ACHEVÉ D'IMPRIMER
SUR ROTO-PAGE
PAR L'IMPRIMERIE FLOCH
À MAYENNE EN NOVEMBRE 2014

N° d'impr. : 87574.
D.L. : novembre 2014.
Imprimé en France